KB152914

어휘 평가

Assessing Vocabulary

언어교육 09

Assessing Vocabulary
Assessing Vocabulary
Assessing Vocabulary

어휘 평가

Assessing Vocabulary

존 리드(John Read) 지음
배도용·전영미 옮김

Assessing Vocabulary
Assessing Vocabulary
Assessing Vocabulary

글로벌콘텐츠

옮긴이 서문

어휘 평가(Assessing Vocabulary)는 어휘에 관련된 다양한 평가를 다룬 책이다. 그 내용을 살펴보면, 1장에서는 언어 시험의 두 경향 곧 분리 항목 접근법과 의사소통 접근법을 소개하고 두 접근법에 대해 필자인 존 리드(J. Read)의 내포적, 포괄적, 맥락 의존적 관점을 제시하고 있다. 그리고 이후의 여러 장에서는 다양한 관점으로 그것들을 상세히 설명하고 논의한다. 2장에서는 어떻게 어휘를 평가할 것인가를 고려하기에 앞서, 먼저 평가하려는 어휘의 본질을 탐구한다. 곧 단어란 무엇인가, 어휘는 오직 개별 단어들로 이루어져 있는가 아니면 더 큰 어휘 항목들로 이루어져 있는가, 그러한 항목을 안다는 것은 무엇을 의미하는가, 어휘 시험을 통해 우리가 측정하려고 하는 구인의 특성은 무엇인가 등이다. 그래서 단어, 복합 명사, 동사구, 관용구 및 다양한 종류의 고정된 표현과 같은 한 단어 이상의 보다 큰 어휘적 단위를 고려할 필요가 있음을 상술하고 있다. 3장에서는 제2언어 어휘 습득과 사용에 대한 L2 어휘 습득 연구자들의 주요 연구 흐름을 검토하고 있다. 즉, 의도적이며 체계적 어휘 학습에 대한 읽기와 듣기 활동을 통한 우연적 어휘 학습에 대한 연구, 모어 화자와 제2언어 화자를 대상으로 한 연구 그리고 읽기에서의 어휘 추론에 대한 논점과 말하기, 쓰기에서의 의사소통 전략 연구와 같은 흐름을 살펴보고 있다. 4장에서는 어휘 학습 과정에 대한 이해보다는 학습자들이 도달한 어휘 지식과 어휘 능력의 수준을 측정하는 데 초점을 둔 언어 평가 분야의 연구에 대해 살펴보고 있다. 곧 분리 항목 어휘 시험에서 벗어나려는 움직임 외에 빈칸 채우기 시험 절차와 그것의 다른 형태가 어휘 평가 척도로 간주될 수 있다는 것을 살펴보고 있다. 그리고 어휘 시험에 대한 최근의 연구가 어휘 양 측정에 중점을 두고 있는 데 대해서도 어휘 질을 평가하려는 상호보완적인 관점도 제시하고 있다. 5장에서는 네 가지 어휘 시험의 사례 연구 곧 네이션(Nation)의 어휘 수준 시험(Vocabulary Levels Test), 메아라(Meara)와 존(Jone)의 유로센터 어휘 양 시험(Eurocentres Vocabulary Size Test), 파리바흐트(Paribakht)와 베쉐(Wesche)의 어휘 지식 척도(Vocabulary Knowledge Scale), 외국어로서의 영어 시험(Test of English as a Foreign Language: TOEFL)에서의 어휘 문항을 제시하고 있다. 6장에서는 언어 능력의 다른 측면으로부터 어휘를 구조적으로 분리해서 측정하는 시험인 분리적 어휘 시험의 설계에 영향을 주는 다양한 사항들을 살펴보고 있다. 특히 이 장은 필자의 경험에서 나온 시험 설계의 두 가지 구체적인 예, 곧 교실 수업 진단 시험을 위한 몇 가지 전형적인 문항과 어휘 지식의 깊이를 측정하기 위해 사용할 수 있는 시험 개발을 위해 필자가 노력한 실례에 대한 논의를 포함하고 있다. 7장에서는 6장에서 다루었던 시험들보다 좀 더 넓은 어휘 평가의 개념으로 이동하여 살펴보고 있다. 곧 어휘의 내포적인 평가를 위한 시험에서 사용될 수 있는 어휘의 포괄적 척도에 초점을 맞추고 있다. 특히 이 장의 가장 많은 부분을 차지하는 것은 학습자 쓰기에 대한 양적 측정에 관한 것으로 학습자들의 쓰기 평가에 적용되어 온 절차에 대해 다루고 있다. 또한 읽기와 듣기 과제와 관련된 시험을 위한 입력 자료의 분석에 있어서 가독성 공식과 같은 포괄적 척도의 적용에 대해 다루고 있다. 마지막 8장에서는 어휘 평가에 대한 연구의 현재와 미래의 방향에 대해 살펴보고 있다. 이는 컴퓨터 기반 말뭉치 연구가 어휘 평가 척도 개발에 기여할 수 있는 방법, 어휘의 본질에 대한 우리의 시각을 내포적, 포괄적 그리고 맥락 의존적인 더 큰 평가 방법으로 넓힐 필요성 그리고 발화 어휘에 대한 더 나은 이해력과 어휘 사용의 사회적 관점에 대해 더 많이 집중해야 함을 기술하고 있다.

이 책의 장점은 어휘 평가뿐만 아니라 단어와 어휘에 관한 전반적인 사항을 반영하고 있어 어휘에 흥미를 느끼는 연구자들의 다양한 관심사를 충족시킬 수 있다는 점이다. 예컨대, 2장은 단어란 무엇인가에 대한 본질적인 물음과 처리에 관심을 갖는 연구자에게, 3장은 우연적 어휘 학습에 매력을 느끼는 연구자에게 도움이 될 것이다. 그리고 7장은 어휘 빈도를 어떻게 측정할 것인가에 대해 어려움을 느꼈던 연구자에게 적잖은 즐거움을 줄 것이다.

이 책을 옮기면서 받은 도움에 대해서는 밝혀야 할 것 같다. 먼저 부산외국어대학교 교수학습지원센터의 교수공동체 지원사업의 일환으로 받은 도움에 감사드린다. 또한 원고를 읽고 어색한 부분에 대해 함께 고민해 준 최혜진, 손지혜 두 선생에게도 감사한 마음을 전한다. 이 책을 함께 옮겼던 전영미 선생에게는 그저 미안한 마음뿐이다. 게으르고 느려터진 사람과 함께 해야 할 번역 과정이 쉽지만은 않았을 터인데 여러 번의 고침을 함께 해주었다. 혹 이 책이 받는 긍정적인 평가가 있다면 그것은 온전히 그녀의 몫이리라. 끝으로 (주)글로벌콘텐츠출판그룹의 홍정표 대표님과 편집진께도 감사드린다.

번역은 반역이라는 경구가 생각난다. 이 책을 옮김에 있어 옮긴이들은 원서를 이해하기 위해 많은 노력을 기울였음에도 불구하고 바르게 이해되지 않는 곳이 생길 수도 있을 것이다. 그런 곳은 계속해서 고치고 기워 바로 잡도록 하겠다.

이 책의 번역을 마무리한다고 올해 내내 매달려야 했다. 그럼에도 이를 속 깊게 이해해 준 부모님과 아내와 아이들 종우, 현진에게서 늘 삶의 소박한 기쁨을 느낀다.

2014년 10월 즈음에
옮긴이를 대표하여
용호덤 계곡 옆 연구실에서 배도용 씀

편집자 서문

캠브리지 언어 평가 시리즈 중 하나인 이 책은 시의적절하며 권위를 지닌다. 이 책이 시의적절한 이유는 지난 수년간 응용 언어학에서 그 중요성을 인정받지 못하고 있던 어휘에 대한 연구가 이제 활기를 띠고 있기 때문이다. 어휘에 관한 연구가 이런 발전을 이루는 데 커다란 공헌을 해 왔고, 이제 연구자들과 교육현장의 교사들이 어휘 연구에 대한 보다 탄탄한 이론적 토대의 필요성과 어휘 지식 및 활용에 대한 보다 정교한 평가 방식의 필요성을 인식함에 따라 어휘 연구에 대한 중요성이 더욱 커질 것으로 보인다.

또한 이 책이 권위적인 이유는 제2언어와 외국어 교수, 학습 그리고 평가의 측면에서 어휘 연구에 수년간 매진해 온 한 학자가 쓴 책이기 때문이다. 이 분야에서 최근 연구의 선두에 있는 존 리드(John Read)는 이 책에서 경험적 연구의 결과와 깊이 있는 학문이 어떻게 평가에 적용될 수 있는가에 대한 생각을 상세하게 보여 주고 있다. 이 책은 이 분야에서 가장 중요한 경험적 연구를 한데 모아 시험 개발자들과 교실 현장 교사들의 참고서로 만들었다는 점에서 특별하다. 이것은 존 리드(J. Read)가 어휘 평가 연구자일 뿐만 아니라 학습자들이 습득한 내용을 평가할 때 교사들이 직면하는 어려움은 물론 제2언어의 어휘를 습득하는 학생들이 맞닥뜨리는 어려움을 잘 아는 언어 교사라는 사실을 나타낸다.

어휘 지식과 활용에 관하여 알려진 것과 이들이 어떻게 측정될 수 있는지를 확립하면서 존 리드는 어휘 평가와 밀접한 관련이 있는 부분을 상세하게 다루고 있다.

그는 제2언어 학습자의 어휘 지식을 평가하는 다양한 절차들을 다루기 위해 전통적인 어휘 시험의 개념을 확장시킨 틀을 제시한다. 이러한 절차들은 언어의 어휘 차원 연구 수행에 필요한 도구를 제공해 줄 뿐만 아니라 실질적 평가 요구에 잘 부합하는 것이다.

끝으로 존 리드는 앞을 내다보고 현재의 연구와 제반 관심사 그 너머의 세계로 우리를 인도한다. 또한 어휘 평가 영역에서, 특히 컴퓨터 기반의 말뭉치 분석에서 새로운 방향을 모색한다. 존 리드의 연구가 이미 어휘 연구 분야에 영향을 끼치고 있는 것처럼 이 책의 마지막 장은 미래로 나아가는 방향 그 자체로 보이며, 앞으로 언어 시험관, 전문가들 그리고 연구자들의 작업에 큰 영향을 미칠 것으로 보인다.

시리즈의 다른 책들과 마찬가지로 이 책은 실제에 초점을 맞추어 교사들과 연구자들 그리고 시험 개발자들을 고려해서 제반 문제들을 검토한다. 아울러 언어 교수와 언어 교육 및 응용 언어학에서의 연구 모두의 관점에서 언어에 대한 관련 양상을 고려한다.

이 책은 교사와 시험항목 개발자들에 대한 실질적인 조언과 기존 시험에 대한 명확하고 건설적 비평 그리고 학습자들에게 '알고 있는 단어의 의미를 보여 주는 문장 쓰기'를 하도록 하는 등의 과제를 고안해 내는 것이 쉬운 일이라고 믿고 있는 사람들에게 가하는 경고의 말을 기술적으로 잘 짜 놓았다. 존 리드의 책은 우리 시리즈 편집자들이 이루고자 하는 일, 즉 시험 개발자와 현장의 교사에게 도움이 되도록 응용 언어학의 이론과 연구를 언어 평가에 통합시키는 일을 잘 정리해 놓았다.

찰스 앨더슨(J. Charles Alderson)
라일 바크만(Lyle F. Bachman)

감사의 말

나는 우선 시리즈 편집자인 찰스 앨더슨(Charles Alderson)과 라일 바크만(Lyle Bachman)의 공헌에 감사의 마음을 전하고 싶다. 찰스 앨더슨은 나의 전달 능력에 상당한 신뢰를 가졌다는 그의 말을 의심스러워 할 때 이 책을 쓰도록 처음 제안한 사람이다. 나는 그의 재치 있는 격려에 감사하며, 나에 대한 그의 확신이 틀리지 않았음을 확신시키기 위해 최선을 다했다. 라일 바크만은 내 원고의 날카로운 독자였으며, 내가 할 수 있다고 생각한 것보다 많은 것을 이루도록 여러 측면에서 격려했다.

폴 네이션(Paul Nation)은 내가 처음으로 어휘 시험에 흥미를 갖도록 해 주었고 초기에 조언자 역할을 해 주었다. 여타의 성공한 제자가 그렇듯 지금 나는 어휘 평가에 관한 것들 중 한두 가지 정도는 그에게 가르칠 수 있다고 생각하지만, 지금의 내가 있도록 애써 준 그의 모든 도움에 감사할 뿐이다.

폴 메아라(Paul Meara)는 1990년에 런던 버크벡 대학에서 함께 일하는 석 달 동안 어휘 시험과 관련된 내 연구의 올바른 방향을 제시해 주었다. 그때 이후로 다른 이들과 마찬가지로, 관습적인 진리를 맹신하지 않는 그의 독창적인 생각과 태도는 나에게 자극이 되고 있다. 또한 내가 필요할 때는 언제나 나에게 도움과 지지를 보낼 준비를 하고 있다.

나는 특히 캐럴 샤펠(Carol Chapelle)에게 힘입은 바가 크다. 우리는 1995년에 어휘 시험에 대해 서로 관심이 있음을 알게 되어 기뻐했으며 이후로 그녀는 이 일에 대한 나의 생각에 지속적으로 커다란 영향을 끼쳤다. 그녀는 내가 몇 년간 고심하고 있었던 언어 시험과 제2언어 어휘 연구 사이의 관련성을 찾는 데 도움을 주었다. 그리고 이 책을 통하여 새로운 지평을 여는 일에 도전하도록 했으며, 혹시라도 그 일이 성공적이라면 그녀에게 공이 돌아가는 것이 마땅한 일이라고 생각한다.

노르베르트 슈미트(Norbert Schmitt)는 최근 제2언어 어휘 연구에서 왕성한 활동을 하는 신진 학자이며, 동시에 이 문제에 대해 엄청난 열정을 가지고 있다. 나는 집필 작업 후반에 그에게 검토 역할을 맡겼고, 그가 가진 이 분야에 대한 폭넓은 지식에 큰 도움을 받았다.

이 모든 사람들은 필사본으로 책을 읽어 주었다. 내 책에 대한 그들의 매우 긍정적인 평가에 기분 좋기도 했지만, 그들이 꼼꼼하게 책을 읽어준 덕분에 주된 생각들을 분명히 할 수 있어 특정 문제를 좀 더 비판적 시각으로 바라볼 수 있었으며 세부적 오류들을 교정할 수 있었다. 이 책에 남아 있는 문제들은 그들의 노력 부족 때문이 아니며 이 일에 바친 그들의 모든 헌신에 감사할 따름이다.

이 책의 일정 부분은 1996년에 버밍엄 대학의 영어 상급 연구 센터 (the Center for Advanced Research in English)에서 보낸 휴가 기간 동안 작성하였다. 말콤 쿨타르(Malcolm Coulthard), 데이브 윌리스(Dave Willis)를 비롯해 그 기간 동안 훌륭한 편의시설을 제공해 주고 멋진 동료가 되어준 영어 언어 연구소의 모든 직원에게 감사한다.

내 가족—시유 헤안(Siew Hean), 멜라니(Melanie), 마르틴(Martin)—은 이 프로젝트에 몰두해 때로는 오랜 시간 컴퓨터 작업에 매달려 있던 나를 참고 견뎌 주었다. 주위에 가족들이 없었더라면 이 작업이 훨씬 빨리 끝났으리라 생각되지만 그랬다면 내 삶이 훨씬 불행했을 것이다.

저작권 알림

나와 발행인들은 이 책에 저작권 사용을 허락해 준 저자들과 발행인들, 그 외
여러분들께 감사드린다. 모든 자료들에 대한 출처를 확인하기는 어려웠다. 해당
사항이 있는 저작권자들이 있다면 연락을 해 주시기 바란다.

- Bachamn, L. F. and A. S. Palmer(1996), *Language Testing in Practice*, Oxford
University Press.
- Pawley, A. and F. H. Syder(1993), "Two puzzles for linguistic theory: nativelike
selection and nativelike fluency", In J. C. Richards and R. W. Schmidt
(des.), *Language and communication*, Longman(1983), Reprinted by
permission of Pearson Education Limited.
- Richards, J. C.(1976), "The Role of Vocabulary Teaching", *TESOL Quarterly*
10(1), p. 83.
- Nation, I. S. P.(1990), *Teaching and Learning Vocabulary*, Heinle and Heinle.
- Nagy, W., P. A. Herman and R. C. Anderson(1985), "Learning words form
context", *Reading Research Quarterly* 20(2) by permission of International
Reading Association: Newark, USA.
- Sternberg, R. J. and J. S. Powell(1983), "Comprehending Verbal Comprehension",
American Psychologist 38 by permission of APA.
- Mondria, J. A. and M. Wit-De Boer(1991), "The effects of contextual richness
on the guessability and the retention of words in a foreign language",
Applied Linguistics 12(3), Oxford University Press.

• Tarone, E.(19780, "Conscious communication strategies in inter-language: a progress report", In H. D. Brown, C. A. Yorio and R. Crymes(eds.), On TESOL'77, *Teaching and Learning English as a Second Language*, Washington, DC: TESOL.

• ACTFL Proficiency Guidelines(1986), *Level descriptors from American Council on the Reaching of Foreign Language*, ACTFL: Yonkers NY.

• Wesche, M. and T. S. Paribakht(1996), "Assessing second language vocabulary knowledge: depth versus breadth", *Canadian Modern Language Review* 53(1), UTP Journals: Toronto, p. 17.

• J. McQueen(1996), "Rasch scaling: how valid id it as the basis for content-referenced descriptors of test performance?", In G. Wigglesworth and C. Elder(eds.), *The Language Testing Cycle: From Inception to Washback*, Australian Review of Applied Linguistics, Series S, No. 13, p. 152.

• Dolch, E. W. and D. Leeds(1953), "Vocabulary tests and depth of meaning", *Journal of Educational Research* 47(3).

• Verhallen, M. and R. Schoonen(1993), "Lexical knowledge of monolingual and bilingual children", *Applied Linguistics* 14(4), Oxford University Press.

• Stalnaker and W. Kurath(1935), "A comparison of two types of foreign language vocabulary test", *Journal of Educational Psychology* 26(6), by permission of APA.

• Hale, G. A., G. W. Rock, M. M. Hicks, F. A. Butler and J. W. Oller, Jr.(1989), "The relation of multiple-choice cloze items to the Test of English as d Foreign Language", *Language Testing* 6(1), by permission of Arnold.

• Laufer, B. and P. Nation(1995), "Vocabulary size and use: Lexical richness in L2 written production", *Applied Linguistics* 16(3), Oxford University Press.

• Paribakht, T. S. and M. Wesche(1997), *Vocabulary enhancement activities and reading for meaning In Second Language Vocabulary Acquisition*, Coady and Huckin(des.), Cambridge University Press.

• Oller, J. W. JR. and B. Spolsky(1979), "The Test of English as a Foreign Language(TOEFL)", In *Some Major Tests*, Advances in Lnaguge Testing Series 1, B. Spolsky(ed.), Arlington, VA: Center for Applied Linguistics.

• Pike, L. W.(1979), "An Evaluation of Alternative Item formats for Testing English as a Foreign Language", *TOEFL Research Reports*, No. 2, Eucational Testing Service, p. 19.

• Hale, Stansfield, Rock, Hicks, Butler and Oller(1988), "Multiple Choice Cloze Items and the Test of English as a Foreign Language", *TOEFL Research Reports*, No. 26, Eucational Testing Service, p. 67.

• Henning, G.(1991), "A Study of the Effects of Contestualization and Familiarization on Respinses to the TOEFL Vocabulary Test Items", *TOEFL Research Reports*, No. 35, Educational Testing Service, pp. 4~5.

• TOEFL Sample Test, 5th Edition(1995), Educational Testing Service, p. 34.

• TOEFL Sampler, [CD-ROM](1998), Educational Testing Service, p. 21.

• Hughes(1989), *Testing for Language Teachers*, Cambridge University Press.

• Clarke, M. and S. Silberstein(1977), "Toward a realization of the psycholinguistic principles in the ESL reading classroom", *Language Learning* 27, Blackwell: Oxford.

• Goulden R., P. Nation and K. Read(1990), "How large can receptive vocabulary be?", *Applied Linguistics* 11, Oxford University Press.

• Nation, P.(1993), "Measuring readiness for simplified material: A test of the forst 1000 words of English", In M. L. Tickoo(ed.), *Simplification: Theory and Application*, Singapore: SEAMEO Reginal Language Centere.

• Engber, C. A.(1995), "The relationship of Lexical proficiency to the quality of ESL composition", *Journal of Second Language Writing* 4(2).

• O'Loughlin, K.(1995), "Lexical density in candidate output in direct and simi-direct versions of an oral proficiency test", *Language Testing* 12(2), by permission of Arnold.

• Jacobs, H. L., S. A. Zigraf, D. R. Wormuth, V. F. Hartfiel and J. B. Hughey(1981), *Testing ESL Composition: A Practical Approach*, Rowley, MA: Newbury House.
• Brown, J. D. and K. Bailey(1984), "A categorical instrument for scoring second language writing skills", *Language Learning* 34(4), Blackwell: Oxford.
• Weir, C. J.(1990), *Communicative Language Testing*, Prentice Hall(1990), Reprinted by permission of Pearson Education Limited.
• McCarthy, M.(1990), *Vocabulary*. Oxford University Press.

목차

옮긴이 서문 _____ 4

편집자 서문 _____ 7

감사의 말 _____ 9

| 제1장 | 언어 평가에서 어휘의 위치 _____ 19

1.1. 도입 ·· 19

1.2. 언어 시험의 최근 경향 ·································· 22

1.3. 어휘 평가의 세 가지 관점 ···························· 27

1.4. 이 책의 개요 ··· 34

| 제2장 | 어휘의 본질 _____ 37

2.1. 도입 ·· 37

2.2. 단어란 무엇인가? ·· 39

2.3. 더 큰 어휘 항목은 어떠한가? ····················· 43

2.4. 어휘 항목을 안다는 것은 무엇을 의미하는가? ······· 49

2.5. 어휘 능력이란 무엇인가? ····························· 54

2.6. 결론 ·· 63

| 제3장 | 어휘 습득과 사용에 대한 연구 _____ 67

3.1. 도입 ·· 67

3.2. 체계적인 어휘 학습 ······································· 69

3.3. 우연적 어휘 학습 ··· 73

3.4. 맥락으로부터 단어 뜻 추론하기 ················· 85

3.5. 의사소통 전략 ··· 98
3.6. 결론 ··· 109

| 제4장 | 어휘 평가에 관한 연구 _____ 111

4.1. 도입 ·· 111
4.2. 객관적 시험 ·· 113
4.3. 선다형 어휘 문항 ··· 115
4.4. 어휘 양 측정 ··· 121
4.5. 어휘 지식의 질 평가 ··· 130
4.6. 어휘 시험의 구인 타당도 ·· 137
4.7. 어휘 측정으로서의 빈칸 메우기 시험 ······························· 146
4.8. 결론 ·· 163

| 제5장 | 어휘 시험: 네 가지 사례 연구 _____ 165

5.1. 도입 ·· 165
5.2. 어휘 수준 시험 ·· 166
5.3. 유로센터 어휘 양 시험 ··· 177
5.4. 어휘 지식 척도 ·· 185
5.5. 외국어로서의 영어 시험 ··· 193
5.6. 결론 ·· 205

| 제6장 | 분리적 어휘 시험의 설계 _____ 209

6.1. 도입 ·· 209
6.2. 시험 목적 ·· 210
6.3. 구인 개념 ·· 213

6.4. 시험 입력의 특징 ··· 218

6.5. 예상 응답의 특징 ··· 228

6.6. 실제 예 ··· 235

6.7. 결론 ··· 258

| 제7장 | 포괄적 어휘 측정 _____ 261

7.1. 도입 ··· 261

7.2. 시험 입력 측정 ··· 263

7.3. 학습자 산출물 측정 ·· 272

7.4. 결론 ··· 302

| 제8장 | 어휘 평가의 발전 과제 _____ 305

8.1. 도입 ··· 305

8.2. 어휘 단위에 대한 인식 ·· 307

8.3. 비공식적 발화 어휘 ·· 322

8.4. 어휘 사용의 사회적 관점 ·· 328

8.5. 결론 ··· 337

참고문헌 _____ 345

찾아보기 _____ 373

지은이와 옮긴이 소개 _____ 382

제1장 언어 평가에서 어휘의 위치

1.1. 도입

언뜻 보기에는 제2언어 학습자의 어휘 지식을 평가하는 것이 불가피한 것이며 또 꽤 간단한 것으로 보일 수도 있다. 단어는 언어의 기본 구성단위, 즉 문장, 문단 그리고 전체 텍스트와 같은 더 큰 구조를 구성하는 의미 단위라는 측면에서 필수적이다. 모어 화자에게 있어서 가장 급격한 성장은 어린 시절에 일어나지만, 어휘 지식은 새로운 경험, 발명, 개념, 사회 경향, 학습에 대한 기회 등에 따라서 성인 시기까지 자연스럽게 발전한다. 반면, (외국어) 학습자들에게 있어서 어휘 습득은 일반적으로 좀 더 의식적이고 인내심을 필요로 하는 과정이다. 학습자들은 심지어 고급 단계에서조차도 자신의 제2언어(L2) 단어 지식에 대한 한계를 자각하게 된다. 그들은 어휘적 차이를 경험하는데, 이것은 그들이 읽고 단순히 이해하지 못하는 단어들이거나 그들이 모어(L1)에서 하는 것만큼 적절하게 표현할 수 없는 개념들이다. 많은 학습자들은 제2언어 습득을 어휘 학습의 문제인 것으로 보고, L2 단어 목록을 암기하는 데 많은 시간을 할애하며, 기본적인 의사소통의 자료로 그들의 이중 언어 사전에 의존한다. 게다가 문법 능력 개발에 오랫동안 몰두한 다음에야 대부분의 언어 교사들과 응용 언어학 연구자들이 현재 어휘 학습에 대한 중요성을 인식하고 이를 더 효율적으로 증진시키는 방법을 모색하고 있다. 따라서 언어 교수에서 어휘는 학습자들의 어휘 학습에 대한 진전 사항을 모니터하고 학습자들의 어휘 지식이 그들의 의사소통 요구를 충족시키는 데 얼마나 충분한지를 평가하기 위한 시험들을 필요로 한다는 등의 다양한 관점에서 중요한 영역으로 여겨질 수 있다.

어휘 평가는 단어 목록이 시험 칠 일련의 단어들을 선정하는 기준을 제공한다는 점에서 간단해 보인다. 게다가 어휘 시험에 사용하기 편리한 잘 알려진 다양한 유형이 있다. 몇 가지 예를 들면 다음과 같다.

Multiple-choice(Choose the correct answer)
선다형(알맞은 답을 선택하시오)
The principle was irate when she heard what the students had done.
교장은 학생들이 했던 것을 들었을 때 화를 내었다.
   a. surprised 놀란
   b. interested 관심이 있는
   c. proud 자랑스러운
   d. angry 화난

Completion(Write in the missing word)
완성형(빠진 단어를 쓰시오.)
At last the climbers reached the s_____ of the mountain.
마침내 등산가들은 그 산의 ㅈ_____ 에 도달했다.

Translation(Give the L1 equivalent of the underlined word)
번역(밑줄 친 단어의 L1 대응단어를 기술하시오.)
They worked at the mill.
그들은 제분소에서 일했다.

Matching(Match each word with its meaning)
연결하기(각 단어를 그 의미와 연결시키시오.)

1 accurate 틀림없는	_____	a. not changing 변하지 않는
2 transparent 투명한	_____	b. not friendly 친근하지 않은
3 constant 불변의	_____	c. related to seeing things 보는 것과 관련된
4 visual 시각의	_____	d. greater the size 크기가 더 큰
5 hostile 적대적인	_____	e. careful and exact 조심스럽고 정확한
	_____	f. allowing light to go through 빛이 통하게 하는
	_____	g. in the city 도시에서

이러한 문항들은 작성하거나 채점하기 쉽고, 시험 시간을 효율적으로 활용할 수 있다. 특히 선다형은 표준화된 시험에서 일반적으로 사용되어 왔다. 전문적으로 만들어진 선다형 어휘 시험은 매우 신뢰할 만하며, 학습자들을 그들의 어휘 지식 수준에 따라 효과적으로 구분할 수 있다. 게다가 이는 학습자의 읽기 능력의 측정과 밀접하게 연관된다. 1960년대와 1970년대에 출판된 언어 시험에 대한 안내서들은(예를 들어, Lado, 1961; Harris, 1969; Heaton, 1975) 좋은 문항을 작성하는 방법과 여러 가지 함정을 피하는 방법에 대한 많은 조언으로 어휘 시험에 상당량의 지면을 할애했다.

위에 기술된 것과 같은 문항들이 포함된 시험은 학생들의 어휘 학습에 대한 진전 사항을 평가하고 그들이 배우고 있는 언어, 즉 **목표 언어**(target-language) 단어 지식에서 취약한 부분을 진단하기 위해 언어 교사들에 의해 지속적으로 작성되고 이용된다. 마찬가지로 어휘의 교수와 학습에 관심을 가진 학자들(예들 들어, McKeown & Curtis, 1987; Nation, 1990; Coady & Huckin, 1997; Schmitt & McCarthy, 1997)은 단어를 독립된 단위로 다루는 것이 의미 있으며, 학습자들이 특정 단어의 의미를 아는지―그리고 얼마나 잘 아는지―를 측정하는 시험을 고안하는 것이 의미 있음을 당연하게 생각한다.

1.2. 언어 시험의 최근 경향

그러나 언어 시험 분야의 학자들은 종래의 어휘 시험 문항에 대해 다소 다른 관점을 가지고 있다. 이런 문항들은 언어 시험관(tester)들이 시험을 **분리 항목 접근법**(discrete-point approach)이라고 부르는 것과 일치한다. 이 접근법은 단어의 의미와 형태, 문형, 음성 대조 등과 같은 언어의 구조적 요소들에 대한 지식을 학습자가 가지고 있는지를 평가하는 시험을 고안하는 것과 관련된다. 20세기의 마지막 30년 동안 언어 평가자들은 이 접근법에서 점차 벗어났으며, 지금은 그러한 시험들이 언어 시험, 특히 숙달도 평가를 구성하는 방법에 대한 현재의 사고와 매우 맞지 않을 정도로 이 접근법에서 점차 멀어졌다.

분리 항목 어휘 평가에 대한 많은 비판들이 있을 수 있다.

- 이러한 시험에서의 점수로는 학습자의 어휘에 대해 어떠한 일반적인 진술도 하기 어렵다. 만약 어떤 이가 30개 중 20개의 항목을 맞춘다면, 이것이 학습자 어휘 지식의 적절성(adequacy) 측면에서 무엇을 의미하는가?
- 제2언어에서 능숙해진다는 것은 많은 단어나 문법 규칙을 아는 것의 문제가 아니라 다양한 의사소통 목적에 맞게 그 지식을 효과적으로 활용할 수 있는가에 대한 문제이다. 학습자들은 (높은 시험 점수에서 보여 지는 것처럼) 엄청난 어휘 지식을 쌓을 수 있지만 라디오 뉴스 방송을 이해하거나 안내소에서 도움을 요청할 수는 없을 것이다.
- 학습자들은 단지 한 단어가 무엇을 의미하는지 이해하고 있다는 것만을 보여 주기보다는 말하기와 쓰기에서 단어를 적절하게 사용할 수 있

다는 것을 보여 줄 필요가 있다. 달리 말하자면, 분리 항목 문항은 이해 능력은 검사하지만 표현능력에 대해서는 검사하지 못한다.

- 일반적인 언어 사용에서 단어는 단어들끼리만 혹은 고립된 문장에서 나타나지 않고 전체 텍스트와 담화에서 통합된 성분으로 나타난다. 단어는 특정 대화, 농담, 이야기, 편지, 교과서, 법정 의사록, 신문광고 등에 속해 있다. 그리고 우리가 어떤 단어를 해석하는 방법은 그 단어가 나타나는 맥락에 상당한 영향을 받는다.

- 의사소통 상황에서 특정 단어에 대한 부족한 지식을 보충하는 것이 가능하다. 우리 모두는 한정된 어휘들을 잘 활용해 그들의 메시지를 전달하는데 매우 능숙한 학습자를 알고 있다. 독자들은 어떤 텍스트로부터 의미를 이끌어 내기 위해 모든 단어를 이해하지 않아도 된다. 몇몇 단어들은 무시할 수 있으며, 다른 단어들의 뜻은 맥락상의 단서, 주제에 대한 배경지식 등을 이용하여 추측할 수 있다. 청자들도 명확한 설명을 요구하거나 다시 말해 줄 것을 요청하거나 메시지를 바르게 해석했는지를 확인해 보는 등의 유사한 전략을 사용할 수 있다.

이러한 비판의 타당성에 대한 폭넓은 수용은—특히, 주로 영어를 사용하는 나라들에서—언어 시험에서 **의사소통 접근법**(communicative approach)을 채택하도록 했다. 오늘날의 언어 숙달도 시험은 학습자들이 *magazine, put on, approximate* 등의 의미를 아는지 조건문에서 시제의 순서를 바르게 할 수 있는지 또는 *ship*과 *sheep*을 구분할 수 있는지를 측정하기 위해 구성되지 않는다. 대신에 오늘날의 숙달도 시험은 학습자들이 교실 밖에서 접할 수 있는 의사소통 활동을 연습할 수 있는 **과제**(task)를 기반으로 한다. 학습자들은 호텔 매니저에게 항의 편지를 쓰거나 대학 강의 주제를 이해하는지 확인하거나 면접에서 직업에 대한 열망을 어떻게 달성할 건인지 토의하도록 요구받을 수 있다. 아마도 우수한 어휘 지식과 기술은 이런 능력이 부족할 때보다는 수험생들이 과제를 보다 잘 수행할 수 있도록 하는 데 도움이 될 것이다. 하지만 그 언어의 어휘나 다른 어떤 구조적인 요소가 평가의 우선 대상이 되지는 않는다. 수험생들은 과제에서 요구하는 전반적인 언어 지식을 얼마나 만족스럽게 충족시켰는지에 의해 평가된다.

바크만과 팔머(Bachman & Palmer, 1996), 그리고 맥나마라(McNamara, 1996)와 같은 주요 학자들에 의한 최근의 언어 시험 관련 도서들은 과제가 현재의 시험 설계에서 어떻게 기본 요소가 되었는지를 보여 준다. 이는 학습자의 지식을 내용면에서 측정하기 위해 선다형으로 구성된 공식적인 표준 시험으로부터 벗어난 서양 교육 체계의 경향과 일치하는데, 이는 대안적 평가나 수행 기반 평가, 혹은 기준 기반 평가로 다양하게 알려져 있는 것(예, Baker, O'Neil & Linn, 1993; Taylor, 1994; O'Malley & Valdez Pierce, 1996)으로, 이러한 평가는 학습자의 일반적인 학습 환경 내에서 보다 더 개방적이고 총체적이며, '실세계'의 과제를 수행하는 능력을 판단하는 것을 포함한다.

그렇다면 과제 기반 시험에서 어휘 평가에 대한 부분이 있는가? 이 질문에 대한 답을 찾기 위해 우리는 바크만과 팔머(Bachman & Palmer, 1996)의 언어 시험 설계와 개발에 대한 종합적이고 영향력 있는 책인 『Language Testing in Practice』를 참조할 수 있다. 바크만(Bachman, 1990)의 초기 저서에 따르면 저자들은 언어 시험의 목적을 학습자의 언어 능력에 대해 추론하도록 하는 것으로 보는데, 여기서 학습자의 언어 능력은 두 가지로 구성된다. 하나는 **언어 지식**(language knowledge)이고 다른 하나는 **전략적 언어 능력**(strategic competence)이다. 즉, 학습자들은 목표 언어의 어휘, 문법, 발음체계, 철자 등에 대해 많이 알아야 하며, 또한 의사소통의 목적을 위해 일반적인 시간 제약하에서 이러한 지식들을 효과적으로 이끌어 낼 수 있어야 한다. 위에서 언급했듯이 분리 항목 어휘 시험에 대한 주요 비판 중 하나는 언어 능력에 대한 지식 구성요소에만 전적으로 초점을 맞춘다는 것이다.

바크만과 팔머(Bachman & Palmer)의 관점에서 언어 지식은 〈표 1-1〉

조직적 지식(Organisational knowledge)
(발화나 문장, 텍스트가 어떻게 구조화되는지)

문법적 지식(Grammatical knowledge)
(각각의 발화나 문장이 어떻게 구조화되는지)

어휘에 대한 지식
통사론에 대한 지식
음운론/필적학에 대한 지식

텍스트적 지식(Textual knowledge)
(발화나 문장이 텍스트를 구성하기 위해 어떻게 구조화되는지)

(통사적)결속성(cohesion)에 대한 지식
수사 구조 또는 대화 구조에 대한 지식

화용적 지식(Pragmatic knowledge)
(어떻게 발화나 문장, 텍스트가 언어 사용자의 의사소통 목표와 언어 사용배경의
특징과 연관되는지)

기능적 지식(Functional knowledge)
(어떻게 발화나 문장, 텍스트가 언어 사용자의 의사소통 목표와 연관되는지)

관념적 기능에 대한 지식
조작적 기능에 대한 지식
체험적 기능에 대한 지식
창의적 기능에 대한 지식

사회언어학적 지식(Sociolinguistic knowledge)
(어떻게 발화나 문장, 텍스트가 언어 사용 배경의 특징과 연관되는지)

방언/언어 변이형에 대한 지식
언어 사용역에 대한 지식
자연적, 관용적 표현에 대한 지식
문화적 배경지식과 비유적 표현에 대한 지식

에서 볼 수 있듯이 다양한 영역들로 분류된다. 이 표는 언어 지식이
필자가 앞의 단락에서 말한 것보다 더 많은 영역을 다룬다는 것을 보
여 주지만, 동시에 어휘 지식은 단지 전체 체계의 작은 구성 요소로

조직적 지식에서 하위의 하위 범주로 나타난다. 어휘 지식은 문법적 지식의 일부로 분류되며, 이는 어휘를 문장 구조 내의 빈자리에 들어가는 대량의 유의미한 단어 형태로 보는 매우 좁은 관점이다. 2장에서 어휘의 본질에 대해 더 많은 것을 이야기할 것이고, 지금은 어휘 지식이 표에 나오는 여러 다른 범주에서 중요한 요소임을 밝히도록 하겠다. 가장 명백한 영역은 사회언어학적 지식으로, 이는 '일상적인 또는 관용적인 표현', '문화적 배경지식' 그리고 '비유적 표현'을 포함한다. 대부분의 사람들은 이러한 것들을 그 언어의 어휘에 속하는 것으로 간주한다. 게다가 사회언어학적 범주는 언어 사용역에 대한 지식을 포함하는데, 언어 사용역이란 사용자, 사용, 맥락과 관련된 언어 변이형이다. 언어 사용역의 주요 특징 중 하나는 그 안에서 사용되는 독특한 단어와 어구이다(McCarthy, 1990: 61~64). 따라서 이런저런 방식으로, 〈표 1-1〉은 언어 지식에 대한 어휘의 기여도를 축소해서 보여 준다.

바크만과 팔머(Bachman & Palmer, 1996: 67)는 많은 언어 시험들이 언어 지식 영역 중 어휘와 같은 단 하나의 영역에만 초점을 둔다는 것을 인정한다. 그들은 어느 아시아 국가에서 외국어로서의 영어를 배우는 초등학생을 대상으로 한 시험을 한 가지 예로 제시한다. '동물원에 가기'라는 교수 단원에서 학생들은 동물원에 있는 동물 이름에 대한 그들의 지식에 대해 시험을 받는다(Bachman & Palmer, 1996: 354~365). 저자들은 심지어 언어학습의 기초 단계에서조차 어휘 시험은 교실 밖에서 어느 정도 유의미한 언어의 사용과 연관되어야 한다고 주장한다.

그러나 그들의 주요 관심사는 언어 지식의 다양한 영역을 끌어낼 뿐만 아니라 의사소통 상황에서 언어 지식을 효과적으로 활용할 수 있도록 요구하는 시험 과제의 개발에 관한 것이다. 후자에 해당하는 과제의 한 예는 한 영어 전용 대학에서 쓰기 프로그램에 참여하는 영어가 모어가 아닌 화자들의 학문적 쓰기 시험에서 찾을 수 있다(Bachman & Palmer, 1996: 253~284). 수험생들은 대학의 입학 절차를 개선하기 위한 제안서를 작성해야 한다. 바크만과 팔머는 그러한 과제의 수행을 평가하기 위해 종종 이용되는 하나의 종합적 척도보다는 몇 개의 분석적 척도, 즉 시험받는 언어 능력의 여러 항목들에 대해 분리된 점수를 주는 방법을 사용해야 한다고 주장한다. 그들은 학문적 쓰기 시험의 경우에서 통사적 지식, 어휘적 지식, 수사 구조, 결속성 그리고 언어 사용역 지식의 5가지 척도를 개발하였다. 따라서 어휘는 이러한 영역과 함께 평가되지 따로 분리되어 평가되지 않는다. 곧 어휘는 학생들의 학문적 쓰기 능력을 측정하는 큰 절차 중 일부일 뿐이라는 것이다.

1.3. 어휘 평가의 세 가지 관점

지금까지 필자는 언어 평가에서 어휘의 역할에 대한 두 가지 대조되는 시각을 개략적으로 서술했다. 하나는 학습자가 독립적 의미 단위인 단어의 뜻과 용법을 알고 있는지를 측정하는 시험이 지극히 합리적이라고 보는 견해이다. 다른 하나는 어휘는 항상 언어 지식의 다른 구성성분들과 함께 자연스럽게 상호작용하는 언어사용 과제라는 맥락 측면에서 평가되어야 한다는 견해이다. 어느 정도까지는 이 두 견해가 평가 목적이 서로 다르다는 점에서 상호보완적이다. 전통적인 어휘 시험은 교사들이 교실 수업에서 어휘 학습의 진척 과정을 평가하고 취약한 부분을 진단하는 데 사용하기 용이하다. 이러한 시험들을 활용하는 다른 사용자들은 학습자들의 목표 언어 단어에 대한 지식과 사용 능력을 개발하는 방법에 특히 관심을 가지고 있는 제2언어 습득 분야의 연구자들이다. 반면에 언어 시험 연구자들과 대규모 시험 사업을 담당하는 사람들은 보다 광범위한 규모로 학습자들의 성취도나 숙달도를 평가하는 시험 설계에 더 관심을 가지는 경향이 있다. 그러한 목적 때문에 어휘 지식은 그것이 기여하는 부분을 제외하고는 주목을 거의 받지 못하거나 의사소통 과제 수행에서 그 가치가 떨어진다.

　대부분의 이분법에서와 마찬가지로 필자가 밝힌 어휘 평가에 대한

〈도표 1-1〉 어휘 평가에 대한 관점

분리적(Discrete) ←———→	내포적(Embedded)
독립적인 구성요소로서의 어휘 지식 혹은 사용의 측정	다른 더 큰 구인에 대한 평가의 일부를 이루는 어휘의 측정
선택적(Selective) ←———→	포괄적(Comprehensive)
특정 어휘 항목들을 평가의 초점으로 하는 측정	입력 자료(읽기/듣기 과제)나 수험생의 반응(쓰기/말하기 과제)의 전체 어휘 내용을 고려한 측정
맥락 독립적(Context-independent) ←———→	맥락 의존적(Context-dependent)
수험생이 어떠한 맥락도 참고하지 않고 예상되는 응답을 할 수 있는지에 대한 어휘 측정	예상되는 응답을 제시하기위해 맥락적 정보를 고려하는 수험생의 능력을 평가하는 어휘 측정

두 견해 간의 차이는 그 문제를 지나치게 단순화시킨다. 다양한 시험 절차들로 어휘 지식과 사용에 대해 평가하는 여러 가지 이유가 있다. 주제의 범위를 정하기 위해 필자는 〈도표 1-1〉에 제시된 것처럼 세 가지 관점을 제안한다.

이 관점들은 보다 광범위한 어휘 평가 절차를 포함하기 위해서 어휘 시험이 무엇인지에 대한 전통적인 사고를 확장할 수 있는 방법들을 보여 준다. 필자는 여기서 그 관점들을 소개하고, 이후의 여러 장에서는 다양한 관점으로 그것들을 상세히 설명하고 논의한다. 각각의 것을 차례로 살펴보자.

1.3.1. 분리적-내포적

첫 번째 관점은 평가 도구의 바탕이 되는 **구인**(construct)에 중점을 둔다. 언어 시험에서 구인이라는 용어는 어떤 시험이 측정하고자 하는 지적 자질이나 능력을 뜻한다. 전통적인 어휘 시험의 경우에 구인은 대개 '어휘 지식'이라고 이름 붙일 수 있다. 구인을 규정하는 실질적인 중요성은 이것이 시험 결과의 의미를 명확하게 해 준다는 것이다. 보통 우리는 교재의 지난 몇몇 단원에 대한 단어 학습의 진행 사항이나 기본 단어의 파생 형태(science에서 scientist와 scientific과 같이)를 만들어 내는 능력 또는 구절을 읽을 때 모르는 단어의 의미를 추론하는 기술 같은 학습자 어휘 지식의 양상 척도로 어휘 시험의 점수를 해석하기를 원한다. 따라서 **분리적**(discrete) 시험은 어휘 지식을 언어 능력의 다른 구성 요소와 분리된 별개의 구인으로 취급한다. 그렇게 하는 것이 타당한지는 논쟁의 여지가 있는 문제이며, 4장에서 다시 다룰 것이다. 그러나 대부분의 기존 어휘 시험은 평가 목적으로 어휘 지식을 독립적 구인으로 다루는 것이 의미 있다는 가정하에 설계되며, 따라서 필자가 여기서 규정한 측면에서 볼 때 어휘 시험은 분리적 측정 방법으로 분류될 수 있다.

반대로 **내포적**(embedded) 어휘 측정은 더 큰 구인의 평가에 도움이 되는 것이다. 필자는 이미 바크만과 팔머(Bachman & Palmer, 1996)의 대학 입학 절차의 개선안을 쓰는 과제를 언급할 때 그러한 측정 방법의 예를 들었다. 이 경우에 구인은 '학문적 쓰기 능력'이라고 이름 붙일 수 있으며, 어휘 척도는 구인에 대한 복합적 측정을 이루는 다섯 가지 평가 척도 중 하나이다. 내포적 측정의 또 다른 예는 일련의 이해력 문제를 수반하는 문어 텍스트로 이루어진 읽기 과제에서 나타난다. 그러한 시험에서 텍스트의 특정 단어나 구에 대한 학습자의 이해를 평가하는 많은 문항들을 포함하는 것이 일반적이다. 대개 어휘 문항 점수는 따로 계산되지 않고, 학습자의 '읽기 이해 능력'의 측정 방법 중 일부로 구성된다. 이러한 점에서 어휘 평가는 각 학습자의 쓰기 능력 성적표에 어휘 점수가 당연히 포함되는 학문적 쓰기 시험에서보다 읽기 이해 능력 시험에서 더 내포적이다.

분리적-내포적 구분이 어휘가 수험생들에게 제시되는 방식을 주로 나타내는 것은 아니라는 점을 이해하는 것이 중요하다. 많은 분리적 어휘 시험이 홀로 혹은 짧은 문장으로 제시된 단어에 대해 반응하도록 학습자들에게 요구하지만, 그러나 이것이 이 시험을 분리적으로 만드는 것은 아니다. 오히려 이 시험은 전적으로 어휘 지식 구인에 초점이 맞추어진다. 어떤 시험은 상당히 많은 양의 맥락에서 단어들을 제시할 수 있으며, 필자의 생각으로 이는 여전히 분리적 척도가 된다. 예를 들어, 필자는 적절한 읽기 구절을 선택해 그 속에서 여러 개의 내용어나 구를 선택하고, 그 어휘 항목이 사용된 텍스트 내에서 해당 어휘가 무엇을 의미하는지를 학습자가 이해할 수 있는지 평가하기 위해 설계된 각각의 어휘에 대한 선다형 문항을 만들 수 있다. 이는 필자가 내포적 척도가 무엇인지 보여 주기 위해 바로 앞 단락에서 설명한 것과 같은 종류의 시험으로 보일 수도 있으나, 결정적인 차이는 이 경우에 모든 문항들은 해당 단락 내의 어휘를 바탕으로 하며, 필자는 이 시험 점수를 학습자들이 단어와 구가 의미하는 것을 얼마나 잘 이해할 수 있는지를 측정하는 것으로 해석한다는 점이다. 필자는 이것을 학습자들의 읽기 이해 능력이나 다른 어떤 더 큰 구인을 평가하는 것으로 보지 않는다. 따라서 특정 어휘 척도가 분리적인지 내포적인지 결정하기 위해서 여러분은 어휘 평가의 목적과 결과가 해석되는 방식을 고려할 필요가 있다.

1.3.2. 선택적-포괄적

두 번째 관점은 평가에 포함되는 어휘의 범위를 중시한다. 전통적인 어휘 시험은 출제자에 의해 선택된 일련의 목표 단어들을 기반으로 하며, 수험생들은 그 단어들의 의미나 사용에 관한 그들의 지식을 얼마나 잘 제시하는가에 따라 평가된다. 이것이 바로 필자가 말하는 **선택적**(selective) 어휘 척도라고 하는 것이다. 목표 단어들은 개개의 단어로 선정되어 별개의 시험 문항에 통합되거나, 출제자가 먼저 적절한 글을 선택하고 나서 그 글에 나오는 특정 단어를 어휘 평가의 기초로 사용한다.

반면에 **포괄적**(comprehensive) 척도는 구어 텍스트나 문어 텍스트의 모든 어휘를 고려한다. 예로 학습자들의 표현 범위를 비롯하여 여러 기준으로 학습자가 평가받는 말하기 시험을 살펴보자. 이 경우에 평가자들은 특정 단어나 표현에 귀를 기울이지 않고, 수험생의 전반적인 어휘 사용의 질에 대해 평가한다. 마찬가지로 우리가 7장에서 볼 것처럼, 몇몇 연구자들은 학습자들에게 쓰기 과제를 주어 서로 다른 단어의 수나 '세련된' 단어의 수, 사용된 저빈도 단어의 수를 세어 생산적 어휘 사용을 조사했다.

또한 포괄적 척도는 읽기 시험이나 듣기 시험의 입력 자료에 적용될 수 있다. 출제자가 특정 수험생 집단의 평가를 위한 텍스트의 적합성을 판단하는 한 방법으로 가독성(readability) 척도를 사용하는 것이 일반적이다. 가독성 공식은 일반적으로 텍스트 내 '긴' 단어의 비율을 산출하는 형태로 대개 어휘 요소를 포함한다. 이것은 단어의 길이와 출현빈도 사이에 반비례 관계가 존재하는 영어에서 잘 정립되어 있는데, 이는 긴 단어의 비율이 높은 텍스트가 학습자들에게는 언어적으로도 개념적으로도 어려울 것이라는 것을 의미한다. 비록 다른 요인들 역시 가독성과 가청성(listenability)에 영향을 미치는 것은 당연하지만, 이러한 방식으로 가독성 공식을 사용하는 것은 어휘 평가 척도가 포괄적이면서 내포적인 것임을 보여 준다.

1.3.3. 맥락 독립적-맥락 의존적

어휘 시험에서 오래된 쟁점인 맥락의 역할이 세 번째 관점의 근거이다. 전통적으로 맥락화는 수험생들에게 단어를 하나의 고립된 요소로 제시하기보다는 문장 내에서 제시한다는 것을 의미한다. 현대의 관점에서 전체 텍스트와 더 일반적으로는 담화를 포함하기 위해 맥락의 개념을 확장시킬 필요가 있다. 또한 우리는 맥락화가 어휘가 제시되는 방식의 문제 그 이상이라는 것을 인식할 필요가 있다. 중요한 문제는 수험생들이 시험에 제시된 맥락을 활용하는 능력을 근거로 평가되는 것이 어느 정도까지인가 하는 것이다. 다시 말해서 수험생들이 시험 과제에 적절한 답을 하기 위해 맥락적 정보를 이용해야 하는가, 아니면 마치 단어가 홀로 존재하는 것처럼 답을 할 수 있어야 하는가의 문제이다.

우리는 읽기 이해력 시험에 내포된 어휘 항목을 살펴봄으로써 그 차이를 잘 설명할 수 있다.

Humans have an innate ability to recognise the taste of salt because it provides us with sodium, an element which is essential to life. Although too much salt in our diet may be unhealthy, we must consume a certain amount of it to maintain our wellbeing.

사람은 소금의 맛을 인식할 수 있는 타고난 능력이 있는데, 이는 생명에 필수적인 원소인 나트륨을 소금이 우리에게 제공하기 때문이다. 비록 우리 식단에서 지나친 소금은 유해할 수 있으나, 우리는 건강을 유지하기 위해 일정량의 소금을 <u>섭취</u>해야 한다.

What is the meaning of <u>consume</u> in this text?
이 텍스트에서 <u>섭취</u>의 의미는 무엇인가?

a. use up completely 소진하다

b. eat or drink 먹거나 마시다

c. spend wastefully 낭비하다

d. destroy 파괴하다

이 시험 문항의 요지는 네 선택지 모두가 *consume*의 뜻이 될 수 있다는 것이다. 따라서 수험생들은 그들이 올바른 선택지를 골랐다는 것을 확신하기 위해 단순히 *consume*의 의미로 '먹고 마시다'를 배웠다는 사실에 의존하기보다는 맥락에 대한 어느 정도의 이해가 필요하다.

그만큼 이 문항은 맥락 의존적이다. 필자는 이 문제를 5장에서 외국어로서의 영어 평가인 토플(Test of English as a Foreign Language: TOEFL)의 어휘 문항에 대해 논하면서 좀 더 깊이 살펴볼 것이다.

또한 맥락 의존에 대한 문제는 빈칸 메우기 시험(cloze test)에서 발생하는데, 이 시험에서 단어는 텍스트에서 체계적으로 삭제되며, 수험생들의 과제는 각각의 빈칸에 알맞은 단어를 채워 넣는 것이다. 우리가 4장에서 보게 될 것처럼, 언어 시험 연구자들은 빈칸 채우기 문항이 단지 빈칸이 있는 바로 그 맥락(빈칸이 생기는 구나 절)을 살펴봄으로써 대부분 정확하게 답할 수 있는지, 아니면 많은 경우에 그 단락의 광범위한 맥락으로부터의 정보에 의존해야 하는지에 대해 논쟁해 왔다. 몇몇 연구자들은 각각의 빈칸 채우기 문항에 답하기 위해 필요한 맥락적 정보에 대해 자세한 분석을 해 온 반면, 다른 연구자들은 빈칸 채우기 시험 문항들이 넓은 의미에서 맥락 의존적이거나 혹은 그렇지 않다는 것을 보이기 위해 노력해 왔다. 따라서 맥락 의존 정도는 개별 시험 문항의 특징으로도 시험 전체의 특성으로도 접근할 수 있다.

일반적으로 말해, 쓰기와 말하기 과제에 내포된 어휘 척도는 학습자들이 과제와 관련된 어휘 사용의 적절성에 대해 평가받는다는 점에서 맥락 의존적이다. 적절성에 대한 판단은 텍스트 너머의 더 넓은 사회적 맥락을 고려하도록 한다. 예로, 시험 과제는 수험생이 의사이고 환자와 모의 상담을 하는 역할극인 숙달도 시험을 살펴보자. 만약 어휘 사용이 의사의 수행 평가로 사용되는 기준 중 하나일 경우, 의사인 수험생들은 그 상황에서 반드시 필요한 어휘를 사용하는 능력을 보여야 한다. 예를 들면, 환자가 흔한 증상과 질병에 사용하는 구어적 표현 이해하기, 의학적 개념을 쉬운 말로 설명하기, 의학 용어 피하기, 화내거나 불안해하는 사람에게 안심시키는 말하기, 적절한 어조로 조언하기 등이다. 따라서 이 과제에서의 어휘 사용은 매우 전문적인 교육을 받은 전문인으로서의 의사라는 지위, 상담에서 기대되는 역할 관계 그리고 그 상황에 대한 정의적 관점에 의해 영향을 받는다. 이는 우리가 어휘 시험의 관계에 대해 생각했던 것보다 훨씬 더 넓은 관점의 맥락이기는 하지만 그럼에도 불구하고 우리가 현대의 수행 시험에서 어휘를 평가하고자 한다면 반드시 필요하다.

1.4. 이 책의 개요

세 가지 관점들은 어휘 평가의 통합 모형을 만들어 내기 위해 의도한 것이 아니다. 오히려 이 관점들은 현재 사용 중인 일반적인 체계 내에서 평가 절차의 다양성을 두기 위한 토대를 제공하며, 특히 단어를 개별적 단위로 다루는 시험과 과제 기반 시험 맥락을 통해 더욱 통합적으로 어휘를 평가하는 시험 간 관계의 접점을 제공한다. 이 책을 통해 필자는 다양한 측면에서 어휘 평가에 대한 관점을 언급하고 그것들의 전형적인 예를 보여 줄 것이다. 지금까지의 어휘 평가에 대한 많은 연구들이 분리적, 선택적, 맥락 독립적인 방법과 관련이 있었기 때문에, 이러한 접근법들은 이후의 여러 장에서 뚜렷해질 것이다. 그러나 필자의 목적은 이러한 주제에 대해 균형 잡힌 견해를 제시하는 것이다. 그리고 기회가 되는 한 내포적, 포괄적, 맥락 의존적 척도에 대해 논하고 특히 이 책의 마지막 두 장에서 좀 더 논의할 것이다.

2장은 우리가 말하고자 하는 어휘에 대한 문제를 다룬다. 우리는 사전 표제어에서처럼 어휘를 개별 단어의 구성 문제로 생각하는 경향이 있다. 하지만 '단어'의 정의조차 결코 간단하지 않다. 또한 복합 명사, 동사구, 관용구 및 다양한 종류의 고정된 표현과 같은 한 단어 이상의 보다 큰 어휘적 단위를 고려할 필요가 있다. 평가 목적에서 어휘는 단순히 일련의 언어적 단위일 뿐만 아니라 어휘 지식을 형성하고 그 지식을 의사소통 목적을 위해 사용하는 능력에 대한 각각의 언어 학습자들의 자질이기도 하다.

어휘 능력에 대한 본질을 좀 더 살펴보기 위해 3장에서 제2언어 어휘 습득 연구자들의 주요 연구 흐름을 검토할 것이다. 연구자들은 의도적 어휘 학습 방법에 대한 광범위한 연구에서 벗어나 읽기와 듣기 활동을 통한 우연적 방식으로 어떻게 단어 지식의 습득이 일어나는지를 조사하고 있다. 다른 관심 분야는 학습자가 읽기에서 맞닥뜨리는 모르는 단어의 의미를 추측하는 능력과 말하기와 쓰기 과제를 할 때 그들의 어휘 지식의 격차를 극복하기 위해 사용하는 전략들이다.

4장에서는 어휘 시험의 연구와 관련되거나 어휘 평가에 관련되는 언어 시험에 대한 연구를 살펴본다. 이 분야에서의 한 가지 쟁점은 '순수한' 어휘 시험의 개념이 설득력이 있는가(혹은 비판으로부터 자유로울 수 있는가)하는 것이다. 필자는 분리 항목 어휘 시험에서 벗어나려는 움직임을 기술하였고, 빈칸 채우기 시험 절차와 그것의 다른 형태가 어휘 평가 척도로 간주될 수 있다는 것을 살펴볼 것이다. 어휘 시험에 대한 좀 더 최근의 연구는 학습자들이 얼마나 많은 단어를 알고 있는지(또는 그들의 어휘 양)를 측정하는 데 중점을 두고 있다. 상호보완적인 관점은 학습자들의 어휘 지식의 질(또는 '깊이')을 평가하려는 다른 연구자들에 의해 제시된다.

5장에서는 네 가지 어휘 시험의 사례 연구를 제시하였다.

- 네이션(Nation)의 어휘 수준 시험(Vocabulary Levels Test)
- 메아라와 존(Meara & Jone)의 유로센터 어휘 양 시험(Eurocentres Vocabulary Size Test)
- 파리바흐트와 베체(Paribakht & Wesche)의 어휘 지식 척도(Vocabulary Knowledge Scale)
- 외국어로서의 영어 시험(Test of English as a Foreign Language: TOEFL) 에서의 어휘 문항

이 시험들은 다른 것에 의존하지 않고 그 자체로 영향력 있는 방법 인데다가 앞의 장에서 논의된 어휘 시험의 주요 경향의 몇 가지 예가

된다.

어휘 시험 설계에서의 현실적인 문제들은 6장에서 논의하였는데, 여기서는 상대적으로 분리적이고 선택적인 시험에 중점을 둔다. 이 장은 필자의 경험에서 나온 시험 설계 두 가지의 구체적인 예에 대한 논의를 포함한다. 하나는 교실 수업 진단 시험을 위한 몇 가지 전형적인 문항들을 살펴보고, 다른 하나는 어휘 지식의 깊이를 측정하기 위해 사용할 수 있는 시험을 개발하기 위해 필자가 노력한 실례이다.

7장은 과제 기반 언어 시험, 특히 어휘의 내포적인 평가를 위한 시험에서 사용될 수 있는 어휘의 포괄적 척도에 초점을 맞출 것이다. 이 장의 가장 많은 부분을 학습자들의 쓰기 평가에 적용되어 온 절차에 대해 다룰 것이다. 이러한 절차들은 작문에서 서로 다른 유형의 단어 비율의 '객관적' 수치뿐만 아니라 '주관적' 평가 척도도 포함한다. 필자는 또한 읽기와 듣기 과제와 관련된 시험을 위한 입력 자료의 분석에 있어서 가독성 공식과 같은 포괄적 척도의 적용에 대해 다룰 것이다.

마지막으로 8장에서 필자는 어휘 평가에 대한 연구의 현재와 미래의 방향에 대해 살펴볼 것이다. 이는 컴퓨터 기반 말뭉치 연구가 어휘 평가 척도 개발에 기여할 수 있는 방법에 대한 논의를 포함한다. 두 번째 주요 주제는 어휘의 본질에 대한 우리의 시각을 넓힐 필요성에 관한 것이다. 추가적인 고려 사항은 언어 사용에서 여러 단어로 된 어휘 항목(multi-word lexical items)의 역할에 대한 것이어야 한다. 또 다른 사항은 문자 언어와는 별개로 발화 어휘에 대한 더 나은 이해력을 쌓는 것이다. 또한 어휘 사용의 사회적 관점에 대해 더 많이 집중해야 한다.

제2장 **어휘의 본질**

2.1. 도입

우리는 어떻게 어휘를 평가할 것인가를 고려하기에 앞서, 먼저 우리가 평가하려는 어휘의 본질을 탐구할 필요가 있다. 우리가 일상적으로 생각하는 어휘의 개념은 사전적 의미가 지배적이다. 우리는 어휘를 관련 의미를 포함한 개별 단어들의 목록으로 생각하는 경향이 있다. 이러한 견해는 다수의 제2언어 학습자들이 가지고 있으며, 이들은 L2 단어의 긴 목록을 암기하는 것을 어휘 학습의 과제로 본다. 그리고 학습자들이 모르는 단어와 맞닥뜨렸을 때 그들의 즉각적인 반응은 이중 언어 사전을 찾아보는 것이다. 이러한 관점에서 어휘 지식이란 단어들의 의미를 아는 것과 관련되고, 따라서 어휘 시험의 목적은 학습자들이 각각의 단어를 동의어, 사전식 정의 또는 학습자 모어 중에서 대응되는 단어와 연결시킬 수 있는지 여부를 알아내는 것이다.

그러나 언어교수와 응용 언어학에서의 최근 발전을 고려하여 어휘에 관해 좀 더 면밀히 살펴보면, 우리가 평가해야 하는 범위를 점진적으로 넓히게 되는 효과를 얻는 여러 의문점들을 다루어야만 한다는 것을 알게 된다.

첫 번째 질문은 '단어란 무엇인가?'이다. 이 질문은 이론적 측면에서 언어학자들에게 상당히 흥미로운 것이지만, 우리는 시험 목적으로 이 질문을 할 만한 더 실질적인 이유가 있다. 예를 들어, 이 질문은 우리가 학습자들의 어휘 양을 측정하고자 하는 경우와 관련된다. 영어를 모어로 하는 화자가 얼마나 많은 단어를 아는지를 측정하려고 시도해 왔던 연구자들은 매우 다양한 수치들을 제시했는데, 이러한 수치 차이는 적어도 부분적으로는 단어가 무엇인가를 정의내리는 연구자들 간의 서로 다른 방식 때문이다.

다음으로 '어휘는 오직 개별 단어들로 이루어져 있는가, 아니면 더 큰 어휘 항목에 관해서도 생각해야 하는가?' 하는 질문을 할 필요가 있다. 관용구를 어휘에서 특별한 범주로 분류하는 것이 정립된 관행이지만, 최근 이론학자와 응용 언어학자 사이에서는 널리 통용되는 구와 절의 수많은 다른 형태들을 문법 단위보다 어휘 단위로 분석하는 추세이다. 언어 속에는 우리가 일반적으로 인식하는 것보다 고정된 표현이 더 많이 존재하며, 이해와 생산 모두의 측면에서 중요한 역할을 하는 것으로 보인다.

만약 우리가 어휘 항목의 정의를 만족스럽게 규정할 수 있다면, 세 번째 질문은 '그러한 항목을 안다는 것은 무엇을 의미하는가?'이다. 제2언어 학습의 초기 단계에서는 학습자들이 L2 단어를 같은 뜻의 모어 단어 또는 L2 동의어로 대응시킬 수 있음으로써 그들이 L2 단어를 이해한다는 것을 보여 주기에 충분할지도 모른다. 많은 전통적인 어휘 시험 문항은 이러한 점을 바탕으로 설계되었다. 그러나 학습자들은 자신의 L2 능력이 발전해감에 따라 학습자들이 습득하고 있는 단어들과 그 밖의 어휘 항목에 관하여 더 많이 알 필요가 있는데, 특히 학습자들이 말하기와 쓰기에서 이들 어휘 항목들을 사용해야 하는 경우에는 더욱 그렇다.

네 번째는 좀 더 광범위한 주제로 '어휘 시험을 통해 우리가 측정하려고 하는 구인의 특성은 무엇인가?'에 관한 것이다. 이미 1장에서 언급한 바와 같이, 바크만과 팔머(Bachman & Palmer, 1996)는 언어 평가의 기초가 되는 일반적 체계는 그들이 언어 능력이라고 부르는 다양한 지식의 영역뿐만 아니라 전략적 능력으로 구성되어 있다고 제안한다. 만약 우리가 이러한 개념을 어휘에 적용한다면, 우리는 어휘 능력이 단지 수많은 어휘 항목을 아는 것 이상을 내포하고 있음을 깨닫는다. 곧 학습자는 그러한 지식에 쉽게 접근할 수 있어야 하고, 언어 사용 과제를 수행할 때 이를 효과적으로 끌어낼 수 있어야 한다. 이와 더불어 학습자들은 자신의 어휘 지식이 의사소통 욕구를 충족시키기에 불충분할 때, 이에 대처하기 위한 전략을 가지고 있어야 한다.

2.2. 단어란 무엇인가?

어휘 시험에서 기본적인 가정은 우리가 단어 지식을 평가한다는 것이다. 그러나 단어는 이론적인 용어로 보거나 여러 가지 적용 목적에 따르거나 어느 측면에서도 정의내리기 쉬운 개념은 아니다.

우리가 처음부터 상세히 설명할 필요가 있는 몇 가지 기본 사항들이 있다. 그 하나는 한 텍스트 내의 단어 수에 해당되는 **구현**(tokens)과 **유형**(type)의 차이이다. 구현의 수는 단어 형태의 전체 수와 동일한 것으로, 이는 한 텍스트 내에서 한 번 이상 사용된 개별 단어가 사용될 때마다 횟수를 더해 나가는 것을 의미한다. 반면에 유형의 수는 서로 다른 단어 형태의 전체 수로, 하나의 단어가 여러 번 반복되어도 오직 하나의 단어로 계산된다. 내가 학생들에게 500자로 작성하는 쓰기 과제를 내주었을 때, 나와 학생들은 이것이 구현 수(또는 사용되는 단어들)를 의미하며, 이들 중 많은 것들—특히 *the, a, and, in, that*과 같은 단어—은 동일한 유형의 다양한 발생 형태를 가리키는 것으로 이해한다. 그러나 유형의 수는 500개 이하이다. (type-token ratio로 알려진) 유형과 구현의 상대적 비율은 언어 학습자와 모어 화자의 언어발달 척도로 널리 이용된 것이다(7장 참조).

*The, a, to, and, in, that*과 같은 단어들에 대한 언급은 이러한 단어들이 어휘 항목으로 간주되는가에 대한 의문을 낳는다. 이런 종류의 단어들—관사, 전치사, 대명사, 관계사, 조동사 등—은 종종 **기능어**(function words)로 언급되고, 어휘보다는 문법에 더욱 속해 있는 것으로 보인다. **내용어**(content words)—명사, '완전' 동사, 형용사, 부사—와 다르게 기능어들은 독립적인 의미가 거의 없고 문장 내에서의 연결 관계를 나타내는 데 도움을 주며 내용어의 의미를 한정시켜 주는 등의 역할을 한다. 일반적으로 우리가 어휘를 시험하려고 할 때 중점을 두는 것은 내용어의 지식이다.

심지어 우리가 내용어에 대한 집중을 제한하는 경우에서도 내용어가 다양한 형태로 나타난다는 또 다른 문제가 있다. 예컨대, *wait*라는 단어가 있지만 *waits, waited, waiting*이라는 단어도 있다. 마찬가지로 *society, societies, society's, societies'*도 있다. 이 두 경우에서 일반적으로 우리는 이들을 한 단어의 다른 형태로 생각할 것이다. 문법적으로 말하자면, 기본형의 의미나 품사를 바꾸지 않고 기본형에 굴절어미를 더하는 것이다. 어휘 연구에서 단어의 기본형(base froms)과 굴절형(inflected forms)을 합쳐 **레마**(lemma)로 알려져 있다. 연구자들이 문어나 구어 텍스트 내 (유형이라는 측면에서) 단어 수를 세는 것과 관련된 연구를 수행하는 경우, 첫 번째 단계 중 하나는 굴절형을 기본형과 마찬가지로 동일한 레마(lemma)의 예로 간주하여 구현을 분류 정리하는 것이다.

그러나 기본형은 굴절어미를 취할 뿐만 아니라 다양한 파생형을 가지는데, 파생형은 종종 품사를 바꾸고, 의미에 새로운 요소를 더한다. 예를 들어 *leak*(누출)라는 단어가 있는데, 이 단어의 굴절형으로는 *leaks, leaking, leaked*가 있을 뿐만 아니라 *leaky*(새는), *leakiness*(비밀이 새기 쉬움), *leakage*(누출), *leaker*(누설자)와 같은 파생어도 있다. 글자 그대로 '유액의 누출'과 훨씬 비유적인 '비밀정보의 누설' 간에 차이가 있다 하더라도 이 모든 단어는 그 형태와 의미가 밀접하게 관련되어 있다. 이처럼 같은 의미를 공유하는 단어 형태의 집합은 **단어족**(word family)

으로 알려져 있다.

이러한 상황은 형태와 의미에 있어서 그 정도가 다양하게 나타나는 수많은 다른 단어들이나 *society* 같은 단어, 즉 *social, socially, sociable, unsociable, sociability, socialise, socialisation, socialism, socialist, socialite, sociology, sociologist, sociological, societal* 등에서는 더욱 복잡하다. 이 단어들은 모두 'soci–'라는 형태를 공유하고 있고, '어떤 종류의 집단 혹은 조직 내에서 사람 혹은 동물들과 관련을 맺는'으로 나타낼 수 있는 기본적인 의미를 공통적으로 가진다고 볼 수 있다. 그러나 전체적으로 이 단어들은 꽤 광범위한 의미를 표현하고 있기 때문에 이 단어들을 같은 단어족의 일원이라고 말할 수는 없을 것 같다. 이는 어떤 부분집합—*sociable, unsociable, sociably, sociability, socialism, socialist, socialistic, socialistically*—은 그렇다고 할 수 있지만 전체로 보면 한 단어족의 일원이 아니라는 것이다. 문제는 이 단어를 그들의 단어족에서 어떻게 분리하는가 하는 것이다.

단어 형태(word form)와 단어족(word family)의 구별은 특히 어휘 양 측정과 관련하여 중요한데, 이에 대해서는 4장에서 논의하겠다. 모어 화자들이 얼마나 많은 단어를 알고 있는가에 대한 추정치가 매우 다양한 이유 중 하나는 일부 연구자들이 단어 형태를 세는 반면 다른 연구자들은 단어족에 초점을 두기 때문이다. 만약 어떤 어휘 양 시험이 다수의 관련 단어 형태가 포함된 목록에서 추출한 200개 표본 항목을 바탕으로 한 것이라면, 이는 단어족 목록에서 뽑아낸 200개 표본 항목보다 더 많은 어휘 양 추정치가 도출될 것이다.

굴든, 네이션 그리고 리드(Goulden, Nation & Read, 1990)에서는 『Webster's Third New International Dictionary』(1961)에 있는 단어들을 어떻게 표본 조사를 했는지, 그리고 (한 단어족을 대표하는 각각의) 기본형에 대한 신중한 목록을 만들기 위하여 그 표본들을 어떻게 체계적으로 가다듬었는지에 관해 자세히 설명했다. 이 과정에서 우리는 파생형, 고유명사, 합성명사, 축약형, 접사 그리고 다양한 비기본형 항목들을 삭제하였다.

설령 어떤 시험이 어휘 양 측정을 의도한 것이 아닐지라도, 우리는 특정 시험 문항에 대한 학습자 수행으로부터 무엇을 이끌어 낼 수 있는지 궁금해 할 수 있다. 어떤 문항이 *critical*이라는 단어의 지식을 평가하기 위해 고안된 것이고, 이에 대하여 학습자들이 바르게 대답하였다고 하자. 우리는 그들이 단지 *critical*을 알고 있다고 믿을 것인가, 아니면 그들은 *critically, crisis, criticism* 또한 알고 있다고 추측하는 것이 합리적인 것인가? 이를 다른 식으로 생각해 보면, 평가되는 것이 개별 단어 형태인가 아니면 그 단어 형태가 속한 전체 단어족인가?

'단어란 무엇인가'를 정의하는데 있어서 더욱 복잡한 것은 **동형이의어**(homographs)의 존재이다. 동형이의어는 서로 아주 달라서 명백히 다른 단어족에 속하는, 적어도 두 가지 이상의 의미를 갖는 단일 단어 형태다. 일반적으로 인용되는 예 가운데 하나가 명사 *bank*인데, 이것은 두 가지 주요한 의미를 지닌다. 즉, 금융 서비스를 제공하는 기관 그리고 강가의 둑이다. 또한 이 명사는 다이얼이나 스위치의 줄이라는 의미도 있고, 항공기의 날개가 회전할 때 그 날개의 경사를 의미하기도 한다. 이 네 가지 의미 모두를 유용하게 연결할 수 있는 근원적인 의미는 없으며, 실은 우리는 여기서 몇 가지 구별되는 단어족을 얻을 수 있다. 사전에서 이들은 일반적으로 독립된 번호가 주어짐으로써 (단일 표제항 아래에 놓인 별개의 의미라기보다) 별개의 표제항으로 인식된다. 시험이라는 맥락에서, 우리는 학습자들이 하나의 의미를 알고 있는지 만을 보기 때문에 그들이 다른 모든 의미를 알고 있다고 가정할 수는 없다.

따라서 단어라는 용어는 여러 가지 어휘적 단위를 나타낼 수 있다. 일반적으로 어휘 평가에서 단어는 기능어보다는 내용어에 적용되지만, 다른 측면에서 볼 때 단어의 구체적인 내용은 매우 불명확한듯하다. 어떤 평가 절차는 그 적절한 단위가 무엇인지에 대한 명확한 의미와 하나의 단위와 다른 단위를 구별하기 위한 분명한 기준을 필요로 한다. 예를 들어, 교육이나 시험을 위하여 단어 목록을 만드는 사람들은 단어가 무엇인지에 대하여 정의를 내려야만 하는데, 특히 그 목록이 긴 텍스트나 **말뭉치**(corpus, 컴퓨터에 저장된 텍스트의 대규모 모음) 내 단어의 빈도 계산에 근거한 경우에 필요하다. 앞서 언급한 바와 같이, 학습자의 어휘 양을 추정하기 위해 시험을 이용하는 것은 단어의 정의가 주요한 역할을 하는 또 다른 상황이다. 이에 대해서는 4장에서 더 논의하겠다. 세 번째는 학습자의 문어적 혹은 구어적 산출이 학습자가 산출한 다양한 단어 유형, 즉 유형 대 구현, 내용어 대 기능어, 저빈도 단어 대 고빈도 단어 등의 상대적 비율을 계산하는 것과 관련되는 필자가 1장에서 말한 포괄적인 측정에 의하여 평가되는 경우이다. 이러한 측정은 7장에서 보다 상세하게 설명하겠다.

2.3. 더 큰 어휘 항목은 어떠한가?

어휘에 관한 두 번째 주요 논점은 그것이 적어도 단일어 이상으로 구성되어 있다는 것이다. 먼저 구동사(*get across, move out, put up with*)와 합성 명사(*fire fighter, love letter, practical joke, personal computer, appiled social science, milk of magnesia*)가 있는데, 이것들은 일반적으로 하나의 단어 형태 이상으로 구성된 어휘 단위로 인식된다. 다음으로는 *a piece of cake, the Good Book, to go the whole hog, let the cat out of the bag*과 같은 관용어가 있다. 이깃들은 제2언어 학습자들에게 매우 큰 어려움을 겪게 하는 구와 문장들로, 그 이유는 전체 단위의 의미는 개별 단어가 무엇을 의미하는지 아는 것만으로는 해결될 수 없는 의미를 갖고 있기 때문이다.

이러한 여러 단어로 된 항목(multi-word items)은 오랜 기간 학생들이 직면하는 어휘 학습 과제의 일부로 받아들여져 왔고, 이들은 어휘 시험에 종종 포함된다. 그러나 좀 더 최근의 학자들은 유창한 화자나 글쓴이들이 그들 마음대로 사용하는 엄청난 양의 다양한 '조립어(prefabricated language)'를 가지고 있다는 점을 지적했다. 폴리와 사이더(Pawley & Syder, 1983: 208)는 유창하게 말하는 능력이 다양하게 '어휘화된' 통문장(whole sentences)과 수천의 암기된 문장 줄기(sentence stems)[1]에 대한 지식에 근거한다고 주장했다. 그들은 '암기된 문장과 구는 유창한 구어 담화의 일반적인 구성 요소이고, 동시에, … 그것들은 기억할 만하고 익숙한 용법 창고에 들어갈 순서가 된, (부분적으로) 새로운 수많은 연속체 창조를 위한 모형을 제공한다'고 하였다. 이는 언어 능력이 주로 언어 사용자가 무한한 문장을 만들고 이해하도록 하는 문법 규칙 체계를 아는 것과 관련된다고 하는 언어학자 노암 촘스키(Noam Chomsky)의 영향력 있는 견해에 이의를 제기한다.

전산화된 말뭉치에 저장된 문어 텍스트에 관하여 광범위한 연구를 해 온 싱클레어(Sinclair, 1991: 109~115)는 텍스트가 어떻게 구성되는지에 대해 적절한 설명을 하기 위해서는 두 가지 원리가 필요하다고 하면서, 이와 관련된 두 개의 관점을 제시하였다. 하나는 **개방 선택 원리**(the open-choice principle)로, 이는 필연적으로 문장은 규칙의 기저 체계를 기반으로 하여 창조적으로 생산된다는 촘스키적 관점이다. 문장은 언어 사용자의 선택에 따라 다양한 단어들로 채워질 수 있는 공간이 있다. 그러나 오직 개방 선택 원리만 작동되고 있다면 실제 어휘 선택은 기대하는 것보다 훨씬 더 제한적이라고 말뭉치 연구에서 밝혀냈다. 단어들은 보통 상대적으로 고정된 표현으로 형성되는 것으로 보이는 둘, 셋, 넷 또는 그 이상의 조합 또는 **연어**(collocation)로 합쳐진다.

따라서 싱클레어에 따르면, 개방 선택 원리는 **관용구 원리**(the idiom principle)에 의하여 보강될 필요가 있다. 그는 관용구 원리에 대해 '언

---

1) (역주) 문장 줄기(sentence stem)는 문장의 첫 머리에 사용할 수 있는 요소를 말하며, 학습자들이 말하거나 쓰기를 할 때 시작할 수 있도록 도와주는 역할을 한다. 예를 들면, I understand that …, I already know that…, The main points were…, I agree because… 등이 있다. 주로 교사가 이러한 문장 줄기 목록을 제시해 주고 학습자들은 자신의 생각을 더해 문장을 완성하는 활동으로 이루어지며, 이는 학습자가 완벽한 문장 형태로 응답할 기회를 제공한다.

어 사용자는 단일 선택으로 구성되는 매우 많은 반조립식 구(semi-preconstructed phrases)를 누구나 사용할 수 있으며, 심지어 반조립식 구들이 분절될 수 있는 것으로 보이는 경우에도 그러하다.'고 정의하고 있다. 이것은 *take, make, get*과 같은 매우 빈도가 높은 '내용어'들이 그 자체의 특정 의미로는 거의 기여하지 않는 것 같지만, 이러한 단어들이 나타나는 전체 구의 관계 속에서 이해되어야 하는 이유를 설명하는 데 도움을 준다. 언어학자들이 전통적으로 그들 연구의 바탕으로 개방 선택 원리를 취한 반면에 싱클레어는 관용어 원리가 적어도 텍스트를 구성하고 해석하는데 있어서 중요하다는 점을 믿었다.

유사한 견해에서 연구하고 있는 나팅어와 디개리시(Nattinger & DeGarrici, 1992)는 **어휘구**(lexical phrase)의 개념을 발전시켰는데, 어휘구는 문법 구조로 보이지만 구어 또는 문어 담화에서 특정 기능을 갖는 하나의 단위로 활동하는 단어 무리이다. 그들은 어휘구를 4개의 범주로 구분한다.

1 다단어(Polywords): 다양한 기능을 수행하는 짧은 고정된 구이다. 예컨대, for the most part(이는 '수식어'로 부른다), at any rate와 so to speak(유창성 장치), hold your horses(의견 불일치 표지) 등을 들 수 있다.

2 관례화된 표현(Institutionalised expressions): 고정된 형태로 사회적 상호작용을 위한 속담(proverb), 경구(aphorism) 그리고 정형화된 문구(formula)를 포함하는 긴 발화들이다. 예컨대, a watched pot never boils, how do you do?, long time no see, once upon a time…, they lived happily ever after 등이다.

3 구 제약(Phrasal constraints): 다양한 단어나 구로 채워질 수 있는 하나 또는 두 개의 공간이 있는, 기본적 틀로 구성된 짧은 것에서 중간 길이의 구이다. 이것은 a [day/ year/long time] ago, yours [sincerely/truly], as far as I [know/can tell/am aware], the [sooner] the [better] 등이다.

4 문장 구성체(Sentence builders): 전체 생각이 표현될 수 있는 하나 또는 그 이상의 공간이 있는, 완전한 문장을 위한 틀을 제공하는 구이다. 예컨대, I think that X, not only X but also Y, that reminds me of X가 있다.

(Nattinger & DeCarrico, 1992: 38~47)

폴리와 사이더(Pawley & Syder, 1983: 206~208)는 비슷한 종류의 보다 긴 발화 목록을 제시한다. 이는 다음과 같다.

It's on the tip of y tongue. 혀끝에서 뱅뱅 돈다.
I'll be home all weekend. 주말 내내 집에 있을 거야.
Have you heard the news? 그 뉴스 들었어?
I'll believe it when I see it. 눈으로 직접 확인해야 믿을 수 있을 거야.
There's nothing you can do about it now.
그것에 관해 네가 당장 할 수 있는 건 없어.
I thought you'd never ask. 네가 그러자고 할 줄 몰랐어.
Call me as soon as you get home. 집에 도착하자마자 전화해.
She never has a bad word to say about anyone.
그녀는 절대 남들을 욕하는 법이 없어.

우리는 보통 이러한 표현—특히, 더 길고, 문장에 가까운 표현—을 해당 언어의 어휘의 일부에 속하는 표현이라고 생각하지 않는다. 하지만 이러한 표현들이 문법에 완전히 속하는 것도 아니다. 그렇다면 사실상 무엇이 일련의 긴 단어들을 문법적이 아니라 어휘적으로 만드는 것인가? 이 문제에 관하여 저자들(예컨대 Moon, 1997: 44)은 뚜렷한 차이가 없다고 강조한다. 그러나 어휘적 연속체(lexical sequences)는 어떤 특징이 있다. 첫 번째, 어휘 연속체는 실제로 사용되는 단어에 있어서 약간의 변이가 있을 수 있음에도 불구하고 어떠한 형태로 고정된다.

두 번째, 그것이 어렵지 않고 불가능하지 않다면, 어휘적 연속체를 구성하는 개별 단어의 의미에 대한 지식만으로 그것들이 의미하는 바를 생각해 내는 것은 어려울지도 모른다. 세 번째, 우리는 어휘적 연속체를 정기적으로 일상 대화 속에서 다양한 목적으로 사용하기 때문에 그것을 친숙한 표현으로 인식한다. 일반적으로 어휘적 연속체들은 의미론적 의미보다 더 중요할 수 있는 화용론적인 기능을 가지고 있다. 예컨대, 나는 'Nice to meet you'가 내가 막 소개받은 사람에게 인사하는, 적절하고도 일상적인 방식이라는 것을 알고 있다. 만약 누군가 나에게 'I'm afraid I have some bad news for you(나쁜 소식을 전해 드리게 되어 유감입니다)'라고 말한다면, 나는 즉시 친척의 죽음이라든지 실직과 같이 매우 심각한 무언가에 관해 들으리라는 것을 예상한다.

어휘 평가에서 여러 단어로 된 항목은 개별 단어보다 관심을 덜 받아왔다. 이것은 나팅어와 디캐리오(Nattinger & DeCarrio)가 정의하고 분류한 어휘구(lexical phrase)에서 특히 더 그렇다. 그 한 가지 이유는 전통적인 어휘 시험은 목표 항목으로 개별 단어와 짧은 구(구동사, 복합 명사)를 취하는 분리적이고 선택적인 종류의 시험이었기 때문이다. 이러한 항목들(개별 단어, 짧은 구)은 직접 하든 컴퓨터로 하든 분류하고 계산하기 쉬운 장점이 있고, 단어 빈도 목록과 사전의 형태로, 출제자가 의지하기 좋은 자원이 된다. 이와 반대로 어휘구는 대부분 제대로 목록화되지 않았다. 최근에서야 어휘구의 중요성을 높게 인식해 온 담화 분석(discourse analysis)과 말뭉지 언어학과 같은 분야에서 이루어지고 있을 뿐이다. 두 번째는 어휘구에 대해 아주 신중하게 정의하려 했음에도 불구하고 정답이 없는 개방형 항목(open-ended item)으로 대표되고 유형이 다양하다는 사실은 어휘구가 자리 잡는 데 도움이 되지 않는다는 것이다. 문(Moon, 1997)이 지적한 바와 같이, 최근의 컴퓨터 말뭉치는 언어학자와 사전 편찬자들이 여러 단어로 된 항목을 더욱 체계적으로 발견할 수 있게 해 주고, 또 언어 속에서 얼마나 자주 나타나는지 추정할 수 있게 한다. 문(Moon)과 그 밖의 다른 학자들에 의한 연구는 영어에서 관용어, 속담, 직유와 같은 고정된 긴 구들이 매우 빈번하게 나타나지는 않는다는 것을 보여 준다. 곧 텍스트에 이용되는 백만 개의 연속적인 단어 속에서 한 번 이상 나타나지 않는다. 따라서 만약 언어에서 빈도가 선택적 어휘 시험(selective vocabulary test)을 위한 어휘 항목을 선정하는 데 중요한 기준이라면, 여러 단어로 된 항목 중 아주 적은 수의 항목만이 이러한 기준에 맞을 것이다.

한편, 여러 단어로 된 항목은 내포적이고 광범위하며 상황 의존적인 어휘 측정에 있어서 하나 이상의 역할을 하는 것 같다. 여기서 한 가지 고려해야 할 문제는 필자가 앞서 지적하였듯이 어휘구의 의미에 대한 화용적 차원이다. 만약 이러한 구의 사용이 사회적 맥락에서의 적합성 측면에서 평가되어야 한다면, 전통적으로 개별 단어들을 평가하던 고립되고 상황 독립적인 방식으로 구의 사용을 평가한다는 것은 어불성설이다. 기억할 만한 가치가 있는 또 다른 점은 폴리와 사이더 (Pawley & Syder, 1983)가 어휘구를 어떤 언어의 모어 화자가 가지고 있는 두 가지 속성을 이해하기 위한 열쇠로 보았다는 것이다. 한 가지 속성은 '올바르게 말하는' 능력이다. 예컨대, '*I wish to be wedded to you*(나는 당신과 결혼하기를 희망한다)' 또는 '*My becoming your spouse is what I want*(당신의 배우자가 되는 것이 내가 원하는 것이다)'보다는 '*I want to marry you*(나는 당신과 결혼하고 싶어)'와 같이 문법적으로 허용되는, 선택 가능한 것들의 범위에서 적절한 표현 형태를 선택한다. 다른 속성은 분명한 의도나 노력 없이도 말하거나 쓰기가 더 유창하게 되는 능력이다. 역으로 학습자가 제2언어로 표현과제를 수행할 때, 그들의 한정된 어휘구 지식은 그들의 수행이 폴리와 사이더가 찾은 두 능력 모두에서 모어 화자와 같지 않음을 의미한다. 학습자들은 자신에게 익숙한 어휘의 한정된 범위로 국한시키거나 매우 이상하고 관용적이지 않거나 또는 의도치 않게 우스꽝스런 표현을 생산할 수 있다. 또한 그들은 주저하거나 모어 화자보다 천천히 말하고 덜 사용하는 것 같다.

말하기와 쓰기 과제에서 학습자들의 여러 단어로 된 항목 사용이 평가 방식에 어떠한 영향을 주는가에 관해 더 많은 연구가 필요하다. 이것은 어휘를 내포적이고 포괄적으로 측정하는 데 사용되는 평가 척도(rating scale)를 규정하는 데 더 나은 기준을 제공할 것이다. 또한 이것은 넓은 의미에서 어휘 사용이 수험생들의 말하기나 쓰기 능력에 대한 평가자의 전반적인 판단에 영향을 줄 수 있는 방법에 대한 통찰력을 제시할 수도 있다. 필자는 7장과 8장에서 이러한 가능성들에 대하여 좀 더 살펴보겠다.

2.4. 어휘 항목을 안다는 것은 무엇을 의미하는가?

어휘를 구성하는 단위에 대한 질문은 제쳐두고, 다양한 종류의 어휘 항목을 안다는 것이 무엇을 의미하는지 살펴보도록 하자. 바꾸어 말하자면 어휘 지식의 본질을 어떻게 설명할 것인가를 논의하자는 것이다.

한 가지 접근 방법은 학습자들이 한 단어를 완전히 습득했다면, 그 단어에 대해 알아야 할 모든 것을 상세하게 설명해 보도록 하는 것이다. 리처즈(Richards, 1976)는 이와 관련하여 상당히 영향력 있는 발언을 하고 있다. 그 글에서 리처즈는 어휘 능력에 관한 여러 가설을 세웠는데, 이는 1960년대와 1970년대에 걸쳐 언어 이론의 발전에서 비롯된 것이나. 첫 번째 가설은 모어 화자의 어휘 지식은 그가 성인이 되어서도 지속적으로 확대된다는 것으로, 문법 실력이 비교적 평이한 점과는 대조적이다. 또 다른 일곱 가지의 가설들도 단어를 안다는 것이 의미하는 다양한 측면을 설명하고 있다.

2 단어를 안다는 것은 말이나 활자로 그 단어를 접할 가능성의 정도를 안다는 것이다. 또한 우리는 많은 어휘에 대해 그 단어와 가장 잘 결합될 것 같은 단어의 종류도 알 수 있다.

3 단어를 안다는 것은 그 단어가 가지는 다양한 기능과 상황에 따라서 단어 사용에 제약이 있음을 아는 것을 함축한다.

4 단어를 안다는 것은 그 단어와 결합된 통사적 작용을 안다는 것을 의미한다.

5 단어를 안다는 것은 단어의 기본적인 형태와 거기서 만들어 낼 수 있는 파생 형태에 대한지식을 수반한다.

6 단어를 안다는 것은 언어에 있어서 그 단어와 다른 단어 간의 연상 관계에 대한 지식을 포함한다.

7 단어를 안다는 것은 그 단어의 의미론적 가치를 안다는 것을 의미한다.

8 단어를 안다는 것은 한 단어와 관련된 다양한 의미를 많이 안다는 것을 의미한다.

(Richards, 1976: 83)

이러한 일련의 가설들은 종종 어휘 지식에 관한 일반적인 틀로 여겨져 왔다. 비록—메아라(Meara, 1996b)가 지적한 것처럼—리처즈가 그런 부분까지 의도한 것은 아니었으며, 또한 언뜻 보아서는 포괄적인 것처럼 보이지만 그 정도로 포괄적인 것도 아니다. 그럼에도 불구하고 이러한 가설들은 어휘 학습의 복잡성을 강조하는데, 이는 단순히 어휘를 암기하는 차원의 의미보다 더 많은 내용을 담고 있다는 것이다.

네이션(Nation, 1990)은 학습자의 과제 범위를 명시하기 위하여 분석표(〈표 2-1〉)에 리처즈의 가설과 몇 가지 다른 요소들을 추가하여 이러한 접근법을 한 단계 더 발전시켰다.

네이션은 표를 작성하되, 리처즈의 가설에서는 명시적으로 포함되지 않은 대조 항을 만들어 넣었다. 곧 수용적 지식 대 생산적 지식이다. 우리가 어떤 단어를 듣거나 볼 때 그 단어를 인식할 수 있는 것과, 말을 하거나 글을 쓸 때 그 단어를 사용할 수 있는 것의 차이점에 대해

<표 2-1> 단어 지식의 구성요소(Nation, 1990: 31)

표현 형식(form)

구어 형태 (Spoken form)	R 이 단어가 무엇으로 들립니까? P 이 단어가 어떻게 발음됩니까?
문어 형태 (Written form)	R 이 단어의 모양은 어떠합니까? P 이 단어는 어떻게 쓰며 철자는 어떻게 됩니까?

위치(*Position*):

문형 (Grammatical patterns)	R 어떤 문형에서 그 단어가 나타납니까? P 어떤 문형에서 우리가 그 단어를 써야 합니까?
연어(Collocations)	R 이 단어의 앞 또는 뒤에 어떤 단어 또는 문구가 예상될 수 있습니까? P 어떤 단어 또는 어떤 유형의 단어가 이 단어와 함께 쓰여야 합니까?

기능(*Function*):

빈도(Frequency)	R 이 단어는 얼마나 일반적입니까? P 이 단어가 얼마나 자주 쓰입니까?
적합성 (Appropriateness)	R 이 단어는 어디에서 접할 수 있습니까? P 이 단어는 어디에서 사용될 수 있습니까?

의미(*Meanings*):

개념(Concept)	R 이 단어의 뜻은 무엇입니까? P 이 의미를 표현하기 위해 어떤 단어가 사용되어야 합니까?
연상(Associations)	R 이 단어를 떠올리게 만드는 다른 단어는 무엇입니까? P 이 단어를 대신할 수 있는 다른 단어는 무엇입니까?

*R=수용적 지식, P=생산적 지식

서 우리는 잘 알고 있다. 네이션의 분류체계에 따르면, 어떤 단어를 사용할 수 있는 능력은 단지 그 단어를 이해하기 위해 필요한 것 이상의 확장된 지식을 필요로 한다. 그러한 측면에서 생산은 수용보다 더 높은 수준의 지식을 포함하는데, 이러한 차이에 대해서는 6장에서 좀 더 언급하도록 하겠다.

네이션이 관찰한 유용한 한 가지는 "[<표 2-1>에서] 기술된 바와 같이 단어를 안다는 것은 모어 사용자의 전체 어휘 중 일부분에만 해당된다"(Nation, 1990: 32)는 것이다. 따라서 단어 지식에 관한 이러한 자세한 설명은 모어 사용자가 자신의 어휘 목록에 있는 많은 단어들에 대해 알고 있는 지식을 실제적으로 기술하기보다는 이상적으로 설명한 것이다.

네이션의 표를 평가 관점에서 살펴보면 다소 어려워 보인다. 메아라(Meara, 1996a: 46)는 "이론상으로는 특정 단어 지식의 개별 유형에 따라 각각의 척도를 구성하는 것이 가능할지도 모른다. 그러나 실제로는 다수의 항목을 이렇게 하기란 매우 어려울 것이다"고 하였다. 6장에서 단어 지식의 여러 가지 요소에 대한 시험을 개발하려고 한 필자의 노력에 대해 언급하였다. 이 분야를 연구한 또 다른 학자는 슈미트(Schmitt, Schmitt & Meara, 1997; Schmitt, 1998c)가 있다. 그와 필자의 연구는 적절한 평가 척도를 개발하는 것(Schmitt, 1998a; 1998b 참조)과 학습자 지식의 증거를 이끌어 내는 것과 관련된 실제적인 어려움에 대한 메아라의 판단을 확인하는 정도이다.

어휘 지식에 대하여 기술하는 또 다른 접근법은 발달론적인 것이다. 몇몇 L1 어휘 연구자들은 사람들이 알고 있는 단어 의미에 대한 다양한 부분적 지식을 나타낼 수 있는 척도를 만들어 냈다. 예를 들어, 데일(Dale, 1965: 898)은 어떤 단어를 안다는 것에 대한 네 가지 기본 단계를 규정하였다.

1단계: '나는 이 단어를 이전에 본 적조차 없다.'
2단계: '나는 이 단어를 들은 적은 있지만, 무엇을 의미하는지는 모른다.'
3단계: '나는 문맥에서 이 단어를 인지한다. - 이것은 …와 관계가 있다.'
4단계: '나는 이 단어를 안다.'

또한 데일은 5번째 단계(의미 그리고/혹은 형태에 있어서 밀접하게 연관된 다른 단어와 이 단어를 구별할 수 있는가)가 무엇인지에 대해 논의하고 있다.

이러한 종류의 몇몇 척도는 L2 학습자들을 위해 개발되었다. 예를 들어 파리바흐트와 베쉐(Paribakht & Wesche, 1993)는 대학에서 한 학기 동안 ESL(English as a second language) 과정을 수강한 학생들이 얼마나 많은 목표 단어 지식들을 습득하였는지를 확인하기 위해 소위 '어휘 지식 척도(Vocabulary Knowledge Scale)'라고 하는 것을 만들었다. 학습자들은 다음의 사항에 응답함으로써 각각의 단어에 대한 그들의 지식에 대해 제시하였다.

1 나는 이 단어를 본 적 조차 없다.
2 나는 이 단어를 본 적 있으나, 무엇을 의미하는지는 모른다.
3 나는 이 단어를 본 적이 있고, 단어의 뜻은 ＿＿＿＿ 라고 생각한다(동의어 또는 번역).
4 나는 이 단어를 안다. 그 단어의 뜻은 ＿＿＿＿ 이다(동의어 또는 번역).
5 나는 이 단어를 사용해 문장을 만들 수 있다.

필자는 5장에서 어휘 지식의 깊이를 측정하기 위한 어휘 평가의 사례 연구로 이 척도에 대해 상세히 설명할 것이다.

어휘 지식의 본질을 논의하면서 필자가 제시한 한 가지 가설은 학습자들이 개별 어휘 항목들을 얼마나 잘 알고 있는가에 관한 평가가 필요하다는 것이다. 이것은 이를테면 L2 어휘 습득의 특정 양상 연구처럼 몇몇의 목적에서도 필요하다. 그러나 메아라(Meara, 1996a: 46)는 학습자들이 개별 단어들을 얼마나 잘 알고 있는가와 학습자의 어휘 실력을 전반적으로 평가하는 것을 구분하였다. 이러한 구분은 필자가 1장에서 논의했던 어휘의 선택적, 포괄적 척도와 많은 공통점이 있다. 일반적인 숙달도(proficiency) 평가를 위해, 메아라는 두 번째 접근법을 선호하면서 두 개의 중요한 방법을 제안한다. 그것은 바로 어휘 양의 추정과 학습자의 어휘 지식이 얼마나 잘 조직화되었는가에 대한 측정이다. 이러한 평가 척도에 대해서는 이 책의 후반부에서 상세히 다루도록 하겠지만, 현재의 메아라의 제안은 단순히 우리가 개별 어휘 항목을 안다는 측면에서 어휘 지식의 구조를 정의해서는 안 된다는 것을 강조하고 있다.

2.5. 어휘 능력이란 무엇인가?

구인(construct)이라는 용어에 대해 언급하면 1장에서 전개했던 주요 주제로 다시 돌아가게 되는데, 어휘 교수와 학습에 전문적인 관심을 가지는 학자들은 어휘를 어떻게 평가하는가—심지어 어휘를 평가할 수 있는가 없는가—라는 문제에 관하여 언어 시험관들과는 다소 다른 관점을 가지고 있다. 필자가 제시한 어휘 평가의 3가지 관점은 하나의 틀 안에서 두 가지의 관점을 구체화하려는 하나의 시도이다. 그러나 좀 더 야심찬 노력은 샤펠(Chapelle, 1994)에 의해 시작되었는데, 그는 바크만(Bachman, 1990; Bachman & Palmer, 1996 참조)의 언어 능력의 일반적 구인을 바탕으로 어휘 능력의 정의를 제시했다. 바크만의 구인과 마찬가지로, 샤펠의 정의는 "언어의 지식과 문맥에서 언어를 사용하는 능력"을 모두 포함하고 있다(Chapelle, 1994: 163). 이에 따른 언어 능력의 세 가지 요소는 다음과 같다.

1 어휘 사용 맥락
2 어휘 지식과 기본적 처리 과정
3 어휘 사용에서의 초인지적 전략

샤펠의 정의는 포괄적인 것으로, 상세하게 탐구할 가치가 있다. 필

자는 몇 가지 핵심 생각들을 자세히 설명하는 동시에 각각의 요소를
차례로 살펴보도록 하겠다.

2.5.1. 어휘 사용 맥락

전통적으로 어휘 시험에서 '맥락(*context*)'이라는 용어는 목표 단어가 사
용된 문장이나 발화를 가리켰다. 예를 들어, 다음의 예에서와 같이 일
반적으로 선다형(multiple-choice) 어휘 문항에서 문두(stem)[2]는 평가 단
어를 포함한 문장으로 구성되어야 한다.

The committee <u>endorsed</u> the proposal.
위원회는 제안서를 <u>승인하였다</u>.

A. discussed　　　　토론했다
B. supported　　　　지지했다
C. knew about　　　~에 대하여 알고 있다
D. prepared　　　　준비했다

빈칸 메우기와 같은 통합형 시험 형태의 영향으로 맥락에 대한 우
리의 개념은 문장 차원을 약간 넘어 확대된다. 빈칸 메우기 시험 옹호
자들, 특히 알러(Oller, 1979)는 텍스트의 다른 문장이나 단락에 있는
맥락적 단서들을 찾아냄으로써 많은 빈칸이 성공적으로 채워질 수 있
다는 점을 지적했다. 따라서 이러한 의미에서 전체 텍스트는 우리가
그 안에서 개별 어휘 항목을 해석하기 위하여 의존하게 되는 맥락을
형성한다.

---

2) (역주) 여기에서 문두(stem)는 선다형 문항의 질문이나 완성되지 않은 진술문을 가리킨
다. 즉, 선다형 문항에서 문제가 제시되는 문장을 문두라고 한다.

하지만 의사소통의 관점에서 맥락은 단순한 '언어적' 현상 그 이상이다. 또한 어휘 능력은 바크만과 팔머(Bachman & Palmer, 1996: 1장 〈표 1-1〉 참조)가 상술한 화용적 지식의 여러 가지 유형에 의존한다. 즉, 어휘 항목이 사용되는 사회적·문화적 상황은 어휘 의미에 상당한 영향을 끼친다는 것이다. 필자는 앞에서 이것을 어휘구의 중요한 특징으로 언급했는데, 개별 단어에서도 똑같이 적용된다.

이 점을 설명하기 위해 예를 들어보겠다. 이 예시들은 L2 학습자들과 관련 있는 것은 아니지만, 단어 의미에 있어서의 맥락의 효과를 훌륭하게 강조하고, 또한 학습자들이 제2언어에서 높은 수준의 어휘 능력을 개발하는 것을 함축적으로 보여 준다.

필자가 중등학교에 다녔을 때, 같은 반 친구 중 하나가 어느 날 집에 돌아가서 그의 어머니께 오늘 본 영화가 '죽여줬다(deadly)'고 말했다. 그녀는 이 말이 아들에게는 영화를 칭찬하는 말인 것 같았지만 자신에게는 영화가 끔찍하게 지루했다는 의미였기 때문에 놀랐다. 그러나 그 당시 십대들의 은어에서 '죽인다(deadly)'는 정말 좋다고 생각하는 모든 것에 쓰였다. 나중에 이 일화를 우리에게 말해 줄 때, 나의 친구는 한 단어가 우리 세대에는 긍정적인 의미로 쓰일 때 우리 부모님들에게는 정반대의 의미를 가진다는 사실에 아주 흥미로워 했다.

또 다른 재미있는 예는 홈스(Holmes, 1995)의 사례이다. 뉴질랜드의 한 대학의 교수인 그녀는 최근 임용위원으로 일했는데, 그런 지위에서 지원자를 위해 작성한 추천인들의 보고서를 읽을 기회가 있었다. 언어학자로서 그녀는 미국의 학자들이 추천서에 사용한 'quite'라는 단어의 모호성에 주목하며 관심을 가졌다. 그 학자들은 'X의 기초 과학적 훈련이 상당히(quite) 잘 되어 있고', '나는 X에게 상당히(quite) 깊은 인상을 받았다'와 같이 언급하였다. 홈스의 뉴질랜드 대학의 사람들은 여기에서 그 단어를 자격을 주는 기능을 가지고 있는 정도('꽤' 또는 '어느 정도까지'의 의미)로 해석한 데 반해, 미국의 학자들은 강조어('매우' 또는 '완전히'의 의미)로 이것을 사용했다. 확실히 이것은 심각한 오역으로, 이는 그 추천서를 읽는 사람들이 추천인이 의도한 것보다 해당 지원자를 덜 지지하는 것으로 해석했다는 것을 의미하는 것이기 때문이다. 이것은 심지어 지원자들의 구직에도 영향을 끼쳤을지도 모른다.

세 번째 예는 크론바흐(Cronbach, 1942)의 어휘 시험에 관한 선구자적인 글에서 찾아볼 수 있다. 그는 심리학개론을 수강하는 학부 학생들이 심리학 전문용어의 의미를 얼마나 잘 알고 있는지 알아보고자 했다. 강의 초반부에 학생들에게 용어가 적힌 점검표를 나누어 주고, 알고 있는 용어를 표시하도록 했다. 그리고 다음 수업에서 학생들에게 개별 용어의 의미를 자신의 말로 설명해 보라고 했다. 크론바흐는 학생들에게 익숙한 의미와 다른 의미를 가지는 용어, 특히 *reflex*, *perspective*, *probable error*, *maturation*과 같은 용어들 경우에는 점검표가 학생들의 용어 지식에 대한 훌륭한 지표가 되지 않는다는 것을 발견했다. 즉, 학생들은 심리학에서 특수하게 사용되는 단어에 대하여 설명할 수 없으면서도 그 단어들을 '안다'고 주장할 수 있다는 것을 의미했다.

따라서 여기에서 우리는 맥락이 어휘의 의미에 영향을 미칠 수 있는 여러 가지 방법을 확인할 수 있다.

- 세대 간 차이(10대 대 성인) 그리고 단어의 구어적 사용과 좀 더 격식적 사용 간의 차이
- 언어 다양성에서 오는 해석상의 차이(뉴질랜드식 영어 대 미국식 영어)
- 일상적 용법과 특정 학문 분야의 전문용어 간의 차이(예: 심리학)

여러분들도 맥락의 영향에 대한 다른 많은 예들을 생각할 수 있을 것이다. 그러므로 맥락의 영향은 분명히 어휘 능력의 정의에 포함될 필요가 있다. 필자는 이미 필자의 평가 체계에서 맥락-독립적인 차원, 맥락-의존적인 차원과 함께 맥락의 중요성을 제시하였고, 이 책의 후

반부에서 맥락의 역할에 대해 자주 되짚어 보게 될 것이다.

샤펠(Chapelle, 1994: 164)은 순수 언어학적 관점보다는 사회적 관점에서 맥락을 고찰하기 위한 적절한 체계로 할리데이와 하산(Halliday & Hasan, 1989)이 개발한 맥락 이론을 제안하고 있다. 이 이론은 **영역**(field), **관계**(tenor), **양식**(mode)과 같이 기술되는 3가지의 복잡한 요소로 구성되어 있는데, 이것은 구어나 문어의 특질이 그 언어가 사용되는 사회적 상황의 양상들과 어떻게 관련되어 있는가를 분석하는 데 사용된다. 영역은 언어 사용자들이 참여하고, 주제와 관련된 행동 유형을 포함한다. 관계는 언어 사용자의 상대적인 사회적 지위나 그들의 역할 관계를 말한다. 양식은 의사소통의 경로, 특히 말하기와 쓰기를 구별해 주는 특징들을 포함한다. 따라서 샤펠의 예를 활용하면 학습자들이 집에서 신문을 읽기 위해 필요한 어휘 능력의 종류는 교실에서 화학 수업을 듣기 위해 필요한 어휘 능력과는 상당히 다르다. 어휘 사용의 사회적 차원에 대해서는 8장에서 좀 더 심도 있게 논의하도록 하겠다.

2.5.2. 어휘 지식과 기본적 처리 과정

샤펠(Chapelle, 1994)의 어휘 능력 체계에서 두 번째 요소는 응용 언어학자들과 L2 교사들에게 가장 큰 주목을 받고 있는 것이다. 샤펠은 이 요소를 네 가지 차원에서 개괄하고 있다.

- 어휘 양: 이것은 한 사람이 알고 있는 단어의 수를 말한다. 모어 화자들을 대상으로 할 때, 학자들은 대사전(unabridged dictionary)에서 단어 표본을 추출하여 그들이 알고 있는 총 단어의 수를 측정하려고 시도해 왔다. L2 학습자들의 경우에 그 목표는 일반적으로 좀 더 소박하다. 그 목표는 단어 빈도 목록(word-frequency list)에서 뽑은 표본 항목에 대한 지식을 평가하여 L2학습자들이 얼마나 많은 일상어(common words)를 알고 있는가를 측정하는 것이다. 필자는 어휘 양 검사 2가지에 대해 4장과 5장에서 더 논의하도록 하겠다. 샤펠(Chapelle, 1994: 165)이 지적한 것처럼 만약 우리가 어휘 능력에 대해 의사소통 접근법의 논리를 따른다면, 우리는 절대로 어휘 양을 측정하려고 해서는 안 된다. 대신에 어휘가 사용되는 특정 맥락과 관련지어야 한다. 예를 들면, 친구와 테니스 경기에 대해 이야기하거나 공과대학 수업의 실험 보고서를 작성하는 것과는 별개의 것으로 국제적인 뉴스 잡지를 읽기 위해서 학습자의 어휘 양은 얼마 정도라야 적절한가?

• 단어 특성에 관한 지식: 이 장의 초반부에서 리처즈(Richards, 1976)와 네이션(Nation, 1990)이 개발한 체계에 대해서 논의하였는데, 이들은 샤펠의 정의와 딱 맞아 떨어진다. 모어 화자들이 그런 것처럼 L2학습자들도 어떤 단어들에 대해서는 다른 사람들보다 더 잘 알고 있다. 특정 어휘 항목에 관한 학습자들의 이해는 모호한 상태에서 좀 더 명확한 상태까지 다양하다(Cronbach, 1942). 라우퍼(Laufer, 1990)가 지적한 바와 같이 학습자들은 그들이 배웠던 어떤 단어들에 대하여 혼동할 가능성이 있을 것이다. 왜냐하면 단어들은 어떤 공통적 특징을 공유하기 때문이다. 예를 들면, *affect*와 *effect*, *quite*와 *quiet*, *simulate*와 *stimulate*, *embrace*와 *embarrass* 등이 있다. 또 어휘 양과 마찬가지로 학습자들이 알고 있는 단어는 그 단어가 사용되는 맥락에 따라 다양화될 수 있다.

이 요소의 다른 두 가지 관점은 현재 단계에서는 실제적인 평가 활동에 딜 직접적으로 적용되지만 어휘에 대한 L2 습득 연구에 있어서 잠재적으로 의미심장한 영역이라 할 수 있다. 연구자들이 언어 교수·학습과 관련된 방식으로 수험자들의 성적을 해석하는 데 타당한 기준을 확립할 때까지는 어휘 시험의 역할은 평가 도구보다는 연구의 수단이다.

• 어휘부 조직: 이것은 단어들과 어휘 항목들이 두뇌 속에 저장되는 방식에 관한 것이다. 애치슨(Aitchison)의 저서 『*Words in the Mind*』(1994)는 능숙한 언어 사용자의 머릿속 어휘 목록에 관한 포괄적이고 읽기 쉬운 언어심리학적 연구 결과를 제공하고 있다. 여기에서 어휘 시험의 연구

역할은 L2 학습자의 어휘 목록 발달과 모어 화자와는 다른 어휘 저장 방식을 탐구하는 데 있다. 이 분야에서 메아라(Meara, 1984; 1992b)는 단어 연상과 어휘망 과제를 활용한다.

- 기본적인 어휘 처리 과정: 언어 사용자들은 이 과정을 이해하기 위해 그리고 말하기와 쓰기를 위해 그들의 어휘 지식에 접근하는 데 적용시킨다. 언어심리학자들은 이런 종류의 과정을 상당수 밝혀 왔다. 확실히 이런 과정은 덜 능숙한 학습자들보다 모어 화자들이 자동적으로 더 빨리 처리한다. 덜 능숙한 학습자들은 L2 단어 지식에서 차이가 있을 뿐만 아니라 머릿속 어휘 목록도 덜 효과적으로 구성되어 있다. 메아라(Meara, 개인적 의사소통)는 숨겨진 영어 단어를 재빨리 인식하는 사람들의 능력을 검사하여 자동성을 측정하고자 하였는데, 예비조사 결과 방대한 어휘를 알고 있는 비모어 화자들조차도 모어 화자보다 훨씬 더 천천히 과제를 수행한다는 것으로 나타났다.

2.5.3. 어휘 사용에서의 초인지적 전략

이것은 어휘 능력에 대한 샤펠의 정의 가운데 세 번째 요소이자, 바크만(Bachman, 1990)이 '전략적 능력'이라 부른 것이다. 이 전략은 모든 언어 사용자들이 의사소통 상황에서 그들의 어휘 지식을 사용하는 방식을 관리하는 데 사용된다. 대부분의 시간에 우리는 전략에 대한 의식 없이 이러한 전략을 사용하고 있다. 우리는 단지 낯설거나 인지적으로 힘든 의사소통 과제를 수행해야 할 때에서야 이러한 전략들을 의식하게 된다. 예컨대, 필자는 편집자들이 살펴볼 것 같은 (비)격식의 수준을 이뤄내기 위해/달성하기 위해 그리고 생각을 명확하게 표현하기 위해 노력하면서 ('애쓰면서' 혹은 '분발하면서'라고 해야 할까?) 이 장을 작성할 때 신중하게 단어를 고르고 있다. 여기에 모어 화자들이 더욱 의식적으로 전략을 사용해야 하는 또 다른 상황들이 있다. 즉, 누군가 휘갈겨 쓴 개인 편지를 해독해야 할 때, 활자화된 연설문을 큰 소리로 읽을 때, 친척의 죽음을 어린 아이에게 알려야 할 때, 또는 외국인과 대화할 때이다. 외국어 교사로서 우리는 학습자가 쉽게 이해할 수 있도록 우리가 사용하는 어휘를 바꾸는 데 능숙하다. 이와 대조적으로 경험이 부족한 모어 화자가 외국인과의 의사소통에 실패하는 것을 본 적이 있을 것이다. 왜냐하면 그들은 속어 표현을 사용하고, 핵심적인 단어를 명확하게 표현하지 않고, 상대방이 명확하게 이해하지 못한 말을 다른 말로 바꾸어 말하지 못하는 등등의 이유 때문이다. 물론 이러한 모든 경우에 있어서 단지 어휘만이 아니라 더 많은 것들이 관련되어 있겠지만, 요점은 어휘 전략의 사용이 중요한 역할을 한다는 것이다.

학습자들은 특히 의사소통적 상황에서 초인지적 전략을 필요로 하는데, 효율적으로 수행하기 위해서는 그들의 부족한 어휘 지식을 극복해야 하기 때문이다. 블룸-쿨카와 레벤스턴(Blum-Kulka & Levenston, 1983)은 단순화라는 일반적인 처리 과정과 관련지어 이러한 전략들을 보고 있다. 학습자들이 말이나 글로써 자신의 의사를 표현하려고 할 때, 기본적인 접근법은 회피이다. 학습자들은 특정한 어휘 항목을 회피하는데, 그 이유는 단순히 그 단어를 알지 못하기 때문이거나, 아니면 그 어휘 항목의 정확한 발음이나 철자 또는 문법적 형태를 표현하는 데 자신이 없기 때문이다. 블룸-쿨카와 레벤스턴, 이 분야의 다른 연구자들(예컨대, Tarone, Cohen & Dumas, 1983)이 논의한 몇몇 특정 전략들은 다음과 같다.

- 바꾸어 말하기(Paraphrase): '개집(kennel)' 대신에 '개가 사는 집(dog's house)', '타올(towel)' 대신에 '손을 닦는 물건(a thing you dry hands)'을 사용하는 것
- 언어 전환하기(Language switch): 학습자가 모르는 L2 단어를 L1 단어로 대체하여 사용 하는 것으로, 프랑스어 화자가 'We get this HOSTIE from Le PRÊTRE.(우리는 신부님으로부터 면병을 받았다.)'라고 할 때

- 상의어(superordinate terms)의 사용: 학습자들이 특정한 단어를 대신하여 좀 더 포괄적인 용어를 쓰는 것으로, 예를 들어 망치(hammer)라는 말 대신에 연장(tool)을 사용할 때
- 권위에의 호소(appeal to authority): "프랑스어로 'staple'을 뭐라고 하지요?"라고 묻는 것

의사소통 전략에 대한 좀 더 자세한 연구는 3장에서 다루도록 하겠다. 언어 시험 중, 특히 말하기 시험에서 초인지적 전략의 효과를 가장 잘 살펴볼 수 있다. 최근 몇몇 연구자들(Ross & Berwick, 1992; Young & Milanovic, 1992; Young, 1995)은 구어 숙달도 인터뷰(Oral Proficiency Interview: OPI)를 해 왔고, 그러한 인터뷰가 실생활의 대화와 얼마만큼 같은가를 밝혀내기 위하여 담화분석의 기법을 활용해 오고 있다. 로스와 버윅(Ross & Berwick, 1992)은 만약 면접관들이 면접자가 상당히 낮은 언어수준이라는 것을 사전에 미리 파악했다면, 면접관들이 그들의 말하기 방식을 어떻게 '맞추는지' 또는 조정하는지에 대해 논의하였다. 이는 면접관들이 결국에는 수험자들이 정당하게 받을 수 있는 것보다 더 낮은 점수를 주게 될 수도 있는데, 그 이유는 면접관들이 '지나치게 맞춰줘서' 학습자들이 해 낼 수 있는 최선의 수행을 이끌어 낼 수 없기 때문이다. 로스와 버윅은 어휘적 단순화를 면접관들이 사용하는 조절 전략의 하나로 보고 있다. 또한 인터뷰에서 피면접자들의 어휘 전략이 그들의 수행력을 평가하는 방법에 어느 정도 영향을 끼치는지를 살펴보는 것도 흥미로운 연구가 될 것이다. 전반적인 쓰기 실력을 평가할 때 채점자들이 학습자 글의 어휘적 특징에 어떻게 영향을 받는지를 알아보기 위해 쓰기 시험에서도 가능할 것이다.

수용적인 관점에서 학습자가 초인지 전략을 적용해야 할 필요가 있는 분명한 상황은 그들이 이전에 결코 본 적이 없는 단어들과 맞닥뜨렸을 때이다. 학습자들은 다음과 같이 다양한 선택을 한다.

- 단어의 뜻을 이해하지 않고 계속 읽어 나간다.
- 단어를 사전이나 용어 해설 목록에서 찾아본다.
- 교사나 능숙한 다른 사람에게 무슨 뜻인지 물어 본다.
- 맥락상의 단서를 이용하여 뜻을 추측해 보려고 한다.

마지막 전략은 종종 학습자들에게 노골적으로 가르치도록 추천하는 전략이다. 예를 들어, 클라크와 네이션(Clarke & Nation, 1980; Nation, 1990: 160~166 참조)은 학습자들이 모르는 단어를 추측하기 위해 사용할 수 있는 5단계 전략을 고안하였다. 그러나 읽기나 듣기 수행의 다른 측면에서도 수험자들이 평가 상황에서 그러한 전략을 적용시키는지는 명확하지 않다. 만일 그렇다 하더라도, 시험 문항이 단어의 유추라는 특정한 목적으로 주의 깊게 고안되지 않는다면 수험자가 얼마나 성공적으로 이러한 전략을 활용하고 있는지는 역시 명확하지 않다.

전반적으로 샤펠의 정의는 어휘 능력의 포괄적인 틀로 흡수되어야 하는 개념 범위와 연구 영역 그리고 평가 활동들을 개괄하였다. 샤펠은 어휘 능력을 다른 언어 사용 능력과는 따로 떼어내려 하지 않으면서, 언어 능력과 수행에 있어서 어휘의 폭넓은 역할을 강조해 오고 있다. 어휘 평가에 대한 필자의 관점에서 볼 때, 바크만과 팔머(Bachman & Palmer, 1996)의 언어 능력 체계에서 내포적 방식으로 어휘를 정의했던 것과 대조적으로, 샤펠은 어휘를 분리적 구인으로 정의하고 있다. 따라서 그녀의 구인 개념은 어떤 한 종류의 시험이 다른 시험과 어떻게 관련 있는가를 측정하고 알아보기 위해서 어떤 어휘 시험이 고안되어져야 하는가에 관하여 좀 더 주의 깊게 살펴볼 수 있도록 한다.

2.6. 결론

이 장에서 필자가 의도한 바는 어휘 평가에 있어서 이 주제에 대한 복잡성에 관심을 갖도록 하는 것이었다. 가장 단순한 수준의 어휘는 단어로 구성되어 있지만, 한 단어조차도 개념을 정의하거나 분류하기란 쉽지 않다. 만약 시험 결과를 통해 정확한 결론을 이끌어 낼 수 있다면, 수많은 평가 목적을 위하여 '단어'가 무엇을 의미하는가를 명확하게 하는 것이 중요하다.

우리 머리에서 일어나는 어휘(vocabulary)와 단일어(single words) 사이의 강한 연상은 이 주제에 대한 우리의 관점을 제한하는 경향이 있다. 그러한 이유로 이 책을 서술하는 동안 필자는 어휘에 대한 전통적인 견해보다는 좀 더 넓은 개념을 채택하고 있다는 것을 시사하기 위하여 **어휘**(vocabulary)와 **단어**(word)라는 용어를 구분할 가능성을 고려하여 이 두 단어보다는 가능한 한 **어휘부**(lexicon), **어휘**(lexis), **어휘 항목**(lexical item)과 같은 용어를 선호하였다. 결과적으로 필자는 '어휘'를 주제 용어로 계속 사용하였고, 여러 단어로 된 항목을 특별히 포함하지 않는 한 개별적인 단위를 가리키는 말로 '어휘 항목'보다 '단어'를 더 많이 사용하였다. 이것은 어휘 평가의 연구와 실제에 있어서 많은 부분이 여전히 개별 단어의 지식과 사용에 집중되어 있는 현실을 반영한다. 그럼에도 불구하고 특히 이 분야에서의 현재와 실현 가능한 미래의 발전이라는 측면에서 더 넓은 시각을 견지할 필요가 있다.

넓은 관점에서 시사하는 한 가지는 어휘 평가에서 여러 단어로 된 어휘 항목들을 고려할 필요가 있다는 것이다. 인정하건대, 더욱 기초적인 연구에서 이러한 항목을 좀 더 명확하게 정의하고, 일상적인 언어 사용에서 항목들의 기능을 이해하도록 해야 한다. 언어 교사들이 여러 단어로 된 항목의 의미와 사용을 공식적으로 학습하는 데 시간을 쏟는 것이 학습자들에게 가치가 있다고 생각한다면, 학습자들이 그 항목을 얼마나 성공적으로 습득하는지를 평가하는 임무는 분리적, 선택적 시험에 있다. 그렇지만 필자는 더 긴 어휘 항목들이 과제 기반 언어 평가에서의 학습자 수행에 대한 내재적, 포괄적 척도 개발에 상당한 기여를 하는지는 의심스럽다. 만약 학습자가 의사소통 상황에서 더 긴 어휘 항목들을 생산적으로 또 수용적으로 사용할 수 있다면, 이는 그 언어의 사용에서 높은 수준의 숙달도를 보여 주는 것을 의미한다. 따라서 이러한 능력을 측정할 수 있는 여러 방법들을 개발해낸다면 상당히 유용할 것이다. 곧 구체적 문항 유형의 설계, 평가 척도가 규정된 방식, 포괄적 방법으로 다양한 빈도수의 활용 등을 통해 평가될 수 있다.

이 장에서 논의한 또 다른 사안은 구인으로서 어휘를 정의하는 방법이다. 구인 개념은 언어 시험의 타당도에 있어서 핵심적인 역할을 한다. 왜냐하면 만일 우리가 평가하고자 하는 것이 명확하지 않다면, 시험 결과의 잘못된 해석이라는 실제적인 위험이 있기 때문이다. 지금까지 대부분의 관심은 어휘 지식의 개념에 두고 있었다. 앞서 언급한 바와 같이 어휘 지식의 구성요소를 구체적으로 명시하고 무엇이 핵심적인 변수인지 제시하려고 무수한 노력을 해 왔다. 여전히 (어휘) 지식 구인을 밝히려는 연구가 계속되고 있지만, 샤펠의 연구는 어휘 능력에 대한 정의가 광범위한 평가 목적을 다룬다는 쪽으로 시사하는 동시에 바크만과 팔머의 일반적인 언어 능력 체계와 일관된다. 어휘 지식의 구인이 분리적, 선택적, 맥락-독립적 시험 설계의 근거로 적합할지도 모르지만, 샤펠의 정의는 구인이 내포적, 포괄적, 맥락-의존적 어휘 평가 역시 포함할 수 있다는 더 나은 이론적 근거를 제시하고 있다.

제3장 어휘 습득과 사용에 대한 연구

3.1. 도입

이 장의 초점은 제2언어 어휘 습득과 사용에 대한 연구에 있다. 어휘 평가에 관한 이 책에서 이러한 연구를 검토하는 이유는 세 가지이다. 첫 번째 이유는 L2 연구자들은 어휘 시험을 연구 도구로 이용하는 중요한 사용자라는 것이다. 다시 말하면, 어휘 시험의 목적은 개별 학습자들이 교수/학습 상황에서 얻을 수 있는 것이 무엇인가에 관해 결정을 내려 줄 뿐만 아니라 어휘 습득 과정에 대한 우리의 이해력을 높여 준다는 것이다. 두 번째, 언어 시험관들 사이에서 어휘에 대한 관심이 많이 없어지면, (언어)습득 연구자들은 그들의 연구에 필요한 도구를 만들어서 스스로 평가와 관련된 주제들을 다루어야 한다. 세 번째 이유는 그들의 연구 결과들이 어휘 능력 구인의 특성을 더 잘 이해하는 데 도움이 될 수 있으며, 이는—필자가 이전 장에서 설명했듯이—어휘 시험의 타당성에 중요한 것이다.

최근 몇 년 동안 L2 어휘 습득에 대한 연구 수가 증가하긴 했지만, 일관성이 부족한 경향이 있다. 메아라(Meara, 1993)가 지적했듯이, 많은 일회성 연구들이 있어 왔지만 그 연구자들이 나중에는 다른 분야로 전환하여, 몇 안 되는 학자들만이 L2 어휘에 대한 지속적인 연구를 해 오고 있다. 여기에서는 이 분야의 종합적인 검토(Harley, 1995; Coady & Huckin, 1997; Schmitt & McCarthy, 1997 참조)를 하기보다는 널리 연구되고 어휘 평가에 대한 통찰력을 제공하는 4개의 주제를 선정했다. 각각의 분야를 다룰 때, 먼저 몇몇 중요한 연구들을 살펴본 다음에 발생하는 평가와 관련된 쟁점들에 대해 살펴보겠다.

먼저 두 개의 주제는 학습자가 자신의 어휘에 새로운 단어들을 추가하는 중요한 두 과정을 나타낸다는 점에서 상호보완적이다. 하나는 주로 L2 단어와 학습자 모어에서의 동의어 목록을 바탕으로 단어의 형태와 의미를 기억하는 체계적 절차와 관련된다. 형태 학습은 언어 교수에서 의사소통 접근법이 출현하면서—학습자들에게는 그렇지 않지만, 언어 교사들에게는—유행이 지난 것이다. 다른 과정은 우연적 어휘 학습으로, 학습자들이 읽기와 듣기 활동을 통해 맥락 내에서 새로운 단어를 많이 마주치면서 새로운 단어 지식을 습득하는 것이다. 이는 모어 화자들이 어휘 지식을 확장시키는 주요 방법으로 여겨지는 것이다.

세 번째 주제는 두 번째 것과 연결된다. 이것은 학습자들이 모르는 단어들을 읽거나 들을 때, 그 모르는 단어들의 의미를 추론할 수 있는 정도에 초점을 둔다. 여기에서 두 개의 주요 쟁점은 활용 가능한 맥락적 단서는 어떤 종류인가와 학습자들이 모르는 단어의 의미를 성공적으로 추측할 수 있게 하는 맥락적 단서를 활용하는 훈련을 받을 수 있는가 하는 것이다. 네 번째 주제는 학습자들이 표현하고자 하는 의미와 단어의 연결이 잘 안 되는 상황에 대처하는 학습자들의 의사소통 전략 사용에 관한 것이다. 세 번째와 네 번째 주제는 둘 다 학습자들이 의사소통 목적에서 목표 언어를 사용할 때, 한정된 어휘 지식을 극복할 수 있는 방법과 관련된다는 점에서 상호보완적이다.

이 장에 포함될 수 있는 두 개의 다른 연구 분야가 있지만, 두 분야는 어휘 시험 개발과 주로 관련되기 때문에 4장에서 이러한 문제들을 논의하였다. 두 연구 분야는 학습자들의 어휘 양 평가와 어휘 지식의 질(또는 깊이) 평가에 관한 것이다.

3.2. 체계적인 어휘 학습

학습자들이 L2의 어떤 기능적 능력을 성취하기 위해서 그들이 알아야 할 단어의 수를 생각해 볼 때, 언어 교수 연구자들이 새로운 단어를 학습하는 여러 가지 방법들의 상대적 효과를 평가하는 데에 관심을 두는 것은 지극히 당연한 것이다.

이 분야에서의 연구를 위한 출발점은 L2 단어 목록과 함께 학습자들의 L1 주석/번역과 단어-주석 쌍 암기를 통한 학습을 포함하는 어휘 학습의 전통적인 접근법이다. 이러한 종류의 학습에서 발생하는 두 가지 의문점이 동기가 되어 많은 연구들이 이루어졌다.

1 단어의 어떤 특성—그리고 학습자들에게 제시되는 어떤 방법—이 학습을 더 쉽게 혹은 더 어렵게 만드는가?
2 이런 항목들을 기억하도록 하기 위해 기계적 암기보다 더 나은 기법이 확실히 있는가?

이러한 문제를 다루는 연구의 결과는 많은 연구자들에 의해 검토되었다(예를 들면, Higa, 1965; Nation, 1982; Cohen, 1987; Nation, 1990: Chapter 3; Ellis와 Beaton, 1993b, Laufer, 1997b). 중요한 결과를 간단하게 언급하면 다음과 같다.

• 학습하기 어려운 정도는 단어의 품사에 따라 다르다. 로저스(Rodgers, 1969)는 명사가 가장 배우기 쉽고 그 다음은 형용사가 쉬우며, 반면 동사와 부사가 가장 어렵다고 하였다. 엘리스와 비튼(Ellis & Beaton, 1993b)은 학습자들이 명사의 이미지를 더 쉽게 형성할 수 있기 때문에 명사가 동사보다 더 쉽다고 하였다.
• 기억 증진 기법은 L2에서 단어 의미 지식을 얻는 데 매우 효과적인 방법이다(Cohen, 1987; Hulstjn, 1997). 널리 연구되어 온 구체적인 방법 하나

는 핵심어 기법(keyword technique)이다(예를 들면, Paivio & Desrochers, 1981; Pressley, Levin & McDaniel, 1987). 이는 L2 단어와 비슷한 소리를 가진 L1 단어의 의미를 연결하는 이미지를 형성하도록 학습자를 가르치는 것과 관련된다. 이 기법은 구상적 단어들의 수용적 학습에 가장 좋다.

- 기억에서 L2 단어들을 검색할 수 있도록 하기 위해서—단어가 제시되었을 때 단순히 그 단어를 인식하는 것보다—학습자들은 배운 대로 스스로 단어를 말해야 한다(Ellis & Beaton, 1993a).
- 발음하기 어려운 단어들은 발음이 어렵지 않은 단어들보다 더 천천히 학습된다(Rodgers, 1969; Ellis & Beaton, 1993b).
- 낮은 언어 학습 단계에 있는 학습자들은 단어의 소리에 따라 어휘를 저장하는 반면, 좀 더 높은 단계에서는 의미에 따라 단어를 저장한다 (Henning, 1973).
- 서로가 강력하게 연관되는 단어 목록들—반의어(부유한, 가난한) 또는 단어 세트(셔츠, 재킷, 스웨터)와 같은—은 관련된 단어들 사이에 나타나는 상호연관성 때문에 서로 관련이 없는 단어들보다 훨씬 더 배우기 어렵다(Higa, 1963; Tinkham, 1993).
- 더 일반적으로는 학습자들은 모양이나 소리가 비슷한 L2 단어들을 자주 혼동한다(Laufer, 1997b).

L2 어휘 습득 분야의 조사에서 메아라(Meara, 1980; 1994)는 이 연구 영역의 한계점들을 지적했다. 이는 언어 처리에서 기억의 역할에 대한 심리학적 연구의 광범위한 전통 가운데 한 부분으로 보일 수 있다는 것이다. 연구자들은 실험 조건들 중 L2의 단어 학습에서 특정 변인들의 영향을 조사하기 위해서 몇 개의 실험 설계 형태를 주로 사용했다. 구체적인 연구 설계에서 확인될 수 있는 결함들과는 완전히 별도로, 메아라는 실제 언어 학습자가 새로운 단어를 어떻게 학습해 가느냐에 관한 연구 결과가 유용한지에 대해 의문을 갖는다. 연구 대상자

들은 주로 목표 단어가 속하는 언어에 대한 사전 지식이 없고, 그 단어를 공부한 적이 없는 대학생들이다. 학습 활동은 짧은 기간 동안 이루어지며 비교적 적은 수의 단어가 포함된다. 조사된 기억 기법의 범위 또한 제한되는 경향이 있다.

더 광범위한 문제는 실제 언어 학습자를—어휘 학습 경험의 문제와는 별개로—기억 기법들을 활용하여 단어를 학습하도록 독려해야 하는가 하는 것이다. 2장에서 봤던 것처럼 L2 단어와 L1 대응이나 대응구 간 결합 관계보다 훨씬 더 많은 어휘 지식이 있다. 그 이유는 어휘는 항상 맥락 내에서 학습되어야 한다는 점을 근거로 1990년대의 많은 언어 교사들은 학습자들이 개별 단어로 암기하지 못하게 하는 경향이 있었기 때문이다. 그럼에도 불구하고 연구는 개별 단어의 체계적 학습이 어휘 발달, 특히 학습자들에게 교실 밖 언어 노출이 제한되는 외국어 학습 환경에서의 어휘 발달에 훌륭한 토대를 마련해 줄 수 있다는 것을 보여 준다. 네이션(Nation, 1982)은 새 단어의 첫 학습에 적용하여 맥락을 활용한 학습에 대한 지지가 앞당겨 질 수 있다는 다양한 논쟁들에 대한 분석을 하였고, 이는 연구 증거에 의해 뒷받침되는 원리라기보다는 생각에 대한 진술이라고 결론지었다. 이와 유사하게 카터(Carter, 1987: 163~169)에서도 다음과 같이 인정하였다.

학습자들이 다양한 맥락에서 마주친 단어들로부터 획득한 정보가 사전에서 간단하게 찾은 단어나 번역보다 더 유익하고, 또한 어휘 항목의 형태나 의미 지식이라는 측면에서도 유익하다는 점을 설득력 있게 설명하지 못했다.

목록을 활용한 단어 암기의 장점이 무엇이든지 간에, 사실상 체계적인 어휘 학습에 대해 우리가 가진 대부분의 연구 증거가 특정 전략에 초점을 맞춘 통제된 실험들로부터 나온다는 것이다. 그러나 소수의 연구는 예를 들어, 좀 더 긴 기간 동안 어휘 학습을 살펴보거나

(Cohen & Aphek, 1981; Schmitt, 1998c), 교실 밖 혹은 안에서 학습자 자신들의 어휘에 새로운 단어를 추가하기 위해 스스로 사용하는 전략을 조사함(Ahmed, 1989; Lawson & Hogben, 1996)으로써 실험적 패러다임을 넘어섰다. 후자의 두 연구는 L2 단어 목록을 학습자들에게 제시하였고, 시험을 준비할 때 학습자들이 학습 과정을 거쳤던 것을 생각나는 대로 말해 보게 했다. 두 연구 모두 전략 범위를 확인하였고, 훌륭한 어휘 학습자는 그렇지 않은 학습자보다 아주 많은 다양한 전략들을 적극적으로 활용한다는 것을 확인하였다. 사나오우이(Sanaoui, 1995)는 캐나다에서 영어와 프랑스어를 배우는 성인 학습자에게 몇 주 동안 어휘 학습 활동을 보고하게 하면서 좀 더 자연적인 연구를 진행했다. 그녀는 몇몇 학습자들은 독립적으로 새로운 단어를 목록화하고, 암기하고, 연습하는 데 많은 시간을 보내도록 한 반면, 다른 학습자들은 그들의 어휘 지식을 쌓기 위해 교실 활동에 대부분 의존하도록 하였다. 최근의 또 다른 프로젝트에서 슈미트(Schmitt, 1997)는 많은 일본인 영어 학습자를 대상으로 40개의 다른 어휘 학습 전략 사용에 관한 연구를 하였다. 가장 많이 사용하는 전략은 이중 언어 사전을 이용하는 것이며, 학습자들이 자주 사용하고 유용하다고 확인된 전략들은 반복하여 쓰기, 반복하여 말하기, 큰 소리로 단어 말하기, 단어 철자 공부하기 그리고 필기하기이다. 학습자들이 중학생에서 성인으로 나아가면서 학습 전략을 바꾼다는 증거도 있다.

3.2.1. 평가 문제

평가에 관해 말하자면, 학생들이 일련의 새로운 단어를 얼마나 잘 배웠는지 평가하기 위한 시험 설계는, 특히 학습 과제가 L2 단어와 L1 의미의 결합을 암기하는 것으로 제한된다면 복잡하지 않다. 이것은 수험자들에게 한 단어로 제시하게 하거나 다른 언어의 동의어를 제시하게 하는 것과 관련된다. 그러나 엘리스와 비튼(Ellis & Beaton, 1993b)

이 말한 것처럼, 학습자 자신의 언어로 번역하게 하는 것과 다른 언어로 번역하게 하는 것은 차이가 있다. 예를 들어, 독일어 단어를 배우는 영어 모어 화자는 영어 의미를 독일어 단어로 제시하는 것(예, L2로 번역하기)보다 독일어 단어에 대한 응답을 영어 의미로 제시하는 것(L1으로 번역하기)이 더 쉽다는 것이다. 전자의 경우, '생산적' 지식을 평가하는 것이고 후자의 경우는 '수용적' 지식을 평가하는 것이다. 필자는 이러한 구별에 대해 6장에서 어휘 시험 설계에 적용하여 더 언급하도록 하겠다.

따라서 이것은 분리적, 선택적, 맥락 독립적 어휘 시험 사용에 적절한 조치로 대표적인 것이다. 학습 과제가 한정되어 있기 때문에 시험 방식도 마찬가지로 수험자의 요구에 따라 한정되며, 우리가 시험 결과로부터 추론할 수 있는 것도 제한적이다. 필자가 1장에서 설명했던 전통적인 분리 항목 어휘 시험은 이러한 의도와 잘 맞는다(2장에 Madsen, 1983; 5장에 Heaton, 1988 참조). 시험 문항은 단어의 기본 의미뿐만 아니라 단어의 파생형, 철자, 동의어 그리고 관련된 다른 단어까지 평가하기 위해 설계될 수 있다. 또한 단어에 적합한 문법 구조를 평가하기 위해서 설계될 수도 있다.

3.3. 우연적 어휘 학습

1980년대 초 이래로 많은 읽기 연구자들이 영어 모어 화자의 어휘 습득에 집중해 왔다. 모어 화자들의 다양한 나이와 교육 수준에 따라 알고 있는 단어 수 추정치에 상당한 차이가 있지만, 어휘 습득은 공식적 교육을 받는 어린 시절 동안 매우 빠른 속도로 일어나고 성인이 되어서는 느린 속도로 일어난다는 점에 일반적으로 동의한다. 표면상으로 보면, 단어의 대부분은 부모나 교사에게 가르침을 받은 것이 아니며, 또한 어떠한 공식적 방법으로도 학습된 것이 아니다. 이에 대한 가장 타당한 설명은 모어 화자들은 다른 사람들의 발화나 작문에서 단어를 맞닥뜨림으로써 '우연히' 단어를 습득한다는 것이다.

우연적(incidental)이라는 용어는 종종 어휘 습득에 대한 연구 논의에서 문제를 야기한다. 실제로 이것은 입력에서 어휘에 집중하라고 이야기하지 않거나 과제를 마친 후에 어휘 시험을 칠 것이라고 경고하지 않은 채 연구 대상자들에게 읽기나 듣기 과제가 주어졌음을 의미한다. 하지만 이것은 어휘 학습이 학습자의 관점에서 '무의식적'으로 일어난다는 것을 의미하지는 않는다. 응용 언어학자들은 무의식적인 학습이 가능할 수도 있다는 다른 입장을 취한다. 제2언어 습득에서 의식에 관하여 영향력 있는 책을 출판한 슈미트(Schmidt, 1990)는 학습자들은 ('의식적으로') 알아차리지 않고서는 단어 지식이나 어떤 다른 언어 요소를 습득할 수 없다고 주장한다. 한편 엘리스(Ellis, 1997)는 어휘의 의미적 측면이 의식적으로 습득되는 반면에 단어 형태와 다른 단어와 어떻게 연어를 이루는지는 주로 무의식적으로 배운다는 입장이다.

3.3.1. 모어 화자를 대상으로 한 연구

모어 화자의 어휘 습득을 조사할 때 첫 번째 단계는 어휘 습득이 실제로 일어나는 증거를 획득하는 것이다. 미국의 읽기 연구자 팀(Jenkins, Stein & Wysocki, 1984; Nagy, Herman & Anderson, 1985; Nagy, Anderson & Herman, 1987)은 영어를 모어로 하는 학교 아이들을 대상으로 일련의 연구들을 진행하였다. 기본 연구 설계는 낯선 단어를 포함한 그들의 연령에 맞는 텍스트를 읽도록 하는 것이다. 연구자들이 어휘에 관심을 가지고 있다는 점은 아이들에게 알려주지 않았다. 읽기 과제 수행을 완료한 후, 학생들은 목표 단어 지식에 대한 사전 예고 없이 적어도 하나의 시험을 수행하였다. 그 후, 연구자들은 특정 텍스트를 읽은 학생들과 그렇지 않은 학생들의 시험 점수를 비교해서 어휘 학습이 어느 정도 이루어졌는지 확인하였다. 그 결과는 작지만, 통계적으로는 상당한 양의 학습이 확실히 이루어졌다는 것을 보여 주었다. 너지, 헤르만 그리고 앤더슨(Nagy, Herman & Anderson, 1985)의 1985년도 연구에서 (한 단어를 안다고 할 수 있는 기준이 얼마나 엄격한지에 따라) 읽기를 하는 동안 10~25% 정도의 단어 학습이 가능하다는 것을 추정하였다. 한편, 1987년도 연구에서는 단지 5%의 가능성만을 추정했다. 이러한 차이에 대한 원인 하나는 후속 연구에서 시험을 학생들이 읽기 과제를 마치고 난 직후에 하기보다 과제 완료 6일 후에 실시했기 때문이다.

필자는 연구 설계에 대한 모든 세부 사항들을 여기에서 관심 가질 필요가 없기 때문에 간략하게 언급하였다. 여러분은 이러한 연구들에 몇 가지 의문을 가질지도 모른다. 우리가 학생들이 목표 단어의 지식을 미리 가지고 있지 않다는 것을 어떻게 알 수 있나? 텍스트가 단어 의미에 대한 단서를 제공하는가? 선다형 방식이 단어 지식을 평가하는 방법으로 얼마나 적절한가? 단어를 '배운다'는 말이 실제로 무엇을 의미하는가? 학생들이 텍스트 읽기를 마친 후 바로 시험을 쳤다면, 어떤 의미에서 학습이 이루어졌다고 하나?

나중에 평가에 대해서 얘기하겠지만, 우선 기초 연구 결과를 확장시키는 2가지 방법에 대해 언급하겠다. 너지, 앤더슨 그리고 헤르만(Nagy, Anderson & Herman, 1987)을 모형으로 한 최근의 연구에서, 슈, 앤더슨 그리고 장(Shu, Anderson & Zhang, 1995)은 베이징에 있는 학교에 다니는 아이들에게 중국어로 된 읽기 텍스트로 실험한 결과 미국 아이들의 읽기에서 나타난 것과 동일한 낯선 단어에 대한 학습을 보였다고 밝혔다. 그리고 엘리(Elley, 1989)는 듣기를 통한 우연적 학습도 일어난다는 것을 확인했다. 그는 뉴질랜드의 어린 학생들을 대상으로 교사가 큰소리로 읽어 주는 하나의 이야기를 듣고 난 후 검사했다. 아이들이 이야기에 빠져들어 재미있어 할 때 목표 단어 지식이 크게 증가했고, 심지어 교사가 아무 설명도 하지 않은 때에도 마찬가지였다. 게다가 이러한 증가는 실험 처치가 끝난 후 3개월 동안 지속되었다.

3.3.2. 제2언어 연구

현재 제'2'언어 어휘의 우연적 학습은 어떠한가? 미국에서의 L1 연구보다 먼저 나온 연구인 사라기, 네이션 그리고 마이스터(Saragi, Nation & Meister, 1978)에서는 영어 모어 화자 집단에게 읽기 과제를 주었는데, 읽기 자료는 앤서니 버지스(Anthony Burgess)의 소설 『A clockwork Orange』로, 이 책에는 주인공인 비행 청소년들에 의해 사용된 은어로 기능하는 상당한 양의 러시아어에서 파생된 단어가 포함되어 있다. 연구 대상자들을 후에 검사했을 때, 평균적으로 90개의 목표 단어 중 76%의 단어 의미를 인식할 수 있었다고 밝혔다. 피트, 화이트 그리고 크라센(Pitts, White & Krashen, 1989)은 그 소설에서 발췌하여 미국 대학생 두 집단을 대상으로 실험하여 어휘 학습에 대한 몇 가지 증거를 발견하였다. 그러나 여러분이 예상하는 것처럼 축소된 연구 범위는 결과적으로 정확하게 이해하는 목표 단어의 수가 많지 않게 된다. 즉, 검사한 30개의 단어 중 평균 2개의 단어만 정확하게 이해했다. 여러분이 소설을 읽는다면, 이야기가 진행되면서 반복적으로 노출되는 대부분의 러시아어 단어의 의미가 무엇인가에 대해 어떻게 이해할 수 있었는지 상기할 수 있다. 물론 앤서니 버지스는 이런 '우연적 습득'이 가능하도록 소설의 텍스트를 계획적으로 구성했기 때문에 이는 학습자들이 일반적으로 접하는 산문과 상당히 다른, 흔치 않은 읽기 자료에 해당한다.

다른 연구자들은 여러 가지 짧은 텍스트를 사용하여 우연적 어휘 학습의 증거를 획득했다. 이러한 연구에는 아프리카를 배경으로 한 영어 소설을 일본의 대학생들에게 읽게 한 데이, 오무라 그리고 히라마쓰(Day, Omura & Hiramatsu, 1991)와 학습자들에게 익숙하지 않을 것 같은 구어적 표현이 들어 있는 프랑스 영화 대본의 한 부분을 프랑스의 미국인 학생에게 읽게 한 뒤피와 크라센(Dupuy & Krashen, 1993)이 있다.

앞에서 언급한 실험들은 우연적 어휘 학습이 된다는 것을 보여 주는데, 읽기 과제를 수행하는 학습자들이 특별히 어휘에 주의를 기울이라고 언급하지 않았음에도 불구하고 읽기 과제를 마친 직후에 치러진 시험에서 이전에 학습하지 않았던 단어들을 이해할 수 있었음이 증명되었다. 호르스트, 코브 그리고 메아라(Horst, Cobb & Meara, 1998: 208~210)가 지적한 것처럼, 이것은 설계되고 수행된 연구 방법에서 여러 가지 단점이 있기 때문에 제한적인 결과이다. 또한 학생들이 읽은 텍스트에서 심리 언어학적으로 단어를 처리하는 방법에 대한 통찰력을 제시하지 못했다. 이것은 학습자들이 어떤 단어를 그들의 심적 어휘에 보유하고 있는지의 여부, 그리고 미래의 어느 경우에 다시 맞닥뜨렸을 때 기억하고 있을지의 여부에 대해 우리에게 알려주지 않는다. 게다가 우리는 특정 단어가 습득될 가능성에 영향을 미치는 변인들과 좀 더 실제적인 목표로서, 교사들과 학습자들이 읽기와 듣기 활동을 통해 어떻게 어휘 습득을 향상시킬 수 있는지 알아야 한다.

이러한 문제들에 대해 우리가 의지할 수 있는 지표가 되는 어휘 습득 과정의 모델은 없다. 그러나 몇몇 연구는 어떤 측면에서 유용한 통찰력을 제시한다. 홀스틴(Hulstijn, 1992)은 네덜란드에서 읽기 활동 동안의 우연적 학습에 관한 일련의 실험들에 대해 보고했다. 이러한 연구들에서 연구 대상자들이 그들의 어휘 지식이 평가될 것이라는 것을 미리 알지 못했다는 점에서 학습은 우연적이다. 하지만 실험 조건에서 학습자가 목표 단어를 이해할 수 있도록 도와주기 위한 여러 가지 보조 장치를 텍스트 여백에 제공하였기 때문에 어휘에의 집중이 가장 중요한 조건이 된다. 홀스틴은 학습자가 모르는 단어를 이해하려고 하는 정신적 노력의 정도가 단어의 의미가 유지될 가능성에 긍정적인 영향을 미칠 것이라는 그의 가설에 대한 증거를 찾아냈다. 학습자 스스로 의미를 찾아내도록 하기 위해서 만들어진 단서를 학습자들에게 제시했을 때가 단순히 동의어나 번역어를 제시했을 때 보다 의미를 더 잘 기억했다.

다른 연구는 학습자들이 읽기를 하는 동안 사전을 사용할 수 있게 했을 때의 효과를 살펴보았다. 루페스쿠와 데이(Luppescu & Day, 1993)은 이중 언어 사전을 사용할 수 있게 한 일본인 학습자들이 그렇지 않은 학습자들보다 어휘에 대한 사후 검사에서 더 높은 점수를 받았다. 이 경우에 연구자들은 사전을 사용한 집단이 실제로 그들의 사전을 어느 정도 사용했는지 관찰하거나 기록할 수는 없었다. 하지만 새로운 기술이 이런 문제를 극복할 방법을 제시한다. 현재의 컴퓨터 프로그램은 하이퍼텍스트 연결로 온라인 사전 목록을 제공할 수 있다. 즉, 컴퓨터 화면으로 텍스트를 읽는 학습자들이 모르는 단어를 클릭할 수 있고 단어의 정의가 나온다는 것이다. 게다가 컴퓨터는 학습자가 찾아본 것과 얼마나 자주 찾아 봤는지를 기록하도록 프로그램화할 수 있다. 이러한 특징을 이용하여 나이트(Knight, 1994)는 루페스쿠와 데이의 연구 결과를 확인했다. 컴퓨터로 된 사전을 이용하는 학생들은(실험 집단) 그렇지 않은 학생들보다 읽기 후에 어휘 지식을 더 많이 드러냈다. 실험 집단 내의 낮은 수준의 학습자들은 높은 수준의 학생들보다 사전 기능을 더 많이 사용하는 것으로 나타났다. 홀스틴(Hulstijn, 1993)은 많은 단어를 찾아본 학생과 약간의 단어만 찾아 본 학생들 간의 사후 시험의 어휘 점수에서 큰 차이가 없음을 확인하였다. 춘과 플라스(Chun & Plass, 1996)에서는 단어의 정의를 본문에서의 형태뿐만 아니라 그림과 비디오 클립으로 제시될 수 있는 멀티미디어 프로그램의 사용이 추가 되었다. 이 경우에서 단어의 복합적인 부가 설명에 대한 접근은 학생들의 학습 태도가 좀 더 적극적이게 되고 사후 시험에서 더 높은 점수를 얻었다.

들기를 통한 어휘 학습은 읽기를 통한 어휘 학습보다 주목을 덜 받아 왔지만, 최근 이 분야에 대한 두어 개의 연구 프로젝트가 있었다. 하나는 브라운(Brown, 1993)에 의한 연구로, 미국 대학의 영어 집중 과정에서 그녀는 'Raiders of the Lost Ark'라는 비디오 디스크 프로그램을 활용한 학생들의 어휘 습득에 대해 조사했다. 그녀는 특히 익숙하지 않은 단어의 학습에 영향을 미치는 요인에 관심을 가졌다. 이는 빈도 측면에서 학습이 특정 텍스트에서 얼마나 자주 나타나는가보다는 해당 언어에서 일반적인 단어 빈도와 관련된다는 것을 보여 준다. 또한 그녀는 어떤 한 프로그램을 이해하는 데 중요한 것이 단어라면, 단어는 배우기 더 쉬울 것이라는 점을 확인했다.

또 다른 듣기 연구인 엘리스(Ellis, 1995)는 더 일찍 보고된 연구 엘리스, 다나카 그리고 야마자키(Ellis, Tanaka & Yamazaki, 1994)에서 끌어왔다. 이 연구에서 일본인 고등학생들은 여러 가지 물건들을 부엌 사진에 어떻게 놓을 것인가에 관하여 영어로 된 다양한 지시 표현을 들었다. 한 집단은 비모어 화자가 이해하기 더 쉽도록 미리 수정한 지시 표현을 들려주었다. 나머지 집단은 모어 화자에게 좀 더 적합한 형태로 들려주었고, 대신 듣기를 하는 동안 설명을 요구할 기회를 주었다. 결과는 후자의 집단이 사후 평가에서 지속적으로 더 높은 점수를 획득한 것으로 나타났다. 하지만 그들은 과제를 완성하는 데 더 긴 시간을 보냈기 때문에—그들의 질문에 답할 시간을 가졌기 때문에—후자 집단의 (입력 시간(분) 당 단어의) 습득 속도는 사전에 미리 수정된 지시 표현을 들은 집단에 비해 더 느렸다. 엘리스 연구 분석에서 또 다른 중요한 차이는 이해력(들으면서 그림에 있는 물건의 위치를 정확하게 찾아내는 능력)과 습득(듣기 과제 완료 후 일정 기간 동안 물건의 이름이 무엇을 의미하는지에 관한 지식의 유지) 사이의 차이이다. 그는 그 둘 사이의 관계를 한 주 만에 발견했다. "이해력은 높은데 습득이 낮은 경우가 많이 있었다. … 그리고 역으로, 이해력은 매우 낮지만 습득이 높은 경우가 있었다."(Ellis, 1995: 424~425) 세 번째 흥미 있는 결과는 한 단어가 나타난 맥락의 범위(예, 지시 표현의 수)가 습득과 긍정적인 관계에 있다는 것이다. 브라운(Brown, 1993)에서의 연구처럼 입력에서 단어의 단순 빈도는 중요한 변수가 아니었다.

3.3.3. 평가 문제

이런 우연적 어휘 습득 연구에서 발생하는 시험과 관련된 문제가 무엇일까? 하나는 사전 시험의 필요성과 관련된다. 이런 연구들에서 설정한 기본 가정은 실험 대상이 목표 단어를 모른다는 것이다. 약간 확대하면, 이런 연구들은 특정 학습자 집단이 알지 못할 것 같은 단어를 선택하기 위해 교사의 판단이나 단어 빈도수에 의지할 가능성이 있는데, 하지만 좀 더 직접적인 증거를 갖는 것이 좋다. 사전 시험을 활용하는 것은 학습자들이 전혀 익숙하지 않은 단어를 잠재적 목표 단어로 선택할 수 있게 한다. 그 대신에 학습자들이 그들이 가진 단어 지식을 나타낸다면, 사후 시험 점수로 평가할 수 있는 것과는 반대로 그 시험 결과는 기준선을 제시해 줄 수 있다. 그러나 문제는 학습자들이 읽기나 듣기 과제를 하기 전에 어휘 시험이 제시된다면, 연구자들이 어휘에 관심이 있다는 사실을 알게 되고, 따라서 어떤 학습의 '우연적' 특징이 전부 다는 아니더라도 줄어들지도 모른다.

이러한 문제를 해결하기 위해 다양한 방법이 채택되고 있다. 실험 대상자의 모어로 된 텍스트를 읽게 한 몇몇 연구에서는 사전 시험을 보지 않고 사용된 목표 항목의 유형을 익숙하지 않은 것으로 가정했다. 예를 들어, 『A Clockwork Orange』를 활용한 연구자들은 그들의 실험 대상들 중 그 누구도 러시아어를 배운 적이 없도록 하였다. 그리고 실험 대상자들의 모어로 텍스트를 읽게 한 홀스틴(Hulstijn, 1992)의 두 개의 실험에서 목표 항목은 연구자가 만들어 낸 '가짜 단어(pseudo- words)'였다. 사전 시험을 하지 않은 L2 연구는 뒤피와 크라센(Dupuy & Krashen, 1993)으로, 그들은 목표 항목의 구어적 특성에 의존하는 대신에 실험 대상들보다 더 높은 수준의 숙달도에 있는 통제 집단 학습자들이 그 항목에 대한 친숙함을 거의 보여 주지 못한 사실을 추가했다. 사전 시험을 한 연구에서 연구자들은 어휘 학습의 우연적 특성이 영향을 미칠 가능성을 줄이기 위한 조치를 취했다. 너지, 헤르만 그리고 앤더슨(Nagy, Herman & Anderson, 1985)과 슈, 앤더슨 그리고 장(Shu, Anderson & Zhang, 1995)은 일주일 전에 아이들에게 사전 시험을 실시하였고, 이 시험은 목표 단어에 여러 가지 다른 항목을 포함하였다. 듣기 과제 한 달 전에 시행되었던 엘리스(Ellis, 1995)에서 사용한 사전 시험은 실험 대상 중 누구도 알지 못하는 18개의 목표 항목을 선택하였다.

시기(timing) 역시 이러한 연구들에서 사용된 사후 시험과 관련된다. 여기에서의 문제는 어휘 '학습'의 진짜 의미가 무엇인가이다. 읽기나 듣기 과제가 끝난 직후에 하는 시험은 텍스트가 학생들의 머릿속에 남아 있는 동안에 학생들이 어휘 항목을 이해하고 있는지 어느 정도 측정한다고 할 수 있지만, 이것이 더 오랜 기간 동안 어휘 항목을 기억할 것이라는 것을 의미하지는 않는다. 만약 학습의 개념에 오랜 시간 유지되는 것이 포함된다면, 사후 시험의 실행은 실험 대상자들이 입력 자료에 대한 노출이 있은 후 일정 기간 동안 연기시킬 필요가 있다. 따라서 즉각적인 사후 시험이 이루어진 연구들(예를 들어, Dupuy & Krashen, 1993; Luppescu & Day, 1993; Shu, Anderson & Zhang, 1995)은 제한적인 측면에서만 어휘 학습이 평가될 수 있다고 하였다. 반대로 엘리스(Ellis, 1995)는 실험 대상자들이 듣기 후 응답으로 측정한 '이해'와 이틀 뒤, 한 달 뒤, 두 달 반 뒤에 세 번 연속으로 시험을 치러 평가한 '습득'을 확실히 구분 지었다.

녻녻 연구에서 관찰된 한 가지 흥미로운 현상은 학습자들이 빨리 치른 사후 시험에서보다 나중에 치른 사후 시험에서 평균보다 약간 높은 점수를 얻었다는 것이다. 춘과 플라스(Chun & Plass, 1996)는 이것이 의미 설명에 본문이나 비디오 주석이 아니라 그림이 사용된 단어에 적용된다는 것을 확인했다. 그들은 '기억 증진 효과'를 언급하여 이런 결과에 대해 설명했다. 훌륭한 고정 이미지는 시간이 지나도 기억이 잘 나지만, 단어와 순간적인 이미지는 잊어버리는 경향이 있다는 것이다. 엘리스(Ellis, 1995)의 연구에서 언어와 시각(verbal-visual)의 구별은 의미가 있다고 하였다. 그의 연구에서 처음 두 번의 사후 시험은 맥락과 분리된 단어 번역과 관련되지만, 마지막 시험은 학습자들에게 듣기 과제를 하는 동안 사용되었던 것과 동일한 그림에 이름을 표시하게 하였다. 엘리스는 그림은 목표 단어 자체가 할 수 없는 방식으로 기억을 촉발시킨다고 하였다. 따라서 시기 문제와는 별개로 이러한 연구 결과는 이 같은 실험에서 의존하는 측정 방법으로 사용되는 시험의 구성 방식과, 특히 자극제(stimulus material)의 형태를 고려할 필요성을 강조한다.

그러나 우연적 어휘 학습의 연구에서 나타나는 가장 중요한 평가 문제는 아마도 학습자의 읽기나 듣기 활동 결과로 나타나는 지식 획득을 어떻게 개념화하고, 어떻게 측정하는가 하는 것일 것이다. 일반적으로 이러한 연구들에서 실험 대상의 학습은 통제 집단의 학생들과 비교했을 때, 적절한 사후 시험으로부터의 더욱 많은 어휘 항목의 획득이라는 측면에서 표현된다. 또 다른 방식의 표현은 실험 대상자들이 텍스트를 읽거나 들은 후에 약간의 목표 단어가 '모르는'에서 '아는' 단어로 바뀌는 것이라고 할 수 있다. 그러나 2장에서 말했듯이, 모어 화자와 학습자들 모두 그들이 습득한 어휘 지식의 수준은 다양하다. 그리고 어느 날 하나의 텍스트에서 (단어를) 접한 후 학습자가 단어를 '완전히 알게' 될 것이라고 생각하는 것은 지나친 것으로 보인다. 학습자들이 목표 단어의 부분 지식의 일부를 습득할 것이라고 생각하는 것이 좀 더 현실적이다. 제2언어 어휘 개발 모형의 부족을 고려해 볼 때, 이러한 문제를 다루는 학자들은 두 종류의 도구(평가 척도와 특별히 구성된 선다형 문항)를 이용하는 실용적인 방법을 반드시 채택해야 한다.

수행된 것들을 살펴보기 위해, 먼저 여러 가지 면에서 혁신적인 연구인 너지, 헤르만 그리고 앤더슨(Nagy, Herman & Anderson, 1985)을 살펴보자. 미국 8학년생의 영어 읽기를 활용한 그들의 연구에서, 그들은 어휘 지식의 아주 작은 증가를 측정하기 위해 설계한 시험 두 가지를 사용했다. 첫 번째는 읽기 과제 직후에 실시한 인터뷰로, 실험 대상자들에게 목표 단어의 의미를 설명하게 하였다. 이들의 설명은 4점 척도로 평가되었다.

0 - 정확한 지식이 없음
1 - 최소한의 부분 지식
2 - 상당량의 부분 지식을 보인 완벽하지 않은 답
3 - 완전히 정확한 답

부분적 지식에 대한 두 번째 시험은 일련의 선다형 문항으로 구성되었다. 다양한 수준의 세 가지 항목으로 평가된 각각의 목표 단어는 정답이 얼마나 명확한지, 그 단어의 의미와 관련된 선택지가 서로 얼마나 밀접한지에 의해 결정되었다. 예를 들어, 단어 *gendarme*의 경우, 1단계(쉬운) 문제는 다음과 같다.

gendarme(경찰)의 의미:

a) a trick or trap someone
   누군가를 속이거나 함정에 빠뜨리다
b) policeman
   경찰
c) spoken as if one was out of breath or having trouble breathing
   숨쉬기 힘들거나 숨이 찬 상태에서 말하다
d) the secret collection of information about another country
   타국에 관한 기밀 정보 수집
e) the illegal transportation of goods across a border
   해외로의 불법 수송
f) don't know
   모름

반면에 어려운 문제(3단계)는 이렇게 보일 것이다.

gendarme의 의미:

a) policeman 경찰
b) bellboy 벨보이
c) bodyguard 보디가드
d) spy 스파이
e) waiter 웨이터
f) don't know 모름

이러한 예에서 알 수 있는 분명한 것은 실험 대상자들은 쉬운 문제와 비교할 때 어려운 문제에 정확하게 답하기 위해서 단어를 좀 더 정확하게 이해해야 한다. 시험을 구성할 때 연구자들은 학생들이 어려운 문제를 풀 때 쉬운 문제의 답이 도움이 될 가능성을 줄이기 위해서 각각의 단어를 세 가지 항목으로 구분하였다.

제2언어 연구에서 뒤피와 크라센(Dupuy & Krashen, 1993)에 의해 같은 방법이 좀 더 제한된 방법으로 사용되었다. 그들은 선다형 문항을 사용했는데, 두 개의 선택지 중 하나는 정답과 의미 특질을 공유하는 것이었다. 결과 분석을 보면, 이 선택지를 고른 실험 대상자들은 '목표 단어를 알고 있다'라는 점에 부분 점수를 받았다.

너지, 헤르만 그리고 앤더슨(Nagy, Herman & Anderson, 1985)의 중요한 특징 중 하나는 한 종류 이상의 시험이 부분적 어휘 학습의 증거를 확보하는 데 사용되었다. 이들의 연구를 이은 조(Joe, 1995)는 성인 L2 학습자가 설명문을 읽은 후 그 글을 읽지 않은 청자에게 정보를 다시 말하는 것으로부터 얻은 것을 측정하기 위해 세 가지 다른 방법을 사용했다. 하나는 텍스트에 있는 각각의 목표 단어에 대해 쉽고 어려운 선다형 문항으로 구성한 시험이다. 두 번째는 각 학습자가 단어의 의미를 설명해야 하는 인터뷰인데, 학습자의 대답은 수정된 형식의 파리바흐트와 베쉐(Paribakht & Wesche, 1993)의 어휘 지식 척도로 평가했다(5장 참조). 세 번째 방법은 학습자 발화에서 목표 단어를 얼마나 생산적으로 사용하는지 확인하기 위해 학습자가 텍스트에 대해 다시 이야기한 것을 전사하여 분석하는 것이다. 즉, 학습자들이 원 텍스트에 나온 단어를 다른 맥락에서 사용하거나 새로운 방법으로 사용한다면, 학습자가 그 단어에 대한 더 많은 지식을 습득한 것으로 여겼다.

3.4. 맥락으로부터 단어 뜻 추론하기

이제 우리는 학습자들이 읽기나 듣기를 통해서 접한 모르는 단어를 어떻게 다룰 것인지에 관한 제2언어 교수에 실질적인 관심을 두어야 한다. 우연적 학습과 마찬가지로 학습자의 주요 관심은 구어나 문어 담화를 이해하는 데 있지만, 자연스러운 의사소통에서는 특히 필연적으로 학습자에게 익숙하지 않은 어휘 항목이 있고, 이 중 몇몇 단어는 상황을 이해하는 데 결정적인 것일지도 모른다. 따라서 학습자들은 그 단어의 의미를 확인하는 방법을 알고 있어야 한다. 교사들은 교실 상황에서 일어나는 이러한 문제에 대해 인식하고 있으며, 모르는 단어 미리 가르치기, 텍스트 주변에 주석 제시하기 또는 단어를 빠르게 말로 설명해 주기와 같이 교실에서 사용하는 텍스트와 관련된 문제들을 해결하기 위한 다양한 기법들을 알고 있다. 하지만 학습자들 또한 교실 밖 상황에서의 모르는 단어를 처리할 때 자신의 전략을 활용할 수 있어야 한다. 먼저, 모르는 어휘 항목이 있을 때 이 항목이 확인해야 되는 건지 아니면 무시해도 되는 건지를 평가하는 상위인지 전략이 있다. 그 항목을 이해할 필요가 있다고 여겨지면, 학습자는 사전을 찾아보거나 다른 사람에게 무슨 뜻인지 물어볼 것이다. 하지만 가장 중요한 전략은 텍스트 자체에서 이용 가능한 정보를 통해 의미를 추론하는 것이다. 추론하기는 텍스트 전체를 더 깊이 있게 이해하는 것을 가능하게 하고, 다른 방식으로는 이해할 수 없는 어휘 항목의 학습을 유발하기 때문에 이상적인 전략이다.

다수의 학자들(Chandrasegaran, 1980; Clarke & Nation, 1980; Bruton & Samuda, 1981)은 학습자들에게 가르칠 수 있는 맥락을 활용한 단어 추측하기 전략을 개발했다. 예를 들어, 클라크와 네이션이 개발한 전략에는 모르는 단어의 품사 확인하기, 그 단어와 연어를 이루는 다른 단어를 찾기 위해 주변 문장 살펴보기, 지문에서 다른 문장들과 그 문장을 연결해 주는 결합 장치 찾기 그리고 접두사, 어근, 접미사로 단어 자체의 구조 분석하기와 같은 방법을 포함한다.

3.4.1. 어휘 추론에 대한 논점

이 주제는 순전히 교육학적인 문제가 아니다. 학습자에 의한 추론은 제2언어 습득 연구의 최대 관심사 중 하나이며 이것과 관련된 경험주의적 연구들이 있다. 이러한 연구들을 살펴보면 다음과 같은 5가지 질문으로 시작하는 것을 알 수 있다.

1 독자들이 텍스트에서 모르는 단어의 의미를 추측할 때 어떤 종류의 맥락적 정보가 도움이 되는가?
2 그러한 단서들이 편집되지 않은 텍스트로 자연스럽게 제공되는가?
3 학습자들이 특별한 훈련을 받지 않고도 모르는 단어의 의미를 얼마나 잘 추론할 수 있는가?
4 전략 훈련이 학습자들의 어휘 추론 기술을 개발시키는 효과적인 방법인가?
5 성공적인 추론이 단어를 습득하도록 이끄는가?

이 연구 분야에서 발생하는 평가 문제들이 무엇인지 살펴보기 전에 이 질문들에 대해 차례로 살펴보자.

(1) 1940년대부터 L1과 L2 독자들이 모르는 단어를 추론하는 데 도움을 줄 수 있는 맥락적 단서들을 확인하고 분류한 오랜 연구들이 있다. L1에서 영향력 있는 체계 하나는 스턴버그와 파웰(Sternberg & Powell, 1983)이 개발한 것이다. 그들은 모르는 단어에 대한 외적(*external*), 내적(*internal*) 맥락을 구별하여 맥락을 활용한 학습 이론을 제안했다. 이 이론의 주요 요소는 〈표 3-1〉에 제시되어 있다. 외적 맥락은 목표 단어 주변의 텍스트에서 제공된 의미적 정보의 종류에 따라 분류된다. 제시된 예를 보면, 'At dawn, the blen arose on the horizon and shone brightly (새벽에, blen이 밝게 빛나며 수평선 위로 나타났다)'에서 'At dawn(아침에)'가 시간적 단서를, 'arose(나타났다)'와 'shone brightly(밝게 빛났다)'는 묘사 기능의 단서를 그리고 'on the horizon(수평선 위로)'는 공간적 단서를 제공하는 것을 확인할 수 있다. 그들은 이런 종류의 단서를 총 8개를 찾아냈다. 반면에 내적 맥락은 단어의 형태론적 구조 곧 접두사, 어간, 접미사이다. 따라서 단어 *thermoluminescrence*를 본 영어 모어 화자는 '*thermo-*'를 열(heat)과 관련이 있는 접미사로, '*luminesce*'를 아마도 '빛을 내는'이라는 뜻의 동사로, '*-ence*'를 추상 명사를 만드는 접미사로 규정할 수 있을 것이다. 단어 지식을 조합하는 이러한 분석은 그 단어가 열에 의해 빛을 내는 어떤 물질이라는 것을 나타낸다는 정확한 추론을 하게 한다.

스턴버그와 파웰(Sternberg & Powell, 1983)의 이론에서 중요한 한 가지는 각 맥락 종류에 따라 독자가 이용할 수 있는 단서를 얼마나 효과적으로 사용하는지를 결정하는 매개 변수(mediating variables)가 있다는 것이다. 외적 맥락에서 모르는 단어가 텍스트를 이해하는 데 중요한 단어이고 해당 맥락이 몇 가지 유용한 단서를 제공하고 있을 때, 그 단어가 텍스트 내의 다양한 맥락에서 여러 번 나타나면 좀 더 추측하

외적 맥락(EXTERNAL CONTEXT)

맥락적 단서(Contextual cues)

시간적 단서	언제/얼마나 자주/얼마나 오랫동안 X(모르는 단어)가 나타나나?
공간적 단서	어디에서 X가 발견될 수 있나?
가치 단서	X가 얼마나 가치 있나? 사람들은 X에 대해 어떻게 생각하나?
상태 설명 단서	X의 물리적 특징(크기, 모양, 색깔, 냄새, 느낌 등)이 무엇인가?
기능 설명 단서	X의 목적은 무엇인가? X는 무엇에 사용되는가?
인과관계/가능성 단서	X가 나타나는 이유는 무엇인가? 또는 X를 나타나게 하는 것은 무엇인가?
부류 단서	X는 어떤 부류에 속하는가?
등가 단서	X는 무엇을 의미하는가? X는 무엇을 비교하거나 대조하는가?

매개 변수(Mediating variables)
모르는 단어의 발생 수
모르는 단어가 많이 나타나는 맥락의 변이성
모르는 단어의 밀도
모르는 단어가 포함된 맥락을 이해할 때 그 단어의 중요성
모르는 단어의 의미를 이해할 때 주변 맥락의 유용성
모르는 단어와 주변 맥락의 구체성
단서 활용에 대한 이전 지식의 유용성

내적 맥락(INTERNAL CONTEXT)

맥락적 단서(Contextual cues)
접두사 단서
어간 단서
접미사 단서
상호작용적 단서(단어의 두 세 부분 중에서 복합적인 정보를 전달하는 부분은 어디인가?)

매개 변수(Mediating variables)
모르는 단어의 발생 수
모르는 단어의 밀도
분해할 수 있는 모르는 단어의 밀도
모르는 단어가 포함된 맥락을 이해할 때 그 단어의 중요성
단서 활용에 대한 이전에 알고 있는 정보의 유용성

기 쉽다. 마지막으로 관련된 것은 텍스트 내에 독자가 모르는 단어가 얼마나 많이 있는가에 대한 문제이다. 즉, 모르는 단어의 밀도(density)가 어느 정도인가 하는 것이다. 내적 맥락에 대한 매개 변수도 비슷하다. 한 가지 중요한 것은 문장에 있는 많은 단어들은 이해할 수 있는 형태소로 분석될 수 있다는 것이며, 그렇다면 모르는 단어가 어디에 있든지 간에 독자가 이러한 전략을 적용할 수 있도록 한다는 것이다. 예를 들어, 그리스어나 라틴어에서 파생된 단어 부분의 지식을 가지고 있는 사람은 과학 텍스트에 나오는 전문용어를 통해 내적 단서를 제공받을 수 있다.

스턴버그와 파웰(Sternberg & Powell, 1983)의 체계는 포괄적임에도 불구하고 완전한 것은 아니다. 다루지 않은 단서들 중 하나는 텍스트의 구조와 관련된 것으로 에임스(Ames, 1996)에서 연구된 것이다. 이 연구에서는 학습자들에게 모르는 단어를 추론할 때 실제로 사용한 단서가 무엇인지 보고하게 하였다. 구조적 단서는 통사적이거나 담화적일지도 모른다. 통사적 측면에서 보면, 독자는 목표 단어의 품사가 무엇인지 확인할 필요가 있으며, 그 단어가 나타나는 절과 문장에서 문법적 단서를 찾아야 한다. 담화적 측면에서 보면, 독자는 정의, 비교와 대조, 원인-결과, 질문-답 그리고 주제-세부 내용과 같은 언어의 기능적 표현을 찾을 수 있다.

이제 제2언어 읽기 연구(Carton, 1971; Honeyfield, 1977; Nation & Coady, 1988)로 돌아가 보면, L1 독자들에게 적용했던 변인들의 대부분이 L2의 경우에도 똑같이 관련되는 것을 알 수 있다. L2 독자들에게 분명하게 적용되는 매개 변인 하나는 언어 능력 수준이다. 독자가 목표 언어 어휘의 제한된 지식을 가지고 있다면, 이는 독자들이 상당한 양의 모르는 단어와 맞닥뜨릴 것이라는 것을 의미한다. 결론적으로 독자는 특정 목표 단어의 맥락적 단서가 되는 단어 자체를 모르기 때문에 텍스트 내에서 제공되는 맥락적 단서를 사용할 수 없을지도 모른다. 스턴버그와 파웰(Sternberg & Powell, 1983)의 말에 따르면, 모르는 단어의 밀도는 주로 모어 화자보다 L2 독자가 더 높다. 라우퍼(Laufer, 1992; 1997a)는 제2언어로서의 영어 독자들은 텍스트에 쓰인 단어 지식의 95%를 알기 위해서는 최소 3,000개의 단어족의 어휘를 갖고 있어야 한다고 주장했다. 이런 어휘 양을 갖고 있다면, 모르는 단어의 밀도는 평균 20분의 1로 줄어든다.

L2 독자들이 사용할 수 있는 단서의 확실한 출처는 그들의 모어와 그들이 습득한 다른 언어의 어휘 지식이다. 특히, 두 언어가 관련이 있거나 한 언어가 다른 언어로부터 어휘 항목을 광범위하게 차용한 것이라면 더 그렇다. L2에서의 어휘 추론에 관한 글의 선구자인 사이베르트(Seibert, 1945)는 서유럽의 언어들에서 공유되는 어원이 같은 단어(cognate word)들이 한 언어를 사용하는 화자가 다른 언어의 많은 단어 의미를 추측할 때 어떤 역할을 하는지에 대해 언급했다. 그녀의 연구 대상 중 프랑스어를 알고 있는 영어 화자 한 명은 스페인어를 전혀 공부하지 않고도 스페인어로 된 텍스트에서 41%의 단어를 추측할 수 있었다.

(2) 어휘 추론에 관해 쓴 연구자들은 모든 모르는 단어는 약간의 단서를 가지고 있을 것이고, 독자가 단서를 어떻게 찾고, 어떻게 해석하는지만 안다면, 다양한 맥락적 단서를 이용할 수 있다는 의견을 제시한다. 이런 긍정적인 관점은 학습자들을 위한 교재나 연구에서 목표 단어를 맥락과 함께 제시하는 관행에 의해 강화되는데, 이러한 맥락은 학습자들에게 단어를 성공적으로 추측할 기회를 주기 위한 단서들을 제공하기 위해 선택되고, 편집되고, 특별히 써진 것이다. 이 접근법의 주요 목표가 학습자들을 추론하기 전략에 대해 훈련시키고, 읽기를 할 때 이 전략을 적용하는 것이 가치 있는 것이라고 확신시키는 것이라면 이 접근법은 정당화될 수 있다. 그러나 몇몇 연구의 결과에서는 조심할 필요가 있다고 이야기한다. 예를 들어, 이스라엘의 한 대학에서 외국어로서의 영어를 공부하는 학생들을 대상으로 한 어휘 추

론 연구인 벤수산과 라우퍼(Bensoussan & Laufer, 1984)는 편집하지 않은 텍스트에서 약 600개의 단어 중 70개의 목표 단어를 선정했다. 연구자들이 각각의 목표 단어에 대한 맥락을 분석했을 때, 70개 중 29개(41%)는 맥락적 단서가 없었고, 오직 13개(19%)만이 근처 지문에서 확실한 단서가 주어졌음을 확인하였다.

또 다른 증거는 미국 플로리다의 고등학교 학생들을 대상으로 한 샤츠와 블래드윈(Schatz & Bladwin, 1986)의 두 실험에서 찾을 수 있다. 연구자들은 소설, 교재 그리고 정기 간행물(잡지)에서 저빈도 단어를 포함하고 있는 단락을 무작위로 선택하여 선다형(실험 1)과 의미 쓰기 과제(실험 2)로 학생들의 단어 이해도를 평가하였다. 그들은 맥락과 함께 단어를 제시해 준 학생들이 단어만 따로 제시해 준 통제 집단보다 평가에서 더 나은 결과는 나타나지 않았음을 확인하였다. 샤츠와 블래드윈은 각 목표 단어에 대한 단서가 제공된 단락의 범위에 대해 어떤 분석도 하지 않았으며, 다른 한계점에 대해서도 언급하지 않았다. 예를 들어, 그들은 목표 단어를 포함하는 문장과 두 개의 인접한 문장을 더하여 평가 항목에 대한 맥락을 제한하였다. 그렇지만 중요한 점은 맥락의 존재가 반드시 독자들이 익숙하지 않은 단어의 의미를 이해하기 더 쉽게 만든다고 가정해서는 안 된다.

(3) 어휘 추측하기에 대해 필자가 제기한 세 번째 의문은 학습자들이 난어를 추측하는 것에 대해 특별히 훈련받지 않는다면 얼마나 성공적일 수 있는가 하는 것이다. 몇몇 연구자들(Bensoussan & Laufer, 1984; Haynes, 1984; Laufer & Sim, 1985b)은 학습자들이 답을 쓰는 추측하기 과제를 하게 한 후 얼마나 정확하게 추측했는지 분석하였다. 그 결과 학습자들이 매우 자주 잘못된 추측(사실 그들이 추측한 것은 전부)을 하였다는 것이다. 벤수산과 라우퍼(Bensoussan & Laufer, 1984)의 연구에 따르면, 모르는 단어에 대한 가장 일반적인 반응은 추측할 시도조차 하지 않은 것이다. 틀린 답은 한 단어의 여러 가지 의미 중 잘못

된 의미를 제시하거나 한 단어를 각각의 형태소로 해석(*inconstant*를 'internal constant'로 만들어진 것으로)하거나 관용어를 잘못 해석(*on the grounds*를 '*on the earth*'로)하거나 모양이나 소리가 비슷한 단어와 혼동 (uniquely를 'unequally'로 해석)하는 등에서 기인한다. 좀 더 일반적으로 보면, 학습자들은 텍스트의 넓은 맥락과 거의 관련 없는 의미를 만들 어 내는 좁은 정보를 기반으로 추측한다는 것이다.

좀 더 긍정적으로 언급한 것을 보면, 리우와 네이션(Liu & Nation, 1985)은 학습자들이 맥락에서 맞닥뜨린 모르는 단어의 대부분을 성공 적으로 추측할 수 있다고 하였다. 그러나 이러한 학습자들은 사실 숙 련된 교사들이었고, 그 중 몇몇은 제2언어로서의 영어 교육의 대학원 과정을 밟은 모어 화자였다. 또한 그들은 연구의 목적을 위해 텍스트 에서 있을 법한 단어(non-words)[1]로 대체된, 대부분 알고 있는 영어 단어를 추측하도록 요청받았다. 리우와 네이션은 학습자들이 합심하 여 그들의 부족한 지식과 기술을 모으면, 모르는 단어의 최소 85%까 지 맞힐 수 있다고 추정했다. 연구자들은 대부분의 학습자들이 혼자 읽으면서 성공적으로 추측할 수 있게 되기 전에는 교사의 도움과 함 께 교실에서의 엄청난 연습이 필요하다는 것을 깨달았다.

다른 학자들은 외국어 학습자가 텍스트에서 모르는 단어의 의미를 추측할 때의 과정에 집중했다. 반 파레른과 스하우턴-반 파레른(Van Parreren & Schouten-Van Parreren, 1981)은 다양한 외국어를 하는 네덜란 드인 학습자에게 읽기 자료에 나온 익숙하지 않은 단어를 처리할 때 네덜란드어로 생각하는 대로 말해달라고 요청했다. 연구자들은 학습 자들이 활용한 4개의 언어 단계를 확인했다.

• 통사: 모르는 단어가 포함된 문장의 구조

---

1) (역주) non-words(있을 법한 단어, 존재하지 않는 단어)는 알파벳 조합으로는 가능하 지만 실제로는 존재하지 않아 사용되지 않는, 있을 법한 단어 조합을 말한다. 예를 들 어, 'blick, krobe, linguisticism 등'이 있다.

- 의미: 모르는 단어 그 자체와 넓은 맥락에서 찾은 의미
- 어휘: 단어의 형태
- 문체: 해당 맥락에서 단어의 정확한 용법

그들은 통사가 가장 낮은 단계로, 문체가 가장 높은 단계로 정리되는 언어 단계를 찾아냈다. 즉, 학습자들이 낮은 수준이면 더 높은 단계에서 단어를 처리할 수 없다는 것이다. 예를 들어, 모르는 단어의 품사를 찾기 힘들어하는 학습자는 의미적인 단서를 찾아내거나 단어의 부분을 분석하는 데에도 방해를 받는다. 뿐만 아니라 애초부터 의미 추론을 잘하는 학습자들은 의미를 추론하는 데 어느 단계가 가장 적절한지 결정한 다음에 필요하면 그들의 전략 단계를 위나 아래로 조절한다.

하스트럽(Haastrup, 1987; 1991)과 스하우턴-반 파레른(Schouten-Van Parreren, 1992)이 사용한 다른 연구 절차는 학습자들의 외국어 숙달도에 따라 학습자 두 명을 짝지어 주는 것이다. 학습자들은 모르는 단어의 의미를 추측하기 위해 추론 과정을 설명하는 자기 성찰적인 '생각나는 대로 말하기(tink-aloud)' 활동을 함께 하였다. 영어를 배우는 덴마크인 중학생들을 연구 대상으로 한 하스트럽은 학습자들이 사용한 단서를 3개의 범주로 분석하였다.

- 언어 산 단서: L1과 영이 외 다른 언어 이끌어 내기
- 언어 내 단서: 영어 지식 이끌어 내기
- 맥락상 단서: 세상 지식과 텍스트의 내용 이끌어 내기

그녀는 많은 자기 성찰적 설명은 해석하기에 불완전하거나 어렵고, 따라서 연구 대상의 반 정도는 그들이 뭐라고 말했는지 명확하게 하기 위해 추론 과제 수행을 끝내자마자 개별적으로 인터뷰도 하였다. 스하우턴-반 파레른은 네덜란드 중학생들 중에서 '뛰어난' 학습자와

'떨어지는' 학습자 간의 차이점에 집중하였다. 그녀는 능력이 떨어지는 학생들은 일반적으로 지식을 이끌어 낼 자원이 좀 더 한정적이며 다른 지식의 정보를 통합하기 어려워하는 것을 발견했다.

따라서 어휘 추론은 맥락적 정보를 쉽게 이용할 수 있을 때조차도 수행하기 쉬운 과제는 아니라는 것이다. 학습자들은 부분 지식을 바탕으로 추론을 하거나 텍스트의 맥락을 바탕으로 초기 추측이 맞는지 확인하지 않음으로써 잘못된 방향으로 갈 수도 있다.

(4) 많은 학습자들이 모르는 단어의 의미를 정확하게 추론하는 기술이 부족하다는 이런 증거를 고려해 볼 때, 학습자들이 읽기를 할 때 기술을 적용하도록 훈련시킬 수 있는지에 관한 연구는 놀랍게도 거의 없다. 클라크과 네이션(Clarke & Nation, 1980)과 같은 연구자들은 그들이 주장한 추측하기 절차에 대해 어떤 실험적 평가도 보고하지 않았다. 반 파레른과 스하우턴-반 파레른(Van Parreren & Schouten-Van Parreren, 1981)은 '추측하기 기술은 훈련이 가능하다는 것을 설득력 있게 입증하는' 몇 가지의 실험을 언급하지만 세부사항들은 제시하지 않고 또한 기술이 쉽게 습득되지 않는다고 암시하였다.

학습자 전략에 관한 글(5장에서 Skehan, 1989; O'Malley와 Chamot, 1990; Oxford, 1993; McDough, 1995 참조)에서는 학습자 집단에게 전략을 가르치려는 실험들이 있다. 보통 이것은 여러 전략들—어휘 학습 전략들이 주로 포함되지만—의 적용에 대해 학습자나 교사들을 훈련시키는 것과 관련되며, 따라서 읽기 이해력과 관련된 다른 전략들, 그리고 실험의 전반적인 성공과 별개로 하여 어휘 추론 훈련의 효과를 평가하기는 어렵다. 옥스퍼드(Oxford, 1993)는 훈련 기간이 너무 짧다든지, 언어 학습의 지적 능력 측면을 너무 강조한다든지, 훈련에 대한 학습자들의 태도와 동기를 고려하지 않는다든지, 그리고 전략 훈련을 일반적인 수업 활동에 통합시키지 않는 것과 같은 L2 전략 훈련에 대한 연구들에 영향을 끼친 많은 방법론적 문제들을 확인하였다. 전략 훈련은 복합적인 활동이 분명하며, 이 분야의 전문가들은 특정 학생 집단의 학습 전략을 가장 효과적인 방법으로 어떻게 강화시키는지에 대해 이제 막 이해하기 시작했다.

(5) 마지막으로 언급할 것은 학습자들이 읽기 텍스트에서 모르는 단어의 의미를 성공적으로 추론하더라도, 그 단어 지식을 반드시 습득할 것이라는 것을 의미하지는 않는다. 이것은 우연적 단어 습득에 대한 연구와 관련하여 일찍이 언급된 것이다. 논리적으로는 읽기 과제가 끝나면, 단어의 형태나 의미에 대해 장기간 기억을 하지 않아도 즉각적인 이해를 목적으로 단어의 의미가 무엇인지 확인할 수 있다.

몬드리아와 비트-데 부어(Mondria & Wit-De Boer, 1991)는 이 문제를 직접적으로 다룬다. 그들은 (특히, 다양한 단서를 제공하는 '풍부한') 맥락 내에서 제시된 단어의 의미를 추측하는 것이 어휘 학습을 위한 효과적인 전략이라는 스하우턴-반 파레른의 이론을 평가하였다. 이 이론은 추론을 통한 인지적 활동이 단어에 대한 연상을 일으키고, 게다가 학습자들은 자기가 한 추측이 맞는지 확인함으로써 긍정적인 정서적 피드백을 받게 된다는 것이다. 프랑스의 네덜란드어 학습자들을 대상으로 한 실험에서, 몬드리아와 비트-데 부어는 8개의 목표 단어를 정하고 풍부한 맥락에서 다양한 문장들을 작성했다. (영어로 번역한) 풍부한 문장의 예는 다음과 같다.

Le jardinier remplit un <u>arrosoir</u> pour donner de l'eau aux plantes.
'The gardener filled a watering can to water the plants.'
정원사는 식물에 물을 주려고 물뿌리개를 채웠다.

반면에 같은 단어로 작성한 풍부하지 않은 문장은 다음과 같다.

Je cherche un <u>arrosoir</u> pour finir mon travail.

'I am looking for a watering can so I can finish my work.'
나는 일을 끝내기 위해 나의 물뿌리개를 찾고 있다.

예상대로 풍부한 맥락 내에서, 특히 문장 끝에 부사구가 충분할 때 (예, *pour donner de l'eau aux plantes*) 단어를 제시받은 사람들은 맥락상의 단서가 충분하지 않았던 사람들보다 의미를 훨씬 더 잘 추측했다. 그러나 2~3일 후에 학습자들의 단어 의미에 대한 기억을 시험했을 때는 결과가 반대로 나타났다. 즉, 충분하지 않은 부사구를 본 학습자들이 단어를 더 잘 기억해 냈다. 연구자들은 이러한 결과는 맥락상 단서가 학습자들이 단어를 이해하기 쉽게 하지만 학생들로 하여금 다른 맥락에 적용될 수 있는 단어 형태와 그 단어의 의미를 머릿속으로 결합하는 데 어떠한 노력도 하지 않도록 했기 때문이라고 설명했다. 이 연구 결과의 일반화 가능성은 목표 단어의 수가 적었고 문장의 인위적 특성 때문에 한계가 있다. 그럼에도 불구하고 어휘적 추론과 어휘 학습 간의 관계는 추가 연구가 필요한 분야이다.

3.4.2. 평가 문제

어느 시험 설계 기획에서처럼 우리는 먼저 어휘 추론 시험의 목적이 무엇인지에 대해 분명히 할 필요가 있다. 앞서 살펴봤던 연구는 적어도 세 가지 이상의 목적을 나타낸다.

1 학습자들이 모르는 단어의 의미를 추론하려고 시도하는 과정에 대한 연구를 수행하기 위해
2 학습자들이 어휘 추론 전략을 적용할 수 있도록 훈련시키는 프로그램의 성공 여부를 평가하기 위해
3 모르는 단어를 추론하는 학습자의 능력을 평가하기 위해

시험 설계는 이러한 목적들 중 어떤 것이 적용되는지에 따라 영향을 받을 받는다.

시험 설계에 대해 두 개의 출발점이 가능하다. 첫 번째 접근법은 수험자에게 익숙하지 않은 단어들을 선택한 후 한 문장이나 짧은 단락의 형태로 단어 각각에 대한 적절한 맥락을 만드는 것이다. 이 방법은 평가자가 제시하는 맥락상 단서의 특징과 양을 통제할 수 있으나 부자연스럽게 풍부한 가짜 맥락을 만드는 부담이 있다. 출발점의 다른 대안은 하나 또는 그 이상의 원문을 사용하고, 그 원문 내에서 시험을 위한 목표 단어로 저빈도 단어들을 선택하는 것이다. 이 경우 역시 문제점이 있다. 즉, 익숙하지 않은 단어가 너무 많이 있거나 반대로 너무 적을 수도 있다. 그리고 선택한 원문이 특정 단어에 사용할 수 있는 맥락적 정보를 제시하지 않거나 혹은 너무 많이 제공할 수도 있다.

두 번째 설계 문제는 목표 단어를 어떻게 선택하고 수험자에게 어떤 형태로 제시할 것인가이다. 필수적인 사항—우연적 어휘 학습에 대한 연구처럼—은 수험자들이 시험을 치기 전에 해당 단어에 대한 어떤 지식도 가지고 있지 않아야 한다는 것이다. 사전 시험을 하는 것은 상정된 단어를 이미 알고 있는지에 대한 여부를 검토하는 한 방법이다. 그렇지 않으면 어휘 빈도 자료, 교사의 판단 그리고 학습자들에게 익숙하지 않은 단어를 확인하는 다른 간접적 방법들에 의지해야 할지도 모른다. 다른 대안—수험자가 높은 수준의 언어 능력을 가지고 있을 때 고려할 수 있는—은 목표 단어를 있을 법한 단어니 가짜 단어로 대체하는 것이다. 이것은 학습자들이 답을 결정할 때 단어의 형태 인식에 의지할 수 없고, 맥락상 정보를 사용해야 함을 의미한다. 그러나 (대체한) 실제 단어에 대한 지식을 수험자가 가지고 있을 가능성 때문에 있을 법한 단어를 사용한다면, 이는 모르는 항목의 의미가 무엇일지 추론하는 과제에서 빠진—그러나 알 만한—단어가 무엇인지를 확인하는 과제로 시험 과제의 본질을 다소 변화시킨다.

마지막 문제는 수험자의 응답이 어떤 형태를 이루어야 하는가에 관한 것이다. 추론 과정에 초점을 둔 연구들은 보통 실험 대상자들에게 모르는 단어의 의미를 알아내려고 시도할 때 한 사고를 반영하는 정교한 답변을 요구한다. 하지만 실제적인 평가 목적을 위해서 점수를 좀 더 쉽게 줄 수 있는 시험 항목을 사용할 필요가 있을지도 모른다. 한 가지 확실한 방법은 수험자가 각 단어의 의미에 대해 그들의 추측과 가장 알맞은 선택지를 택하는 선다형 문항을 사용하는 것이다. 그러나 이런 선다형이나 다른 유형의 객관식 시험은, 특히 각 단어에 대한 정답이 하나임을 암시한다면, 학습자들이 추론할 때 무엇인가를 하도록 요구하는 것과는 반대될 수 있다. 수험자들이 목표 단어에 관하여 추론한 것을 표현하도록 하는 한 가지 예가 있다. 이는 결국 낮은 숙달도 학습자의 경우, 이들은 L2보다 그들의 모어로 답할 기회를 가져야 한다는 것을 의미한다. 따라서 객관식 항목 채점의 편리함은 수험자 스스로 답변하는 시간이 많이 걸리는 평가 과정과 균형을 이루어야 한다. 후자의 접근법이 학습자 추론의 질을 좀 더 타당하게 반영하는 결과를 산출한다고 주장할 수 있다. 이것은 시험 설계에 관한 결정은 평가 목적을 고려하여 이루어져야 한다는 확실한 예이다.

3.5. 의사소통 전략

학습자가 읽기 중에 마주친 모르는 단어를 처리하는 방법에 대한 연구의 양을 비교해 보면, 말하기와 쓰기를 통해 표현할 때 직면하는 어휘적 어려움에 대한 연구는 많지 않다. 그러나 제2언어 습득 분야에서 의사소통 전략에 대한 연구는 활발하다. 관련된 학자들은 비록 자신을 어휘 연구자로 보지 않았지만, 그들 연구의 주요 초점은 학습자들이 **어휘적 공백**(lexical gaps)을 처리하는 방법에 관한 것이었다. 이 어휘적 공백은 학습자가 의도하는 의미를 표현하기 위해 필요하지만 알지 못하는 목표 언어의 단어나 구이다. 따라서 연구 결과가 어떤지,

어휘 평가에 미치는 영향이 무엇인지에 대해서 고려해야 한다. 2장에서 다루었던 샤펠(Chapelle's, 1994)의 어휘 능력 모형은 세 가지 요소 중 하나로 어휘 사용 전략을 포함하고, 의사소통 전략에 관한 문헌은 그것의 특징과 기능에 대한 길잡이를 찾기에 확실한 것이다.

의사소통 전략에 관한 초기 연구 중 가장 영향력 있는 연구는 테론(Tarone, 1978)에 의해 수행된 것이다. 그녀는 소규모 중급 수준 ESL 학습자 집단을 대상으로 하였고, 세 장의 그림을 제시한 후 학습자들에게 모국어와 영어로 설명하게 하였다. 그 그림은 balloon, water-pipe(hookach), caterpillar와 같은, 일반적으로 학습자들이 영어 이름을 모르는 대상을 포함하였다. 테론은 학습자가 목표 언어로 직접 명명하지 못하는 대상을 확인할 때의 문제를 처리하는 방법을 확인하려고 하였다.

그녀는 의사소통 전략의 5가지 분류 체계를 만들어 냈고 몇몇 전략은 하위 유형으로 구분하였다(〈표 3-2〉 참조). 그녀의 분석에 따르면, 그녀의 실험 대상에게서 나타난 어휘적 공백을 처리하는 5가지 방법이 있었다. 첫 번째는 그들이 명명할 수 없는 대상에 대해 추론하는 것을 회피하는 것이다. 두 번째는 다소 우회적인 방법으로 그들이 확인하고자 한 것을 설명하기 위해 목표 언어(L2)에서 다른 단어를 사용할 수 있다. 세 번째 전략은 글자 그대로 번역하거나 동일한 L1 용어를 실제로 사용함으로써 모국어 어휘를 가져오는 것이다. 또 다른 방법은 필요한 단어를 제시할 때 대화하고 있는 사람에게 도움을 요청하는 것이다. 마지막으로, 표현하고자 하는 것을 연기하거나 몸짓을 이용하여 비언어적 의사소통 수단에 의지할 수 있다.

다른 연구자들은 다른 기준에 따라 의사소통 전략들을 분류하거나 요소들을 추가하여 그들만의 유형 분류 체계를 개발했다. 2장에서 언급한 쿨카와 레벤스턴(Kulka & Levenston, 1983)에서는 전략과 어휘 사용을 명시적으로 연결하였다. 의사소통 전략과 관련된 장치의 범위는 최근 연구를 검토해 봤을 때, 듀르나이와 스콧(Dörnyei & Scott, 1997)에

<표 3-2> 의사소통 전략의 유형(Tarone, 1978)

바꾸어 말하기(Paraphrase)

근접 대체어 (Approximation)	하나의 목표 언어 어휘 항목이나 구조를 사용한다. 학습자가 아는 것은 정확하지 않지만 화자가 충족시켜야 하는 목표 항목과 특징을 충분히 공유한다 (예, waterpipe 대신 pipe).
단어 만들기 (Word coinage)	학습자는 목표 개념을 전달하기 위해 새로운 단어를 만든다(예, balloon 대신에 airball).
우회적 화법 (Circumlocution)	학습자는 적절한 목표 언어 구조를 이용하는 대신에 물건이나 행동의 특징이나 요소를 설명한다(예, She is, uh, smoking something, I don't know what's its name. That's, uh, Persian, and we use in Turkey, a lot of 그녀는, 음, 뭔가 피우는데, 이름이 뭔지 모르겠어. 그건, 음, 페르시안, 그리고 터키에서 사용해, 많이).

말 바꾸기(Transfer)

글자 그대로 번역하기 (Literal translation)	학습자는 단어를 모어 단어로 번역한다(예, They toast one another. 그들은 서로 건배했다. 대신에 He invites him to drink. 그는 그에게 술을 마시자고 했다.).
언어 바꾸기 (Language switch)	학습자는 번역하려고 애쓰지 않고 모국어 용어를 사용한다(예, balloon: 풍선 대신에 balon 또는 caterpillar: 애벌레 대신에 tirtil).

도움 요청하기(Appeal for assistance)

학습자는 정확한 용어나 구조를 요청한다(예, What is this? 이게 뭐예요?).

몸짓(Mime)

학습자는 의미 구조 대신에 비언어적 전략을 사용한다(예, 박수를 설명하기 위해 손뼉을 친다).

회피(Avoidance)

주제 회피 (Topic avoidance)	학습자가 모르는 어휘나 다른 의미 구조에 대한 개념에 대해 이야기하지 않을 때 나타남
메시지 포기 (Message abandonment)	학습자가 어떤 개념에 대해 이야기하고 있지만 의미 구조의 부족 때문에 지속될 수 없거나 발화 중간에 멈출 때 나타남.

서는 33가지를 목록화하였고, 일부는 더 많은 하위 유형으로 분류한 것까지 있었다. 반면에 몇몇 연구자들은 훨씬 적은 수의 범주를 제시함으로써 복잡성을 감소시키는 것으로 보인다. 예를 들어, 페어치와 카스퍼(Faerch & Kasper, 1983b: 52~53)는 2개의 넓은 범주로 분류하였다.

- 감소(또는 회피) 전략: 주제 회피, 메시지 포기 등
- 보상(또는 성취) 전략: 우회적 화법, 단어 만들기, 모어로 바꾸기 등

이들 간의 근본적인 차이는 첫 번째 경우에는 의사소통의 어려움에 직면한 화자들이 원래 말하고자 했던 것을 바꾸는 것이고, 반대로 두 번째 경우에는 그들이 할 수 있는 한 최선을 다하여 의도하고자 하는 의미를 표현하는 것이다.

의사소통 전략의 목록을 확장하는 이유는 다양한 저자들이 범위를 달리 정하기 때문이다. 일찍이 연구자들은 전략이 언어 지식이 부족한 학습자들에 의해서만 사용되는 것이 아니라는 점을 인식하였다. 2장에서 언급했던 것처럼 필요한 언어 지식이 부족한 사람은 화자이기보다 청자이기 때문에 모어 화자들도 의사소통 상황에서의 난관을 극복하기 위해 전략을 사용한다. 블룸-쿨카와 레벤스턴(Blum-Kulka & Levenston, 1983)에서는 더 나아가 어휘적 단순화 전략에 대한 논의를 하였고, 그들은 최소한 6개의 맥락에서 이를 찾을 수 있다고 확인하였다.

- 제2언어 학습자의 발화와 작문에서
- 모어를 습득하는 어린이의 발화에서
- 어린이, 외국인, 학습자, 심지어 (어휘적으로) 덜 능숙한 모어 화자와 말을 하는 성인 모어 화자의 발화에서
- 단순화된 읽기 텍스트에서
- 피진 언어에서
- 번역서에서

따라서 학습자가 사용하는 전략들은 언어적 의사소통에서 매우 광범위한 현상의 한 부분으로 보일 수 있다. 그럼, 우리는 어떻게 그 범위를 제한할 수 있을까? 여기에 정의 두 가지를 인용하였다.

의사소통 전략들은 특정 의사소통 목적에 도달할 때에 한 개인에게 생긴 문제를 해결하기 위해 잠재적으로 의식하는 계획이다.

(Faerch & Kasper, 1983b: 36)

용어 [의사소통 전략]은 필요한 의미 구조가 공유되지 않은 상황에서 어떤 의미에 합의하기 위한 두 대화자의 상호 노력과 관련된다.

(Tarone, 1983: 65)

비알리스토크(Bialystok, 1990: 3~5)에서 이런 정의들은 3개의 주요 특징을 가지고 있다고 한다.

• 언어 사용자는 의사소통 문제를 해결하기 위한 시도로 전략을 사용한다.
• 언어 사용자가 의식적으로 전략을 적용한다.
• 언어 사용자는 구체적인 의사소통 상황을 처리하기 위해 특정 전략을 의도적으로 선택한다.

비알리스토크 스스로도 이러한 기준이 의사소통 전략의 범위를 정하는 데 옳은 것인지에 대해 의문을 갖는데도 불구하고 이 정의들이 널리 사용된다.

우리의 관점에서 의사소통 전략에 대한 연구의 흥미로운 특징 중 하나는 '의사소통 목적'과 '의미 구조'와 같은 개념을 넓게 정의했음에도 불구하고, 대부분의 연구들은 어휘적 문제에만 집중했다. 카스퍼와 켈러만(Kasper & Kellerman, 1997b: 7~11)은 이를 정당화하기 위해 여러 가지 이유를 제시한다.

- 의사소통 상황에서 어휘가 핵심 정보를 가지고 있기 때문에 발화할 때 문법적 특징보다 어떤 단어를 사용할지를 결정하는 것에 훨씬 더 많이 신경 쓴다. 즉, 조사 연구에서 학습자들은 무엇을 말하려고 했는지, 특정 전략을 선택한 이유는 무엇인지에 대해 나중에 연구자들에게 말할 수 있다는 것이다.
- 이미 언급했듯이, 우리는 때때로 의사소통 전략을 사용해야 하는 어휘적으로 어려운 상황에 직면한다(비록 그 단어가 '내 혀끝에서 맴돌고' 있을지라도). 그래서 어휘 전략은 모든 언어 사용자들에게 전략적 능력의 중요한 요소로 나타난다.
- 보상 유형 어휘 전략의 사용과 어휘 지식의 발달 사이는 밀접한 관계가 있다. 전략을 사용함으로써 '반의어는 어느 것인가? 동의어는 어느 것인가? 품사는 어느 것인가?'와 같은 질문을 통해 학습자들은 머릿속에서 이미 알고 있는 단어들 간의 연관성을 만들어 낸다. 학습자들은 또한 복합어, 파생 형태, 명사를 동사로 사용하는 등 단어 형성에 대한 기술을 발달시킬 수 있다. 어휘적 전략을 효과적으로 사용할 때의 또 다른 이점은 학습자들이 목표 언어에 더욱 능숙한 화자와의 대화를 지속할 수 있으며, 따라서 학습자들은 유의미한 의사소통적 맥락 안에서 새로운 단어를 습득할 많은 기회를 가질 수 있다는 것이다.

(위의) 세 번째 사항은 의사소통 전략을 학습자들에게 가르쳐야 하는 것인지의 문제를 제기한다. 몇몇 연구자들(Bialystok, 1990; Kellerman, 1990)은 전략은 학습자가 이미 그들의 모어를 통해 발달시킨 기본적인 인지 과정을 반영한다는 점을 근거로 이러한 생각에 반대하였다. 켈러만과 그의 네이메겐(Nijmegen) 대학 동료는 네덜란드인 학습자가 네덜란드어와 영어로 (그래픽 디자인을 설명하는) 과제를 수행할 때 매우 비슷한 전략을 사용하는 것은 발견했는데, 연구 대상자들은 그들의 모어 전략 기술을 제2언어로 전이시켰으며, 따라서 전략 훈련은 불필요하다는 결론을 이끌어 냈다. 하지만 다른 많은 학자들(Tarone, 1984;

Willems, 1987, Dörnyei, 1995)은 언어 학습에 대한 의사소통, 과제 중심 접근법의 한 부분으로 의사소통 전략의 교육을 선호하였기 때문에 학습자들은 위의 세 번째 사항에서 카스퍼와 켈러만(Kasper & Kellerman, 1997b)에 의해 확인된 여러 이점들을 이용할 수 있다.

아주 일부 연구들만이 전략 훈련의 효과를 평가하기 위해 연구되었다. 상대적으로 대규모의 실험 연구는 5개의 헝가리 중등학교에 있는 영어 학습자들을 대상으로 듀르나이(Dörnyei, 1995)에 의해 실행되었다. 실험 대상자들은 6주 동안 3개의 의사소통 전략을 훈련받았다.

- 주제 회피와 교체
- 우회적 화법
- 대화 삽입어(fillers) 사용(예: well, as a matter of fact)

이 연구에서 단어의 의미를 제시하는 능력으로 본 우회적 화법은 어휘 지식과 사용에 가장 분명하게 관련된 전략이다. 이 연구의 결과는 전략 훈련이 끝났을 때 실험 집단은 통제 집단의 학생들보다 의미를 더 잘 제시할 수 있다고 나타났다. 전반적으로 훈련 프로그램의 효과가 아주 명확하지는 않았지만, 장기간 훈련을 하면 긍정적인 결과를 얻을 수 있음을 시사했다. 어휘적 추론하기와 같은 학습 전략을 발달시키기 위해 학생들을 훈련시킬 때 직면하는 몇몇 문제들에 대해서는 이전 부분에서 언급했었다. 짐작컨대, 이 같은 제약은 의사소통 전략 교수에도 적용될 것이다.

3.5.1. 평가 문제

어휘적 의사소통 전략의 평가에 대해 두 가지의 가능한 접근법이 있다. 하나는 면접이나 스토리텔링을 하는 것과 같은 학습자의 말하기 과제 수행에 대한 내포적, 포괄적 측정을 하는 것이다. 이 측정은 학습자가 의미를 전달하기 위해 전략을 사용할 때의 효과를 판단하는 평가자들의 척도가 될 수도 있다. 이것을 활용한 방법에 대한 지표는 미국의 고등학교나 대학의 외국어 학습자 평가에 가장 널리 사용되는 ACTFL 숙달도 지침서(American Council on the Teaching of Foreign Languages, 1986)에서 확인할 수 있다. 이 지침서는 '초급-하(Novice-Low)'부터 '상급자(Superior)'까지 9개의 숙달도 수준에 대한 설명으로 구성된다. 말하기의 상급 수준에 대한 설명 일부는 학습자의 의사소통 전략 사용에 대한 언급을 포함한다.

- 중급-상: …한정된 어휘는 여전히 주저하게 만들고 약간의 예기치 않은 우회적 화법을 끌어낼 수 있다…
- 고급: …어휘나 통사적 한계로 인해 발생한 우회적 화법은 매우, 자주, 꽤 성공적이긴 하지만 약간의 단어 더듬거림은 여전히 눈에 띌 것이다…
- 고급-상: …고급-이상의 화자는 바꾸어 말하기와 우회적 화법 같은 의사소통 전략의 사용에 자신감을 가지고 일부 형태에 대한 불완전한 이해를 보상하는 충분히 숙련된 능력을 보여 준다…

이러한 진술들은 성과에 대해 상당히 넓은 범위에서 설명하였고, 평가자들은 전략들을 분리하여 평가하도록 요구받지 않았기 때문에 필자가 사용하는 용어인 내포적 측정을 엄격하게 구성하지는 않는다. 그러나 ACTFL 지침서의 저자들은 학습자들의 발화에서 그들의 숙달도 단계에 대한 증거를 제공하기에 우회적 표현이 충분히 자주 그리고 눈에 띄는 것이라고 확실히 언급하였다.

이러한 가능성을 제쳐두더라도, 이 연구는 말하기 과제가 구체적인 의사소통 문제를 만들어 내도록 설계되지 않는 한 내포적, 포괄적 측정이 실현될 수 없다는 것을 나타낸다. 인식할 수 있는 의사소통 전략들은 보통 발화에서는 자주 일어나지 않으며, 사실상 연구자들에 의해 논의되는 여러 문제들 중 하나는 의사소통 전략들을 확인하기 위해 어떤 기준을 사용하는가에 관한 것이다(Kasper & Kellerman, 1997b: 3~4). 많은 경우에서 관찰할 수 있는 주저하기, 몸짓 또는 L1 단어 사용과 같은 사인이 있지만, 회피 전략이나 능숙한 우회적 표현의 사용은 청자에게서는 잘 드러나지 않을 수도 있다. 의사소통 전략의 특징으로 정의되는 것 중 하나는 화자에 의해 의식적으로 사용된다는 것이다. 때문에 몇몇 연구자들은 학습자들에게 그들의 말하기 활동을 녹음한 후에 들려주고 다양한 상황에서 의사소통 문제를 해결하려고 한 것을 알아 차렸는지에 대해 보고하게 하였다. 하지만 학습자가 의사 결정 목적의 고부담 시험에서 평가를 받는 경우에는 이런 방법은 사용할 수 없다.

따라서 평가에 대한 좀 더 가능성 있는 접근법은 학습자가 적어도 한 가지의 의사소통 전략을 사용하게 하는 분리적, 선택적 시험 과제이다. 이 연구에서 가장 대중적인 과제는 학습자가 목포 언어로 말할 수 없는 어떤 물건을 묘사하거나 어떤 개념을 설명하는 것이다. 필자는 이미 테론(Tarone, 1978) 연구에서 나온 몇 가지 예를 제시했었다. 파리바흐트(Paribakht, 1985)는 학습자들에게 (주판, 해먹, 손전등 같은) 구체적이고 (운명, 순교, 아첨 같은) 추상적인 단어와 관련된 개념을 대화 상대에게 설명하게 하였다. 좀 더 큰 규모의 연구는 네딜란드의 네이메겐(Nijmegen) 계획으로, 네딜란드인 영어 학습자가 네 개의 다른 과제를 수행하였다. 학습자들이 받은 과제는 다음과 같다.

1 20개의 물건 사진을 설명한다. 이 물건은 학습자들이 영어 이름을 알지 못하는 것이다(예, 턱받이나 파리채 같은).
2 네덜란드어와 영어로 12개의 새로운 그래픽 디자인(사진)을 설명한다.
3 네덜란드어로 들려준 1분 담화 이야기 4개를 영어로 다시 이야기한다.
4 영어 모어 화자와 15분 동안 대화를 한다.

(Poulisse, 1993: 165)

마지막 하나를 제외한 모든 과제에서 대상자들의 발화 내용은 신중하게 통제되었고 어휘적 어려움을 일으키도록 만들어졌다. 이런 종류의 과제는 의사소통 전략의 수많은 예들을 유도하고 다른 학습자들 간의 성과를 공통적인 기준에서 비교한다는 점에서 평가 목적에 적합하다.

그러나 평가는 단지 성과를 이끌어 내는 것 이상을 수반한다. 연구자들은 주로 그들의 이론적 입장에 따른 분류와 분석을 위한 전략 범위를 설정하기 위해 과제를 활용하는 반면에, 언어 교사들과 평가자들은 학습자들이 전략을 얼마나 잘 사용했는지 평가하고자 한다. 평가의 구체적 방법 하나는 듀르나이(Dörnyei, 1995)의 전략 훈련 실험에서 사용한 (평가) 척도로 설명된다. 실험 대상자들의 설명의 질을 평가하기 위해 그는 평가자들에게 각각의 설명을 전사한 것을 읽고 어떤 단어를 설명한 것인지 추측하게 했다. 학습자들은 평가자가 목표 단어를 정확하게 확인할 수 있었던 것이 몇 개였는지에 따라 점수를 받았다. 네이메겐 계획에서 이야기 재구성하기 과제에서 사용한 의사소통 전략의 효과를 평가하기 위해 비슷한 방법을 사용했다. 하지만 연구자들은 "특정 CS(communication strategy: 의사소통 전략)에 대한 이해는 CS 자체에 담겨 있는 구체적인 정보의 양과 그 자체에 내포된 맥락 정보에 달려 있기 때문에 더 효과적인 혹은 덜 효과적인 CS 유형에 대해 말하기 쉽지 않다"(Poulisse, 1993: 166)고 결론지었다. 따라서 의사소통 전략의 효과가 그 자체로 평가되어야 한다면, 상대적으로 맥락-독립적인 시험이 분명히 필요하다.

평가에 대한 또 다른 기준은 율과 테론(Yule & Tarone, 1997) 연구에서 제시되었다. 그들은 영어 모어 화자와 영어 학습자 모두에게 커피 포트(coffee pot)와 테이프 디스펜서(tape dispenser)와 같은 물건을 설명하게 하였다. 모어 화자의 응답은 같은 물건을 설명하려고 한 학습자의 응답에 대한 평가 기준을 제시한다. 디스펜서의 경우, 모든 모어 화자들은 정확하게 명명할 수 있었던 반면에 학습자들은 매우 다양한 반응을 보였다. 율과 테론은 다음의 예문들처럼 그러한 응답들을 완전 실패한 응답부터 성공한 응답까지 나타낼 수 있다고 하였다.

··· 이거 이름이 뭔지 모르겠어
··· 이 물건은 다른 어떤 물건을 넣도록 디자인되어 있어
··· 이 물건은 길이는 약 3인치 정도이고 높이는 2분에 1인치 정도···
··· 스카치(Scotch) 테이프를 넣는 장치야

(Yule & Tarone, 1997: 24)

한편, 커피포트 내부의 금속 부분을 설명할 때 두 집단은 거의 구별 되지 않았다.

모어 화자: 이게 뭔지는 모르겠지만 둥근 것이 위에 있다.
학습자: 위에 둥근 것이 있는 것이다.

(Yule & Tarone, 1997: 23)

그래서 하나의 척도로 학습자의 의사소통 전략의 질을 평가하는 것에 대한 약간의 가능성이 여기에 있는 것처럼 보이지만, 적절한 시험 문항을 찾고 학습자 응답이 신뢰할 만한 기준을 근거로 평가될 수 있는지 여부를 확인하기 위해 추가적인 연구가 필요하다.

의사소통 전략과 전략적 능력에 대한 평가는 미개발된 연구 분야이다. 그래서 생긴 의문은 다음과 같다. 우리가 학습자의 어휘 전략을 평가하려는 목적은 무엇인가? 한 가지 확실한 것은 듀르나이(Dörnyei, 1995)와 같은 연구에서 나타나는데, 연구자들은 전략 사용에 대해 학습자들을 훈련시키는 프로그램에 대한 효과를 측정하려 했다. 덜 공식적으로, 학급 교사들은 교실 밖에서 목표 언어 사용—더 나아가 습득—기회를 이용하도록 하는 전략의 개발에서 학습자의 진전 사항을 평가하고자 할지도 모른다. 이 두 경우 모두 분리적, 선택적 시험이 적절하다.

분리적 시험은 어휘 능력의 요소를 평가하도록 설계되었다는 점에서, 그리고 선택적 시험은 하나 또는 그 이상의 구체적인 전략 수행을 이끌어 낸다는 점에서 시험 설계자에 의해 일찍이 선택되었다.

또한 어휘 전략들은 학습자가 덜 계획적인 말하기 과제를 수행할 때에도 필요함에도 불구하고, 숙달도 시험에서 전략 사용 능력에 대한 내포적, 포괄적 평가를 개발할 가능성은 그렇게 좋아 보이지 않는다. ACTFL 지침서는 바꾸어 말하기와 우회적 화법이 이러한 목적에 적합한 전략이 될 수 있다고 제안한다. 물론, 2장에서 언급했던 것처럼 면접에서 수험생의 의사소통 전략 사용이 그들의 말하기 능력을 평가하는 방법에 영향을 미치는 방식에 대해 더 많은 연구가 필요하다.

3.6. 결론

1장에서 제시했던 어휘 평가에 대한 3가지 차원이라는 측면에서 이번 장에서 논의한 평가 절차에 대해 다시 살펴보자. 제2언어 어휘 습득에 대한 연구는 연구자들이 '어휘 지식', '어휘 기술' 또는 '어휘 학습 능력'이라고 이름 붙일 수 있는 하나의 구인을 조사하고 있기 때문에 보통 분리적 시험을 채택한다. 주제 범위가 아주 넓은 분야를 제외하고, 대부분의 연구자들은 어휘 전략에 대해 매우 구체적으로 접근하며, 학습자늘이 특성 어휘 항목에 대한 지식의 부족함에 대처하도록 하는 시험을 설계한다. 내포적 측정은 이론적으로는 가능하지만, 그것이 의사소통 전략을 평가하는 실용적인 도구로 사용될 수 있는지의 여부는 지켜봐야 한다.

두 번째로 적어도 이 장에서 다루었던 분야에서는 포괄적 측정보다 선택적 측정이 어휘 습득 연구에서 사용되었다. 시험은 학습자가 일련의 목표 단어 지식을 가지고 있는지 그리고/또는 연구자가 관심 있는 특정 어휘 기술을 학습자가 가지고 있는지를 평가한다. 그러나 포괄적 측정은 우연적 학습이나 추론하기 시험 개발에 한정적인 역할을 한다. 모르거나 부분적으로 알고 있는 목표 단어를 이해할 때 필요한 맥락상의 정보에 접근하기 위해 수험자들은 입력 텍스트에 있는 대부분의 단어에 대한 알맞은 지식을 가지고 있어야 한다. 비목표 어휘 (non-target vocabulary)에 대한 포괄적 측정—말하자면, 가독성 공식의 형태로—이 이러한 종류의 시험을 위한 텍스트의 적합성을 판단하는 유용한 지표가 될 수 있다.

맥락 의존에 대해 말하자면, 어휘의 어떤 측면이 연구되는가에 따른 가변성이 있다. 체계적 어휘 학습에 대한 시험은 주로 맥락 독립적이어서 단어가 개별적으로 혹은 제한된 문장에서 제시된다. 우연적 학습에 대한 연구의 경우, 연구 대상자들에게 실험적 처치로 맥락 내 단어를 제시하지만, 이들이 어휘 시험을 치는 동안 무엇을 읽거나 듣는지 나타낼 수 없다는 점에서 단어 지식은 맥락-독립적인 방법으로 차후에 평가된다. 반대로 어휘 추론에 대한 연구에서 시험 자료의 필수적 특징은 맥락 의존적이다. 확실한 맥락 의존적 문항이 되기 위해서는 출제자는 각각의 목표 단어에 대해 이용 가능한 맥락상 단서가 있고 수험자가 해당 단어의 사전 지식이 없다는 것을 분명히 해야 한다.

제4장 어휘 평가에 관한 연구

4.1. 도입

이전 장에서 우리는 평가가 제2언어습득(SLA) 분야의 어휘 연구에 있어서 얼마나 중요한 역할을 하는지 살펴보았다. 이제 우리는 어휘 학습 과정을 이해하는 것보다 학습자들이 도달한 어휘 지식과 어휘 능력의 수준을 측정하는 데 초점을 둔 언어 평가 분야의 연구에 대해 살펴보고자 한다. 언어 평가는 학습자들을 배치, 진단, 성취 그리고 숙달과 같이 요약될 수 있는 다양한 목적으로 평가하기 위한 시험 설계와 관련이 있다. 그러나 실제로 제2언어습득과 평가에 있어서 이러한 구분을 지속적으로 유지하는 것은 어렵다. 왜냐하면 언어 평가 연구자들은 상대적으로 어휘 시험에 집중하지 않으며, 다른 한편으로 어휘 습득에 관하여 연구하는 제2언어습득 연구자들은 종종 그들의 연구 설계의 중요한 부분으로 시험을 개발할 필요가 있기 때문이다. 따라서 어휘 지식과 어휘 능력을 어떻게 측정할 것인가에 관한 몇몇 중요한 연구는 언어 평가자가 아니라 어휘 습득 연구자들에 의해 이루어졌다. 1990년대 후반에는 어휘 시험을 당연시 여기거나 언어 숙달도에 대한 통합적이고 의사소통적 측정에 관심을 두는 경향이 있었다.

우리가 어휘 평가를 이해하는 데 도움을 주는 이는 모어로서의 영어 읽기 연구자들이다. 상당한 어휘 지식과 읽기를 잘하는 능력 간의 강력하고 충분히 입증된 연관성 때문에 읽기 연구 내에 어휘 연구의 오랜 전통이 있다. 1970년대 후반 이래로 이런 연구는 특히 리차드 앤더슨(Richard Anderson), 윌리암 너지(William Nagy) 그리고 미국 일리노이 대학의 동료들이 수행한 혁신적인 연구로부터 신선한 자극을 받았다. 이 장에서 필자는 언어 평가 분야에서의 어휘 평가에 관한 연구의 한정된 양을 보충하기 위해 제1언어 읽기와 제2언어 어휘 습득과 관련된 이론적 개념과 연구 결과에 대해 정리하였다.

여기에서 다루고 있는 대부분은 전통적인 어휘 시험으로 선정된 일부 단어를 넓은 맥락과 분리된 채로 수험자에게 제시하고 각각의 단어에 대한 이해를 입증하도록 요구하는 일련의 문항들로 구성된다. 1장에서 소개한 용어를 활용하여 우리는 선택적이고 맥락 독립적인 분리적 어휘 시험들에 관하여 이야기할 것이다. 이런 종류의 시험들은 어휘 지식의 척도임이 자명하지만, 일부 연구는 개별적인 '어휘' 시험을 '문법' 시험과 구별하는 것이 매우 어려운 일임을 보여 준다. 어휘 지식을 언어 능력의 다른 측면으로부터 분리하는 것이 얼마나 의미 있는가에 대한 문제는 우리가 내포적 어휘 측정을 고려할 때 더욱 많이 발생한다. 이 장의 마지막 부분에는 일반적으로 빈칸 메우기 방법으로 알려진 언어 시험의 종류에 관하여 논의할 것이다. 비록 빈칸 메우기 시험이 일반적으로 어휘 측정으로 간주되지는 않지만, 그렇게 주로는 아니더라도 언어 평가 연구자들에 의해 광범위하게 연구되어 왔고, 필자는 이 시험이 선택적이고 맥락 독립적인 내포적 어휘 시험으로 기능을 하는가에 대한 여부를 탐색하고자 한다. 즉, 빈칸 메우기 시험의 점수가 수험자의 어휘 지식과 능력을 어느 정도 반영하는가에 대한 것이다. 다른 내포적 어휘 측정들은 7장에서 다루었다.

4.2. 객관적 시험

20세기 어휘 평가의 역사는, 특히 미국에서의 **객관적 시험**(objective testing)의 발전과 매우 관련이 깊다. 객관적 시험은 학습 자료를 소단위로 나누고 그 각각은 미리 정해진 한 개의 정답이 있는 시험 문항에 의해 평가될 수 있는 것들이다. 보통 대부분의 객관식 시험들은 선다형이다. 이 시험들은 답이 맞는지 틀린지 여부에 관하여 채점자의 어떠한 판단도 요구하지 않고 점수를 매길 수 있다는 점에서 객관적이다. 스폴스키(Spolsky)가 1995년에 출판한 책인 『Measured Words』에서 그는 객관적 시험을 낳은 **심리측정학**(psychometrics)이 어떻게 제1차 세계 대전 후의 기간 동안 모든 미국 학교 교육과정에서의 평가에 강한 영향을 미쳤는지 설명하고 있으며, 1930년대부터는 새로운 시험이 점차 전통적인 에세이 시험을 대체했다고 설명하고 있다. 라틴어, 프랑스어, 독일어에 대한 첫 번째 현대적 언어 시험은 1916년에 다니엘 스타치(Daniel Starch)에 의해 미국에서 발표되었다(Spolsky, 1995: 40). 이러한 시험들은 외국어 단어 목록과 모어인 영어 번역을 연결 하는 시험 문항을 학습자에게 제시하여 어휘 지식을 평가했다. 초기의 다른 시험들은 L2 단어에 대한 4~5개의 L1단어를 선택지로 제시하는 방식으로 선다형 시험 문항을 사용했다.

어떻게 어휘가 객관적 언어 시험의 구성요소로 인기를 얻게 되었는지는 쉽게 확인할 수 있다.

- 단어들은 동의어, 짧은 정의구(defining phrase)[1] 또는 번역 대응어로 의미가 표현되기 때문에 독립적인 언어 단위로 처리될 수 있다. 결과적으로, 이것은 4~5개의 의미를 가진 단어로 구성되는 일련의 선다형 문항이나 단어와 짧은 의미를 뒤섞은 목록으로 구성되는 연결하기 시험

---

1) (역주) defining phrase(정의구)는 사전에서 단어를 정의하기 위해 사용하는 구를 말한다.

을 작성하는 것이 상대적으로 간단하다.

- 1920년대와 1930년대에는 영어의 고빈도 단어 목록뿐만 아니라 특정 학생 집단에게 유용한 단어 목록을 만들기 위한 많은 작업이 있었다. 라도(Lado, 1961: 181)에 따르면, 매우 한정적이긴 하지만 비슷한 작업이 주요 유럽 언어의 어휘에 대해서도 이루어졌다. 이 목록들은 시험을 위한 목표 단어를 선정하는 데 편리하게 표본 조사를 할 수 있는 대량의 어휘 항목을 제공하였다.

- 선다형 어휘 시험은 심리측정 이론의 조건과 관련되는 훌륭한 기술적 특징이 있음이 입증되었다. 잘 작성된 문항들은 학습자들을 그들의 능력 수준에 따라 효과적으로 분류할 수 있고, 따라서 이 시험은 매우 신뢰할 만한 것이다. 신뢰성은 심리측정 평가의 큰 장점이었다.

- 단순히 어휘 지식을 평가한다기보다 객관적 어휘 시험은 넓은 의미에서 언어 능력에 대한 타당한 지표가 된다고 할 수 있다. 앤더슨과 프리바디(Anderson & Freebody, 1981: 78~80)의 연구에서처럼 L1 읽기 연구에서 가장 일관된 연구 결과 중 하나는 어휘 시험과 읽기 이해력 시험 사이에 높은 연관성이 있다는 것이다. 같은 결과가 제2언어 평가에도 적용되는 것으로 나타났다(예, Pike, 1979). 게다가 "어휘와 일반적 지능과의 강한 관계는 지능 평가의 역사에서 가장 강력한 결과 중 하나이다"(Anderson & Freebody, 1981: 77).

이러한 사항들을 고려해 볼 때, 객관적 어휘 시험은 L2 평가에 대한 **분리 항목 접근법**(the discrete-point approach)의 필수적인 부분을 구성한다고 이해할 수 있다. 이 접근법에서 학습자 평가는 주로 학습자가 가지고 있는 해당 언어의 개별 구조 요소에 대한 지식에 중점을 둔다. 이 접근법의 대표적인 설명은 라도(Lado, 1961)의 책『Language Testing』에서 찾을 수 있다. 1960년대와 1970년대에 출판된 평가에 대한 다른 책(Valeete, 1967; Harris, 1969; Clark, 1972; Heaton, 1975)들은 말소리, 문법적 요소 그리고 언어의 다른 개별 요소와 함께 어휘 항목 시험은 상당 부분 라도(Lado)의 선례를 따른다. 저자들은 선다형, 연결하기, 그림에 이름붙이기(picture labelling), 빈칸 채우기, 그리고 단어 번역과 같은 객관적 시험 문항의 사용을 권장하였다.

이런 책들은 교사들을 위한 안내서로 만들어진 것이며, 그래서 저자들은 어휘 시험에 대한 어떤 연구 결과들을 언급하기보다는 자신들이 권장하는 기본 개념들과 실제 시험 문항 작성 경험에 대해 언급하였다. 하지만 연구 학술지들을 보면 20세기 동안 제2언어 어휘 평가에 대해서 의외로 적은 양의 연구들이 수행되었다는 것을 확인할 수 있다. 한 가지 예외는 상당한 양의 연구가 우리가 5장에서 자세히 살펴볼 외국어로서의 영어 시험(the Test of English as a Foreign Language: TOEFL)의 어휘 문항과 관련된다는 것이다.

4.3. 선다형 어휘 문항

물론 선다형 방식이 모국어 화자와 제1언어 학습자 모두에게 가장 널리 사용되는 어휘 평가 방법 중 하나이나, 이 구성 방식의 한계점 또한 오랜 기간 동안 인식되어 왔다. 다음은 베쉐와 파리바흐트(Wesche & Paribakht, 1996)가 이러한 문항들에 한 비판을 요약한 것이다.

1 선다형 문항은 구성하기 어렵고 힘든 현장 평가, 분석 그리고 개선을 필요로 한다.
2 학습자는 해당 단어의 찾아야 하는 의미가 아니라 다른 의미를 알고 있을 수도 있다.
3 학습자는 제거 과정을 통해 올바른 단어를 선택할 수 있고, 어떤 일이 있어도 4개의 대안 중에서 정답을 고를 가능성은 25%이다.
4 선다형 문항들은 목표 단어의 정확한 의미를 찾아내는 학생들의 능력보다는 선택지에 대한 지식을 시험할 수도 있다.

5 학습자는 선택지의 단어 지식의 부족뿐만 아니라 문법 이해의 부족으로 문항을 파악하지 못할 수도 있다.

6 이 구성 방식은 학습자의 전체 어휘 중에서 매우 제한된 표본만을 허용한다(예를 들어, 선다형 시험 25문항은 10,000개의 어휘 중 400분에 1개의 단어를 표본으로 한다).

(Wesche & Paribakht, 1996: 17)

그러나 저자들은 선다형 문항들이—어휘뿐만 아니라 다른 측면의 언어 능력을 위한—시험 개발자들에게는 인기가 계속될 것이라고 결론짓는다. 왜냐하면 선다형 항목은 사용하기 매우 편리하고 문항을 분석하는 정립된 방법이 있기 때문이다. 비록 널리 사용됨에도 불구하고 이러한 시험에 관한 연구는, 특히 제2언어 학습에 적용한 연구는 그다지 진행되지 않고 있다.

소수의 연구에서 조사되어 온 한 가지 측면은 다음 질문으로 요약될 수 있다. 제2언어 학습자들을 대상으로 한 선다형 어휘 문항의 난이도에 영향을 미치는 다양한 요인들을 찾을 수 있는가? 예를 들어, 굿리치(Goodrich, 1977)는 베쉐와 파리바흐트(Wesche & Paribakht, 1996)가 요약한 위의 4번째 비판과 관련된 것으로 보이는 연구를 수행했다. 그는 영어를 배우는 아랍어 화자를 위한 선다형 문항에서 8가지 선택지 유형의 상대적 효과에 집중했다. 목표 단어들은 한 문장으로 제시되었고, 가장 이목을 끄는 선택지는 맥락에 꼭 맞는 단어나 정답과 의미적으로 관련된 (반의어를 포함한) 단어로 나타냈다. 반대로 수험자들은 일반적으로 허위 동족어(false cognates), 단독으로 선정된 선택지 혹은 정답과 철자가 비슷한 단어(예: bread대신 beard)에 흔들리지 않았다. 굿리치(Goodrich)가 유효한 선택지 유형만을 포함하는 시험 형태와 유효하지 않은 유형으로 구성된 시험을 비교했을 때, 그는 전자의 형태가 학습자의 숙달도를 측정하는 더 좋은 방법이라는 몇몇 증거를 발견했다. 이러한 결과들은 선다형 문항이 어휘 지식을 측정하는 데 선택지가 아주 큰 영향을 미친다는 비판을 옹호하는 것으로 해석될 수 있다.

다른 두 연구는 선다형 어휘 문항의 난이도에 영향을 주는 선택지보다 목표 단어의 특징이 무엇인가에 대해 조사했다. 수험자는 배우기 쉽고 따라서 빨리 습득한 단어들을 평가하는 시험 문항을 더 잘 수행한다는 것이다. 이 접근법에 대한 예는 문장 맥락에서 나타난 목표 단어들에 대해 40개의 선다형 항목이 포함된 미시간 영어 능력 평가(the Michigan Test of English Language Proficiency)의 어휘 부분을 분석한 퍼킨스와 린빌(Perkins & Linnville, 1987)에서 발견된다. 이들 연구자들은 다른 숙달도 단계에 있는 학습자들이 어휘 지식에서 독특한 측면을 가지는가의 여부를 조사하는 데 관심을 두었다. 그래서 그들은 영어 집중 프로그램에 참여한 학습자들과 대학생 모어 화자 집단에 대하여 시험을 수행했다. 결과를 분석하기 위해 그들은 먼저 빈도와 사용 범위, 얼마나 추상적인지, 단어 길이, 단어가 가진 함축된 의미의 종류, 그리고 얼마나 많은 동의어가 있는지와 같은 각각의 목표 단어에 대한 수많은 특징들을 확인했다. 그 다음에 그들은 목표 단어 특징들 중 어떤 것이 그 시험 문항에 대한 수험자 성과의 최고 예측 변수(predictors)인지를 확인하기 위해 통계적인 회귀분석 절차를 사용했다.

다른 많은 개별 분석 연구에서 퍼킨스과 린빌은 중요한 예측 변수로 기능하는 몇몇 특징들을 찾아냈다. 가장 일반적인 것은 빈도, 음절수, 추상성이었나. 이런 결과는 빈번하고, 짧고, 구체적인 단어와 관련된 문항이 길고, 빈도가 낮고, 좀 더 추상적인 단어와 관련된 문항보다 답하기 더 쉽다고 예상할 수 있기 때문에 타당한 것으로 보인다. 또한 저자들은 이것이 비록 그들의 분석 연구에서 결코 명확하진 않지만, 3단계의 숙달도에서 다른 변수들이 나타나는 경향이 있다고 언급하였다.

맥퀸(McQueen, 1996)에 의한 두 번째 연구는 이런 어휘 시험은 아니지만 호주와 뉴질랜드의 중등학교 학생들에게 행해진 외국어로서의 중국어 기초 시험의 읽기 부분과 관련된다. 선다형 문항을 사용하는 시험은 한자와 중국어의 로마자 표기인 편인 문자(Pinyin script) 둘 다로 작성된 여러 가지 간단한 텍스트에 대한 이해력을 평가한다. 점수는 정확하게 대답한 문항의 수를 기준으로 3단계 수준으로 분류했으며, 지원자들은 그들의 1단계 성적에 대해 다음과 같은 설명글을 받았다.

> 이 단계의 전형적인 학생들은 병음(Pinyin)을 읽을 수 있고 가족 구성원의 명칭, 숫자, 시간과 같은 일상 단어와 구를 이해할 수 있으며, 짧은 글이나 대화에서 간단한 정보를 얻을 수 있다.
>
> (McQueen, 1996: 152)

이 설명은 각 단계의 수험자들이 주로 정확하게 대답하는 문항에 요구되는 읽기 기술을 반영하여 작성되었다. 맥퀸은 단계 설명이 관련 문항에 대답하는 것과 어떤 연관이 있는지에 대해 확실하게 설명했는지의 여부를 조사하고자 했다. 그녀는 특별히 언어 학습의 초급 단계에서 어휘 지식이 읽기 이해력에 중요한 역할을 하며 따라서 각각의 어휘 문항에 대해 그녀는 입력 자료 또는 문항 그 자체 내에서 핵심 어구를 확인했다고 주장했다. 핵심 어구는 퍼킨스와 린빌에 의해 사용된 것과 비슷한 일련의 요인 측면에서 분석되었고, 이러한 변인들과 시험 항목의 난이도의 관계를 추정하였다. 그녀는 이런 요인이 문항의 난이도와 상당히 관련되어 있음을 확인하였다.

- 단어를 얼마나 쉽게 발음할 수 있는가?
- 학생들의 교재에 그 단어가 제시되어 있는가? 그렇다면, 어느 단원(앞 단원 혹은 좀 더 뒤의 단원)에 제시되어 있는가?
- 원본 텍스트에서 단어가 한자나 병음(Pinyin)으로 작성되어 있는가?

따라서 어휘 분석은 학습자의 시험 성적을 나타내는 보다 완벽한 설명글에 대한 실증적 기준을 제공했다.

퍼킨스와 린빌, 그리고 맥퀸에 의해 이루어진 연구들은 어휘 시험 성적과 학습자의 어휘 학습 진척 상황을 연결시키는 방법을 제시하며, 또한 좀 더 일반적으로는 우리에게 어휘 시험 문항이 실제로 무엇을 평가하는지에 관한 단서를 제시한다. 실망스럽게도 제2언어 학습자를 대상으로 이루어진 이런 종류의 연구는 매우 적은 것으로 확인되었다.

4.3.1. 어휘 지식 시험의 타당성

수년 간 제1언어 읽기 연구를 한 저자들(Kelley & Krey, 1934; Farr, 1969; Schwartz, 1984)은 선다형 구성 방식의 많은 변형에다가 다양한 시험 문항과 방법들이 어휘 지식을 측정하는 데 사용되어 왔음을 지적했다. 켈리와 크레이(Kelley & Krey, 1934; Farr, 1969: 34에서 인용)는 미국에서 표준화된 어휘 시험과 읽기 시험에 대한 26가지의 방법을 찾아냈다. 그러나 슈워츠는 "다른 것을 선택하지 않고 어떤 한 측정 기법을 선택하는 데에는 어떠한 근거도 없다. 시험 출제자들은 가끔 기분에 따라 특정 측정 기법을 더 혹은 덜 선택하는 경향이 있다"(Schwartz, 1984: 52)고 하였다. 게다가 여러 가지 시험 유형들이 모두 동일한 능력을 측정한다는 것은 분명하지 않다. 이것을 시험의 타당성 문제라고 한다.

많은 초기 연구들(예, Sims, 1929; Kelley, 1933; Tilley, 1936)은 학생 집단에 둘 혹은 그 이상의 어휘 시험을 시행한 후 그 결과의 상관관계를 비교함으로써 이러한 문제들을 다루었다. 일반적으로, 표준 방법으로 사용된 시험과 다른 시험들은 그 기준과 얼마나 높은 연관성이 있는지에 따라 타당한지가 결정된다. 그렇지 않으면 헐버트(Hurlburt, 1954)의 연구에서처럼, 선다형 시험과 완성형(빈칸 채우기) 시험 간의 어중간한 상관관계는 단어를 인식하는 것은 단어를 기억하는 것과는 다소 다른 어휘 기술임을 의미하는 것으로 해석했다. 현대의 관점에서 이 같이 간단한 상관관계 측정법은 그 자체가 한정적이며, 이 장의 후반부에서 살펴보겠지만 시험 타당성에는 더욱 정교한 분석이 이용된다.

그럼에도, 어떤 통계적인 절차가 사용되었는지에 관계없이, 또 다른 타당성의 중요한 측면은 어휘 시험이 무엇을 측정하려고 하는 것인가를 개념적으로 분명히 하는 것이다. 만약 우리가 전통적(분리적, 맥락 독립적인) 어휘 시험들이 개별 단어 의미에 대한 학습자의 지식을 평가하기 위해 고안된 것이라고 가정한다면, 그것은 앤더슨과 프리바디(Anderson & Freebody, 1981)가 정의했듯이, 개별 단어 의미에 대한 학습자 지식에 대해 두 가지 관점으로 구분하는 것이 유용하다.

> 첫 번째는 지식의 '폭'이라고 하는 것인데, 이것은 사람들이 최소한의 의미를 아는 단어의 수를 나타낸다. … 어휘 지식에 대한 두 번째 관점은 이해의 질 또는 '깊이'이다. 만약 일반적인 상황에서 보통의 성인이 이해할 수 있는 모든 의미차이를 사람들에게 전달한다면, 한 개인이 어떤 단어에 대해 충분히 깊게 이해한다고 추정할 것이다.
>
> (Anderson & Freebody, 1981: 92~93)

필자는 제2언어 어휘 시험에 대한 이전 연구(Read, 1993; 1998)를 나의 연구에 응용했으며 다른 이들(예, Wesche & Paribakht, 1996)도 전례를 따랐다. 하지만 메아라(Meara, 1996a: 44)는 이러한 글에서 혼동하는 두 용어 폭과 깊이를 찾아냈다. 이 두 관점을 나타내는 또 다른 방식은 각각 어휘 양과 어휘 지식의 질이며, 이에 따라 필자는 두 가지 방식의 용어를 번갈아 사용한다. L1과 L2의 어휘 시험 연구의 상당부분은 이런 관점 중 어느 것이든 다루는 것으로 볼 수 있다.

4.4. 어휘 양 측정

먼저 어휘 양과 관련 있는 교육적 상황과 연구에 대해 간단히 살펴보자.

- 읽기 연구자들은 영어 모어 화자들이 학창 시절부터 성인이 되기까지 얼마나 많은 단어를 알고 있는지 추정하는 데에 관심을 가져왔다. 이것은 나이가 들어감에 따라 향상되는 읽기 이해력과 관련된 어휘 지식의 역할에 대한 연구의 한 가지 양상을 나타낸다. 앤더슨과 프리바디 (Anderson & Freebody, 1981: 96~97)가 언급한 것에 따르면, 이러한 연구의 결과는 학교에서의 읽기 프로그램을 설계하고 가르치는 방식에 중요한 영향을 미친다. 다른 연령대에 있는 아이들에게서 획득한 단어 수의 믿을 만한 추정치는 한 학습 프로그램의 각 단원에 얼마나 많은 새로운 단어가 도입되어야 하는가와 교사가 모든 어휘에 대해 어떤 직접적인 교육을 하는 것이 정말 가치가 있는 일인가에 대한 여부에 관하여 결정하는 데 보다 나은 근거를 제공한다.
- 다른 연령대에 있는 모어 화자의 어휘 양 추정치는 교육 수단으로 사용되는 언어에 대한 지식이 거의 없이 학교에 입학한 아이들에게 어휘 습득에 대한 목표—물론, 바뀌긴 하지만—를 제시한다. 가족들과 함께 캐나다로 이주한, 비영어권에서 온 아이들의 경우를 살펴보자. 커민스 (Cummins, 1981)는 토론토 학교 체제에서 외국인 학생들의 어휘 시험 결과를 분석했고, 여섯 살 혹은 그 이상의 나이에 그 나라에 도착한 사람들은 캐나다 토박이 학생들의 시험결과와 비교해 봤을 때, 그들과 같은 성적 수준을 얻기 위해서는 5~7년이 걸린다는 사실을 발견했다. 마찬가지로 미국 이주 학생들의 학습 필요성에 대한 연구(예, Saville-Troike, 1984; Harklau, 1944)는 어휘 지식이 그들의 학문적 성취에 중요한 역할을 한다는 것을 보여 주었다.
- 새로운 교수 언어로 중등 이상의 교육 혹은 대학 교육을 받는 유학생들

은 모어 화자의 어휘 양과 비슷한 수준에 도달하기까지의 시간을 갖지 못한다. 그들에 대한 어휘 연구의 초점은 그들의 학습에 필요한 언어를 극복하기 위해 알아야 할 단어가 최소 몇 개인가에 관한 문제로 옮겨 간다. 예를 들어, 스타시아, 네이션 그리고 케네디(Sutarsyah, Nation & Kennedy, 1994)는 4,000~5,000개의 단어 지식이 영어로 된 대학 경제학 서적을 이해하기 위한 전제 조건임을 밝혀냈다. 하젠버그와 훌스틴 (Hazenberg & Hulstijn, 1996)은 좀 더 넓은 범위의 예로, 네덜란드의 대학에 입학하는 네덜란드어를 모어로 하지 않는 화자는 1학년의 읽기 자료를 다루기 위해서 네덜란드어 단어 10,000개가 필요하다고 추정했다.

• 많은 영어가 외국어인 국가에서, 대학생들은 국어로 배우지만 그들의 학문 분야와 관련된 영어 원서 서적을 읽어야 한다. 이러한 나라의 예가 인도네시아와 태국인데, 이들 나라에서 중등학교 영어교육의 주요 목표는 대학에서 요구하는 읽기 수준에 맞도록 학생들을 준비시키는 것이다. 위의 유학생들처럼 이러한 학습자들에게 실질적인 최소한의 어휘 양을 산출하는 것이 유용하다. 학자들은 학습자들이 혼자 글을 읽기 위해서는 텍스트에 나오는 단어 중 최소 95%를 알아야 한다는 가정 하에서 연구한다. 이것은 평균적으로 단어 20개당 하나가 그들에게 생소한 것임을 의미한다. 네이션(Nation, 1990: 24)과 라우퍼(Laufer, 1992; 1997a)는 이러한 적용 범위 수준을 달성하기 위해서 최소 3,000개의 단어족의 어휘가 필요하다고 주장한다. 그러나 인도네시아 대학 1학년생들의 어휘 지식에 대한 두 연구는 심지어 고등학교 6년 동안 영어 공부를 한 후에도 목표에 미치지 못함을 발견했다. 1960년대 말 퀸(Quinn, 1968)은 1,000개 이하의 단어 추정치를 만들었고, 30년 후에는 누르웨니와 리드(Nurweni & Read, 1999)가 평균 약 1,200개 단어 추정치를 만들었다.

어휘 양에 대해 연구하는 학자들은 학습자들이 그들의 언어 욕구를 단순히 아는 단어의 수를 늘림으로써 충족시킬 수 있다고는 주장하지 않는다. 확실히 읽기 이해력은 어휘 지식에 더하여 문법적 능력, 텍스트가 구성된 방식에 대한 이해, 주제에 대한 배경 지식 그리고 다른 능력들과 관련된다. 오히려 중요한 것은 충분한 단어 지식이 효과적인 언어 사용의 전제조건이라는 것이다. 어휘가 어떤 문지방 수준(threshold level) 이하인 학습자들은 글의 기본 구성 요소들을 이해하기 위해 그 내용에 대한 이해 수준을 높이려고 최선의 노력을 다한다.

만약 우리가 어휘 양이 하나의 개념으로 상당한 쓰임새가 있음을 받아들인다면, 문제는 그것을 어떻게 측정하느냐는 것이다. 어휘 양에 대한 문헌의 한 가지 특징은 특정 모어 화자 집단에서 알고 있는 단어 수로 만들어진 추정치에 커다란 차이가 있다는 것이다. 예를 들어, 미국 대학의 학생들을 대상으로 측정된 수치는 15,000개에서 20,000개 사이이다(Anderson & Freebody, 1981: 96). 이러한 불일치의 이유는 이 분야에 대한 초기 연구 이후로 몇몇 학자들(Thorndike, 1924; Lorge & Chall, 1963; Anderson & Freebody, 1981; Nation, 1993b)에 의해 알려졌으나, 다른 학자들은 이러한 문제점들을 제대로 이해하지 못한 채 어휘 양에 대한 연구를 진행했기 때문이다. 반드시 다룰 필요가 있는 문제들은 다음의 세 가지 질문으로 요약할 수 있다.

1 무엇을 단어로 간주하는가?
2 시험 칠 단어를 어떻게 선정하는가?
3 선정된 단어를 알고 있는지의 여부를 어떻게 확인할 것인가?

각각의 질문을 차례로 살펴보자.

4.4.1. 무엇을 단어로 간주하는가?

이것은 2장에서 논의한 문제이다. 모어 화자에 대한 대량의 어휘 양 추정치는 개별적인 단어 형태를 기준으로 산출되는 경향이 있는 반면에 좀 더 보수적인 (약간 적게 잡은) 추정치는 단어족을 측정 단위로 삼는다. 하나의 단어족은 하나의 기본 단어와 이 기본 단어와 같은 의미를 공유하는 굴절형과 파생형과 함께 구성된다는 것을 알아야 한다. 예를 들어 기본형 *extend*를 비롯하여 *extends, extending, extended, extensive, extensively, extension, extent*와 같은 단어 형태들은 한 단어족의 구성요소로 볼 수 있다. 이 단어족의 다른 구성요소들은 간단한 단어 형성 규칙들에 의해 *extend*와 연결되고 모든 구성요소들은 '퍼지다 또는 뻗어 나가다'로 표현될 수 있는 중심 의미를 공유한다. *extend* 의 의미(또는 아마 그 단어족 중의 어느 단어의 의미)를 알고 있는 사람은 영어 접미사에 관한 약간의 지식을 적용하고 또 그 단어가 들어 있는 맥락에서 약간의 도움을 얻음으로써 다른 단어 형태들이 무엇을 의미하는지 이해할 수 있을 것이다. 그러므로 각각의 개별 단어들이 형태와 의미 두 측면 모두에서 매우 밀접하게 연관되어 있을 때 누군가가 *extend*의 8가지 형태 모두를 알고 있다고 믿는 것은 지나치게 너그러워 보인다.

반면에 우리는 꽤 다양한 의미를 가지고 있는 하나의 기본 단어에서 파생된 많은 단어들을 찾을 수 있고, 따라서 하나 이상의 단어족을 형성할 수 있다. 필자는 2장에서 이러한 단어들의 예로 *social, socially, sociable, unsociable, sociability, socialize, socialization, socialism, socialist, socialite, sociology, sociologist, sociological, societal* 등을 제시하였다. 그런데 문제는 어떻게 이것들을 단어족으로 구분하는가이다. 너지와 앤더슨(Nagy & Anderson, 1984)은 미국 아이들이 학교에서 읽는 책에 노출된 단어들이 몇 개인지 추정하는 그들의 연구에서 이러한 어려움에 직면했다. 그들은 자신들의 표본에서 많은 단어들이 의미적으로 다양하게 연관되어 있다는 것을 인식하였고, 두 단어 형태가 같은 단어족에 속하는지 다른 단어족에 속하는지 분류하는 데 도움을 주는 관련성 척도를 개발했다. 문제의 핵심은 기본 단어의 의미를 배운 학습자가 맥락에서 파생 형태를 맞닥뜨렸을 때 그 파생어의 의미가 무엇인지 알아낼 수 있는가이다. 1단계에서 파생어의 의미는 최소한의 맥락으로 추론될 수 있다(예, *various-vary*, *geneticist-genetic*, *sunbonnet-sun*). 3단계에서 파생어의 일부 의미는 맥락의 상당한 도움 없이는 추론될 수 없다(예, *collarbone-collar*, *visualize-visual*, *conclusive-conclusion*). 반면 5단계는 기본 단어의 의미가 학습자가 파생어를 학습하거나 기억하는 데 있어 전혀 도움이 되지 않는다(예, *dashboard-dash*, *prefix-fix*, *peppermint-pepper*).

너지와 앤더슨의 척도는 연구자의 주관적인 판단이 많이 포함되어 있고, 단어의 의미를 이해할 때 아이들이 어떤 것을 쉽게 찾고 어렵게 찾는지에 관하여 검증되지 않은 가정에 근거를 두었기 때문에 완전히 만족스럽지는 않다. 바우어와 네이션(Bauer & Nation, 1993)은 기본 단어에 붙는 접두사와 접미사의 규칙성, 생산성, 빈도와 같은 기준을 활용하여 단어족의 구성요소를 결정하는 새로운 접근법의 윤곽을 보여준다.

그러므로 산출되는 구성단위의 검증은 어휘 양과 관련된 연구에서 중요한 단계이다. 기본 단어와 파생어를 구분하는 문제와는 별개로, 연구자들은 동형이의어, 약어, 고유명사, 복합어, 숙어 그리고 여러 단어로 된 단위를 어떻게 다룰 것인지를 결정해야 한다.

4.4.2. 시험 칠 단어를 어떻게 선택할 것인가?

한 언어의 모어 회자들이 알고 있을지도 모르는 모든 단어를 시험하는 것은 현실적으로 불가능하다. 연구자들은 일반적으로 대사전에서 시작하여 대표적인 단어표본, 즉 사전의 전체 목록에서 1%(100분의 1)를 추출했다. 다음 단계는 실험 대상자들이 추출한 단어를 얼마나 많이 알고 있는지를 평가하는 것이다. 마지막으로 시험 점수는 전체 어휘 양에 대한 추정치를 제시하기 위해 100으로 곱한다.

이는 간단한 절차로 보이지만 네이션(Nation, 1993)이 자세히 지적했듯이, 부주의한 연구자들은 수많은 함정에 빠질 수 있다. 예를 들어,

필자가 첫 번째 질문에 대한 대답으로 제시했던 이유로, 사전의 표제어들이 가장 적절한 표본 단위가 아니라는 점이다. 단일어의 단어족은 사전에 다수의 목록이 있을 수도 있으며, 그래서 표제어를 기반으로 한 어휘 양 산출은 과장된 것일 수도 있다. 두 번째로 각 여섯 번째 쪽에서 선택된 첫 번째 단어는 매우 일반적인 단어들 내에서 표본을 추출한 것이다. 왜냐하면 다양한 의미와 용법을 가진 일상적인 단어들은 저빈도 단어보다 사전에서 더 많은 공간을 차지하기 때문이다. 세 번째로 전체 어휘 양에 대한 신뢰할 만한 추정치 구성을 위해 요구되는 표본의 크기에 관한 기술적인 문제들이 있다. 메아라(Meara, 1996a: 40)가 언급했듯이, 단지 몇 백 개의 단어인 소량의 표본으로부터 무한정 많은 양—아마도 수만 개의 항목—을 산출하기는 어렵다.

제2언어 학습자의 어휘 양을 측정하는 것은 일반적으로 모어 화자가 단어를 아는 것보다 L2 학습자가 목표 언어의 단어를 훨씬 더 조금 알고 있다는 점에서 문제가 덜 될 것이다. 게다가 L2 학습자가 알고 있는 단어들은 고빈도 단어들이 일반적일 것이다. 이러한 점들은 언어 학습이 주로 교실에서 일어나는 외국어 환경에서 적절한 가정이다. 그러나 목표언어를 교실 밖에서도 사용하고자 하는 학습자들은 다양한 요구를 만족시킬 수 있는 훨씬 더 많은 어휘를 습득해야 할 것이다. 예를 들어, 하클라우(Harklau, 1994: 255)는 캘리포니아 고등학교에서 공부하는 한 아시아계 이민자 학생이 *silhouette*이라는 단어는 알지만 *sleeve*나 *snake*를 모른다고 하였다. 비슷한 예로 대학원에 재학 중인 유학생들은 보통 그들 학문 분야의 전문용어들은 알고 있지만 일상 대화에 필요한 많은 어휘는 부족할 수도 있다.

이러한 관찰에도 불구하고 영어 학습자의 어휘 양을 산출한 몇몇 연구들(예, Quinn, 1968; Harlech Jones, 1983; Meara & jones, 1988; Nurweni & Read, 1999)은 표본 추출의 기준으로 『Teacher's Word Book』(Thorndike & Lorge, 1944) 또는 『General Service List』(West, 1953)와 같은 고빈도 단어 목록을 사용해 왔다. 이미 만들어진 목록에서 표본 단어를 추출해

내는 것은 비교적 간단한 일이고, 그 표본은 대개 대사전에서 추출한 것보다 몇 천 개의 단어로 된 목록에서 추출한 항목의 비율이 훨씬 더 높게 나타났다.

한정된 단어 목록은 학습자가 가진 모든 어휘 지식을 포함하지 않을지도 모르지만, 이 절에서 어휘 양에 대한 부분을 도입할 때 필자가 제시했듯이, 학습자에 대한 연구들은 모어 화자에 대한 연구와는 다른 초점을 가진다. 학습자 측면에서 쟁점은 그들이 가지고 있는 절대적인 어휘 양이 아니라 그들의 언어 사용에서 가장 접하기 쉽고 가장 필요한 고빈도 단어들을 얼마나 알고 있는가 하는 것이다.

4.4.3. 선정된 단어를 알고 있는지의 여부를 어떻게 확인할 것인가?

일단 단어 표본이 선정되었다면, 각 단어를 알고 있는지의 여부를― 어떤 종류의 시험으로―확인할 필요가 있다. 어휘 양에 대한 연구에서 어떤 단어를 안다는 기준은 대개 매우 느슨하다. 왜냐하면 많은 단어들을 제한된 시험 시간 내에 다루어야 하기 때문이다. 다음의 시험 구성방식들이 일반적으로 사용되고 있다.

- 다양한 종류의 선다형 문항
- 단어에 맞는 동의어나 정의 연결하기
- L2 목표 단어에 대한 L1 대응어 제시하기
- 수험자가 자신들이 그 단어를 알고 있는지 아닌지를 간단하게 나타내는 점검표(혹은 예-아니오) 시험

필자는 이미 이 장에 앞서 선다형 어휘 문항을 이용한 시험을 구성할 수 있다는 데 대한 비판을 서술하였다. 어휘 양 시험을 목적으로 선다형 문항을 구성하는 데에는 시간이 많이 걸리고, 수험자들의 성적이 선택지 선택에 너무 의존적이라는 것이다.

다음 두 시험이 선다형 시험보다 구성하기는 더 간단하지만, 이들은 낮은 수준의 단어 지식을 나타낸다. 즉, 각각의 목표 단어와 '동일한' 의미를 가진 다른 단어 혹은 구와 연관시키는 능력을 나타낸다. 이러한 시험들은 학습자들이 실생활에서 그 단어를 마주했을 때, 특히 그들이 배운 것과 다른 의미를 가지고 있다면 그 단어를 이해할 수 있는가에 대한 어떠한 지표도 제시하지 않는다. L2를 L1으로 번역하는 과제는 수험자의 답변이 다양할 수 있으며, 이러한 답변은 주관적으로 채점해야 하기 때문에 객관적인 시험 구성에 비해 시간이 더 오래 걸린다는 문제점이 있다.

그럼에도 불구하고 이러한 유형들은 어휘 양 측정에서 어느 정도 성공적으로 사용되어 왔다. 5장에서 연결하기 시험 방식을 포함하는 네이션(Nation, 1990: 261~272)의 어휘 수준 시험(Vocabulary Levels Test)에 대해 조금 구체적으로 살펴본다. 또한 인도네시아 대학생들의 영어 어휘 지식에 대한 연구인 누르웨니의 연구(Nurweni & Read, 1999)는 번역 방법이 사용된 최근의 연구 사례이다.

점검표 시험은 가장 단순한 어휘 시험 방식으로, 멜카 테이흐루(Melka Teichroew, 1982: 7)에 의하면 적어도 1890년부터 모어 화자에게 사용되어 온 것이다. 다른 시험과 비교할 때, 앤더슨과 프리바디는 "어린 독자와 실력이 없는 독자가 그들이 무엇을 알고 있는지를 보여주기 어렵게 만드는 무관한 과제를 제거한다"는 점에서 단순함을 장점으로 보았다(Anderson & Freebody, 1983: 235). 하지만 연구자들은 어린이들의 어휘 지식 측정에 대한 타당성에 대해 각기 다른 결론을 내린다. 심스(Sims, 1929)는 점검표 시험이 일련의 단어 지식을 평가하는 세 가지 다른 방법과 매우 연관성이 없다는 것을 확인하였고, 이는 아이들이 책에서 본 단어들을 얼마나 잘 이해했느냐 보다는 책에서 봐옴으로써 생긴 그 단어와의 친밀도에 대한 측정이었다고 결론지었다. 반면에 틸리(Tilley, 1936)는 세 개의 다른 수준에 있는 학생들에 대한 단어의 난이도 관련 연구에서 점검표와 표준화된 선다형 시험 간의 높은 연관성을 얻어 냈다.

어휘 시험의 대표적 방식인 점검표에 대한 분명한 비판은 수험자가 그들의 어휘 지식을 얼마나 타당하게 작성하고 있는지 알아내는 어떠한 방법도 없다는 것이다. 수험자들은 '단어를 안다'는 것이 무엇을 의미하는지에 대해 연구자들과 다른 생각을 가지고 있을 수도 있고, 어떤 단어와 다른 단어를 혼동하는 등 특정 단어들에 관하여 자꾸 실수하게 될 수도 있다. 이 문제를 다루기 위해 앤더슨과 프리바디(Anderson & Freebody, 1983)는 실제 영어 단어가 아닌 항목을 높은 비율(약 40%)로 포함한 어휘 점검표를 준비했다. 연구자들은 실제 단어에서 글자들을 바꾸거나(예, perfume을 porfame으로) 단어 일부를 새로운 방법으로 '가짜 단어(예, observement)' 형태로 조합하여 없는 단어를 만들어 냈다. 만일 아이들이 다수의 존재하지 않는 단어에 표기를 했다면, 이는 그들의 실제 단어에 대한 지식이 과대평가되었거나 그들의 점수가 간단한 수정 공식을 적용하여 조정되었다는 증거가 될 수 있다. 고쳐진 점수는 선다형 단어 시험에서의 점수보다 면접 성적에서 훨씬 더 높은 연관성이 있었다. 후속 연구에서 앤더슨과 그의 동료들(Nagy, Herman & Anderson, 1985; Shu, Anderson & Zhang, 1995)은 *ferlinder, werpet, ushom*과 같은 완전히 존재하지 않는 단어와 더불어 유사 단어들을 사용했다.

아이들의 제1언어 어휘에 대한 연구들은 전체 어휘 양보다 특정 단어들에 대한 아이들의 지식과 관련된 것이었다. 그러나 제2언어 학습자들의 어휘 양을 산출하는 데 대한 연구에서 메아라와 그의 동료들(Meara & Buxton, 1987; Meara & Jones, 1988)은 동일한 접근법을 사용했다. 그 연구의 본래 주안점은 효과적인 배치 시험으로 어학원에 제공할 전산화된 어휘 척도를 만드는 것이었다. 이것은 5장에서 사례 연구로 살펴본 시험 중의 하나인 유로센터 어휘 양 시험(Meara & Jones, 1990a)의 발행을 이끌어 냈다. 메아라와 다른 학자들은 컴퓨터 기반 점검표 시험과 지필 점검표 시험 모두에 대한 작업을 계속 하고 있다.

여러 환경에서의 이러한 시험에 대한 연구의 최근 논의에서 메아라(Meara, 1996a: 42~44)는 이 방식의 효과는 학습자의 숙련 단계, 언어 배경 그리고 단어를 안다고 잘못 생각하는 강한 성향을 가지고 있는지와 같은 다양한 요인들에 달려 있다고 언급했다.

점검표 시험의 특징은 어휘 양에 대해 연구하는 연구자들의 관심을 확실히 끈다는 것이다. 연구자들은 어휘 양 추정치를 산출하기 위한 신뢰할 만한 근거를 갖기 위해서는 학습자들에게 수백 개의 단어를 제공해야 한다. 어떤 목적에서는 점검표 형식이 만족스러운 결과를 낸다. 하지만 다른 상황에서, 특히 학습자가 연구 대상으로 평가 받는 것이 아니라 개인적으로 평가받을 때에는 선다형이나 연결하기와 같은 시험 방식을 사용하여 단어를 정말로 안다는 직접적인 증거를 획득할 필요가 있다.

종합하면, 훌륭한 어휘 양 추정치를 산출하는 것은 복잡한 과제이다. 신뢰할 만한 추정치를 얻기 전에 세 가지 단계—산출 단위 규정하기, 표본 선정하기 그리고 시험 방식 결정하기—모두에서 해결해야 할 도전 과제들이 있다. 이상은 이 절의 도입 부분에서 약술했던 어휘 양 측정을 하는 다양한 이유들을 상기시키는 폭넓고 타당한 문제이다.

4.5. 어휘 지식의 질 평가

어휘 양 시험의 장점이 무엇이든 한 가지 한계점은 특정 단어를 얼마나 잘 알고 있는가에 대한 표면적인 면만 제시할 수 있다는 것이다. 사실 이러한 비판은 단지 전체 어휘 양을 측정하기 위해 고안된 것들만 아니라 많은 객관적 어휘 시험에서도 오랫동안 있어 왔다. 돌치와 리즈(Dolch & Leeds, 1953)는 미국 학교 아이들을 대상으로 일반적인 성취도 시험 문항과 다섯 개의 주요 읽기의 어휘 하위시험을 분석했고 다음을 알아냈다.

1 각 목표 단어의 가장 보편적인 의미만 평가되었다.

2 수험자들은 각 단어의 동의어를 확인하기만을 요구받았다.

따라서 시험 문항들은 목표 단어의 부가적, 파생적 또는 비유적 의미를 알고 있는가의 여부를 나타내지 않을 수도 있고, 이는 아이들이 목표 단어와 그 단어의 동의어 중 어느 것이든 그 의미가 무엇인지 실제로 이해하지 않고 그 둘을 연관 짓도록 배웠을 가능성도 상당히 있었다. 돌치와 리즈는 목표 단어들의 '의미 깊이'라고 하는 것을 측정할 항목들을 고안해 냈다. 여기에 두 가지 예가 있다.

A cow is an animal that
젖소는 ~한 동물이다

A disaster is ruin that happens
재해는 ~일어나는 파멸이다

a. is found in zoos
   동물원에서 찾을 수 있는

a. suddenly
   갑자기

b. is used for racing
   경주에 사용되는

b. within a year's time
   일 년 내내

c. gives milk
   우유를 제공하는

c. to all people
   모든 사람들에게

d. does not have calves
   송아지를 가지고 있지 않은

d. gradually
   서서히

이 문항들은 동의어(animal, ruin)를 포함한다는 것에 주목해야 하지만 목표 단어의 명확한 의미에 대한 수험자의 이해를 더욱 면밀히 살펴봐야 한다. 대학생들과 학교 교사들에게 주어진 이러한 종류의 탐구 시험에서 연구자들은 60% 이하의 시험 참여자들이 shower, portal, dahlia와 같은 단어들에 대해 '깊은' 지식을 가졌다는 것을 확인하였다.

그렇지만 일반적으로 앤더슨과 프리바디(Anderson & Freebody, 1981)

가 언급한 것처럼 어휘 지식의 깊이—혹은 질—에 대한 연구는 심지어 영어 모어 화자들을 대상으로 한 연구에서조차도 상당히 한정되어 있다.

과학사회학에서의 어떠한 변화로, 단어 지식의 심층 연구는 유아 언어 발달을 연구하는 심리 언어학자들의 특별한 분야가 되어 왔다. 대략 2세에서 8세 사이의 아이들을 위해 선정된 어휘와 관련된 문헌은 상당히 많이 있다. 하지만 나이가 더 많은 아이들과 성인들에 관련된 문헌은 불충분하다.

(Anderson & Freebody, 1981: 94)

관련 연구의 부족에도 불구하고 학습자 단어 지식의 질 연구는 다양한 목적에서 가치가 있는 것으로 보인다.

* 시험의 타당성을 검증하기 위한 전통적인 심리측정 접근법은 타당하다고 간주될 수 있는 기준 측정과 연관성이 있다. 제1언어 어휘 시험 연구에서(예. Sims, 1929; Kelley, 1933; Corson, 1985) 그 기준은 종종 개인별 면접에서의 성적이었는데, 면접에서 연구 대상자들은 설명하기, 정의 내리기 그리고/혹은 문장으로 단어 사용하기를 통해 각 단어에 대한 이해를 증명하도록 요구받았다. 면접관들은 연구 대상자들의 단어 지식을 깊이 측면에서 면밀히 조사할 기회를 가졌고, 그 가정은 선다형, 연결하기, 점검표 시험과 같은 덜 직접적인 측정 방법이 면접 결과와 일치하는 점수 범위에서 유효하다는 것이다.
* 두 번째 목적은 3장에서 다루었던 우연적 어휘 학습에 대한 연구의 맥락에서 단어의 부분적 지식을 측정하는 것이다. 학습기간 이후 어휘 지식의 질을 측정하기 위해 면접을 활용한 연구들은 너지, 헤르만과 앤더슨(Nagy, Herman & Anderson, 1985), 파리바흐트와 베쉐(Paribakht & Wesche, 1993), 조(Joe, 1995)와 슈미트(Schmitt, 1998c)가 있다.
* 세 번째는 제2언어를 통해 교육을 받는 이민자 지역사회 아이들의 경우

이다. 예를 들어, 네덜란드에서 터키와 모로코 출신의 이중 언어 화자 아이들은 상대적으로 학교에서의 성취도가 낮은 수준이었다. 그리고 캐나다인 학교의 이민자 학생들의 어휘 지식에 관한 커민스(Cummins, 1981)에서 알아낸 것처럼 언어학적 연구는 그들의 네덜란드어 어휘 양이 네덜란드어만 사용하는 학생들보다 훨씬 더 적었음을 나타냈다. 베르할렌과 스쿠넌(Verhallen & Schoonen, 1933)은 터키 아이들의 네덜란드어 일반 단어 지식의 질을 연구함으로써 이 상황에 대한 또 다른 관점을 제시하였다. *neus, geheim, haar*와 같은 6개의 단어만 가지고 연구자들은 각각의 목표 단어와 연관 지을 수 있는 모든 가능한 의미의 양상을 아이들로부터 이끌어 내기 위해 심층 면접을 진행했다. 그 결과들은 확실히 터키 아이들이 같은 나이의 단일 언어를 사용하는 아이들보다 더 적고 덜 다양한 단어들의 의미 양상을 알고 있다는 것을 보여 주었다. 네덜란드에서 이중 언어를 사용하는 아이들의 어휘적 발전에서의 이러한 격차는 낮은 수준의 교육 성취도가 가장 큰 요인이라고 설명했다.

• 어휘 지식의 깊이 측정에 관한 필자의 연구에서(Read, 1993; 1998) 기본 원리는 학문 목적으로 영어를 공부하는 학생들이 다른 학문적 텍스트에서 빈번히 나타나는 단어들에 대해 완전한 지식을 가질 필요가 있다는 것이었다. 이러한 단어들이 학문적인 맥락에서 다양한 용법으로 쓰이기 때문에, 학습자들이 단지 그 단어의 동의어나 일반적인 L1 대응어보다 용법에 관하여 더 많이 아는지를 평가하는 것이 적절하다. 누르웨니와 리드(Nurweni & Read, 1999)의 인도네시아 대학생들의 영어 어휘에 대한 연구는 어휘 양 시험을 보완하기 위해 지식의 깊이에 대한 두 가지 측정 방법을 포함시켰다.

어휘 지식의 질에 대해 이 절의 나머지 부분에서 중점을 두고자 하는 두 가지 질문이 있는데, 이는 어휘 지식의 질을 어떻게 개념화할 것인가와 측정할 것인가이다.

4.5.1. 어휘 지식의 질을 어떻게 개념화할 것인가?

필자가 이 절의 앞에서 소개했던 돌치와 리즈(Dolch & Leeds, 1953)의 시험 항목들은 기본적으로 지식의 정확성(precision)을 평가하는 것이다. 곧 수험자들이 단지 목표 단어의 막연한 개념만 아는 것이 아니라 구체적인 의미를 알고 있는가인데, 이것은 지식의 질을 규정하는 한 가지 방법을 의미하지만 각 단어가 정확하게 알려진 오직 하나의 의미만을 가진다는 것을 가정한다. 물론 단어들은 보통 몇 가지의 다른 의미들을 가지는데, *fresh*를 생각해 보면 *fresh bread*(신선한 빵), *fresh idea*(참신한 생각), *fresh supplies*(신규 지급품), *a fresh breeze*(상쾌한 바람) 등이 있다. 만약 이런 측면을 고려한다면, 우리는 정확성에다가 의미의 범위 차원을 추가시킬 필요가 있다.

한 걸음 더 나아가, 어휘 지식은 단순한 단어 의미 그 이상을 포함한다. 우리가 2장에서 본 것처럼 리처즈(Richards, 1976)와 네이션(Nation, 1990)은 수용적 지식과 생산적 지식의 구별뿐만 아니라 철자, 발음, 문법 형태, 상대적 빈도, 연어, 단어 용법의 제한을 포함하는 단어 지식의 다양한 구성요소를 목록화하였다. 크론바흐(Cronbach, 1942)와 같이 복합성을 추가하기 위해 어휘 지식의 범위를 분석하기 위한 대안적 체계들은 문헌에서 종종 사용되었다. 따라서 저자와 연구자들이 지식의 '깊이', '정확성' 그리고 '질'과 같은 용어를 여러 방식으로 사용함으로써 독자가 혼란스럽게 되는 것은 놀라운 일이 아니다.

최근 논문에서 헨릭센(Henriksen, 1999)은 우리가 어휘 지식에 대한 세 가지 관점을 뚜렷하게 인지해야 한다는 제안을 함으로써 문제들을 명확히 하고자 했다.

1 부분적-정확한 지식: 마지막 부분에서 살펴봤던 어휘 양 측정법은 연속체의 '부분'에 더 치우치는 경향이 있고, 반면에 위에서 인용한 돌치와 리즈(Dolch & Leeds, 1953)의 항목들은 '정확한' 지식에 더 가깝다.

2 지식의 깊이: 이것은 리처즈(Richards, 1976)와 네이션(Nation, 1990)에
의해 확인된 지식의 여러 가지 유형에 들어맞는다. 이 관점과 관련되는
많은 구성요소들이 있기 때문에, 지식의 깊이는 부분적-정확한 지식이
라는 방식의 단일 연속체로 생각할 수 없다. 헨릭센은 그것을 학습자들
이 그들의 머릿속에서 한 단어와 다른 단어를 연결하는 연결망을 구축
하는 과정으로 본다.

3 수용적-생산적: 이것은 한 단어에 대해 알고 있는 것과 그 단어를 말하
기나 쓰기를 할 때 사용할 수 있는 것과의 구별이다. 비록 단어를 어떻
게 어느 시점에서 생산적으로 사용할 수 있게 되는지를 확인하는데 어
려움이 있겠지만, 이는 대개 하나의 연속체로 나타난다. 이 부분은 6장
에서 자세히 논의할 것이다.

헨릭센의 분석은 어휘 지식의 질을 개념화하고 특정 조사 연구들에
서 측정되고 있는 구조의 양상들을 분류하기 위한 더 나은 기준을 제
시하는 데 어느 정도 도움이 된다. 하지만 어휘 지식이 본질적으로
복잡한 개념이라는 사실은 여전하다.

4.5.2. 어떻게 어휘 지식의 질을 측정할 것인가?

어휘 지식의 질을 측정하기 위한 일반적인 평가 절차는 각 학습자가
일련의 목표 단어들에 대해 얼마나 많이 알고 있는가를 면밀히 살피
는 개별 면담을 하는 것이다. 예를 들어 이중 언어 화자인 네덜란드
아이들과 단일 언어 화자인 네덜란드 아이들을 대상으로 한 논문 베
르할렌과 스쿠넌(Verhallen & Schoonen, 1993)은 학생들의 응답에 대한
의미적 분석을 면밀히 하기 위해 아이들이 알고 있을 것으로 예상되
는 목표 단어의 모든 측면의 의미를 이끌어 내길 원했다. 따라서 그들
은 다음과 같은 일련의 연속된 질문을 하였다.

[book]은 무슨 뜻인가?

[book]은 무엇인가?

[book]이 무엇인지 어떻게 설명하겠는가?

[book]을 보면 무엇을 알 수 있는가?

어떤 종류의 [book]이 있는가?

어떤 종류의 것들이 [book]인가?

[book]으로 무엇을 할 수 있는가?

단어 [book]으로 세 개의 문장을 만들 수 있는가?

(Verhallen & Schoonen, 1993: 350)

처음 6개의 질문에 각각 대답한 후 아이들은 추가로 즉석 질문('더 말해 줄 수 있겠니?')을 받았고 이렇게 함으로써 각 단어마다 적어도 13개의 질문을 받았다. 그때 적은 수(단 6개)의 목표 단어들만 면접에서 다루었기 때문에 이는 놀랄 만한 일이 아니었다. 각 단어에 관해 얼마나 이끌어 낼 수 있는가와 얼마나 많은 다른 단어들이 포함될 수 있는가의 사이에 분명한 균형이 있다.

성인들의 면접도 동일한 통제를 받았다. 슈미트(Schmitt, 1998c)는 2시간 동안 11개 단어의 5가지 지식에 관하여 실험 대상자들에게 각각 면접을 하였다. 이런 면접을 실시한 필자의 경험(Read, 1989)에서 면접관과 면접자 사이의 친밀도에 의해 영향을 받을 수 있다는 점을 밝혀냈다. 성인 학습자들은 자신들이 어떤 단어의 의미를 정말 모른다고 인정하는 것에 대해 당혹스러워할지도 모른다. 게다가 절차가 면밀히 구조화되지 않는 한 하나의 면접에서 다음 면접까지 일관성을 유지하기 어렵다.

따라서 실질적인 목표를 위해 어휘 지식의 깊이를 평가하는 방법으로 면접을 대신할 방법을 찾는 것이 필요하다. 이러한 선상에서 나온 최근의 의견 두 가지는 이 책의 후반부에서 다루었다. 5장에서 다룬 사례 연구들 중 하나는 파리바흐트와 베쉐(Paribakht & Wesche, 1993)의 어휘 지식 척도(Vocabulary Knowledge Scale)로, 이 척도는 학생들이 읽기를 통해 목표 단어의 지식을 얼마나 잘 습득하는지를 평가하기 위해 고안된 것이다. 그리고 6장에서 어휘 시험 설계의 한 예로 필자의 단어 연상 방식의 개발에 대해 논의하겠다.

4.6. 어휘 시험의 구인 타당도

지금까지의 논의에서 필자는 '어휘'라는 이름을 붙인 시험들은 어휘 지식에 대한 측정 외에는 아무 것도 아니라는 것을 액면 그대로 받아들일 수 있다고 가정했다. 그러나 통계적 분석으로는 어휘 시험과 다른 언어 능력 시험을 구분하기가 쉽지 않다. 제1언어 읽기 연구에서 측정 문제를 검토한 파와 캐리(Farr & Carey, 1986: 103)는 연구자들이 어휘 시험과 읽기와 관련된 다른 하위기술 시험이 서로 중복되는 부분이 많이 있다는 점을 확인한 바 있다고 지적했다. 앞에서 살펴본 바와 같이 상관관계 분석법이 어휘 시험의 타당성을 확인하기 위해 사용되는 경우가 많았으나 일반적으로 이것은 하나의 어휘 측정을 다른 것과 연관 짓는다는 것을 의미했다. 어휘 지식이 하나의 독립된 언어 능력 요소라는 것을 확인하기 위해서는 어휘 시험과 다른 언어 시험의 관계를 조사하기 위한 체계적 절차가 필요하며, 이는 언어 평가자가 해야 하는 가장 기본적인 연구, 즉 시험의 구인 타당도를 포함한다.

1장에서 설명한 바와 같이, '구인'이라는 용어는 시험이 측정하고자 하는 특정한 종류의 지식 또는 능력을 말한다. 가장 전통적인 어휘 시험은 특정 단어의 의미 지식을 평가하는 것이다. 이 경우 시험 내용과 구인의 관계는 매우 직접적인 것으로 보인다. 결국 맥락을 거의 제시하지 않는 상태에서 여러 단어를 제시하고 그와 유사한 단어 또는 그 의미를 골라야 하는 시험이라면, 그 외에 무엇을 측정할 수 있다는 것인 가하는 문제가 된다. 이런 종류의 '어휘' 시험은 동사의 현재 완료형을 사용해야 하는 맥락을 인지하고 있는지를 측정하거나 'similar' 다음의 전치사를 찾도록 하는 '문법' 시험과는 분명히 다르다.

그러나 시험을 이런 방식으로 구분 짓는 일—그리고 내재되어 있는 구인이 서로 다르다는 것을 입증하는 일—은 생각보다 쉽지 않다. 이제 몇 가지 문항을 살펴보고, 이 점을 확인해 보자.

(1) [Choose the best answer, from the four choices givens.]
[아래 4가지 단어 가운데, 가장 알맞은 답을 고르시오.]
After the heavy rain, many parts of the city were _____.
폭우가 내린 후, 도시의 많은 부분이 _____ 되었다.
a. flooded 침수되다   b. washed 세탁하다
c. drowned 익사하다   d. watered 물을 공급하다

(2) [Write the missing word in the space provided.]
[아래 빈칸에 빠진 단어를 쓰시오.]
At last the climbers reached the s_____ of the mountain.
마침내 등반가들은 산의 ㅈ_____에 다다랐다.

(3) [Choose the correct answer, from the four choices givens.]
[아래 4가지 단어 중, 정답을 고르시오.]
We could see the place _____ she had the accident.
우리는 그녀가 사고를 당한 장소를 보았다.
a. which   b. where   c. whether   d. what

(4) [Rewrite the sentence in another way, beginning with the words given.]
[문장을 다른 형태로 기술하시오. 아래 주어진 단어로 시작하시오.]

It was difficult to play on the wet field.

젖은 필드에서 경기하는 것은 힘들다.

Playing ——————————————————————————.

　위 항목들 중 (1)과 (2)는 어휘 지식을 평가하는 것이고, 나머지 2개는 문법 지식을 평가하는 것이다. 따라서 (1)과 같은 항목으로 구성된 시험은 (2)와 같은 항목으로 구성된 시험과 연관성이 높을 것이라고 기대할 수 있다. 왜냐하면 이 두 가지는 동일한 구인을 측정하기 때문이다. 이와 마찬가지로 다른 2개의 문법 시험도 서로 긴밀한 관계를 갖고 있을 것이다. 그리고 만일 구인이 서로 다르다면, 문항 (1), (2)의 결과가 문항 (3), (4)의 결과와 달라야 한다. 그런데 여기서 문제를 더욱 복잡하게 하는 것은 시험 과제(test task) 역시 고려해야 한다는 사실이다. 특정한 기술 또는 능력 평가에서 문항에 따라 시험 점수가 달라진다는 사실은 평가 연구를 통해 이미 확인된 바 있다. 이러한 관점에서 보면, 문항 (1)의 결과는 문항 (3)의 결과와 다소 유사할 것이다. 시험 점수가 수험자의 선다형 항목에 답하는(정답 고르기) 능력을 일부 반영할 수 있기 때문이다. 반면, 문항 (2)와 (4)는 수험자가 정답 하나를 고르는 대신 정답을 작성해야 한다는 점에서 서로 공통점이 있다.

　따라서 우리는 시험 점수에 영향을 미치는 두 개의 주요 요인을 파악해야 한다. 즉, 구인에 따라 구현되는 지식 또는 능력, 그리고 과제이다. 구인 타당도에서는 이 두 가지 개념을 각각 **특성**(trait)과 **방법**(method)으로 부른다. 미국의 교육 측정 전문가들인 캠벨과 피스크(Campbell & Fiske, 1959)는 다특성 다방법(multitrait multimethod: MTMM) 구인 타당도라는 방법론을 개발했는데, 이것은 시험이 측정하려고 하는 특성과 시험 방법이 시험 점수에 영향을 미치는지를 측정하는 방안이다. 그러나 이와 같은 연구는 복잡하고 시간도 많이 소모된다. 왜냐하면, 매우 많은 수험자를 대상으로 신중하게 계획된 시험이 많이 실시되어야 하기 때문이다. 따라서 언어 시험에서 이러한 연구가 거의 실시되지 않은 것도 그리 놀라운 일은 아니다. 하지만 어휘 지식의 구인을 조사한 두 MTMM 연구가 있는데, 이제 이것을 살펴보고자 한다.

이 두 연구는 어휘 지식과 문법 지식을 통계학적으로 구분할 수 있는 지를 확인하기 위해 실시된 것이다. 첫 번째로, 코리건과 업셔(Corrigan & Upshur, 1982)는 어휘 시험 3개와 문법 시험 3개를 고안했고, 각각 다른 시험 방법을 통해 동일한 언어 항목에 대한 지식을 평가했다. 예를 들어, 방법 1의 경우, 테이프를 틀어놓고 언어 항목(단어나 구절)을 제시했고, 방법 2의 경우, 인쇄된 문장으로 제시했다. 그리고 방법 3은 그림으로 단서를 제공했다. 이들 평가의 경우, 수험자들이 제시해야 하는 대답은 다양했다. 이 시험들은 미국의 대학에서 공부하고 있는 다양한 언어 배경의 성인 ESL 학습자들을 대상으로 실시되었다.

MTMM 절차에는 6개 시험 간의 상관관계를 체계적으로 비교하는 과정이 포함되어 있다. 일반적인 원리는 어휘 지식이 독립적인 특성인지 확인하기 위해서 어휘 시험의 상관관계가 특성과 방법이 혼합된 시험 쌍 혹은 '교차된' 시험(예, 그림 기반 어휘 시험과 청각 문법 시험)쌍의 상관관계보다 각각 평균적으로 더 높다는 것이 입증되어야 한다는 것이다. 그런데 이 경우에서 어휘 시험 쌍의 평균 상관관계(0.216)는 특성과 방법이 교차된 시험(0.257)에 비해 낮았다. 그리고 예컨대 '그림 기반 어휘 대 그림 기반 문법'과 같이 동일한 방법을 사용한 시험들의 평균 상관관계(0.358)에 비해서도 낮았다. 이는 코리건과 업셔가 자신들의 어휘 지식 시험의 구인 타당도를 입증할 수 없었다는 의미가 된다. 이들의 시험 결과로는 어휘가 독립된 특성으로 나타나지 않았는데, 어휘 시험이든 다른 시험이든 관계없이 사용된 문항의 유형이 학습자의 성적에 더 큰 영향을 미쳤기 때문이다.

상관관계에 대해 조금이라도 이해하고 있다면, 코리건과 업셔의 연구에서 상관관계가 전체적으로 낮다는 것을 알 수 있을 것이다. 아르노(Arnaud, 1989)가 지적한 바와 같이, 이러한 결과는 개별 시험의 신뢰도가 낮다는 것을 말해 준다. 아르노는 이보다 동질적인 집단인 프랑스 대학에서 영어를 배우는 1학년생에 맞춘 시험을 사용해 더욱 결정적인 결과를 얻어 내고자 했다. 이 시험에서도 '그림으로 단서를 제공하는 선다형', '프랑스-영어 번역', 그리고 '틀린 곳 찾기'의 3가지 시험 방법으로 어휘와 문법 특성을 평가했다. 물론 아르노의 시험이 앞선 연구보다는 신뢰도가 높은 것은 사실이지만, 그 역시 어휘—또는 문법—가 하나의 개별적인 구인으로 존재한다는 점을 입증하지 못했다. 그리고 동일한 시험 방법(예, 어휘 오류 찾기와 문법 오류 찾기: 0.57)의 상관관계가 동일한 것으로 가정된 특성(예, 선다형 어휘 선택과 어휘 오류 찾기: 0.32)의 상관관계보다 높은 것으로 나타나기도 했다.

아르노는 다소 비관적인 어조로 MTMM 방법론을 통해 어휘 지식이 독립된 특성이라는 것을 입증하는 것은 결코 불가능할 것이라고 결론지었다. 그는 어휘와 문법을 만족스럽게 평가할 수 있는 3가지의 개별적인 방법을 찾아내는 것이 매우 어렵다는 점을 지적했다. 그가 지적한 또 다른 문제는, 필자가 이미 언급한 바 있는 문제인데, 학습자의 개인적 특성이 미치는 영향이다. 아르노의 실험 대상자들은 모어, 교육 배경, 영어를 외국어로 공부한다는 측면에서 동질적이었다. 이와는 달리 코리건과 업셔가 조사한 학습자들은 언어 배경과 영어 실력이 다양했다. 이 중 후자의 경우에서 실험 대상자들의 어휘 지식과 문법 실력이 서로 다를 가능성이 높다. 그리고 사실, 미국인 연구자들은 자신들의 연구 결과에서 문법 항목이 어휘 항목보다 더 쉽다는 것과 문법이 하나의 개별적 특성이라는 증기를 찾아냈다. 그러나 이 점을 명확히 밝혀낸 후속 연구는 없었다.

그럼에도 불구하고 MTMM 연구의 불확정적인 결과는 다른 연구 결과와도 일치하고 있다. 2장에서 지적한 바와 같이, 싱클레어(Sinclair, 1991)와 같은 말뭉치 언어학자의 연구는 어휘와 문법의 개별성에 대한 기존의 관점에 도전하고 있다. 미국의 여러 학교에서 비영어권 출신 학생들의 영어 실력을 평가한 결과를 연구한 디트리히, 프리만 그리고 크랜들(Dieterich, Freeman & Crandall, 1979)은 또 다른 관점을 제공해 주고 있다. 이들 연구자들은 시험에서 수많은 언어학적 문제를 발견했는데, 이는 시험 사용자들이 아이들의 영어 능력에 대해 잘못된 추론을 저질렀을 수 있다는 뜻이다. 한 가지 문제는 문법 구조를 다루는 능력을 평가하고자 한 시험이 실제로는 단어 의미에 대한 지식만을 시험하는 경우가 자주 있었다는 것이다. 연구자들은 아래와 같이 지적하고 있다.

> 수동태 문장('The forks are held by both children: 2명의 어린이가 포크를 쥐고 있다')에 대해 정답을 고르는 시험이 있다고 하자. 3개의 그림 중 하나의 그림이 2명의 어린이가 포크를 쥐고 있는 그림이기 때문에, '포크'와 '어린이' 두 단어를 알고 있다면 쉽게 답을 찾을 수 있다. 그러나 이 경우, 해당 수험자의 수동태를 이해하는 능력에 대해서는 더 이상 알 수 없게 된다.
>
> (Dieterich, Freeman & Crandall, 1979: 539)

물론 시험을 제대로 구성하지 못한 경우라고 생각할 수도 있으나, 평가 목적으로 언어의 특정 요소를 분리시키기 어렵다는 것을 알 수 있다. 뿐만 아니라, 시험에 주어진 이름만을 근거로 언어의 어떤 측면이 평가되는지에 대해 추론할 때는 신중해야 한다는 점을 강조하고 있다.

4.6.1. 맥락의 역할

언어 숙달의 다른 영역으로부터 어휘를 분리할 수 있는가는 어휘 평가에서 맥락의 역할이 무엇이냐는 물음과 관계가 있다. 초기의 객관적 시험에서, 많은 어휘 시험은 선다형 문항의 문두로 혹은 목록에서 목표 단어를 따로 제시했다. 이런 시험은 순수하게 어휘 지식만을 측정하는 것으로 간주되었다. 그런데 저명한 미국 학자 존 B. 캐롤(John

B. Carroll)은 출간되지는 않았지만, 1954년 논문에서(Spolsky, 1995: 16에서 인용) 단 하나의 목표 단어가 포함되어 있는 문항은 어휘 문항으로 분류되어야 한다고 지적했다. 여기서 더 길어지면 어휘 문항은 읽기 이해력 문항으로 바뀐다.

어휘만 따로 시험하기가 어려운 실질적인 이유 중의 하나는 단어 하나가 여러 다른 의미를 가질 수도 있고 한 가지 이상의 품사로 사용될 수도 있기 때문이다. 만약 단어 형태만 제시된다면, 출제자가 단어의 어떤 의미와 쓰임을 평가하고자 하는지 알 수가 없다. 심스(Sims, 1929)는 한 가지 이상의 의미를 갖는 단어는 시험하지 않음으로써 이 문제를 해결하고자 했다. 그러나 일반적인 평가 상황에서는 실현 가능한 해결책이 없다. 또 다른 접근법은 언어 시험 지침서에서 흔히 추천하는 것으로, 의도한 용법을 암시하는 간단한 구나 문장 속에서 단어를 제시하는 것이다. 예를 들어, 클라크(Clark, 1972: 49~50, 99~100)는 어휘 문항에 사용되는 목표 단어는 '중립적인' 맥락에서 제시해야 한다고 강조했다. 그는 프랑스어 단어 *marteau*('망치')에 대한 지식을 평가하기 위한 듣기 시험을 사례로 제시하고 있다. 클라크에 따르면, *voici un marteau*('여기에 망치가 있다')가 적절하게 중립적인 문장이지만, *pierre enfonce des clous avec un marteau*('피에르는 망치로 못을 박고 있다')의 경우에는 그렇지 않다. 왜냐하면 의도한 목표 단어가 아니지만 *clou*(못)라는 단어를 수험자가 이미 알고 있다면 정답을 쉽게 알 수 있기 때문이다.

여기서 한 가지 흥미로운 점은 맥락의 역할에 대한 이러한 관점이 3장에서 어휘 연구자들이 지적했던 사안을 완벽하게 보완한다는 것이다. 전통적인 어휘 시험 설계자들은 수험자가 모르는 단어의 의미에 대해 아무런 맥락적인 단서를 제공하지 않는 문항을 만들려고 했었던 반면에, 제2언어 어휘 습득에 대해 연구하는 연구자들은 학습자가 읽기나 듣기에서 모르는 어휘를 유추할 수 있는 능력을 알아보기 위해 문장이나 텍스트에서 그런 단서를 의도적으로 배치했다.

개별 단어에 대한 지식을 평가할 때 맥락이 어떤 역할을 하는지를 다룬 연구는 거의 없었다. 스톨네이커와 쿠라트(Stalnaker & Kurath, 1935) 가 한 연구에서 독일어 어휘 지식 시험 방법 두 가지를 비교하였다. 그 중 하나('정답' 시험)는 선다형 문항으로 다음과 같이 각각의 목표 단어를 개별적으로 제시하는 것이다.

1. bekommen 1-become 2-arrive 3-accept 4-escape 5-receive ⋯ _____
2. versuchen 1-attempt 2-search 3-request 4-conceal 5-visit ⋯ _____

두 번째 ('맥락') 시험을 보면, 읽기 지문은 100개의 목표 단어 모두를 포함하여 구성되었고 수험자가 밑줄 친 각각의 단어와 같은 뜻의 영어 단어를 써넣는 방식인데, 아래와 같다.

Ein Mann hatte drei <u>erwachsene</u> Sohne. Diese arbeiteten <u>fast</u> nie, <u>obgleich</u> der Vater ihnen <u>befohlen</u> hatte, ihr eigenes Brot zu <u>verdienen</u>, und <u>böse</u> wurde, wenn sie nicht auf ihn <u>achteten</u> ⋯	erwachsene _____; fast _____; obgleich _____ befohlen _____ verdienen _____; böse _____; achteten _____

시카고 대학에서 독일어 학습자들을 대상으로 이 두 가지 시험을 실시했는데, 결과는 매우 비슷했다. 이 두 가지 시험은 서로 상관관계가 높았고, 학생의 독일어 성취도에 대한 교사 평가와 지능 검사 점수와 같은 학습자들의 두 가지 다른 능력 측정 결과와도 매우 높은 상관관계를 갖고 있었다. 이에 따라, 이들은 동일한 능력을 측정하는 데 있어서 이 두 가지 시험의 타당성은 같다고 결론지었다. 물론 어떤 시험 유형이 더 나은지에 대한 언급은 없었으나, 맥락 내에서 단어를 시험한다고 해서 더 나은 점은 없다는 것을 짐작할 수 있다.

그러나 여기에서 필자가 언급한 맥락 독립적인 시험과 맥락 의존적인 시험의 구별은 의의가 있다. 스톨네이커와 쿠라트의 맥락 시험은 앞에서 언급한 바와 같이, 목표 단어 가운데 100개를 미리 선정하고, 이들 단어 전부를 포함하는 학습자의 수준에 맞게 등급화된 텍스트를 제시한다. 물론 연구자들은 "각 대답이 맥락에 들어맞아야만 한다"고 언급했지만(Stalnaker & Kurath, 1935: 438), 이러한 기초적인 언어 학습 단계에서는 학생들이 맥락을 살펴보지 않은 상태에서 밑줄 친 단어를 독립된 항목으로 간주하고 정답을 찾을 수 있는 경우가 대부분이다. 이것이 사실이라면, 맥락 시험은 사실상 수험자의 목표 단어 지식을 측정하는데 맥락 독립적이다.

5장에서 사례로 다루고 있는 연구 중 하나인 외국어로서의 영어 시험 TOEFL은 맥락과 함께 제시한 어휘 시험이 실제로는 맥락 독립적인 것으로 간주될 수 있다는 것을 보여 주는 또 하나의 흥미로운 사례이다.

어휘 평가에서 맥락의 역할에 대해 충분한 증거가 없는데도 불구하고, 언어 교사와 시험관들은 어휘가 맥락 속에서만 제시되어야 한다고 굳게 믿게 되었다. 1970년대의 비맥락화된 분리 항목 시험에서 벗어나서 크게 주목 받았던 시험 방식은 바로 **빈칸 메우기 시험**(cloze procedure)이다. 물론 전성기는 지났으나, 여러 종류의 빈칸 메우기 시험은 여전히 널리 활용되고 있고, 이 시험이 무엇을 측정하는지에 대한 연구도 계속되고 있다. 빈칸 메우기 시험이 본래 어휘 측정으로 간주된 적이 없었다는 것은 사실이다. 그러나 수험자들이 문제를 풀기 위해서는 자신의 어휘 지식을 동원해야 할 것이다. 다음 절에서는 빈칸 메우기에 관한 문헌을 검토하면서 어휘 평가에 대해 좀 더 살펴보고자 한다.

4.7. 어휘 측정으로서의 빈칸 메우기 시험

일반적인 빈칸 메우기 시험은 하나 혹은 그 이상의 읽기 지문을 제시하고, 이 지문에서 일정한 비율(예, 각 일곱 번째 단어)로 단어를 삭제하는 방식이다. 삭제된 각각의 단어는 동일한 길이의 빈칸으로 대체되고, 수험자는 각 빈칸에 적절한 단어를 기입해야 한다. 일부 연구자들은(예, Weir, 1990: 48; Alderson, 2000) 이런 방식의 평가를 **빈칸 메우기**(cloze)라는 표현을 사용하는 것을 자제하려고 했으나, 이 용어는 표준 방식을 변형한 많은 시험 방식을 일컫는 단어로도 널리 사용되고 있다. 한 가지 변형된 형태는 선택적-삭제(또는 합리적인(rational)) 빈칸 메우기로, 출제자가 가급적 원칙에 입각한 기준에 따라 의도적으로 삭제 될 단어를 선정하는 것이다. 또 다른 변형은 **선다형 빈칸 메우기**(multiple-choice cloze)이다. 이 경우, 삭제된 단어 각각을 하나의 객관식 문항에 포함시키고, 수험자는 단어를 써 넣는 대신, 서너 개의 선택지 중에서 빈칸에 들어갈 단어를 골라야 한다. 세 번째 대안은 C-테스트(C-test)인데, 매 두 번째 단어의 후반부 절반을 삭제한 상태로 짧은 지문을 제시하는 것이다. C-테스트를 개발한 독일인 학자 클라인-브레일리와 랏츠(Klein-Braley & Raatz, 1984)는 이 시험이 표준 빈칸 메우기 방식과 동일한 원리에 기초를 두고 있으면서 동시에 표준 방식이 안고 있는 몇 가지 문제점을 해결했다고 주장했다.

빈칸 메우기 시험은 다양한 목적으로 사용되어 왔다. 이 시험을 개발하는데 일조한 미국인 연구자 윌슨 테일러(Wilson Taylor, 1954)는 처음에 이것을 특정한 학생 집단의 텍스트의 가독성 평가 수단으로 제시했다. 그 후에 이 방식은 L1 읽기 이해 능력을 측정하기 위해 널리 사용되고 있다. 제 언어 시험에서, 빈칸 메우기 시험의 사용을 가장 적극적으로 권장한 사람은 존 알러(John Oller. 예, Oller, 1973; 1979 참조)이다. 그는 표준 고정비율 빈칸 메우기 시험을 특정한 어휘 항목이나 문법 요소에 대한 지식과는 구분되는, 학습자들의 전반적인 제2언어 능력을 매우 효과적으로 시험하는 방법으로 보았다.

빈칸 메우기가 이런 목적에 부합하기 위해서는 두 가지 중요한 조건이 있다. 그 첫 번째 조건은 내용어(명사, 본동사, 형용사)와 기능어(관사, 전치사, 조동사, 접속사)를 포함하여 텍스트에서 삭제할 단어를 적절하게 선정해야 한다는 것이다. 존 알러는 고정 비율 방법에 따라 적절한 텍스트에서 약 50개의 단어를 삭제하면 충분하다고 주장했다. 두 번째 조건은 대부분의 경우에서, 수험자가 빠진 단어가 무엇인지 파악하기 위해서는 빈칸 근처를 넘어—빈칸이 있는 절이나 문장을 넘어 그 이상을—살펴보아야 한다는 것이다.

이 두 번째 조건은 빈칸 메우기 시험 연구자들 사이에서 논란거리가 되었다. 존 알러와 동료 연구자들은(Oller 1975; Chihara, Oller, Weaver & Chavez-Oller, 1977) 빈칸 메우기 시험에서 문장의 순서를 뒤바꿨을 때, 문장이 올바른 순서로 배열된 경우에 비해 수험자들이 빈칸을 채우기가 훨씬 더 어렵다는 사실을 확인했다. 이들은 바로 이 점이 텍스트의 담화 구조가 빈칸 메우기 시험 결과에 크게 영향을 끼친다는 사실을 입증할 수 있는 것이라고 주장했다. 다른 학자들은(예, Alderson, 1979; Shanahan, Kamil & Tobin, 1982; Porter, 1983) 다양한 연구 방법을 활용해, 대부분의 빈칸 메우기 문제는 주변의 언어적 맥락만을 참고하면 해결할 수 있다는 증거를 제시하면서, 기본적으로 빈칸 메우기 시험은 개별 문장을 넘어서는 고급 단계 읽기 기술을 평가하기보다는 단지 '지엽적인' 문법과 어휘 지식을 평가한 것이라고 결론지었다. 이들의 연구는 그 연구 방법에 대해 비판을 받아왔고(예, Cziko, 1983; Jonz & Oller, 1994), 빈칸 메우기 시험의 점수가 갖는 의미에 대해 의문을 제기하는 연구들도 나와 있는 상황이다(Brown 1983; Bachman, 1985; Jonz, 1987; 1990).

L2의 빈칸 메우기 연구의 많은 부분은 빈칸 메우기 시험에서 수험자가 획득한 총점이 목표 언어의 사용자 혹은 독자로서 수험자의 전반적인 언어 숙달도를 평가하는 데 타당한지에 초점을 둔다. 그러나

만약 우리가 특히 어휘에 관심이 있다면, 우리는 얼마만큼의 어휘 지식이 수험자의 시험 수행에 기여하는지 또는 다른 항목보다 어떤 특정 항목이 어휘 실력을 평가하는 것으로 생각될 수 있을지 알고 싶어 한다. 또한 우리는 빈칸 메우기 시험을 수정하면 더 나은 어휘 능력 측정 방안이 될 수 있는지에 대해서도 알고 싶어 한다. 이러한 질문의 답변과 관련된 증거를 제공하는 연구도 몇몇 있으며, 조사된 빈칸 메우기 유형에 따라 관련 연구를 검토하는 것이 최선일 것이다.

4.7.1. 표준 빈칸 메우기 시험

우선 표준 고정 비율 빈칸 메우기(standard fixed-ratio cloze)를 살펴보자. 1970년대 빈칸 메우기 시험의 타당도를 검증하기 위해 가장 널리 사용된 방법은 빈칸 메우기 시험과 여러 가지 다른 유형의 시험의 상관관계를 보여 주는 것이었다. 많은 연구에서 빈칸 메우기는 받아쓰기나 글쓰기와 같은 '통합' 시험과 상관관계가 높았고, 어휘, 문법, 음운과 같은 분리 항목 시험과는 상관관계가 낮았다. 이는 빈칸 메우기가 언어 능력을 전체적으로 측정하기에 좋은 방법이라는 존 알러의 주장을 뒷받침하는 것으로 해석되었다. 그러나 이 장의 앞부분에서 논의한 바와 같이, 상관관계만으로는 그 시험이 무엇을 측정하는지 제대로 파악하기가 어렵고, 특히 상관관계가 보통 수준인 경우(0.50~0.80)에는 더 어렵다. 시험이 측정하려고 하는 것(특성)뿐만 아니라 수험자가 해야 할 과제(방법)에 따라서 시험은 달라진다. 예를 들어, 빈칸 메우기 식의 지문에서 빈칸을 채우는 것은 선다형 어휘 시험에서 정답을 고르는 과제 혹은 글쓰기 과제와는 다소 다른 점이 있다. 현재의 관점에서 본다면, 과제의 종류와 측정되고 있는 능력의 유형에 따라 많은 시험들 간의 상관관계의 상대적 크기를 예측하게 하는 좀 더 정교한 상관관계 분석 접근법이 필요하다.

샤펠과 아브라함(Chapelle & Abraham, 1990)은 이러한 접근법을 도입해 네 가지의 빈칸 메우기 시험 점수와 다양한 배치 고사 구성요소의 점수를 비교하였다. 각각의 시험을 분석한 후, 연구자들은 고정 비율 빈칸 메우기는 쓰기 시험과 가장 상관관계가 높을 것이고, 읽기와 어휘 시험과는 상관관계가 비교적 낮을 것이며, 듣기 시험과는 상관관계가 가장 낮을 것이라고 예측했다. 읽기, 어휘, 듣기 시험은 모두 객관식 시험이었다. 비록 상관관계 중 어떤 것도 절대적으로 높지는 않더라도, 사실상 상관관계는 이러한 순서로 순위가 매겨진다. 그러나 이런 연구 결과로부터 결론을 도출하는 것은 신중해야 한다. 왜냐하면 학생 표본의 규모가 비교적 작고, 일부 시험은 그리 신뢰할 만하지 못하다. 그러나 이러한 연구 설계를 통해 그런 연구를 어떻게 진행해야 하는지는 알 수 있다. 이제 이 연구의 다른 결과를 살펴보자.

표준 빈칸 메우기 시험이 무엇을 측정하는지 검증하는 또 다른 방법은 각 문항에 정답을 찾아내는 데 기여하는 요소가 무엇인지 세부적으로 분석하는 것이다. 수험자가 정답을 찾는데 도움을 줄 단서는 어디에서 찾을 수 있는가? 이는 우리가 3장에서 텍스트 내 모르는 단어의 의미를 추론하는 데 활용할 수 있는 단서에 대해 논의했던 질문과 유사하다. 이런 목적으로, 바크만(Bachman, 1985)은 필요한 맥락의 수준을 4가지 범주로 분류하였다.

1 빈칸이 있는 절 내부
2 절 외부, 하지만 동일한 문장 내부
3 문장 이상, 하지만 텍스트 내 어딘가
4 텍스트 외부

위 4가지 수준 모두는 어휘 지식뿐만 아니라 다른 언어 능력의 적용도 필요할 것이다. 바크만은 어떤 고정 비율 빈칸 메우기 시험에서라도 이들 4가지 범주에 있는 문항의 비율은 거의 동일할 것이라고 주장했다.

바크만의 주장을 받아들인 존즈(Jonz, 1990)는 여러 연구자들이 활용했던 8개의 빈칸 메우기 텍스트를 선정해서 빈칸을 채우는 데 필요한 맥락의 유형을 분석했다. 그가 바크만의 4가지 범주의 분류를 사용했든 자신이 직접 고안하여 수정한 체계를 사용했든 관계없이, 각 맥락 유형에 속하는 문항의 비율은 매우 일정하다는 사실을 확인했다. 이러한 관점에서, 가장 흥미로운 변형 체계는 5개 영역 체계로, 그가 바크만의 '절 내부' 범주를 '절 수준 문법'과 '절 수준 어휘'로 다시 나누었다. 그에 따르면 이들 다섯 개의 범주의 상대적인 비율은 아래와 같다.

절 수준 문법	24.1%
절 수준 어휘	33.0%
문장 내부	10.9%
텍스트 내부	23.2%
텍스트 외부	8.9%

(Jonz, 1990: 70)

어휘 지식을 포함하는 두 개의 범주는 절 수준 어휘와 텍스트 외부이다. 이 중 후자는 텍스트에서는 단서가 거의 없는 상황에서 내용어로 빈칸을 채워야 하는 경우가 대부분이다. 이 두 범주를 합하면, 고정비율 빈칸 문항에서 어휘를 동원하는 비율이 42%가 된다. 그러나 이는 빈칸 메우기 시험을 성공적으로 수행하는 데 있어서 어휘의 역할을 과소평가하는 것이다. 왜냐하면 세 번째 범주와 네 번째 범주(문장 내부와 텍스트 내부에서) 역시 어휘 항목과 연관되는 일이 많기 때문이다.

여기서 주의해야 할 필요가 있는데, 비록 존즈가 범주를 신중하게 규정하였다 하더라도, 빈칸을 정확히 채우기 위해서 어떤 종류의 맥락 정보가 필요한지에 대해 존즈의 수치는 전적으로 자신의 주관을 나타낼 뿐이다. 그는 자신의 연구를 위한 예비 단계로, 바크만이 1985

년에 실시한 연구에서 사용했던 빈칸 텍스트의 항목들을 다시 분류했고, 30개의 항목들 중 14개를 바크만이 분류한 것과 다른 범주를 선택했다. 이렇게 범주가 달라지는 가장 큰 이유는 텍스트 외부 범주를 해석하는 방법이 서로 다르기 때문이다. 바크만은 존즈보다 이 범주를 더 자주 사용했는데, 바크만은 수험자가 빈칸에 기입해야 하는 단어와 텍스트에서 단서를 제공하는 다른 단어를 연결하기 위해 배경 지식을 동원해야 하는 항목을 이 범주에 포함시켰기 때문이다(Oller & Jonz, 1994: 333). 이에 존즈는 어떤 빈칸 메우기 항목에 대한 응답의 제약들이 사실상 이론적 방법 면에서 개인에 따라 다양하게 나타난다는 것에서 오는 불일치를 받아들인다고 하면서, 등급화 과정의 불일치뿐만 아니라 더 많은 것이 연관되어 있다고 주장한다(Jonz, 1990: 72).

따라서 상관관계 접근법(Chapelle & Abraham, 1990)과 개별 문항에 대한 주관적 판단(Bachman; Jonz)은 학습자의 수행에서 어휘 지식의 역할을 연구할 수 있는 방법을 제시하고 있다. 이 두 가지 방법을 통해 어휘가 큰 역할을 한다는 점은 확인할 수 있으나, 어휘가 과연 얼마나 큰 역할을 하는지에 대해서는 정확히 알아내기가 어렵다. 왜냐하면 언어 능력의 여러 가지 구성요소가 상호 연관되어 있기 때문이다. 또한 수험자 개인의 특성이 빈칸 메우기 시험에 응답하는 방식에 영향을 미칠 가능성도 매우 높기 때문에 어떤 사람은 다른 이에 비해 더 많은 어휘 지식을 동원할 수도 있다.

4.7.2. 합리적 빈칸 메우기 시험

알러가 제2언어 숙달도를 평가하기 위해 빈칸 메우기 시험의 가장 타당한 형식으로 표준 고정 비율 방식을 지속적으로 선호했지만, 어떤 학자들은 텍스트 내 단어 삭제에 대해 좀 더 선별적인 접근법을 주장해 왔다. 앨더슨(Alderson, 1979)은 자신의 연구에서, 여섯 번째보다 여덟 번째 단어를 삭제했는지 아닌지에 따라 하나의 텍스트로 전혀 다른 시험을 만들어 낼 수 있다는 것을 발견하였다. 또한 대부분의 빈칸 메우기 시험의 빈칸은 그것이 있는 절이나 문장만으로도 답을 채울 수 있다는 증거를 확보했다(물론, 앞에서 언급한 존즈(Jonz, 1990)의 연구에서 나타난 수치들 속에서도 이에 대한 몇 가지의 증거를 발견할 수 있다. 곧 빈칸 문항의 68% 정도는 절 또는 문장에서 답을 찾을 수 있고, 그것은 우리가 '가장' 근접하다고 생각하는 것에 달려 있다). 이러한 연구 결과에 의해 앨더슨은 표준 빈칸 메우기 시험이 특별히 어휘나 문장 구조를 포함하는 하위 기술이라고 부르는 것들을 측정할 수 있다는 결론을 내렸다. 그리고 그것은 어떤 특정 단어가 텍스트에서 삭제됨에 따라 결국에는 다소 예측하기 어렵게 된다. 이는 "언어의 특성과 언어 처리라는 이론에 기초를 두고 삭제에 대한 합리적 선택을 선호함으로써 무작위 원리는 버릴 필요가 있다"는 견해를 그에게 제공해 주었다.

앨더슨의 견해는, 특히 영국 학자들(예, Johnson, 1982; Hughes, 1989; Weir, 1990) 사이에서 영향력이 있었다. 하지만 제2언어 학습자를 대상으로 합리적 빈칸 메우기 시험을 체계적인 방식으로 조사한 연구는 소수의 연구만이 있었다. 바크만(Bachman, 1982; 1985)은 텍스트의 문장 간 또는 문장 내에서 주로 응집력 있는 연결에 초점을 맞춘 문항을 골라 두 가지 연구를 했다. 샤펠과 아브라함(Chapelle & Abraham, 1990)은 동일한 텍스트를 바탕으로 하나의 고정 비율 빈칸 메우기 시험으로 문항 유형을 일치시킨 문항을 선정했다. 어휘만을 측정하기 위해 고안된 합리적 빈칸 메우기 시험과 관련하여 발표된 연구는 없었다. 그러나 일단 여러분이 텍스트에서 단어의 선택적 삭제에 대한 논리를 받아들이게 되면, 맥락상 단서를 근거로 빠진 내용어를 찾아내거나, 좀 더 상위 수준에서는 특정 빈칸에 들어갈 문체상으로 가장 적절한 단어를 골라내는 학습자들의 능력을 평가하기 위해 빈칸 메우기 시험을 사용하는 것이 이치에 맞다고 여길 것이다.

이스라엘에서 대학 입학시험의 한 형식으로 고안된 합리적 빈칸 메우기 시험을 위해, 벤수산과 람라즈(Bensoussan & Ramraz, 1984)는 텍스트에서의 세 가지 의미 수준에 따라 항목을 선별했다.

1 미시적 수준: 단어의 어휘적 선택과 맥락에서 다른 단어와의 상호작용
   에 초점 맞추기(12항목)
2 실용적 수준: 텍스트 외부의 것과 독자의 일반적인 세계 지식 이끌어
   내기(2항목)
3 거시적 수준: 전체적으로 텍스트의 구조와 문장의 기능 다루기(7항목)
(Bensoussan & Ramraz, 1984: 231)

담화분석 이론으로부터 파생된 이 세 가지 선택기준은 확실히 어휘적 성향이 강하며, 맥락 유형에 대한 바크만과 존즈(Bachman; Jonz)의 범주와 유사점이 많다. 그들 자신의 권한으로 어휘 항목을 선택하려고 한 것이 아니라 '사고의 순서' 혹은 '논거의 영향력'에 대한 매개체로 개별 단어와 짧은 구를 선택하려고 노력했다. 벤수산과 람라즈(Bensoussan & Ramraz, 1984)는 빈칸 메우기 시험과 관련한 그들의 실험들 중 하나로 입학시험에서 영어 시험의 다양한 세부 항목과 점수의 연관성을 보여 주었다. 그러나 이러한 세부 항목 시험은 매우 적은 항목 수로 이루어져 있기 때문에(예를 들어, 단 9개의 어휘 항목만 있었다), 연관성이 그리 높지 않고 분석하기 어렵다는 것은 그다지 놀라운 일도 아니다.

ESL 학습자들의 합리적 빈칸 메우기 시험의 활용을 조사하기 위해 외국어로서의 영어 평가(TOFEL)에 대해 진행 중인 연구 프로그램의 한 부분으로 헤일, 스탠스필드, 록, 힉스, 버틀러와 알러(Hale, Stansfield, Rock, Hicks, Butler & Oller, 1989)에 의해 수행된 연구가 가장 큰 연구 프로젝트이다. 연구의 목적은 항목의 선택적인 삭제와 선다형 답변 방식으로 된 빈칸 메우기 평가가 아주 다양한 언어 집단에 속해 있는 학생들의 읽기 능력을 측정하기 위한 효과적인 수단으로 TOFEL 맥락에서 사용될 수 있는지를 확인하기 위한 것이었다. 이 때, 연구자들은

빈칸 메우기 시험의 수험자 성적에 어휘 지식, 문법 지식 그리고 읽기 이해력 각각이 기여하는 정도를 살펴보는 것에 관심을 두고 있었다. 그러나 그들은 이 세 가지 언어 능력 양상이 서로 밀접한 관계가 있다는 사실을 인식하고 나서는 네 가지 문항 범주로 발전시켰다. 처음 두 가지는 수험자들이 그 항목이 위치해 있는 절 너머의 문장을 이해할 것을 요구했다. 그리고 그것들은 문법 지식 또는 어휘 지식 중 어느 것이 가장 필요한지에 따라 구분되었다.

1) 읽기 이해력/문법(RG)

예: A ballad is a folk song; however, a folk song is not a ballad [because/if/whether/unless] it tells a story.

발라드는 포크송이다. 그러나 포크송은 발라드가 아니다. [왜냐하면/만약/~인지 아닌지/만약~아니라면] 그것은 이야기가 있다.

2) 읽기 이해력/어휘(RV)

예: ··· known as the Lost Sea. It is listed in the Guinness Book of World Records as the world's largest underground [water/body/lake/cave].

~는 Lost Sea로 알려져 있다. 이것은 세계에서 가장 큰 지하 [물/몸/호수/동굴]로 기네스북에 올라가 있다.

나머지 두 가지는 해당 항목이 나오는 절에서 이용 가능한 정보를 사용함으로써 대답할 수 있는 것이다. 다시 그것은 문법 지식을 요구하는지 아니면 어휘 지식을 요구하는지를 기준으로 구분된다.

3) 문법/읽기 이해력(GR)

예: It is generally understood that a ballad is a song that tells a story, but a folk song is not so [easy/easily/ease/easier] defined.

일반적으로 발라드는 이야기를 들려주는 노래라고 이해된다. 그러나 포크 송은 그렇게 [쉬운/쉽게/쉬움/더 쉽게] 정의되지 않는다.

4) 어휘/읽기 이해력(VR)

예: In fact, there are folk songs for many occupations-railroading, [following/mustering/concentrating/herding] cattle, and so on.

사실, 많은 직업(일)을 위한 포크 송들이 있다.—철도 공사, 소떼 [따라가기/소집하기/집중하기/몰기] 등

빈칸 메우기 시험은 네 가지 범주 모두에서 총 50개의 선다형 문항들로 이루어진 세 가지 짧은 텍스트들로 구성되어 개발되었다. 이 시험은 예정된 토플 시험 시간 마지막에 9개의 서로 다른 언어 집단에서 11,000명 이상의 참여자에게 시행되었다.

그 결과를 분석하기 위해, 연구자들은 먼저 빈칸 메우기의 네 가지 방식에 대한 상호 연관성을 조사했고 그들 사이에 유사하고 적당한 관계가 있다는 것을 발견했다. 예를 들어, RV와 VR 문항의 경우 (추정하건대, 둘 다 어휘 지식에 의존하는) RG 또는 GR 문항과 함께 있을 때보다 둘이 서로 더 밀접하게 연관되어 있다는 명확한 증거는 없었다. 그 다음에 저자들은 빈칸 메우기 문항들과 토플의 다양한 하위시험들 간의 연관성을 살펴봤다. RV와 VR 문항은 토플에서 어휘와 읽기 이해 부분에 좀 더 밀접한 관계를 갖는 경향이 있었다. 반면에 토플시험에서 RG와 GR 문항은 구조와 쓰기표현 문항(또는 오류 감지)에 다소 더 강한 연관성을 갖는다. 그러나 그 차이는 별로 크지 않았고, 정말로 토플의 하위 시험들은 그들 사이에서 높은 상호 연관성을 가졌다.

따라서 빈칸 메우기 문항에 사용되는 단어들이 여러 유명한 미국의 응용 언어학자들의 연합된 노력에 의해 신중하게 선택되었다 할지라도, (최소한 여기서 사용된 상호관계의 절차에 의해) 이 연구 결과들은 시험 수행에 있어 어휘 지식의 명백한 기여를 따로 분리하기가 얼마나

어려운지에 대한 좀 더 자세한 증거를 제공했다. 헤일 외(Hale et al., 1989: 65)가 언급한 대로, "아마도 선다형 빈칸 메우기 문항에 의해 요구되는 일종의 텍스트 처리 과정은 현재의 언어 분석들이 제안하는 것보다 특징적인 면에서는 좀 더 전체적인 것이라 할 수 있다".

4.7.3. 선다형 빈칸 메우기

앞서 합리적인 빈칸 메우기에 대한 논의에서, 우리는 선다형 형식을 사용하는 헤일 외(Hale et al., 1989)의 시험을 이미 살펴보았다. 지금은 빈칸 메우기 시험의 형식에 대해 집중해 보도록 하자.

빈칸 메우기 시험에서 빈칸을 채워 넣어야 하는 표준 빈칸 메우기 시험보다 선다형 형식을 사용하는 여러 가지 이유가 있다. 포터(Potter, 1976)와 오제트(Ozete, 1977)는 표준방식은 쓰기 능력을 요구하고, 반면에 선다형 방식은 읽기 이해력을 더 많이 요구한다고 주장했다. 존즈(Jonz, 1976)는 선다형 빈칸 메우기가 수험자들이 할 수 있는 대답의 범위를 통제할 수 있기 때문에 더 객관적으로 나타날 수 있다고 지적했다. 게다가 그는 제공되는 대답의 선택이 그 시험을 요즘 우리가 말하는 '학습자 중심의' 또는 '학습자 친화적인' 것으로 만들었다고 간주했다. 벤수산과 람라즈(Bensoussan & Ramraz, 1984)의 경우, 선다형 형식은 현실적인 필요성에 의한 것이었다. 왜냐하면 그들의 빈칸 메우기 시험은 매년 13,000명이 지원하는 이스라엘 2개 대학 입학시험의 일부분이었기 때문이다. 물론, 우리가 방금 위에서 논의했던 헤일 외(Hale et al., 1989)의 선다형 빈칸 메우기가 만약 매년 수십만 명의 수험자가 있는 TOEFL에 적용되었다면, 위와 같은 현실적인 필요성이 있었을 것이다. 벤수산(Bensoussan, 1983), 벤수산과 람라즈(Bensoussan & Ramraz, 1984)에서 활용된 또 다른 이점은 원문에서 하나 이상의 단어 —심지어는 한 문장 전체만큼 많은 단어—를 삭제한 문항을 만들어 낼 수 있다는 것인데, 그것은 선다형 방식에 의해 제공되는 기회이다.

이는 더 큰 어휘 단위도 포함하는 단일 단어 형태로 구성됨으로써 시험 설계자로 하여금 어휘라는 관점을 넘어서 그 이상을 생각하도록 한다.

선다형 문항들은 고정 비율과 선택 삭제 빈칸 메우기 시험 모두에서 사용되어 왔다. 존즈(Jonz, 1976)는 일곱 번째 단어마다 생략하는 표준 개방형 시험을 실행하면서 그의 선다형 빈칸 메우기 시험의 개발이 시작되었다. 그런 후, 그는 난이도가 적절하고 잘 구별되는 항목들을 선택하기 위해 항목 분석을 실행했다. 이것은 그가 항목들의 절반을 버리고, 남아 있는 것들은 선다형 형식으로 전환시켰다는 것을 의미한다. 즉, 가장 빈번하게 제공되는 수용 가능한 대답은 정답으로, 그리고 가장 일반적으로 받아들일 수 없는 세 개의 대답은 오답으로 처리하였다. 그 결과로 만들어진 33개의 시험 문항은 동시에 미국 대학의 ESL 학생들의 배치로도 사용되었다. 빈칸 메우기는 그 시험에서 어휘 하위시험과 0.54의 상관관계를 보였다. 이것은 읽기 시험 0.61, 구조 시험 0.70, 쓰기 시험 0.80에 비해 비교적 낮은 수치였다.

샤펠과 아브라함(Chapelle & Abraham, 1990)은 그들의 선다형 빈칸 메우기와 선다형 어휘 시험 간에는 매우 낮은 상관관계(0.18)를 확인하였고, 반면에 읽기 이해력 시험과는 상관관계(0.86)가 높다는 것을 확인하였다. 그들은 이 두 상관관계가 같을 것이라고 예측했으며, 이러한 불일치에 대해서는 어떻게 설명해야 할지 곤란해 했다. 좀 더 일반적으로, 이 연구와 나중에 그들의 자료를 새분석하면서(Abraham & Chapelle, 1992), 연구자들은 빈칸 메우기 시험의 선다형 방식은 빈칸 채우기(fill-in) 방식과는 상당히 다르게 작용했다고 결론지었다. 텍스트에서 내용어를 바탕으로 한 문항들은 기능어를 바탕으로 한 문항들보다 선다형 방식에서 훨씬 더 쉬웠고, 반면에 기존의 빈칸 채우기 시험을 연구하고 있는 연구자들은 정반대의 경우를 지속적으로 확인했다. 이는 일반적으로 빠진 단어가 관사, 전치사 또는 접속사였을 때보다 명사나 형용사 또는 동사가 삭제되었을 때 가능한 대답이 훨씬 많았기 때문으로 이해된다. 아브라함과 샤펠이 지적한 대로, 선다형 방식은 내용어 문항에 대한 다양한 가능성을 축소시키는 효과를 가지고 있으며, 아마도 대답하기에는 더 쉬웠을 것이다. 각 문항에 대한 선택지의 존재가 아직 조사되지 않은 방식으로 과제의 성격을 바꿀 수도 있다. 이는 앞 장에서 언급했던 선다형 어휘 문항에서 선택지의 역할에 대한 비판들과 일치된다고 할 수 있다.

4.7.4. C-테스트

언뜻 보기에는 C-테스트―시험을 위해 매 두 번째 단어의 후반부를 삭제한 일련의 짧은 텍스트를 준비한 것―는 빈칸 메우기 시험 방식 중에서 특정 어휘 측정 방법으로 가장 미래가 밝은 방식일지도 모른다. 한 가지 이유는, 출제자들은 일반적인 언어 숙달도를, 특히 선발과 배치를 위한 목적으로 측정해야 하고, 삭제된 부분이 텍스트에서 모든 요소들의 대표적인 표본이어야 한다고 생각했다(Klein-Braley, 1985; 1997: 63~66). 그러한 의도대로라면, 시험 문항으로 오직 내용어만 사용하는 것에 의심할 여지가 없다. 두 번째로, 이러한 종류의 시험에 있어 단어의 후반부만 삭제되는 것은 단어 구조에 대한 지식이 어휘 지식의 의미적 측면보다―특히, 시험되는 언어의 단어 어미가 복잡한 체계를 가지고 있다면―더 중요하다는 사실을 암시한다는 점이다.

그러나 샤펠과 아브라함(Chapelle & Abraham, 1990)은 C-테스트가 선다형 어휘 시험과 높은 상관관계에 있다는 것을 알아냈다(r=0.862). 이 상관관계는 쓰기 시험(0.639)과 읽기 시험(0.604)을 포함하는 배치 고사의 다른 부분보다 현저히 더 높았다. 다른 식으로 보면, 어휘 시험은 샤펠과 아브라함이 사용한 빈칸 메우기 시험의 다른 세 가지 방식보다 C-테스트와의 연관성이 더 강했다. 연구자들은 이것이 앨더슨이 '하위 수준' 지식이라 부른 어휘와 문법 구성요소에 대한 측정 방법으로 C-테스트가 매우 좋은 방법이라는 증거가 되는 동시에, 읽기와 쓰기 하위시험에서 상당한 상관관계가 나타남으로써 그것이 '상위 수준'의 본문에도 의존했다고 설명했다.

형가리인 영어 학습자를 대상으로 한 C-테스트에 대한 연구 듀르나이와 카토나(Dörnyei & Katona, 1992)에서는 채우기 형태의 빈칸 메우기 시험에서 기능어 항목이 내용어 항목보다 수험자에게 훨씬 더 쉬웠다는 일반적인 결과를 확인했다. 그 후에, 중학생과 대학생들의 시험 성적을 비교하여 한 단계 더 나아간 차이점을 확인했다. C-테스트가 상당히 쉬웠던 대학생의 경우, 내용어 항목이 그들의 일반적인 언어 능력의 더 좋은 평가 방법이 되었던 반면, C-테스트가 너무 어려웠던 중학생의 경우, 기능어 항목이 평가 기준으로 사용된 숙달도 시험과 더 나은 연관성이 있었다. 이는 학습자들의 언어 능력이 더 높을수록 C-테스트 성적에 어휘 지식이 더 많은 영향을 미쳤음을 시사했다. 아마도 빈칸 메우기 시험의 다른 형태에서도 동일하게 적용될 것이다.

싱글턴과 리틀(Singleton & Little, 1991)은 제2언어에 어휘 지식의 특성에 대한 근거를 제시하기 위해 C-테스트를 평가보다 연구도구로 사용했다. 그들은 외국어로서의 프랑스어와 독일어를 공부하고 있는 아일랜드 대학생에게 C-테스트를 하였고, 학생들의 답변, 특히 오답을 분석하였다. 연구자들은 대부분의 오답이 학생들이 텍스트에서 의미적 단서를 이끌어 낼 수 있었는지, 훼손된 단어가 나타내는 의미가 무엇인지를 확인할 수 있었는지를 보여 준다고 주장했다. 학생들이 부족함을 보였던 것은 단어의 정확한 형태에 대한 지식이었다. 이는 학생들이 가능하지만 틀린 단어 형태를 사용하거나 그럴듯하지만 존재하지 않는 단어를 만들어 낼 수 있음을 의미한다. 독일어 C-테스트 중 한 문항을 예를 들면 다음과 같다.

… *der kleinen südsch* _____ *Cemeinde* …
'of the small southern Scottish community'
남쪽에 위치한 스코틀랜드 사람의 소공동체

몇몇 학생들은 정확한 형태인 *südschottischen* 대신 *südschottlandischen* 을 썼다. 싱글턴과 리틀은 두 가지 주장을 했다. 하나는 C-테스트는 제2언어 학습자들의 어휘 지식을 통찰하는 적절한 방법이라는 것이다. 다른 하나는 메아라(Meara, 1984: 232~234)와 다른 연구자들의 앞선 연구에서 시사했던 것처럼 학습자들의 L2 단어 지식이 음운론적인 기초보다 의미론적인 기초 위에서 구성되었다는 것이었다.

여기서 두 번째 주장에 대해 논의하는 것은 이 책의 범위를 벗어나지만, 첫 번째 주장은 제 2언어 어휘 연구에 있어서 C-테스트를 타당한 측정 방법으로 간주하는 데 대한 찬성과 반대 측면의 논거를 따져 본 샤펠(Chapelle, 1994)에 의해 비판 받았다. 시험 타당성에 대한 메식(Messick, 1989)의 체계를 사용하여, 그녀는 C-테스트에서 어떤 문항에 대한 학생들의 응답이 그들의 L2 어휘 지식의 양상을 드러낸다는 것을 밝혀냈다. 하지만 오류에 대한 분석으로도 학생들이 각각의 빈칸에 기재한 답에 어떻게 도달했는지는 확인할 수 없었다. 곧 그들은 자동적으로(무의식적으로) 답을 찾아냈는가, 아니면 의식적인 사고가 개입되었는가? 그녀는 만약 교사나 연구자가 특별히 어휘 측정 도구로 C-테스트를 사용하길 원했다면, 그들이 고정 비율 삭제 원리(매 두 번째 단어의 후반부 삭제)를 포기하고 합리적 빈칸 메우기 시험에서 처럼 텍스트에서 훼손시킬 특정 단어를 선택할 필요가 있다고 주장했다. 이는 내용어 선택만을 고려하며, 특히 맥락상 단서를 활용함으로써 복원되는 어휘에 해당된다.

우리가 알고 있는 것처럼 빈칸 메우기 시험으로 무엇을 측정할 수 있는지를 조사하는 데는 두 가지 방법이 있다. 하나는 빈칸 메우기 시험과 어휘 시험을 포함한 여러 가지 측면의 언어 능력 시험 간의 연관성을 살펴보는 것이다. 상관관계는 학습자의 빈칸 메우기 시험 수행에 어휘 지식이 얼마나 중요한 영향을 끼치는가에 대해 말하기 어려울 정도로 매우 다양하다. 여기서 문제는 전통적인 개별적 어휘 시험은 학습자의 어휘적 능력이라는 단 한 가지 양상만 측정한다는 것인데, 특히 이 시험이 맥락 독립적이라면 더욱 그렇다. 전통적인 개별적 어휘 시험은 개별 단어 지식은 평가하지만 빈칸에 맞는 특정 단어를 결정하는 맥락상 단서를 활용하는 능력을 평가하지는 않는다.

빈칸 메우기 시험의 타당성에 대한 두 번째 접근법은 개별 문항에 대한 응답과 관련된 것이 무엇인지 탐구하는 것이다. 발표된 연구에서는 빈칸을 성공적으로 채우기 위해 필요한 단서의 유형과 맥락의 양에 관한 측정은 주로 모어 화자 전문가, 특히 연구자들 스스로의 판단에 의존해 왔다. 샤펠(Chapelle, 1994)은 빈칸 메우기 시험에서 문항에 응답하는 동안 '생각나는 대로 말하기'를 하게 함으로써 학습자들로부터 자기 성찰적인 증거를 획득할 필요가 있다고 지적했다. 소수의 연구자들(Feld-mann & Stemmer, 1987; Singleton, 1994)이 C-테스트를 대상으로 그러한 연구를 수행했지만, 그들의 보고 결과는 범위가 제한적이며 C-테스트 수행에 있어 단지 어휘의 제한된 역할 만 제시하였다. 자료를 제공하는 사람이 모어 화자이든 학습자이든 관계없이 빈칸 메우기 시험 문항에 대한 연구는 언어 지식의 다른 양상으로부터 어휘가 이바지하는 바를 구별해 내려고 하는 문제를 강조한다.

두 가지 경우에서, 우리는 빈칸 메우기 시험을 어휘 측정 방법으로 보는 여러 관점들이 있음을 인지할 필요가 있다.

- 한 가지 관점은 빈칸 메우기 시험이 텍스트에 나오는 특정 내용어에 대한 학습자의 지식을—맥락과 관련된 방식으로—측정하는 수단을 제공한다는 것이다. 합리적 빈칸 메우기 시험에 대해 논의할 때 언급 했듯이, 우리는 학습자들이 어느 정도의 지식은 있으리라 추측되는 내용어를 선택적으로 삭제함으로써 빈칸 메우기 시험이 이런 방식에서 기능하는 정도를 극대화하려고 시도할 수 있다. 그리하여, 분리적, 선택적, 맥락-의존적 어휘 시험을 만들어 낸다. 이런 논리로 보면, 빈칸 메우기 시험 점수는 삭제된 단어에 대한 수험자의 지식을 측정하는 것이

라고 말할 수 있다.

- 그러나 시험이 맥락 의존적이라는 사실은 수험생 또한 삭제되지 않은 많은 내용어를 알 필요가 있음을 의미하는데, 이는 삭제되지 않은 내용어가 맥락의 주요 대부분을 구성하고 삭제된 어휘가 무엇인지를 파악하는 데 필요한 단서를 제공하기 때문이다. 따라서 두 번째 관점은 빈칸 메우기 시험의 점수는 학습자가 삭제된 단어에 집중하더라도 텍스트에서 높은 비율의 내용어를 얼마나 잘 아는지에 대해 포괄적으로 측정한다는 것이다.

- 세 번째 관점은 이미 위의 두 번째 관점에서 암시한 바와 같이, 빈칸 메우기 시험 수행은 단지 개별 단어의 지식뿐만 아니라 어휘 기술, 특히 추론하기 기술에 기초한다는 점이다. 3장에서 논의한 바와 같이 분명히 빈칸 메우기 시험 문항에 대한 응답과 읽기 텍스트에서 모르는 단어의 의미를 추측하는 기술 간에는 상당한 유사점이 있다. 추론하기 기술은 단어의 의미뿐 아니라 철자, 품사, 문장 구조, 단락 구조 등에 대한 지식도 이끌어 낸다. 따라서 비록 빠진 내용어를 찾는 것이 목적이지만, 수험자들은 성공적으로 수행하기 위해 다양한 종류의 언어 지식을 필요로 한다.

- 마지막으로 우리는 개별 단어 수준 이상으로 넘어가는 어휘에 대한 폭넓은 관점을 취할 수 있다. 빈칸 메우기 시험은 능숙한 독자가 하나의 어휘 단위로 인식하는 관용적 표현과 여러 단어로 된 구를 포함할 수도 있다. 예를 들어, 'The fifth year, don Ramiro decided _____ put an end to the foolishness _____ and for all(put an end to ~을 끝내다)'(Jonz, 1975; Oller & Jonz, 1994: 338에서 인용). 만약 수험자가 그러한 단위를 찾을 수 있다면, 빈칸 메우기 문항을 구성하기 위해 삭제했던 어휘를 비교적 쉽게 찾아낸다는 것이다.

관련 연구에서 빈칸 메우기 시험이 어휘 지식이나 어휘 능력을 얼마나 측정하는가에 대해 명확하게 제시하지 못하는 것은 그리 놀랄 만한 일은 아니다. 어휘가 시험 수행에 기여하는 역할을 찾아내기 어려운 범위까지 빈칸 메우기 시험은 어휘에 대해 매우 내포적인 평가를 하는 경향이 있다고 할 수 있다.

4.8. 결론

분리적, 선택적, 맥락-의존적인 어휘 시험은 20세기 전반에 걸쳐 교육적 측정의 중요한 부분이 되어 왔다. 이 시험들은 객관적인 언어 시험의 모든 장점을 갖고 있고, 오랫동안 당연하게 여겨왔던 것을 더욱 확고히 하게 되었다. 선다형 어휘 문항은 여전히 많이 사용되며, 1990년대에는 폭넓은 언어적 맥락은 아니더라도 적어도 하나의 문장 내에서 목표 단어를 제시하는 좀 더 맥락화된 형태를 일반적으로 사용하였다. 동시에 언어 시험에 대한 지배적인 관점은 학습자의 전반적인 제2언어 숙달도를 평가하기 위해 고안된 시험 중 분리적 어휘 시험은 더 이상 타당한 시험 문항이 아니라는 것이다. 어휘 지식은 수험자가 다양한 의사소통의 목적으로 언어를 사용하기 위해 학습자 자신들의 언어 자원을 얼마나 잘 이끌어 낼 수 있는지를 보여 주는 통합적인 과제 수행을 통하여 간접적으로 평가된다.

그럼에도 불구하고 어휘 학습에 특별히 관심이 있는 연구자들과 언어교수 전문가들은 평가 도구에 대한 필요성을 지속적으로 느낀다. 이들의 많은 연구들은 어휘 양(폭) 혹은 어휘 지식의 질(깊이)에 초점을 두는 것으로 분류될 수 있다. 시험이 표면적일 수 있다는 사실에도 불구하고 어휘 양에 좀 더 주의가 집중되었는데, 왜냐하면 시험은 제한된 단어 수에 대한 상세한 조사보다 학습자의 전반적인 어휘 상태의 전형적인 모습을 보여 줄 수 있기 때문이다. 너무 구체적인 목적이 아니라면, 어휘 지식의 질에 대한 측정 또한 가치가 있다.

코리건과 업셔(Corrigan & Upshur, 1982) 그리고 아르노(Arnaud, 1989)

에 의한 구인 타당도 연구는 어휘가 다른 언어 지식의 구성요소로부터 분리되어 평가될 수 있다는 개념에 이의를 제기했다. 심지어 개별 단어를 따로 떼어 분리한 채로 시험할 때조차도 인정하지 않았다. 이는 어휘 시험과 읽기 이해력 측정 간에 강력한 연관성이 있는 것처럼 언어 능력에서 어휘의 역할이 필수적인 부분이라는 다른 증거와도 일치한다. 이러한 결과는 어휘가 항상 맥락 안에서 평가되어야 한다는 관점을 지지한다. 하지만 여러 가지 빈칸 메우기 시험들에 대한 연구에서 보여 지듯이 어휘 평가는 점점 더 맥락과 연관 지어 이루어지지만 어휘 지식이 수험자의 수행에 어느 정도까지 영향을 미치는지는 불명확하다.

제5장 어휘 시험: 네 가지 사례 연구

5.1. 도입

이 장에서는 시험 설계와 타당도에 대한 사례 연구로서 어휘 지식을 평가하는 네 가지 시험에 대하여 논의하고자 한다. 이전 장에서, 특히 4장에서 이 네 가지 시험에 대해 언급했었는데, 이 네 가지 사례 연구는 특별히 잘 알려진 언어 시험들과 관련하여 일찍이 대두되었던 문제들을 매우 심도 있게 살펴볼 수 있는 기회를 제공한다.

네 가지 시험은 다음과 같다.

- 자발적 (어휘) 수준 시험(Voluntary Levels Test)
- 유로센터 어휘 양 시험(Eurocentrcs Vocabulary Size Test: EVST)
- 어휘 지식 척도(Vocabulary Knowledge Scale: VKS)
- 외국어로서의 영어 시험(Test of English as a Foreign Language: TOEFL)

이들 시험은 필자가 1장에서 제시했던 어휘 평가의 세 가지 관점 모두를 포함하는 총체적인 측정 방법이라고는 할 수 없다. 이 중 세 가지는 분리적, 맥락 독립적 시험이며, 네 가지 시험 모두 포괄적이라기보다 선택적 시험이다. 그럼에도 이들을 선택한 것은 이 시험들이 널리 알려져 있고, 문헌에서 충분히 입증되었기 때문이다. 특히, 의도한 목적에 맞는 평가 절차로서 타당성을 입증하는 연구 증거가 있다. 이 시험들은 또한 어휘 평가에서 혁신적인 것이며 시험 설계 문제에 관심을 갖도록 강조한다. 하지만 이번 장에서 사례 연구로 포함시킬 수 있는 평가 도구가 수적으로 제한된 것은 1980년대 초 이래로 제2언어에서의 어휘 연구가 급증했음에도 불구하고, 연구 목적 혹은 다른 평가 목적을 위한 표준화된 평가 도구로 기능할 수 있는 시험의 설계에 대한 연구는 도외시된 분야였다는 사실을 반영한다.

우선 두 시험, 즉 어휘 수준 시험과 유로센터 어휘 양 시험은 모두 어휘 양을 측정하고, 반면 어휘 지식 척도는 어휘 지식의 깊이를 평가하도록 고안되었다. 네 번째 외국어로서의 영어 시험은 분리적 어휘 시험이라기보다는 이 시험이 생겨난 동안 내내 다양하고 흥미로운 방법으로 어휘 문항을 포함시킨 잘 연구된 숙달도 시험이다.

5.2. 어휘 수준 시험

어휘 수준 시험은 교사들이 교실 수업에서 활용할 수 있는 간단한 평가 도구로, 교사들이 가르치는 학생들에게 맞는 적절한 어휘 교수·학습 프로그램을 개발하는 데 도움을 주기 위해 1980년대 초 뉴질랜드 웰링턴 빅토리아 대학의 폴 네이션(Paul Nation)에 의해 고안되었다. 그는 이 시험지의 복사본을 아낌없이 배포했고 두 번에 걸쳐 출판해서 누구나 사용 가능하도록 했으며(Nation, 1983; 1990), 이 시험은 뉴질랜드와 많은 다른 국가에서 널리 사용하게 되었다. 이것은 이민자나 유학생들이 영어권 국가의 중등학교에 처음 들어갔을 때, 그들의 어휘 진단 시험에 유용한 도구임이 입증되었다. 게다가 보다 정밀한 측정 도구가 없던 상황에서 이 시험은 비모어 화자의 어휘 양 측정이 필요했던 연구자들에 의해 사용되었다. 메아라는 이 시험을 '어휘 부분에서 가장 표준화된 시험'이라고 말한다(Meara, 1996a: 38). 따라서 이는 어휘 평가에 관한 어떤 책에서라도 주목할 만한 시험임이 확실하다.

5.2.1. 어휘 수준 시험의 설계

이 시험은 다섯 개의 부분으로 구성되는데, 영어 단어의 다섯 가지 빈도 수준이 대표적이다. 첫 단계는 2,000단어, 다음은 3,000단어, 5,000단어, 대학 단어 수준(5,000단어 이상)과 10,000단어의 수준으로 나뉜다. 이 단계들은 (2,000단어 단계의) 『The General Service List』(West, 1953)와 쿠세라와 프랜시스(Kučera & Francis, 1967)의 교차 검토(cross-checking)와 함께 손다이크와 로지(Thorndike & Lorge, 1944) 목록의 단어 빈도 자료를 참고하여 등급화한 것이다. 이 가운데 특이한 수준 기준은 '대학 단어 수준'이다. 이 수준이 포함되었다는 것은, 이 평가가 애초부터 뉴질랜드에서 대학 수학을 준비하는 유학생들을 위한 영어 집중 과정에서 개발되었다는 사실을 반영한다. 이 단계의 단어들은 대학 교재에 있는 단어의 빈도수를 기준으로 캠피언과 엘리(Campion & Elley, 1971)에 의해 작성된 목록에서 선별되었다. 캠피언과 엘리가 손다이크와 로지 목록(Thorndike & Lorge, 1944)의 처음 5,000단어에 나타나는 단어들을 자신들의 목록에서 배제시켰기 때문에 네이션은 자신의 평가 방법에서 '대학 단어 수준'을 '5,000단어 수준' 뒤로 배치했다.

각 수준은 구체적인 어휘 학습 목적에 맞게 구분되었다. 네이션(Nation, 1990: 261)에 따르면, 2,000단어와 3,000단어 수준은 모든 학습자들이 영어로 의사소통을 효과적으로 하기 위해 알아야 할 고빈도 단어를 포함한다. 예를 들어, 학습자들이 이러한 단어들을 알지 못한다면 단순하지 않은 텍스트 읽기는 어렵다. 5,000단어 수준은 수업 시간을 할애해서 학습할 수준에 해당하는 일반적인 고빈도 어휘의 상한선이다. 대학 수준의 단어들은 학생들이 대학 교재나 다른 학문적 읽기 자료를 읽을 때 도움을 줄 수 있어야 한다. 마지막으로, '10,000단어 수준'은 그 언어에서 비교적 흔한 저빈도 단어들을 포함하고 있다.

이 시험의 구성방식은 단어·의미 연결하기와 관련이 있지만, 기존의 방식과는 다르게 수험자는 단어를 해당 의미와 연결시켜야 한다. 즉, 단어 그 자체가 아니라 단어의 의미가 시험 항목이 된다. 각 수준별로 단어 6개씩 6묶음에 각각 3개의 정의로, 모두 36개의 단어들과 18개의 정의로 구성된다. 다음은 '2,000단어 수준'의 예이다.

```
1 apply 적용하다
2 elect 뽑다            _____  choose by voting 투표로 선택하다
3 jump 뛰다             _____  become like water 물처럼 되다
4 manufacture 제조하다   _____  make 만들다
5 melt 녹이다
6 threaten 위협하다
```

종전의 방식에서 벗어난 이러한 시험 형식은 정확하게 추측할 시간적 기회를 최소화하는 동시에 가능한 한 거의 읽지 않고 문제를 해결하도록 설계되었다. 각 수준에서 18개의 단어만 있지만 네이션은 36개의 단어를 시험한다고 주장하였는데, 이는 수험자가 그 의미에 맞는 알맞은 답을 찾기 위해서는 모든 단어들을 확인할 필요가 있기 때문이라고 하였다. 시험이 진행되는 동안에 수험자들을 관찰한 결과, 그들이 이와 같은 전략을 사용하는 경우는 수험자들이 어려움을 느끼는 시험 항목인 경우에만 해당되며 쉬운 항목에서는 바로 정답 단어에만 집중하고 오답지들은 주로 무시하는 것을 확인하였다.

각 집단의 모든 단어들은 정확한 의미에 대한 어떤 문법적 단서도 주지 않기 위해서 동일한 품사의 단어들이 포함된다. 반면에 정확한 연결하기와는 별도로, 의미가 비슷한 단어들과 뜻풀이들이 하나의 집단이 되지 않도록 주의해야 했다. 이 시험은 수험자들이 의미적으로

연관된 단어들의 차이를 구별해 내도록 하는 것이 아니라 단어 지식에 대한 폭넓은 측정을 목적으로 한다.

각 수준의 단어들은 무작위 (그러나 적절한 명사들은 포함되고 복합어들은 배제된) 방식으로 선별되었고, 따라서 이 시험의 결과는 각각의 빈도 수준에서 학습자가 가지고 있는 어휘 지식이 총 단어 수에서 차지하는 비율이 어느 정도인지에 대한 유효 지표를 나타낸다. 네이션 (Nation, 1990: 262~263)은 교사들이 결과를 해석하고 각 학습자의 어휘 수준에 맞는 적절한 학습활동의 종류를 결정하는 데 도움이 되는 지침을 제시하고 있다.

5.2.2. 타당도

이 시험의 광범위한 활용과 그 영향력을 고려해 볼 때, 최근까지 이 시험의 타당성을 입증하는 연구가 거의 없다는 것은 놀라운 일이다. 어휘 양 측정 도구로서의 시험으로 타당성을 입증하는 한 가지 방법은 "그 언어에서 빈도가 낮은 단어들에 비해 자주 나타나는 단어들이 학습자에게 보다 쉽게 학습된다"라는 가정에 대한 증거를 제시하고 있는지를 확인하는 것이다. 필자는 3개월간의 학문 목적 영어 집중 과정 중에 있는 81명의 학생들에게 이 시험을 치르게 한 결과를 분석하여 이에 대해 조사하였다(Read, 1988). 이 학생들은 중급-하 수준에서 고급 수준에 해당되는 학생들이다. 학생들은 이 과정을 시작한 직후에 시험을 치렀고 그 결과에 대한 요약은 〈표 5-1〉의 윗부분에 제시하였다.

이 다섯 개 수준의 평균 점수를 살펴보면, 고빈도 수준에서부터 저빈도 수준으로 갈수록 점수가 일관되게 감소하는 것을 볼 수 있다. 달리 말하면, 어떤 집단의 수험자들은 2,000단어 수준의 단어를 거의 다 알고 있지만 (중간에서 점점 더 적어지면서) 10,000단어 수준의 단어들은 3분의 1을 약간 웃도는 것을 알 수 있다.

<표 5-1> 어휘 수준 시험 결과						
첫 번째 시행(과정 시작)						
수준	2,000	3,000	5,000	대학	10,000	합계
항목 수	18	18	18	18	18	90
평균	16.4	15.7	12.3	11.6	6.7	62.8
표준편차	2.3	3.3	4.3	4.7	3.5	15.3
두 번째 시행(과정 종료)						
수준	2,000	3,000	5,000	대학	10,000	합계
항목 수	18	18	18	18	18	90
평균	17.0	16.6	13.9	14.1	8.8	70.3
표준편차	1.1	2.3	3.6	3.8	3.6	11.7

　　원래 어휘 학습의 성취도를 평가하기 위한 목적은 아니었지만, 이 과정을 마치는 시점에 같은 학생들에게 다시 이 시험을 시행했다. 우리의 목적이 공식적으로 학습 효과를 측정하는 것이었다면, 다른 형식의 시험을 사용하는 것이 바람직했을 것이다. 그럼에도 불구하고, <표 5-1>의 아랫부분에서 알 수 있듯이, 평균 점수는 학습 과정이 끝나는 시점에서 균등하게 상승하였고, 단 한 부분을 제외하고는 빈도수 수준이 낮아짐에 따라 이전과 같은 유형의 점수 하락세를 보여 주고 있다. '대학 수준'의 평균이 '5,000단어 수준'의 평균보다 약간 높은 점수(14.1 대 13.9)를 나타내고 있는데, 이는 수업 시간에 비전문적 학문 어휘 학습에 상당한 노력을 기울였기 때문에 나타난 것으로, 그 과정 동안의 학습 효과를 반영하고 있다고 조심스럽게 해석할 수 있다. 물론 측정 오류가 하나의 요인이 될 수 있지만, '대학 단어 수준'이 다른 네 개의 빈도 수준에서의 점수 연속에 맞지 않는 사실처럼 결과에 영향을 미칠 수 있는 여러 가지 다른 요인들이 있다.

　　이 결과를 살펴볼 때 나타나는 또 다른 의문점은 각각의 점수들이 다섯 가지 수준에 대해 **함축적 척도**(implicational scale)를 구성하는가 하는 점이다. 예를 들어, 한 학습자가 '5,000단어 수준'에서 좋은 점수를 받았다면, 이 사람이 '2,000단어와 3,000단어 수준'에서도 역시 우수한 점수를 받았다고 가정할 수 있겠는가? 이처럼 어휘 지식이 빈도 수준에 따라 누적되는 것이라면 시험 설계도 이러한 방식으로 가정할 수 있을 것으로 기대되었다. 어휘 수준 시험의 척도화 가능성을 평가하기 위해서 각각의 수준에 대한 기준(또는 숙달) 점수를 정하는 것이 우선이었다. 이 시험의 분석 기준은 18개 중 16개로 정했고, 다시 말하면, 어떤 학생이 특정 수준에서 최소 16개를 맞췄다면 그 빈도 수준에 해당되는 거의 모든 단어들을 안다고 보았다. 그런 후 **거트만 척도 분석** (Guttman scalogram analysis)을 시행했다(Hatch & Farhady, 1982: 176~187). 이러한 종류의 분석은 〈표 5-2〉처럼 어떤 한 유형을 형성하는 시험 점수의 정도를 확인하는 것이다. 이 표는 열 명의 학생들에 대한 허구의 평가 결과를 나타내는 것으로, 그 결과가 순서대로 나열되어 있어 완벽한 함축적 척도를 형성한다. (+)표시는 그 학생이 그 수준에서 최소한 기준 점수(16/18)를 획득했다는 것을 의미하며, (-)표시는 기준보다 아래의 점수를 획득했다는 것을 나타낸다. 이 표에서 각 가로줄을 살펴보면, 선행하는 고빈도 등급에서 기준 점수에 도달하지 못하

〈표 5-2〉 가상의 '완벽한' 함축적 척도

	시험 수준				
학생	2,000	3,000	5,000	대학	10,000
A	12(-)	9(-)	5(-)	2(-)	0(-)
B	16(+)	14(-)	11(-)	7(-)	6(-)
C	17(+)	15(-)	13(-)	11(-)	10(-)
D	18(+)	16(+)	14(-)	14(-)	9(-)
E	18(+)	18(+)	17(+)	15(-)	14(-)
F	18(+)	16(+)	16(+)	14(-)	11(-)
G	17(+)	18(+)	17(+)	15(-)	15(-)
H	18(+)	18(+)	17(+)	16(+)	14(-)
I	18(+)	17(+)	18(+)	18(+)	15(-)
J	18(+)	18(+)	18(+)	17(+)	16(+)

고서 후행하는 저 빈도 단어 수준에서 기준 점수를 받은 사람은 아무도 없다는 것을 확인할 수 있을 것이다.

실제로는 이런 종류의 완벽한 수치는 일반적으로 그리 흔치 않고, 수험자들을 얼마나 신중하게 분류했는지와는 상관없이 이러한 함축적 유형과 일치하지 않는 몇몇 '오류들'을 발견하게 되는 것이 일반적이다. 예를 들어, 한 수험자가 '3,000단어 수준'에서 16/18점의 기준점수를 받지 못했지만 '5,000단어 수준'에서는 기준점수를 획득할 수도 있다는 것이다. 필자의 연구에서 이 수준 시험 결과는 학습 과정 초기에 시행된 첫 번째 평가에서 18개의 오류가 있었고, 학습 말기에 다시 한 번 시험을 시행했을 때 25개의 오류가 나타났다.

거트만 척도 분석법은 **척도화 가능성 계수**(coefficient of scalability)로 불리는 간략한 통계치를 나타내는 것으로, 이는 오류 수를 비롯하여 정확한 응답의 비율을 고려하여 시험 점수가 실제로 어느 정도의 함축적 척도를 구성하는지를 나타낸다. 해치와 파하디(Hatch & Farhady, 1982: 181)에 따르면, 평가 점수를 척도화하려면 이 계수가 0.60 이상이 되어야 한다. 필자의 분석에서는, 〈표 5-1〉의 윗부분에서처럼 학습 과정 초기에 얻은 점수는 5빈도 수준에서 0.90의 계수를 보였다. 〈표 5-1〉의 아랫부분의 평균점수 패턴에 따르면, 학습 과정 말기의 점수는 '5,000단어 수준과 대학 어휘 수준'의 순서가 바뀌면서 0.84라는 척도화 가능성을 획득했다. 따라서 이러한 통계치는 결코 완벽한 것은 아니지만 높은 수준의 함축적 계수를 나타낸다. 이 영어 학습 과정에서 교사에 의해 진행된 일련의 어휘 학습은 3개월의 프로그램이 끝날 무렵에 이루어진 측정에 분명히 어떤 영향을 주었다.

물론 81명의 학습자를 단일한 구성원으로 보는 것은 하위 집단 사이에 있는 어떤 분명한 차이들을 알아차리기 힘들게 하는 경향이 있다. 예를 들면, 한 집단은 남태평양 군도의 국가에서 온 영어과 교사들로 구성되었는데, 이들은 이 과정 후 다음 학기 동안 제 2언어로서의 영어교육 프로그램을 맡도록 되어 있었다. 이 영어 집중 과정의 초기에 이들 교사들은 대학 수준보다 5,000단어 수준에서 더 높은 점수를 기록하였다. 이는 그들이 문학 작품을 포함한 일반 영어에는 익숙한 반면 학문적이거나 전문적인 영어 사용역에는 상대적으로 익숙하지 않았음이 반영된 것이다. 이와 달리 스페인어와 포르투갈어를 모어로 하는 라틴 아메리칸 학생들로 구성된 한 소집단은 농업 또는 공학 분야의 대학원 과정을 준비하고 있던 학생들이었다. 이 학생들 거의 모두가 대체로 5,000단어 수준보다는 대학 단어 수준에서 높은 점수를 받았다. 이는 부분적으로 그들의 학문적 연구에 대한 선행지식이 반영된 것이지만 보다 분명한 것은 대학 수준에 해당하는 많은 단어들이 라틴어에서 파생되었고 스페인어와 포르투갈어와 유사한 형태를 가지고 있다는 사실을 반영한다. 사실, 네이션(Nation, 1990: 262)은 이 시험은 '라틴어에 많은 영향을 받은 언어를 모어로 하는 학습자들에게는 적합하지 않다'고 이야기하고 있다. 이는 아마 너무 극단적인 언급일 수도 있지만, 분명한 것은 로망스어의 배경을 가진 수험자들의 시험 결과는 신중하게 해석될 필요가 있다는 점이다.

5.2.3. 새로운 형태

이 시험이 처음 개발된 이후로 10년 동안 어휘 수준 시험은 오직 이 한 가지 형태만 존재하였으나, 최근 몇 년 동안 약간의 발전이 있어 왔다. 슈미트(Schmitt, 1993)는 이 시험의 세 기지 새로운 유형을 개발했는데, 원래의 내용을 유지하면서 각 단계에 새로운 단어표본을 구성하였다. 이 새로운 자료는 벵글라와 헌트(Beglar & Hunt, 1999)에 의해 사용되었으나, 그들은 '2,000단어 수준과 대학 단어 수준'에만 중점을 두었고 이들을 별개의 시험으로 다루고 있다. 그 이유는 라우퍼(Laufer, 1992; 1997a)의 연구에 따르면, 이 등급들은 학문적인 영어 텍스트들을 비교적 독립적으로 읽을 수 있는 단계에 필요한 문지방 단어인 3,000개의 단어족에 대한 지식과 일치한다는 것이다. 벵글라와 헌트는 일본에서 중등과 고등학교에 다니는 거의 1,000명에 이르는 영어 학습자들을 대상으로 2,000단어 수준과 대학 단어 수준 각각에 네 가지 유형의 시험(기존의 한 가지 방식과 세 가지 새로운 방식)을 모두 시행했다. 이 실험의 결과들을 바탕으로, 그들은 가장 잘 수행된 54개의 문항을 추출하여 각 등급에 새로운 27개 문항으로 된 두 개의 시험을 만들어 냈다. 이 두 쌍의 시험은 통계적으로 동일한 것으로 나타났으며, 따라서 이 두 시험은 두 빈도 수준에서 동등한 학습자 어휘 지식 측정 방식으로 기능할 수 있다. 이 연구자들은—비교적 문항 수가 적다는 점과 시험 구성방식의 한계성 안에서도—그들의 연구를 뒷받침해 줄 수 있는 다양한 유형의 증거들을 획득했는데, 이 새로운 시험 유형이 적어도 그들이 실험 대상으로 삼았던 일본인 학습자들의 어휘 양을 측정하는 데에는 만족스러웠다는 점이다.

슈미트는 단독으로(개인 발표논문, Schmitt, 1998) 이 시험의 네 가지 유형과 다소 유사한 시험 개발 프로젝트를 시행했다. 그는 영어를 모어로 하지 않는 영국 대학 106명의 대학생들에게 이 네 가지 유형의 시험을 시행하였고 통계적으로 동등한, 보다 긴 시험 형태 두 개를 만들기 위해 문항 통계(item statistics)를 활용하였다. 수정된 형태는 본래의 18개 문항 대신에 각각의 단계에 30문항으로 구성하였다. 집필을 하는 시점에 그는 대규모 타당도 연구의 전조로 이 두 가지 유형의 시험을 사전 시험하고 있었다.

이런 종류의 연구가 벵글라와 헌트에 의해 진행되었지만 지금은 슈미트에서 지체되었다. 교사들을 위한 비공식적인 진단 도구로서의 가치가 입증되었음에도 불구하고, 이 어휘 수준 시험이 어휘 연구의 도구로 사용되거나 학습자들에 대한 좀 더 공식적인 진단을 위한 기준으로 사용되기 위해서는 시험 분석과 타당도 검증이 좀 더 높은 기준에서 충족되어야 한다.

라우퍼가 개발한 어휘 수준 시험의 '능동형'은 한 단계 더 발전된 방식이다(Laufer & Nation, 1995; 1999). 이 능동형은 원래의 시험과 전체적으로 동일한 구조에 동일한 목표 단어로 이루어진다. 그러나 단어와 의미 연결하기 대신에 다음에 제시된 5,000단어 수준의 예시와 같이 수험자들은 빈칸이 있는 일련의 문장을 보고 각각의 빈칸에 빠진 목표 단어를 채워 넣어야 한다.

The picture looks nice; the colours bl_____ really well.
이 그림은 훌륭해 보인다. 색깔들이 아주 잘 조_____.
Nuts and vegetables are considered who _____ food.
견과류와 채소류는 건_____ 음식으로 여겨진다.
The garden was full of fra_____ flowers.
그 정원은 향_____ 꽃으로 가득하다.

각 빈칸에 다양한 수의 머리글자가 제시됨으로써 목표 단어만을 정확하게 써 넣을 수 있도록 유도한다. 그러나 이는 어떤 경우에는 어간의 대부분이 제시되기도 한다.

Many companies were manufac_____ computers.
많은 회사들은 컴퓨터를 제조_____.
They need to spend less on adminis_____ and more on production.
그들은 경_____에는 돈을 덜 쓰고 생산에는 돈을 더 쓸 필요가 있다.

라우퍼와 네이션(Laufer & Nation, 1995)은 그들의 어휘 빈도 조사(Lexical Frequency Profile: LFP)의 타당성에 대한 증거를 제시하기 위해 이와 같은 빈칸 채우기 방식을 사용했는데, 학습자들의 글쓰기에서 사용된 어휘의 범위를 포괄적으로 측정하는 방법이다(이에 대한 자세한 논의는 7장 참조). 결과적으로 라우퍼(Laufer, 1998)는 시간에 따른 학습자들의 어휘 지식발달을 조사하기 위하여 어휘 빈도 조사(LFP)와 함께 두 가지 형태의 수준 시험으로 작업하였다.

그러나 빈칸 채우기 시험이 무엇을 측정하는지는 그리 명확하지 않다. 라우퍼(Laufer, 1998)는 이 방식의 시험 점수가 기존의 연결하기 형태의 시험 점수보다 더 낮다는 것을 발견했는데, 이는 수험자들에게 제시된 것들 중에서 하나를 고르게 하는 것보다는 답을 작성하게 할 때 일반적으로 예측할 수 있는 결과이다. 동시에 빈칸 채우기 시험 문항은 목표 단어에 대한 단서의 글자 수가 다르게 주어지기 때문에 학습자들에게 매우 가변적으로 나타날 수 있다. 즉, 몇몇 시험 문항은 다른 문항보다 좀 더 넓은 지식—그리고 좀 더 많은 맥락적 정보의 사용— 을 필요로 하는데, 이는 이 시험이 전반적으로 측정하고자 하는 것이 무엇인가에 대한 문제를 복잡하게 만든다. 최근의 연구에서, 라우퍼와 네이션(Laufer & Nation, 1999)은 빈칸 채우기 시험의 타당성에 대한 주요 증거로 높은 수준에 있는 학습자들이 낮은 숙달도에 있는 학습자들에 비해 확실히 더 나은 점수를 획득했다는 사실을 제시하고 있다. 그러나 반대로 이 결과는 시험 점수의 의미에 대한 어떠한 구체적인 시사점을 제시하지는 못한다.

라우퍼(Laufer, 1998; Laufer & Nation, 1999)는 빈칸 채우기 유형의 시험을 '능동적인' 또는 '생산적인' 어휘 지식의 측정이라고 기술하고 있다(그녀는 자신의 논문에서 이 두 가지 용어를 상호 교환적으로 사용하고 있다). 그녀의 연구들을 살펴보면, 그녀는 이 측정 방식을 다음과 같이 다른 두 가지 측정 방식과 구별하여 사용하였다.

- 수준 시험-기존의 연결하기 유형: 수용적 지식
- 수준 시험-빈칸 채우기 유형: 통제된 생산적 지식
- 어휘 빈도 조사(LFP): 자유로운 생산적 지식

이와 같은 분류에 따라, 빈칸 채우기 유형은 (LFP가 측정하고자 하는) 쓰기에서 어휘를 사용하는 능력과 관련되며, 사실 라우퍼와 네이션은 빈칸 채우기 시험 결과는 특정 빈도 수준에서 '생산적으로 사용할 수 있는' 단어 수로 해석될 수 있다고 주장한다(Laufer & Nation, 1999: 41). 하지만 이러한 주장을 뒷받침할 증거는 한정적이다. 이전의 연구(Laufer & Nation, 1995: 317)에서 그들은 빈칸 채우기 수준 시험 부분과 이에 해당하는 어휘 빈도 조사 부분 사이에 어느 정도 보통의 상관관계가 있음을 발견했다. 반면에 라우퍼(Laufer, 1998: 264)의 세 가지 측정 방식에 대한 상호연관성 연구에서는 이와 모순되는 결과가 나타났다. 즉, 수준 시험의 두 유형 사이에는 상당한 상관관계가 있는 데 반해, 어휘 빈도 조사 방식을 바탕으로 한 측정과 두 수준 시험 사이에는 큰 연관성이 없었다. 따라서 빈칸 채우기 방식은 생산적 능력을 측정하기보다는 단순히 수용적인 지식을 평가하기 위한 대안이 될 수도 있다.

여기에 한 가지 문제는, 수용적 능력과 생산적 능력의 특징을 구분하는 것에 관한 혼란이 분명히 있다는 것이다. 이 문제는 6장에서 좀 더 자세히 논의하겠다.

5.3. 유로센터 어휘 양 시험

어휘 수준 시험처럼 유로센터 어휘 양 시험(EVST)은 수많은 빈도 수준을 포괄하는 등급화된 단어 표본을 활용하여 학습자의 어휘 양을 추정한다. 그러나 두 시험을 구성하는 방식에는 몇 가지 차이가 있기 때문에 유로센터 어휘 양 시험 역시 좀 더 구체적으로 살펴볼 필요가 있다. 4장에서 언급했듯이, 유로센터 어휘 양 시험은 학습자들에게 일련의 단어들을 제시하고 각각의 단어들에 대해 아는지 모르는지에 대한 여부를 단순히 표시하게 하는 점검표 유형의 시험이다. 이 시험은 자신의 어휘 지식을 과대평가하는 수험자의 점수를 조정하기 위한 하나의 기준으로 상당수의 존재하지 않는 단어를 포함한다. 유로센터 어휘 양 시험의 또 다른 독특한 특징은 지필 시험 방식이 아니라 컴퓨터로 치러지는 시험이라는 점이다. 그러면 두 가지 관점에서 이 시험을 살펴보자. 첫 번째는 반 편성 도구로서의 시험이고 두 번째는 어휘양 측정 도구로서의 시험이다.

5.3.1. 배치 고사로서의 EVST

이 시험에 대한 처음의 연구는 런던 대학의 부속 단과 대학인 버크벡 (Birkbeck) 대학에서 폴 메아라(Paul Meara)와 그의 동료들에 의해 진행되었다(Meara & Buxton, 1987; Meara & Jones, 1988). 이 시험은 영국을 포함한 유럽의 여러 국가에 있는 어학원의 연합체인 유로센터에서 위탁받아 출판된 것이다(Meara & Jones, 1990a). 이 어학원들은 매년 많은 단기 집중 과정을 진행하기 때문에 최소한의 행정 업무로 수업에 학생들을 배치할 수 있도록 효율적이고 정확한 반 편성 절차가 필요했다.

　어휘 시험은 다양한 측면에서 이러한 요구를 고려하고 있다. 이 시험은 개별적으로 컴퓨터상으로 치러졌고 보통 10분 미만의 시간이 소요되었다. 컴퓨터 화면에 '이 단어의 뜻을 알고 있습니까?'라는 질문과 함께 한 단어씩 일련의 단어들이 제시된다. 수험자는 단어를 보고 '예'를 표시하는 단추를 누르거나 '아니오'를 표시하는 단추를 누른다. 수험자에게는 모든 항목이 실제 영어 단어가 아닐 수 있음을 경고하고, 즉 존재하지 않는 단어가 상당수 포함되어 있음을 알려준다. 만약 수험자가 몇 개의 존재하지 않는 단어를 아는 단어라고 선택했을 때는 총점에서 감점된다. 이 평가는 컴퓨터 프로그램이 자동적으로 채점하기 때문에 학생들의 성적은—어휘 양을 측정하는 방식으로—시험 완료 즉시 활용할 수 있다. 메아라(Meara, 1996a: 42)는 이러한 점이 이 방법으로 시험을 치른 학습자들에게 매우 인기를 끄는 한 가지 특징이라고 이야기한다. 또한 이 소프트웨어 꾸러미에는 모든 학생들의 시험 결과를 분류할 수 있고 시험 결과를 반 편성에 편리한 방식으로 어학원 강좌 담당자에게 제공하는 유틸리티 프로그램이 들어 있다.

이런 것들이 이 시험의 실질적인 장점들이긴 하지만, 이것이 타당한 배치 고사라 할 수 있는가? 여기에서는 어휘 지식이 언어 능력에 있어서 중요한 구성요소라는 점과 학습자가 아는 단어의 수가 언어의 숙달 정도와 직접적으로 관련된다고 가정한다(Meara & Jones, 1988: 80; 1990b: 1). 이 가정에 대한 타당성은, 학생들이 수강하게 될 언어 교수 프로그램에서 어휘 학습에 얼마나 중점을 두는지에 따라 어느 정도 달려 있다. 그렇긴 하지만, 결론적으로 잘못된 배치를 최소화하면서 학생들을 배정한다면 이 배치고사는 유효하다고 할 수 있다. 메아라와 존스(Meara & Jones, 1988)는 두 개의 측정 기준을 사용하여 London과 Cambridge의 어학원들이 사용한 유로센터 어휘 양 시험의 타당성 검증 연구를 발표했다. 첫째, 이 시험의 점수는 기존의 유로센터 배치고사에서 얻어진 점수들과 연관성이 있었는데, Cambridge 어학원 학습자들에게서는 0.664가, 그리고 London 어학원의 학습자들은 0.717의 총 계수로 나타났다. 두 번째 방식은 기존의 배치 고사에 의해 잘못된 학급에 배치되었던 학생들을—수업 일주일 후에—살펴보는 것이다. 잘못 배치된 학생의 수가 많지는 않지만, 대부분의 경우에서 어휘 시험 점수가 배치 고사에서 받은 점수보다 교사 평가 점수와 더 많이 일치했다. 이러한 결과는 매우 고무적이긴 하지만, 그들은 배치고사로서의 EVST의 타당성을 확인하기 위해서는 추가적인 확인 작업이 필요하다고 제안한다.

물론, 하나의 단일 형식의 인어 시험을 근거로 중요한 결정을 내리는 것은 어리석은 일이다. 사용자 안내서에는 어학원에서 반 편성 절차의 일부로 EVST와 함께 구술 면접도 활용하도록 권고한다(Meara & Jones, 1990b: 3).

5.3.2. 어휘 양 측정 방법으로서의 EVST

만일 유로센터 시험을 어학원에서 반 편성 도구로서의 역할보다 더 광범위한 영역에서 활용하려면, 어휘 양 측정 방법으로서의 타당성을 고려해야 하며 이를 위해서 다음과 같이 다양한 측면에서 시험 설계에 대해 살펴보아야 한다.

- 시험 구성 방식, 특히 존재하지 않는 단어의 역할
- 시험 칠 단어 선별
- 시험 채점

첫 번째로 살펴보아야 할 것은 시험 구성 방식인데, 짧은 시간 내에 많은 단어들을 다룰 수 있는가에 관한 것이다. 이 구성 방식은 4장에서 논의했던, 오랫동안 행해진 점검표의 한 가지 유형이다. 기본적으로 수험자들은 각각 일련의 단어들을 영어 단어로 인식하는지에 대해 표시해야 한다. 어휘 수준 시험에서 사용된 연결하기 형식과는 다르게 이 방식은 개별 단어들을 이해하고 있는지에 대해 직접적으로 확인하도록 하지는 않는다. 이 방식은 대부분의 학습자들이 과제를 수행하는 데 있어서 정직하고 진실된 태도로 임한다고 가정한다. 그러나 제시된 항목 중 약 3분에 1 정도는 영어 단어의 모양은 갖추고 있지만 실제로는 영어에 존재하지 않는 형태, 곧 '존재하지 않는 단어'이기 때문에 학습자 응답의 타당성을 확인할 수 있는 도구는 내재되어 있다. 이 시험은 아래의 보기와 같이, 존재하는 단어와 존재하지 않는 단어를 연속적으로 수험자에게 제시하는데, 다음은 메아라(Meara, 1992a)가 구성한 지필 방식의 점검표 시험에서 발췌한 것들이다.[1]

1 dring	2 take in	3 majority
4 modest	5 vowel	6 easy

---

1) (역주) 1번부터 24번 중 영어에서 존재하지 않는 단어는 1, 7, 8, 11, 16, 19, 20, 21, 22번이다.

7 swithin	8 obsolation	9 foundation
10 receipt	11 annobile	12 resident
13 impatient	14 phase	15 transparent
16 dyment	17 grand	18 album
19 mudge	20 weate	21 cockram
22 expostulant	23 wine	24 christian

만일 수험자가 존재하지 않는 단어를 아는 단어라고 표시한다면, 이는 그들이 자신의 어휘 지식을 과장하고 있다는 증거가 되며 점수는 이에 맞게 조정된다.

이 시험에서 존재하지 않는 단어들의 역할에 관해서는 추가적인 조사가 필요한 부분으로 여겨진다. 이 시험이 처음 고안되었을 때, 존재하지 않는 단어들은 실제 단어들과 형태와 철자 면에서 가능한 한 유사하도록 구성되었다. 그러나 실제로 존재하지 않는 단어들은 언어학적으로는 문제가 없는 것들이다. 메아라와 존스(Meara & Jones, 1988: 85~86)가 주목하는 것은, "어떤 가상의 단어들은 다른 것들보다 다루기가 쉽다는 것인데, 어떤 단어들은 즉각적으로 제거할 수 있는 것들이 있는 반면, 또 다른 것들은 영어 모어 화자조차도 긴 시간 동안 고심하게 만드는 것이 있다"는 점이다.

수험자들의 언어적 배경이 존재하지 않는 단어에 대한 반응에 영향을 미친다는 증거들이 있다. 분명한 것은, 수험자들의 모어에서는 실제 단어이지만 영어에서는 존재하지 않는 단어인 항목들이 포함되는 일이 있어서는 안 된다. 그 문제를 떠나서, 어떤 언어의 화자들에게는 다른 언어의 화자들보다 존재하지 않는 특정 단어를 실제 단어로 인식할 가능성이 있음이 입증되었다. 메아라와 벅스톤(Meara & Buxton, 1987: 148)은 'observe ment'라는 형태를 예로 제시했는데, 이것은 독일어에서는 그렇지 않지만, 프랑스어와 이탈리아어에서는 실제 단어와 유사하다. 그래서 로망스 언어 화자들보다 독일어 화자들이 좀 더 쉽게 이 단어를 제거한다. 이러한 '동족어 효과'는 다른 언어 배경을 가진 화자들이 치른 시험의 결과에 영향을 미치는 것으로 나타났다. 메아라(Meara, 1996a: 43)는 영어 어휘와 프랑스어 어휘들 간의 밀접한 관계 때문에 불어 화자들에게 이 시험을 시행하는 데에는 특별히 문제가 있다고 지적했다.

우리가 주시해야 할 시험 설계의 두 번째 측면은 이 시험에 대한 단어 선별에 관한 것이다. 어휘 수준 시험과 마찬가지로, 유로센터 어휘 양 시험은 해당 언어에서 특정 단어 빈도와 어떤 학습자가 그 단어를 알고 있을 가능성 사이에 직접적인 연관성이 있다고 가정한다. 이 시험은 손다이크와 로지(Thorndike & Lorge, 1994)의 목록에서 빈도 통계치를 활용하여, 첫 번째 1,000단어부터 시작해서 열 번째 1,000단어로 연속해서 이어지는, '10 빈도 대역'으로 단어 표본을 추출한다. 컴퓨터 프로그램은 각각의 1,000-단어 대역 내에서 무작위로 20개의 단어를 제시한다. 만일 수험자가 어떤 기준 단계를 달성하게 되면 이 프로그램은 다음 단계로 나아가고, 그렇지 못한 경우에는 수험자가 그들의 단어 지식의 상한선에 도달한 것으로 보고 프로그램은 그 학습자의 어휘 양을 더욱 면밀히 추정하기 위해 해당 빈도 수준에서 추가로 50개의 단어를 제시한다.

분명한 것은 이 평가에서 예상 빈도 추정치와 학습자의 영어 단어 지식에 많은 차이가 있다면, 이 시험은 학습자의 정확한 어휘 양을 예측해 줄 수 없을 것이다. 이 프로그램의 사용자 안내서에 따르면 (Meara & Jones, 1990b: 3), 대부분의 학생들은 이러한 유형에 예외를 보이지 않는다. 그러나 어휘 수준 시험 분석에서 우리가 보았던 것처럼 학습자의 언어 배경과 교육적 경험에 의한 차이점들이 많이 있으며, 메아라(Meara, 1990)는 이러한 경우에서 어휘 양 추정치를 해석할 때 문제가 있음을 인정한다. 이는 특정 학습자 집단에 대한 이 시험의 타당성에 대해 어떤 결정을 내릴 때 고려해야 할 것이다.

이제 이 시험의 채점에 대해 살펴보자. 점수를 산출하는 간단한 방법은 학습자가 실제 단어에 '예'라고 한 대답의 개수를 세고, 전체 10,000단어 목록 중 그들이 제시한 것의 비율이 어떤지를 계산하는 것일 것이다. 이 방법이 실제 상당수의 수험자들의 점수를 계산할 때 이루어지는 방법인데, 수험자들이 '존재하지 않는 단어'들을 아는 단어라고 응답하지 않으면 그들의 답안지는 액면 그대로 채점된다(Meara & Jones, 1990b: 2). 그러나 수험자가 존재하지 않는 단어들에 '예'라는 답을 했을 때는 보다 복잡한 계산이 요구된다. 이 계산법은 신호 탐지 이론에서 나온 통계학에 근거하는데, 이는 원래 군대에서 적군 잠수함의 위치를 정확하게 추적하여 아군의 화면에 위치 정보를 나타내 주는 수중 음파 탐지기의 기능을 확인하기 위해 개발되었다. 이 통계치는 한 사람의 수행에 대해 변별 능력(이 경우에서는 단어와 존재하지 않는 단어 변별)과 반응의 성향(즉, '예' 또는 '아니오'를 선택하는 데 대한 수험자의 성향)의 두 가지 측면에서 측정한다. 따라서 학생들이 정확하게 인식해 낸 실제 단어들의 수 외에 아는 단어라고 응답한 존재하지 않는 단어의 개수도 계산에 넣는다. 이는 자신이 아는 단어라고 확신이 설 때에만 '예' 단추를 누르는 신중하게 응답하는 이들이 그렇지 않은 (본인 스스로에게 선처를 베푸는) 이들과 비교했을 때 과도하게 손해를 보지 않는 다는 것을 의미한다. 이러한 계산법의 실질적인 효과는 존재하지 않는 단어에 답을 한 개수에 따라 어휘 양 추정치가 감소한다는 것이다. 극단적인 예로는, 실제 단어에 '예'라고 한 개수와 존재히지 않는 단어에 '예'라고 한 개수가 똑같으면, 이 학습자의 시험 점수는 0점이 될 것이다. 이는 학습자가 영어 단어를 아는 것이 하나도 없다는 것을 말한다기보다는 시험에 대한 응답이 수험자의 어휘 양을 유의미하게 추정할 만한 근거를 제공하지 못한다는 것이다. 메아라(Meara, 1996a: 43~44)에 따르면, 이러한 이유로 매우 낮은 점수를 얻는 학습자들의 수가 꾸준히 존재한다.

이와 같이 유로센터 어휘 양 시험과 다른 영어 점검표 시험에 대한 실험은 대부분의 제2언어 학습자의 어휘 양에 대한 유효 추정치를 제시할 수 있지만 몇 가지 예외적인 경우가 있음을 나타내고 있다. 첫째, 낮은 수준의 학습자들은 존재하는 단어와 존재하지 않는 단어를 구별해 내는 데 필요한 기초가 부족하며, 일관성 없고 예측 불가능한 방식으로 반응하는 경향이 있다. 두 번째 문제 집단은 프랑스어 화자들인데, 그들의 동족어에 대한 지식이 점수에 상당한 영향을 미친다. 또한 틀에 박히지 않은 방식으로 어휘를 습득하는 개별 학습자들도 있으며, 또 어떤 학습자들에게는 존재하지 않는 단어들이 '아니오'라고 대답하기에는 너무 매력적으로 느껴지기도 한다.

메아라와 다른 학자들은 컴퓨터 기반 점검표 시험과 지필 점검표 시험 모두에 대해 연구를 계속해 왔지만, 특히 후자에 대해 연구하였다. 메아라(Meara, 1992a)는 영어 1,000단어 수준에서 5,000단어 수준까지를 다루는 시험들로 한 권의 책을 만들었다. 각각의 시험은 20개의 존재하지 않는 단어와 함께 40개의 실제 단어를 포함하고 약 3분 내에 완료할 수 있다. 각 빈도 등급에 20개의 시험 문항이 제시된다는 사실은 하나의 주어진 등급에서 둘 또는 그 이상의 시험 문항을 학습자에게 제시함으로써 보다 신빙성 있는 측정 결과를 얻을 수 있음을 의미한다. 실로우(Shillaw, 1996)는 영어를 공부하는 일본의 대학생들에게 일련의 지필 시험을 실행하였고 널리 사용되는 시험 항목 분석 방법인 라쉬 모형(Rasch Model)을 활용하여 시험 점수를 분석했다. 그의 연구 결과들은 적절한 실제 단어들을 담고 있는 점검표는 존재하지 않는 단어들을 포함시킬 필요도 없이 어휘 지식에 대한 매우 신뢰할 만한 척도를 제공한다는 것을 보여 준다. 이 단어들은 단일 측정 척도에 아주 적합한 일련의 평가 항목을 형성한다. 게다가 라쉬 분석은 항목 난이도에 맞지 않는 응답들로 자신들의 어휘 지식을 과대평가할 가능성이 있는 학습자들을 확인하는 한 가지 방법을 제시한다. 따라서 실로우는 존재하지 않는 단어들이 필요치 않을 뿐만 아니라 존재하지 않는 단어들은 점검표 시험의 평가 질을 떨어트린다고 주장한다. 언제나처럼 다른 시험에서도 이러한 연구 결과의 타당성을 검토하는 추가 연구가 요구된다.

메아라(Meara, 1996a: 44)는 점검표 시험의 문제점들은 극복될 수 있다고 보며 이 시험은 상위 능력 수준에서 L2 단어 지식발달을 조사하는 연구에서 어휘 양에 대한 만족스러운 추정치를 제공할 수 있다고 낙관했다. 어휘 양 측정에서 점검표 방식의 가장 큰 매력은 시험을 구성하는 일뿐만 아니라 수험자가 답안을 작성하는 데 있어서 이 방법이 너무도 간편하다는 점이다. 이 과업의 간편성은 정해진 시험 시간 내에 많은 단어들을 평가할 수 있다는 것을 의미하며, 이는 신뢰할 만한 (어휘 양) 추정치를 만들기 위해 필요한 표본 크기를 얻는 데에 중요하다.

5.4. 어휘 지식 척도

4장에서 제2언어 어휘 지식의 질 혹은 깊이를 어떻게 평가할 것인가에 관련된 연구의 부족함을 언급했었다. 여기서는 캐나다 오타와 대학에서 시마 파리바흐트(Sima Paribakht)와 마리 베쉐(Mari Wesche)에 의해 연구된 이 분야의 선구적 연구에 대해 살펴볼 것이다. 이들은 우연적 어휘 습득에 대한 자신들의 연구에 사용하기 위해 어휘 지식 척도(VKS)를 개발해 냈다. 이 도구는 그 자체로 하나의 시험으로써뿐만 아니라 실제적인 방법으로 어휘 지식의 질을 측정하려는 시도에서 발생하는 몇몇 문제들을 살펴보는 한 가지 방법으로서도 흥미로운 것이다.

5.4.1. 어휘 지식 척도의 설계

어휘 지식 척도는 평가에 관심 있는 시험관이나 연구자가 어떤 일련의 단어들에 사용할 수 있는 일반적인 도구이다. 이는 수험자들로부터 답을 이끌어 내기 위한 것과 답을 채점하기 위한 두 가지 측면에 효과를 가지도록 구성 되어 있다. 첫 번째 척도는 단어 목록과 함께 수험자들에게 제시된다(〈도표 5-1〉을 보라). 이 척도는 5단계 혹은 범주로 되어 있는데, 파리바흐트와 베쉐(Paribakht & Wesche, 1997: 179~180)가 이렇게 부르길 선호했다. 목록에 제시된 각각의 단어에 대해 수험자들은 그 단어를 얼마나 잘 알고 있는지에 대해 가장 잘 보여 주는 것이 어떤 범주인지 결정해야 한다.

〈도표 5-1〉 VKS 도출 척도(Paribakht & Wesche, 1997: 180)

자기 보고 범주

Ⅰ 나는 이 단어를 이전에 본 적이 없다.
Ⅱ 나는 이 단어를 이전에 본 적이 있으나, 그 의미는 알지 못한다.
Ⅲ 나는 이 단어를 이전에 본 적이 있으며, 내 <u>생각에</u> 그 의미는 ＿＿＿＿다.
　(동의어 또는 번역)
Ⅳ 나는 이 단어를 <u>안다</u>. 그 의미는 ＿＿＿＿이다.(동의어 또는 번역)
Ⅴ 나는 이 단어를 문장으로 사용할 수 있다: ＿＿＿＿.(문장을 쓰시오.)
　(만일 이 문항이 가능하다면, 4번 문항도 함께 작성해 주십시오.)

범주 Ⅰ은 전혀 그 단어를 알지 못함을 의미하며, 범주 Ⅱ는 그 단어를 보기는 했지만 그 뜻은 알지 못함을 의미한다. 이들 두 범주는 수험자의 정직한 응답에 의존하는 반면에, 3단계 이상에서는 수험자들이 그들의 응답을 증명할 수 있는 몇 가지 증거를 제시해야 한다. 또한 범주 Ⅲ과 Ⅳ와의 차이는 그 단어의 의미가 무엇인지에 대해 얼마나 확신하는가에 관하여 수험자의 판단 요소를 포함하는 동시에, 수험자는 동의어를 제시하거나 번역하여 그 단어를 이해하고 있음을 증명해야 한다. 범주 Ⅴ는 수험자들은 자신들이 문장으로 그 단어를 사용할 수 있음을 보여 주어야 한다는 점에서 단어의 수용적 지식에서 생산적 지식으로 이동한다.

채점 척도(〈도표 5-2〉를 보라)는 각 단어에 대한 수험자들의 응답을

<도표 5-2> VKS 채점 범주(Paribakht & Wesche, 1997: 181)

자기 보고 범주	가능 점수	점수의 의미
I	1	단어가 전혀 익숙하지 않다.
II	2	단어는 익숙하지만 의미는 모른다.
III	3	정확한 동의어나 번역이 제시되었다.
IV	4	단어가 문장 내에서 의미적으로 적절하게 사용되었다.
V	5	단어가 문장 내에서 의미적으로 적절하고 문법적으로 정확하게 사용되었다.

점수로 바꾸는 것이다. 범주 I과 II의 응답은 액면 그대로 채점을 하고 각각 1점과 2점의 점수를 준다. 도표의 화살표가 가리키는 것처럼 만일 수험자가 높은 범주 수준에서 단어에 대해 알고 있다고 대답했지만 그 답이 틀렸을 경우에는 2점의 점수를 얻는다. 수험자가 수용 가능한 동의어나 번역을 제시했을 경우에는 3점을 준다. 4점과 5점은 범주 V의 항목에 응답하여 문장을 완성했을 때 주어진다. 4점은 목표어가 문장의 맥락에 알맞으나 문법적으로는 잘못 사용된 경우(예를 들면, 'This famous player announced his retire. 이 유명한 선수가 그의 <u>은퇴하다</u>를 선언했다')에 주어진다. 5점은 알맞은 의미와 알맞은 형태로 단어가 사용되었을 경우에만 주어진다.

5.4.2. VKS의 활용

파리바흐트와 베쉐는 오타와 대학의 비모어 화자 대학생들을 대상으로 한 영어 언어 프로그램에서의 어휘 습득에 관한 연구에서 연구 도구의 하나로 어휘 지식 척도(VKS)를 사용하였다. 이해 기술에 초점을 두고 있는 이 프로그램의 과정은 미디어, 환경 그리고 건강과 같은 특정한 주제와 관련된 진정성 있는 말하기와 글쓰기 자료들을 사용한다. 파리바흐트와 베쉐(Paribakht & Wesche, 1993)의 첫 번째 연구에서 우연적 어휘 학습에 대한 연구의 근거로 두 가지 주제, 즉 수업에서 실제로 사용하고 있는 주제와 그렇지 않은 주제를 채택했다. 연구자들은 몇몇 접속사(*in fact*와 *however*과 같은 항목들)와 함께 각각의 주제와 관련된 30개의 내용어를 선정했다. 이 과정의 시작과 끝에서 다시 한 번 단어들에 대한 학습자들의 지식을 VKS를 사용해 평가하였다. 물론 교육을 받은 주제 쪽이 더 많기는 했지만, 교육을 받은 주제와 교육을 받지 않은 주제 모두에서 과정 동안 전체 학급의 평균 내용어 개수는 상당히 증가했다는 연구 결과를 보여 주었다.

두 번째 연구에서(Paribakht & Wesche, 1997) 연구자들은 읽기를 통해 주제와 관련된 어휘를 습득하는 두 가지의 접근 방법을 비교하였다. Reading Plus라 불리는 한 가지는 주제별 목표 내용어를 사용하는 어휘 연습문제를 읽기 활동에 첨가했다. Reading Only라 불리는 다른 하나는 주요 읽기 활동에 추가 텍스트와 이해 연습문제를 더했다. 초기 연구에서처럼 어휘 지식 척도는 과정 동안 목표 단어의 습득을 측정하는 사전 시험과 사후 시험으로 시행되어졌다. 그 결과에 따르면, 학생들은 이 두 가지 처치를 통해 어휘 지식에 있어서 눈에 뛰는 성과를 얻었지만, 특히 명사와 동사에 있어서의 습득 양은 Reading Plus에서 더 많았다.

어휘 지식 척도를 활용한 또 다른 연구자는 조(Joe, 1995; 1998)이다. 그녀의 연구는 학습자가 읽기 과제를 끝내고 난 후, 원래의 텍스트를 읽지 않은 누군가에게 다시 그 정보를 말했을 때 일어나는 목표 단어의 습득에 대해 살펴보았다. 그녀는 특히 학습자들이 좀 더 깊이 있는 정보를 처리하도록 요구받은 경우에 정보 다시 말하기가 주요 내용어의 지식을 획득하는 데 상당한 성과를 이끌어 낸다는 것을 발견했다. 어휘 지식 척도는 목표 단어에 대한 학습자들의 지식이 얼마나 증가했는지를 평가하기 위해 조(Joe)가 사용했던 평가 방법들 중 하나였다. 하지만 그녀는 이 방식에 있어서 두 가지 중요한 변화를 주었다. 첫째, 그녀는 어휘 지식 척도를 쓰기보다는 면접에서 사용하였는데, 이는 각각의 단어에 대해 학습자들이 알고 있는 것이 무엇인가를 좀 더 살펴보기 위한 것이었다. 또한 그녀는 '나는 이 단어를 본적은 없지만, 내 생각으로는 …'과 같은 식의 6개의 범주를 범주 II와 III 사이에 도입하면서 도출 등급을 수정했다. 이는 학습자들이 종종 접두사, 어간, 접미사의 인식을 통해 어떤 단어의 의미를 추론할 수 있다는 사실을 고려하여 설계되었다.

5.4.3. 도구에 대한 평가

어휘 지식 척도는 실제 사용할 수 있는 측정 도구임이 입증되었고, 읽기 활동을 통해 얻을 수 있는 어휘 지식의 증가에 민감한 것으로 보인다. 파리바흐트와 베쉐는 그들의 측정 도구에 대해 "이것의 목적은 일반적인 어휘 지식을 측정하기 위한 것이라기보다는 교육적 혹은 실험적인 상황에서 특정 단어들의 초기 발달 단계를 추적해 가기 위한 것이다"라고 조심스럽게 주장했다(Wesche & Paribakht, 1996: 33).

그들은 어휘 지식 척도의 신뢰성과 타당성에 대한 자신들의 연구에서 우연적 어휘 습득에 대한 측정으로 몇 가지 증거를 얻었다(Wesche & Paribakht, 1996: 31~33). 신뢰성을 측정하기 위해 이들은 한 집단의 학생들에게 2주 내에 2번 어휘 지식 척도를 시행하였고, 시험 친 24개의 내용어에 대한 학생들의 응답은 높은 수준의 일관성을 보였다(상관관계는 0.89였다). 그리고 이들은 학생들 스스로 도출 척도에서 자신들을 평가했던 방법과 그들의 응답에 채점을 한 방식 간에 밀접한 관계(0.92에서 0.97의 상관관계)가 있음을 확인하였다. 이것은 학생들이 목표 단어에 대한 자신의 지식수준을 합리적이고 정확하게 기록한다는 것을 의미한다. 또한 연구자들은 어휘 지식 척도를 수행하여 나온 학생들의 점수를 유로센터 어휘 양 시험과 연관지었다. 이 경우에서의 상관관계는 단지 0.55였으며, 이는 EVST가 어휘 지식의 깊이보다는 지식의 폭을 측정하기 위해 고안되어진 것이기 때문에 그리 놀랄 만한 것은 아니다.

어휘 지식 척도에 대해 좀 더 넓은 가치를 생각하기 위해서는 개념적인 관점에서 이 등급의 특성에 대해서 논의하는 것이 중요하다. 이 평가 도구는 제2언어 어휘 습득에 대한 어떤 종합적인 이론의 바탕에서는 개발되지 않았는데, 이는 현재에는 그러한 이론이 존재하지 않기 때문이다. 비록 파리바흐트와 베쉐는 데일의 연구를 알지 못한 채 어휘 지식 척도를 고안해 내었지만, 도출 등급에 대한 설명은 2장에서 인용했던 데일(Dale, 1965)에 의한 설명과 매우 유사하다. 한편 헨릭센(Henriksen, 1999)의 어휘 지식의 세 가지 차원(4장 참조)에서 이 척도를 살펴보면, 범주 I에서 IV까지가 헨릭센의 '부분적으로 정확한' 차원(그 단어의 특정 의미에 대한 학습자의 지식이 어느 정도인가?)에 대응된다는 것을 볼 수 있다. 범주 V는 헨릭센의 나머지 두 가지 차원에 대응된다고 볼 수 있다. 이것은 수험자가 목표단어에 대한 문법적 지식을 가지고 있어야 하고 또한 그 목표어가 사용되는 적절한 맥락을 알고 있어야 한다는 점에서 '지식의 깊이'를 측정한다. '수용적이고 생산적인' 차원 또한 수험자가 그 단어를 포함하는 문장을 만들어야 할 경우에 관련된다. 따라서 어휘 지식 척도의 범주 V에서 더 낮은 범주로 내려가지 않는다면, 학습자의 제2언어 단어 지식발달을 단일 척도로 유의미하게 나타낼 수 있을지 의심스럽다.

기존의 어휘 지식 척도 방식으로 평가될 수 없는 어휘 지식의 한 측면은 한 단어의 여러 가지 의미 부분이다. 파리바흐트와 베쉐(Paribakht & Wesche, 1996: 33)는 이 척도가 단어 지식의 이러한 측면을 다룰 수 있도록 확대될 수 있다고 제안한다. 그리고 존 알러(John Oller)로부터 "다음 문장들은 내가 생각하는 이 단어의 모든 의미들을 보여 준다"로 표현되는 6번째 도출 범주에 대한 제안을 받아 들였다(저자들의 개인

논문인 Paribakht & Wesche, 1996: 35, 각주 9)에서 인용). 필자는 필자의 단어 연상 시험에 대한 타당성 확인 절차의 부분으로서 사용했던 면접과 비슷한 것을 수행하였고, 이에 대해서는 6장에서 논의할 것이다. 하지만 이것은 도출 목적은 만족시킬 수 있지만 수험자의 응답이 단일 척도로 채점되어야 하는가에 대해서는 의문이다. 예를 들면, 한 학습자는 한 단어의 두 가지 다른 의미에 대해 범주 III에 해당하는 일반적인 지식을 가지고 있고, 반면 다른 학습자는 그 단어의 두 번째 의미에 대해 범주 II에 해당하는 막연한 인식과 함께 첫 번째 의미에 대해 범주 V에 해당하는 비교적 정확한 지식을 가지고 있다. 여기서 우리는 다시 어휘 지식의 다양한 특성과 제2언어 어휘의 습득 과정이 단일 과정을 따르지 않을 것이라는 엄청난 가능성과 마주치게 된다. 비록 이러한 과정이 현재 VKS 유형의 실용적인 특징을 감소시킨다고 하더라도, 2~3개 혹은 그 이상의 차원에서 생각하는 것이 더 나을 것이다.

언급되고 있는 또 다른 측면은 학습자들에게 목표 어휘를 포함하여 하나의 문장을 만들어 보라고 하는 것이 학습자들이 그 단어의 의미를 얼마나 잘 이해했는가를 확인하기에 그렇게 좋은 방법은 아니라는 것이다. 학습자들은 그 단어의 구체적인 의미를 거의 제시하지 못하기 때문에 종종 의미적으로 중립적인 맥락을 만들어 낸다. 예를 들어, 한 학습자가 '그녀는 심오한 무엇인가를 말했다'라고 썼다면, 우리는 학습자가 '심오한'이라는 형용사는 사람이 말하는 무엇인가에 적용할 수 있다는 것을 알고 있다고 추론할 수 있다. 하지만 그 이상은 아니다. 파리바흐트와 베쉬는 어휘 지식 척도를 처음 시도한 후에 이러한 문제를 인식하였는데, 이것이 바로 그들이 〈도표 5-1〉에서 수정된 도출 척도가 반영된 범주 V에 설명(당신이 이 단계를 수행했다면, IV단계도 수행해 주십시오)을 덧붙인 이유이다. 따라서 학습자가 그 단어의 의미를 이해했는지는 그 문장 자체 외에도 몇몇 증거가 있을 수 있다.

문장 만들기 과제의 특성 중 문제가 되는 것은 맥닐(McNeill, 1996)의 연구에서 확인되었다. 맥닐은 홍콩과 베이징에서 중국인 영어 교생들의 어휘 지식에 대해 조사했다. 그의 연구는 어휘 지식 척도를 사용하지는 않았지만 핵심 연구 결과 중 하나가 관련이 있다. 홍콩의 학습자들 중에서 목표 단어의 사용을 보여 주기 위해 그럴듯하고 매우 정교한 문장들을 만들어 낼 수 있는 학습자들이 많이 있었지만, 영어와 중국어로 의미를 설명하도록 했을 때 해당 목표 단어를 정말로 이해한 것은 아니었음이 밝혀졌다. 아래 문장은 단어 *demographic*에 대한 문장으로, 문장 끝의 괄호에 해당 단어에 대한 학생의 설명과 함께 제시한 것이다.

Chinese immigrants are producing demographic problems in HongKong, especially in education. ('great')
중국인 이민자들은 홍콩에서 특히 교육 측면에서 demographic 문제들을 만들어 내고 있다. ('엄청난')
There is a demographic difference between Hong Kong and Kowloon. ('relief/contour')
홍콩과 카오룽 사이에는 demographic 차이가 있다. ('두드러짐/외형')

맥닐에 의하면, 이러한 현상은 홍콩의 이중 언어 교육 특징을 반영한다. 홍콩에서는 공식적으로 영어 전용 학교에 있는 교사들은 교실에서 자유자재로 영어와 광동어를 바꿔 사용한다. 그리고 성공적인 학생들은 개별 단어들의 모든 의미에 대한 이해 없이도 여러 단어로 된 어휘 단위를 많이 기억한다. 이는 문법적으로 정확하거나 의미적으로 적절하다는 사실에도 불구하고, 학생들이 구성한 문장을 단어 지식의 증거로 처리하는 데 있어서 신중해야 할 필요가 있다는 일반적인 관점을 강조하고 있다.

어휘 지식 척도는 실질적인 방식으로 어휘 지식의 질 혹은 깊이 측면을 측정하는 데 흥미로운 성과를 보여 주고 있다. 비록 파리바흐트와 베쉐(Paribakht & Wesche, 1996)의 연구와 조(Joe, 1995)의 연구에서 어휘 지식 척도가 매우 효과적으로 그 연구 목적을 제시했음에도 불구하고, 철저한 조사를 통해 어휘 지식의 복합적인 특징을 하나의 범위로 줄이려는 시도에서 예상되는 몇몇 한계점들을 밝혀냈다. 어휘 지식 척도로 다루어지는 어휘 발달의 범위를 넘어서고자 한다면, 우리는 다양한 척도에서 생각해야 할 필요가 있을 것이다. 그렇지 않으면, 어떤 한 고정된 척도의 개념은 사람들이 가지고 있는 단어의 여러 가지 다른 지식의 형태들을 특징지을 수 있는 가장 적절한 방법은 되지 못할 것이기 때문이다.

5.5. 외국어로서의 영어 시험

네 번째 사례 연구는 오늘날 세계적으로 주요한 언어 시험 중의 하나와 관련된다. 외국어로서의 영어 시험 혹은 토플은 180여 개국에서 시행되고, 90만 명 이상의 사람들이 응시하고 있다. 미국에서 개발된 이것은 통계적 방법으로 예측할 수 있는 한 시험으로서 통합적 시험 중 하나이다. 또한 교육과 취업의 많은 분야에서 다루어지고 있으며 뉴저지의 프린스턴 교육 평가 기관(ETS)에서 관리하고 있다. 다른 ETS 시험과 마찬가지로 토플은 엄청난 수의 수험자들을 효과적으로 운용하고 평가 도구로서의 질을 보장하기 위해 정교한 통계적 분석과 시험 기술에 의존한다. 그러나 이 전제 체계는 '선다형 문항'이라는 단순한 바탕 위에서 구축되었다. 최근까지 기본적인 토플 시험의 모든 문항들은 이 유형으로 이루어졌다. 이러한 선다형 형식의 독점적 사용은 언어 교사들의 시험 비판에 대한 근원이 되고 있는데, 이 시험으로 측정될 수 있는 언어 숙달도 측면은 제한적이기 때문이다. 결과적으로 이것은 토플 시험을 준비하는 학습자들이 대개 학문적인 학업 기술 영역을 넓혀가는 대신에 시험을 치르는 기술을 익히는 데에 집중한다는 점에서 매우 부정적인 **역류 효과**(washback effect)를 나타내는 것으로 보인다.

토플의 본래 목적은 영어가 교육 수단인 교육기관에서 공부하고자 하는 외국인 학생들이 언어와 관련된 문제들로 인해 방해를 받지 않고 학문적 연구를 수행할 수 있는지의 여부를 측정하기 위한 것이다. 그래서 북미의 대학교와 대학에 입학하고자 하는 비영어권 학생들은 대개 그들의 나라에서 미리 이 시험을 치며, 이 시험 점수로 입학 승인 여부와 입학했을 때 추가로 ESL 과정을 들어야 하는지 여부를 결정하게 된다. 대학 입학 사정관뿐만 아니라 어떤 회사의 고용주나 전문적인 단체들 역시 토플 성적을 활용한다. 즉, 의사와 같은 외국인 전문직 종사자들이 영어권 환경에서 그들의 기술을 이행하는 데 언어 능력이 충분한지 여부를 결정하는 근거로 토플 성적을 활용한다. 이는 토플 시험이 한 사람의 장래 교육과 취업에도 영향을 끼칠 수 있다는 점에서 중요한 문지기 역할을 한다는 것을 의미한다. 그렇기 때문에 수험자는 매우 신중하게 시험을 치르게 되는 것이다. 많은 나라에서 토플 대비와 관련된 모든 사업은 수험자들에게 시험 치는 기법에 관한 아주 많은 연습 자료들을 제공하고 집중적인 훈련을 시키는 것으로 발전하고 있다.

어휘 평가의 관점에서 토플 프로그램의 역사는 20세기 후반에 시험에 대한 접근이 어떻게 변화되어 왔는가에 대한 하나의 흥미로운 사례 연구라고 할 수 있다. 특히 어휘 시험은 이러한 기간 동안 시험 형식의 성공적인 개정의 결과로 점점 더 내포적이고 맥락 의존적이게 될 것이다. 따라서 우리는 토플 시험이 어떻게, 왜 변화가 일어났는지 알아보기 위해 1960년대 초부터 현재까지의 발달 과정을 확인할 필요가 있다.

5.5.1. 초기 어휘 문항

1964년 초반부터 1970년대 중반까지 토플은 듣기 이해, 영어 구조,

어휘, 읽기 이해, 쓰기 능력의 5가지 부분으로 구성되어 있었다. 구조와 어휘가 분리되어 있는 것은 토플 시험이 처음으로 고안된 그 당시에 미국에서 널리 퍼져 있던 언어 시험에 대한 분리 항목 접근법을 반영한 결과이다. 이러한 초기 단계에서 어휘 부분은 비교적 별개의 시험으로 여겨졌지만, 입학사정관과 수험자들의 주요 초점은 개별적 영역의 점수보다는 모든 시험 영역의 총점에 있었다. 어휘 시험 문항은 두 가지 유형이 있었는데, 문장 완성하기와 동의어 찾기로 이름 붙여졌다. 첫 번째 유형은 빈칸에 들어갈 단어의 짧은 정의를 문장 형태로 제시한 것으로 다음과 같다.

A _____ is used to eat with.
이것은 먹을 때 사용한다.
(A) plow 쟁기
(B) fork 포크
(C) hammer 망치
(D) needle 바늘

다른 유형은 한 단어나 구를 고립된 형태로 제시하는 좀 더 기본적인 것이다.

foolish 어리석은
(A) clever 똑똑한
(B) mild 온화한
(C) silly 어리석은
(D) frank 솔직한

(Oller & Spolsky, 1979: 93에서 인용한 예)

5.5.2. 1976년 개정판

확실히 위의 예들은 개별적 문항들의 전형적인 예이다. 필자가 4장 서두에서 선다형 항목에 대한 논의에서 설명했듯이, 이 예들은 심리 측정의 관점에서 매우 효과적이었다. 그러나 파이크(Pike, 1979)에 따르면, 이러한 문항들은 ESL 교사들에게 비판을 받았는데, 학생들이 단어와 그 단어의 동의어 목록을 비생산적으로 학습하는 데 시간을 보내도록 조장하기 때문이었다. 게다가 그 시험 친 어휘들이 종종 일반적이지 않거나 외국인 학생들이 학문적 연구를 수행할 때 거의 사용되지 않는 난해한 것들이었다. 그래서 파이크는 다른 대안적인 형태로 ETS 시험 연구에 실험적 형식인 '맥락 내 단어' 문항 유형을 포함시켰다. 이 유형은 다음 예들처럼 하나의 완전한 문장 내에 시험 받을 단어가 제시된다.

He discovered a new route through the mountains.
그는 산을 지나가는 새로운 길을 발견했다.
(A) wanted 원했다
(B) found 찾았다
(C) traveled 여행했다
(D) captured 포획했다

Their success came about as a result of your assistance.
그들의 성공은 당신의 도움 덕분에 이루어졌다.
(A) according to ~에 따라
(B) before 전에
(C) because of ~때문에
(D) during 동안에

(Pike, 1979: 19)

그는 '맥락 내 단어' 문항이 표면적으로 훨씬 더 타당성을 지니고 있다고 주장했다. 왜냐하면 그것들은 문장(그는 또한 '자연발생적 메시지 단위'라고도 불렀다) 안에서 단어들을 제시했고, 마치 읽기 과제를 하는 것처럼 수험자들이 그 문항의 정답에 접근할 수 있도록 도와주었기 때문이다.

페루, 칠레, 일본 학생들을 포함한 그의 연구에서 파이크는 기존 시험의 어휘 부분이 독해 부분과 매우 연관성이 있음(0.88~0.95)에도 불구하고 이 새로운 '맥락 내 단어' 문항들이 실험 시험의 독해 부분과 훨씬 더 연관성이 있다(0.94~0.99)는 것을 알아냈다. 이러한 결과는 맥락 내에서 단어에 직면하는 독자들의 경험과 더욱 밀접한 새로운 어휘 시험 형식을 만들어 낸다는 파이크의 목표를 달성했음을 보여 주는 것이다. 하지만 그 결과들은 이 시험에서 어휘와 독해 항목 둘 다가 필요한지 혹은 필요하지 않은지에 대한 아주 흥미로운 의문도 제기하였다. 이와 관련하여 아래의 두 가지의 방향의 논점이 제기되었다.

- 짧은 시험 시간 내에 매우 높은 수준의 신뢰도를 획득했다는 점에서 어휘 문항들은 이 시험의 가장 효과적인 부분으로 구성되었다.
- 한편, 읽기는 대학 수학에 있어서 중요한 기술이지만 학생들의 문어 텍스트 이해 능력을 설명하는 데에는 불필요한 학문 목적 영어 시험을 친다는 것이 매우 이상해 보일 수도 있다.

결국 파이크는 시험에서 새롭게 결합된 부분에 포함되었던 '맥락 내 어휘' 문항과 (짧은 구문을 기반으로 한) 읽기 이해 문항의 절충안을 제안하였다. 파이크의 이러한 제안이 받아들여져 1976년부터 1995년까지 사용되었다.

5.5.3. 더욱 맥락화된 시험으로

그럼에도 불구하고 토플 어휘 시험 문항에 대한 비판은 계속되었다. 1984년 토플 프로그램에 의해 시행된 학회에서 많은 응용 언어학자들은 과연 토플이 의사소통 능력 측정 도구가 될 수 있는지에 대해 넓은 관점에서 비판적 의견들을 제시하도록 요청받았다. 바크만은 어휘 문항이 "맥락화에 대한 그릇된 시도로 인해 잘못될 수 있다"고 보았다 (Bachman, 1986: 81). 왜냐하면 문두 문장에서의 맥락상 정보는 그 문항에 대해 정확하게 답을 하는 데 거의 필요하지 않기 때문이다. 그는 가장 효과적인 응답 전략은 밑줄 그어진 단어와 알맞은 선택지를 연결하는 것이며, 수험자에게 전체 문장의 의미를 알아내게 하는 것은 역효과를 낳을 수 있다고 하였다. 바크만은 시험 문항들이 반드시 맥락 독립적이어야 한다고 주장했다.

(Bachman이 언급하지는 않았지만) 또 다른 측면은 몇몇 문항들은 다음 보기에서 확인할 수 있는 것처럼 기본이 되는 원리가 반영되지 못했다는 것이다.

The megaphone makes the voice sound louder because it points sound waves in one direction and keeps them from <u>spreading out</u> in all directions.
메가폰은 소리 파장을 한 방향으로 향하게 하고 여러 방향으로 퍼지지 않게 하기 때문에 목소리를 더 크게 만든다.
(A) slithering 미끄러지는
(B) radiating 내뿜는
(C) interfering 간섭하는
(D) murmuring 속삭이는

(Hale et al., 1988: 67)

이 경우에서 4개의 선택지는 위 문장에서 밑줄 친 단어보다 덜 쓰이는 단어들이다. 만약 이 시험 문항이 맥락 내에서 상대적으로 '어려운' 단어를 직면하게 하는 것이라면, 논리적으로 빈도가 더 낮은 단어인 *radiating*이 문장에 있어야 하고, 빈도가 높은 단어 *spreading out*이 정답이어야 하며, 마찬가지로 오답들도 비슷한 빈도의 수준이어야 한다. 위의 문항은 밑줄 친 단어보다 정답인 선택지가 평가되고 있으므로 반대로 된 것이다.

1984년 학회에서 알러 또한 기존 어휘 문항에 대해 비판했다. 그는 "유용하고 흥미롭고 학문적인 맥락에 내포되어 있는 문항들은 전체적으로 더 나은 결과를 가져올 것이라는 의견을 제시했다. 이러한 문항들은 더 쓰기 쉬울 것이고, 덜 모호할 것이며, 규준 지향 평가 요건과 준거 지향 평가 요건 모두의 측면에서 더욱 타당할 것이라는 것이다"(Oller, 1986: 143). 그는 그러한 어휘 문항이 포함된 맥락 양의 다양한 효과에 대한 연구가 필요하다고 하였다. 바크만은 그의 논문에서 비슷한 의견을 제시했다. 이들의 의견들은 4장에서 언급한 것처럼 빈칸 메우기 시험 문항의 맥락 의존성에 대한 그들의 연구 결과에 확실히 반영되었다.

좀 더 맥락화된 시험 자료를 고려해야 한다는 필요성이 토플을 지지하는 두 연구에서 제기되었다. 한 연구는 이미 4장에서 선다형 빈칸 메우기(Hale et al., 1988)에 대해 논의했고, 나머지 연구는 헤닝(Henning, 1991)에 의해 이루어졌다. 맥락화의 효과를 조사하기 위해 헤닝은 당시의 맥락 내 딘이 유형을 포함하고 있는 8가지의 다른 형식을 사용했다. 특히 이 형식들은 다음 3가지 측면에 따라 다양화되었다.

- 하나의 단어에서 전체 읽기 단락에 걸친 범위의 어간 길이
- 문두 문장의 '추론 생성 질', 예를 들면, 목표 단어의 의미에 대한 단서를 제공하는 범위
- 목표 단어의 포함 혹은 삭제. 이는 문장 내에 포함될 수도 있고 빈칸으로 대체될 수도 있다.

헤닝은 미국에서 190명의 ESL 학생들에게 8가지 형식 모두를 포함한 시험을 시행하였고, 표준 심리 측정 기준을 사용하여 결과를 분석했다. 그는 기존의 문항 유형이 상당히 잘 수행되었다는 것을 확인하였고, 다른 두 가지 형식은 비교적—그리고 어떤 면에서는 훨씬 더—좋다는 것을 확인하였다. 이 두 유형 중 하나는 기존의 유형과 비슷하지만 문두의 길이는 줄이고, 추론 생성 정보는 포함하여 구성하였다.

He was guilty because he did those things <u>deliberately</u>.
그는 의도적으로 그러한 일을 했기 때문에 유죄이다.
(A) both 둘 다
(B) noticeably 두드러지게
(C) intentionally 의도적으로
(D) absolutely 틀림없이

하지만 가장 좋은 형식은 많은 목표어들이 한 단락의 읽기 지문에 포함된 것으로, 다음과 같이 4지 선다형으로 구성된 것이다.

In a <u>democratic</u>[1] society suspected persons are presumed innocent until proven guilty. The <u>establishment</u>[2] of guilt is often a difficult task. One consideration is whether or not there remains a <u>reasonable</u>[3] doubt that the suspected persons committed the acts in question. Another consideration is whether or not the acts were committed <u>deliberately</u>[4].

민주주의 사회에서 용의자들은 죄가 증명될 때까지 무죄라고 추정한다. 유죄 성립은 종종 어려운 일이다. 한 가지 고려해야 할 것은 용의자들이 문제가 되는 행동을 저질렀다는 합리적인 혐의가 있는지 없는지의 여부다. 또 다른 고려 사항은 그 행동들을 의도적으로 했는지의 여부다.

Sample item: 4

(A) both 둘 다
(B) noticeably 두드러지게
(C) intentionally 의도적으로
(D) absolutely 틀림없이

이러한 형식—가장 맥락화된 형식—은 전체 어휘 성적에 있어서 가장 높은 신뢰성과 상관성을 가지며, 대체로 가장 좋은 문항들로 구성되었다. 따라서 헤닝의 연구에 따르면 수험자가 맥락적 정보를 사용하게 하는 어휘 시험 형식은 보다 큰 표면적 타당성뿐만 아니라, 매우 이상적인 심리 측정 자질까지도 갖는다. 그렇게 되면 맥락의 가치에 대한 알러의 확신은 타당한 것이 된다.

5.5.4. 1995년도 개정판의 어휘

어휘 지식이 좀 더 통합적인 방식으로 측정되어야 한다는 이러한 연구 결과들은 ETS 자문 기구인 토플 위원회로부터의 권고에 힘을 보탰다. 따라서 토플의 1995년판에서 분리된 어휘 문항 부분은 시험에서 제거되었다. 대신에 어휘 문항은 읽기 이해 영역의 한 부분으로 구성되었다. 대략 한 단락에 한 단어 정도 선택되었고, 선다형 문항을 기본으로 하여 '[ ] 줄에 있는 단어 "[ ]"와 의미가 가장 가까운 것은'이라는 질문과 함께 보통 네 개의 선택지를 제시하는 형식으로 사용되었다.

토플의 1995년판에서 문항을 살펴보고 그 문항에 답을 할 때 무엇이 관련되는지를 고려함으로써 맥락 의존성에 대한 문제를 다시 논의하는 것은 흥미로운 것이다. 여기에 표본 지문 중 일부를 발췌하였다. 목표 어휘는 강조하였고 그 예는 다음과 같다.

Many of the computing patterns used today in elementary arithmetic, such as those for performing long multiplications and divisions, were developed as late as the fifteenth century. Two reasons are usually advanced to account for this **tardy** development, namely, the mental difficulties and the physical difficulties encountered in such work.

The word 'tardy' in line 3 is closest in meaning to

긴 곱셈과 나눗셈을 하는 것과 같은 기본적인 연산에서 오늘날 사용되고 있는 많은 계산 방식은 바로 15세기에 개발되었다. 이렇게 늦은 개발에 대한 이유는 대개 2가지로 제기된다. 즉, 이러한 작업을 할 때 정신적 어려움과 육체적 어려움에 부딪치게 된다는 것이다.

셋째 줄에 있는 단어 'tardy'와 의미가 가장 가까운 것은?

(A) historical 역사적

(B) basic 기본적

(C) unusual 특이한

(D) late 늦은

(ETS, 1995: 34)

이 문항의 맥락 의존도를 측정하는 방법에는 두 가지가 있다. 어떤 의미에서는 이것이 맥락에서 매우 독립적이라는 것이다. 왜냐하면 단어 *tardy*에 대해 친숙함을 가지고 있는 사람은 누구든지 모든 단락을 참조하지 않고서도 정답으로 (D)를 쉽게 선택할 수 있기 때문이다. 이것은 1장에서 설명했던 문항 I의 종류가 아니다. 1장의 문항 I은 모든 선택지들이 그 목표 단어의 가능한 의미들을 나타내고, 과제는 해당 지문에 적용 가능한 의미를 고르는 것이다. 반면에 *tardy*의 의미를 모르는 사람이라면 맥락에서 알 수 있는 명백한 단서들이 있다. 정답인 *late*는 사실 앞의 문장에 나와 있다. 게다가 목표 단어 앞뒤에 있는 단어 *this*와 *development*는 독자의 관심을 이전의 관련된 문장으로 이끈다. 따라서 이러한 경우에 이 문항은 훨씬 더 맥락 의존적인 것이다.

토플 시험의 1995년판의 모든 어휘 문항들이 이와 같지는 않다. 어휘 문항들의 맥락 의존성은 개별적으로 측정되어야 하고, 마찬가지로 연구자들은 빈칸 메우기 문항들을 응답 할 때 어떤 것들이 관련 있는지를 분석했다. 하지만 일반적으로 빈칸 메우기 문항들은, 적어도 앞에서 언급했던 것 중에서 두 번째 측면에서 보면, 1995년 이전 형태에서 문장 기반 문항보다는 오히려 상당히 맥락 의존적인 것으로 나타난다.

5.5.5. 현황

토플의 발전 과정 중 가장 최근의 발전은 1998년에 컴퓨터화된 토플의 도입과 함께 일어났다. 현재 대부분의 나라에서 수험자들은 개별 시험 장소에서 시험을 치른다. 컴퓨터 앞에 앉아 마우스를 사용하여 컴퓨터 화면에 제시된 문항들에 대한 응답을 입력한다. 독해 시험의 경우에는 지문이 화면 왼쪽에 나타나고 문항들은 차례로 오른쪽에 나타난다. 어휘 문항들은 그대로이지만 이전과는 다른 형태이다. 예를 들면 다음과 같다.

[Except from the passage, highlighted in a bold font:]
[지문에서 발췌, 볼드체로 강조]
The Southwest has always been a dry country, where water is scarce, but the Hopi and Zuni were able to bring water from streams to their fields and gardens through irrigation ditches. Because it is so rare, yet so important, water played a major role in their religion.
남서부 지방은 항상 건조한 지역으로, 물이 부족하지만 호피족과 주니족은 용수로를 이용해 물을 개울에서 그들의 들판과 정원으로 끌어낼 수 있다. 이는 매우 드물지만 아주 중요한 것으로 물은 그들의 종교에서 중요한 역할을 하기 때문이다.

[Item:]
[문항]
Look at the word rare in the passage.
지문에서 단어 rare를 보라.
Click on the word in the bold text that has the same meaning.
같은 의미를 가진 단어를 클릭해라.

(ETS, 1998)

어휘 문항들은 모두 이러한 형식이며, 수험자들은 문장 내에서 혹은 목표 단어로부터 동의어를 찾아야 한다. 이것은 맥락 의존성이 매우 명확한 종류이다. 시험 출제자가 목표 단어와 목표 단어의 맥락 간의 관련 정도를 활용할 기회가 있었던 1995년도 문항의 형식과는 다르게, 이 유형은 단 하나로 제한하는 경향이 있다. 따라서 이것은 실제로 맥락 의존적 어휘 시험으로 한 단계 더 나아간 것은 아니다. 만약 현재의 문항 유형이 시험을 준비하는 학생들에게 동의어의 긴 목록을 배우도록 하는 것이라면 이는 모순적인 것이다. 이것은 1964년 초기 문항 유형의 비판으로 나온 것이기 때문이다.

요약해서 말하자면, 토플 어휘 시험 이야기는 1970년대와 1980년대 동안 효율적이고 믿을만하며 맥락 독립적인 어휘 시험 문항에 대한 선호도를 가진 ETS 소속 평가 전문가들과 어휘는 좀 더 광범위한 시험 유효성에 대한 기준을 적용함으로써 더욱 맥락화된 방식으로 평가되어야 한다고 주장하는 학계의 응용 언어학자들 및 교육 전문가 사이에 있었던 오랜 갈등과 관련이 있다. 헤닝(Henning, 1991)이 읽기 텍스트에 있는 어휘 문항들은 심리측정학상으로 장점이 될 수 있음을 확인한 후에 있었던 상당한 변화가 더욱 내포적이고 맥락 의존적인 시험 형식을 만들어 냈다는 것은 주목해 볼 만하다.

지난 35년간을 뒤돌아보면, 그 당시 토플 내에서 일어났던 어휘 평가에 대한 분명한 변화들을 확인할 수 있다. 어휘 문항은 끊임없이 토플 시험의 읽기 이해 부분에 포함되어 왔고, 따라서 1964년 초기 형태에서 가능했던 분리된 어휘 성적에 대한 문제는 현재 보고되지 않는다. 동시에 목표 단어들이 문장 내에 그리고 나중에는 더 긴 텍스트 내에 있었다는 점에서 어휘 평가는 더욱 맥락화되고 있다. 하지만 맥락 의존성이라는 점에서 어휘 시험 문항의 다양한 유형을 검토해 볼 때 우리는 맥락의 역할이 처음보다 더욱 제한적이라는 것을 알 수 있다. 토플 시험의 1995년판에서 사용된 문항의 유형은 수험자에게 읽기 텍스트에서 이용할 수 있는 맥락적 정보를 활용하도록 요구하는 가장 많은 가능성을 가졌지만 이 가능성은 실제로 충분히 활용되지 않을 수도 있다. 최근의 어휘 문항은 더욱 제한적이고 맥락 독립적인 어휘 평가 형태로 되돌아가는 현상이 나타나고 있다.

5.6. 결론

우리는 이번 장에서 네 가지 다른 시험을 살펴보았다. 전체적으로 이러한 시험들은 어휘 평가 도구 등의 설계로 만들어진 몇 가지 선택 사항을 보여 주고 있다. 마지막으로 이러한 선택 사항들이 무엇인지 다시 한 번 살펴볼 것이다.

첫 번째 고려 사항은 평가 과제의 단순성이다. 확실히 이 단순성은 어휘 양 시험 측면과 가장 관련이 깊다. 왜냐하면 과제가 단순하면 단순할수록, 훨씬 더 많은 수의 단어들을 시험 시간 내에 다룰 수 있기 때문이다. 그래서 유로센터 어휘 양 시험의 점검표 형식은 수험자가 컴퓨터 화면에 나타나는 일련의 단어들에 대해 단지 '예' 또는 '아니오'라고 대답하게 함으로써 과제 부담을 절대 최소치로 감소시킨다. 어휘 수준 시험 또한 초기 토플 어휘 항목처럼 단어와 그 단어의 의미를 연결하는 비교적 간단한 과제를 포함하고 있다. 그에 반해서 어휘 지식의 깊이를 평가하기 위해 고안된 어휘 지식 척도 방식은 수험자들이 도출 척도에 맞는 적절한 범주를 선택해야 할 뿐만 아니라 (만약 그들이 범주 III 혹은 그 이상을 선택했다면) 동의어, 번역, 문장까지도 제시해야 한다는 점에서 더 부담이 크다. 그럼에도 불구하고 어휘 지식 척도는 각 목표 단어에 대한 학습자들의 지식이 깊은지 살펴보기 위한 구술 면접의 더 단순하고 더 실용적인 대안책으로 보인다.

물론 상호보완적으로 더 단순한 과제는 각 단어에 대한 수험자들의 지식에 관한 도출된 정보의 질을 감소시킨다. 이러한 점에서 유로센터 어휘 양 시험에서 어떤 단어에 대한 응답으로 '예'라고 확실하게 대답할 수 있는 것은 학습자가 그 단어 형태에 익숙하다는 것과 그 단어를 실제 영어 단어로 식별할 수 있다는 것이다. 수험자들이 '어떤 단어의 의미를 안다'는 것을 어떻게 해석하느냐에 따라 '예'라는 응답은 그 보다 더 많은 것을 의미할 수 있다. 하지만 분명한 것은 개별 면접에서 얻은 단어 지식에 대한 정보는 훨씬 더 풍부하다. 다시 말해 어휘 양을 측정하는 사람들은 시험에 나오는 각각의 어휘들에 대한 지식에 대해서 그리 신경 쓰지 않는다. 오히려 전체적인 어휘 문항에 대한 응답에서 드러난 학습자 어휘 지식의 전반적인 상태에 관심이 있다. 수준 시험과 유로센터 어휘 양 시험 내 단어들은 그저 각 단어의 개별 빈도 수준을 나타내는 표본일 뿐 단어 자체에 대한 관심 정도를 나타내는 것은 아니다.

과제의 단순성과 관련된 또 다른 요소는 단어 제시다. 수준 시험, 유로센터 어휘 양 시험, 어휘 지식 척도 모두 고립된 단어를 제시한다. 반면에 토플 어휘 문항은 문장이나 전체 텍스트 내부로 점진적으로 맥락화되어 왔다. 비록 토플 문항들은 서로 맥락 의존도가 다르긴 하지만 맥락이 포함된 것은 응답하는 데 더 많은 시간이 걸리는 문항들을 만들기 쉽다는 읽기 요건이 추가된다. 동시에 토플 문항들은 분리적 어휘 하위시험을 구성하는 것에서부터 읽기 이해 과제에 내포된 형태로 이동했으며, 이는 다른 기준으로 평가될 필요가 있다. 여기에서 좀 더 일반적인 문제는 맥락 없이 단어를 평가하는 것이 타당한가에 관한 것이다. 이에 대한 것은 이 책에서 계속 다루는 주제 중 하나로 6장에서 다시 언급하겠다.

세 번째는 수험자들의 응답 특성과 관련된다. 유로센터 어휘 양 시험은 주로 존재하지 않는 단어를 포함함으로써 이루어지는 간접적인 점검으로 자기 보고에 의존한다. 이는 대부분의 경우에 학습자들이 목표 단어를 아는지 모르는지에 대해 정직하고 정확하게 응답한다는 가정을 기반으로 한다. 어휘 지식 척도 역시 자기 보고를 포함하지만 수험자들에게 그들의 높은 수준의 어휘 지식에 대한 신뢰할 만한 증거를 제시할 것을 요구한다. 반면에 수준 시험과 토플 문항은 맞는지 틀린지로 확인될 수 있는 응답만을 이끌어 낸다. 자기 보고의 사용은 평가 과제를 좀 더 단순화할 수 있고 좀 더 많은 수의 단어들을 다룰 수 있게 한다. 그러나 이러한 것들이 실현 가능한지 아닌지는 평가 목적에 달려 있다. 어휘 습득에 대한 연구와 비공식적인 교실 수업 목적에서는 효과적으로 사용될 수 있지만, 자기 보고는 수험자들이 미래에 영어권 국가에서의 교육이나 취업에 관심이 있어 자신의 지식을 과대평가하여 높은 성과를 받아야 하는 토플과 같은 고부담 시험에서는 매우 부적절하다.

따라서 우리가 어휘 시험 구성에 대해 분석적 접근법을 취한다면, 이것은 몇몇의 대립되는 사항들 사이에서 균형을 이루기 위한 과정으로 보일 수 있다. 완전한 시험은 없으며 어휘 평가의 다양한 목적에 부합할 수 있는 전 범위의 도구를 개발하는 것이 필요하다. 우리는 다음 장에서 구성 원리에 대해 자세히 살펴볼 것이다.

6.1. 도입

이번 장에서는 분리적 어휘 시험 설계에 영향을 주는 다양한 사항들을 살펴볼 것이다. 1장을 되새겨 보면, 분리적 어휘 시험은 언어 능력의 다른 측면으로부터 어휘를 구조적으로 분리해서 측정하는 시험을 의미한다. 분리적 시험은 일반적으로 어휘 지식(수험자가 의미를 알거나 목표 언어에서 선별된 일련의 내용어를 사용하는 것)에 중점을 두고 있다. 또한 어휘 학습과 어휘 사용에서의 특별한 전략을 평가하는 것일 수도 있다. 이 같은 시험들은 학습자들의 언어사용 과제의 수행평가에 포함되어 있는 어휘 능력 측정과는 구별된다. 내포적 평가가 적절한지에 대한 측정은 7/상에서 다루있다.

 이 장의 첫 부분인 어휘 시험 설계에 대한 논의는 바크만과 팔머(Bachman & Palmer, 1996)의 책 『Language Test in Practice』에 제시되어 있는 언어 시험 개발을 위한 이론적 틀에 기초하고 있다. 전체 체계를 여기에서 다루기에는 너무 복잡하기 때문에 분리적 어휘 시험 설계에서 중요한 문제로 논의되는 사항을 바탕으로 시험 개발 과정 중 핵심적인 단계만 선정했다. 이 장의 두 번째 부분에서는 두 가지 예를 통해 어휘 시험 개발에 대한 실질적인 관점을 제시할 것이다. 하나는 교실 진단 시험의 준비를 살펴보고, 다른 하나는 어휘 지식의 깊이 측정을 위한 단어 연상 형식을 개발하는 진행 과정을 설명한다.

6.2. 시험 목적

바크만과 팔머의 체계에 따르면, 언어 시험 설계의 필수적인 첫 단계는 시험의 목적을 정하는 것이다. 시험이 무엇 때문에 사용될 것인지를 명확하게 하는 것이 중요한데, 시험 이론에 따르면, 시험은 그 결과로부터 결론을 이끌어 내는 것이 당연할 정도로 타당한 것이어야 한다. 예를 들면, 우리는 어휘 지식 척도(VKS)의 점수가 주제 중심 읽기 프로그램에서 우연적 어휘 습득이 어떻게 일어나는지를 실제로 보여 주는지, 또는 유로센터 어휘 양 시험(EVST) 결과가 언어 교실 수업에서 학생들을 배치하는 데 좋은 근거가 되는지를 물어볼 수 있다. 따라서 우리는 시험의 의도된 목적과 관련지어 결과를 평가한다.

대체로 우리는 언어 시험의 세 가지 사용 목적을 연구, 학습자 결정, 언어 프로그램 결정을 위한 것으로 정리할 수 있다. 3장에서 어휘 시험 사용에 관한 연구를 두루 살펴보았고 4장과 5장에서도 부분적으로 논의했었다. 제2언어 어휘 연구자들은 다음과 같은 연구를 위한 평가 도구가 필요하다.

- 학습자의 어휘 지식이 얼마나 폭넓고 깊은지
- 체계적 어휘 학습 방법이 얼마나 효과적인지
- 읽기나 듣기 활동을 통해 우연적 학습이 어떻게 일어나는지
- 맥락에서 접한 모르는 단어의 의미를 학습자들이 추론할 수 있는지 그리고 어떻게 추론하는지
- 학습자들이 자신들의 어휘 지식의 공백을 어떻게 처리하는지

앞선 장에서 이들 각 분야에 대해 연구할 때 다루어질 필요가 있는 여러 가지 평가 문제에 대해 살펴보았다. 일반적으로 연구자들은 어휘 지식의 특성과 어휘 습득의 과정을 좀 더 잘 이해하려고 시도하였다. 그들은 제2언어 교수 학습에서 자신들의 평가 절차를 실제로 적용하여 반드시 검토하지는 않았다. 그들은 종종 선택된 작은 집단의 학습자들과 함께 시험을 치르고는 그들의 시험 결과를 정밀하게 분석하고 평가 도구를 개선해 나가는 시간을 가졌다.

한편, 학습자들을 결정하기 위해 시험을 활용하는 언어 교사와 시험관들은 다른 데에 초점을 둔다. 그들은 시험을 배치, 진단, 진척도나 성취도 측정, 그리고 숙달도 평가와 같은 목적으로 사용한다. 이에 대한 예는 다음과 같다.

- 배치(placement) 시험에서의 어휘 영역은 학습자들이 이미 알고 있는 고빈도 단어가 얼마나 많은지 측정하기 위해 설계될 수 있다. 학생들의 반 편성 외에도 이 시험 성적은 교사들이 수업에서 사용할 어휘 워크북이나 학생들에게 필요한 어휘 학습 프로그램의 종류를 결정하는 데 도움이 될 수 있다.

- 학업 진전도(progress) 시험은 학습자들이 최근에 학습한 교재 단원에서 제시된 단어들을 얼마나 잘 배웠는지를 평가한다. 이 시험의 목적은 수업시간에 추가적으로 주의를 기울여야 하는 단어들을 확인하기 위한 것으로, 교사들에게는 필수적인 진단의 하나라고 할 수 있다. 다른 한편으로, 교사들은 학습자들이 배운 단어를 새로운 맥락에서 다소 다른 의미로 접했을 때 그 단어를 이해할 수 있는지 확인하고 싶어 할 수도 있다.

- 성취도(achievement) 시험에서, 어떤 측면은 텍스트에서 맥락적 단서를 바탕으로 익숙하지 않은 어휘 항목의 의미를 찾는 능력과 같이 학습자들이 배웠던 어휘 기술을 얼마나 잘 숙지했는지 평가하기 위해 설계되었을지도 모른다. 또는 학습자들이 수업 과정 동안 학습한 어휘 항목의

표본에 대한 지식을 시험 칠 수도 있다.

이러한 목적을 위한 평가는 연구에 적용된 제약과 다른 제약 아래에서 실시된다. 그 결과는 적절한 결정을 내리는 데 도움이 될 형태로 나타나야 한다. 일반적으로 학생들에게 시험을 시행하고 결과를 산출할 수 있는 시간은 제한적이다. 게다가 학습자들이 언어 교수 프로그램에 등록할 때 시험 설계자들은 평가 절차와 프로그램의 학습 목표 사이의 관계를 고려해야 한다. 5장에서 토플에 대해 논의할 때, 역류 효과의 개념을 소개했었는데, 이는 평가 절차가 교수 학습에 미치는 영향에 대한 것이다. 비록 시험이 실질적으로 미치는 영향이 무엇인지 증명하기 어려울 수도 있지만(예는 Alderson & Wall, 1993을 보라), 시험 설계자들은 학습 목표에 반하기보다는 학습 목표를 반영하는 평가 과제 선택을 목표로 할 것이라고 생각하는 것이 합리적이다.

시험의 세 번째 용도는 일반적으로 잘 알려진 것처럼 언어 프로그램 혹은 **프로그램 평가**(programme evaluation)와 관련된 결정을 하기 위해서이다(Alderson & Beretta, 1992; Lynch, 1996). 어휘 시험은 어휘 학습 프로그램의 효과를 판단하기 위해 따로 분리되어 사용되거나 또는 광범위한 목적을 가진 언어 교육 프로그램의 평가 안에 포함되어 내포적 측정으로 사용될 수도 있다. 이런 목적을 위한 시험의 활용은 몇 가지 연구 특징이 있다. 연구는 신뢰할 만하고 타당성 있는 결론을 도출하도록 잘 설계되어야 한다. 그러나 프로그램 평가와 차이가 있는데, 프로그램 평가는 종종 외부 기관에 의뢰하거나 주로 '이 프로그램을 계속 유지해야 하는가? 변화시킬 필요가 있는가? 대규모로 사용되어야 하는가?'와 같은 현실적인 결정을 하게 된다는 점에서 차이가 있다.

6.3. 구인 개념

시험 타당성을 위한 다른 중요한 근거는 우리가 측정하고자 하는 구인을 분명히 밝히는 것이다. 바크만과 팔머(Bachman & Palmer, 1996: 117~120)는 구인 개념에 대한 두 가지 접근법은 **교수요목 중심 접근법**(syllabus-based)과 **이론 중심 접근법**(theory-based)이 있다고 언급하였다. 교수요목 중심 개념은 수업 과정 내에서 어휘 평가를 할 때 적절하다. 그래서 평가될 어휘 항목과 어휘 능력은 그 수업 과정의 학습 목표와 관련하여 구체화 될 수 있다. 시험은 학생들이 그 과정동안 성취했다고 생각하는 어휘 학습을 포함시키고 학생들의 취약한 영역에 대해 피드백을 제공한다.

연구 목적과 숙달도 평가에 대한 구인 개념은 이론에 근거할 필요가 있다. 2장에서 어휘의 특성에 대한 논의 부분이 시험 설계와 매우 관련이 있다. '단어'가 의미하는 것이 무엇인지, 어휘에 여러 단어로 된 어휘 항목이 포함되는 것인지, 단어를 '안다'는 것이 무엇을 의미하는지 그리고 단어가 맥락에 의해 어떻게 영향을 받는지에 대한 문제들은 특정 어휘 시험이 측정하고 있는 것이 무엇인지를 명확하게 하려고 할 때 발생한다. 제2언어 어휘 영역에서 구인 개념을 다소 어렵게 만드는 것은 어휘 습득, 지식, 사용에 대해 설명하는 학자들이 제안하는 이론적 개념과 체계의 다양성이다. 비록 어떤 도구—단어를 아는 것이 무엇을 의미하는 깃인가에 대한 네이션(Nation, 1990)의 분석과 어휘 양의 개념과 같은—는 널리 사용되고 알려져 있지만, L2 어휘에 대한 포괄적이고 일반적으로 받아들여지는 개념 체계는 없다. 2장에서 논의했던 샤펠(Chapelle, 1994)의 어휘 능력 모형은 폭넓은 체계를 제시하려는 하나의 시도이다. 더 큰 명확성과 표준성을 확보하기 위한 다른 노력은 4장에서 언급한 헨릭센(Henriksen, 1999)의 어휘 발달의 3가지 측면에서 나타난다. 그녀의 첫 번째, 두 번째 개념, 즉 '부분적–정확한' 지식과 '지식의 깊이'는 이전 장에서 다양한 관점으로 상당한 주목을 받았다. 세 번째,

'수용적-생산적 관점'은 지금까지 매우 한정적으로만 언급되어 왔지만 더 이상 이에 대해 다루는 것을 미루지 않을 것이다. 세 번째 관점은 어휘 평가에 대한 상당한 영향에도 불구하고 아직까지 널리 사용되지 않기 때문에 이는 구인 개념의 경우처럼 살펴볼 가치가 있다.

6.3.1. 수용적 그리고 생산적 어휘

제1언어와 제2언어의 사용자로서 우리의 경험을 보면, 우리가 말하고 쓰는데 사용하는 단어의 수보다 인식하고 이해하는 단어의 수가 좀 더 많다는 사실을 보장할 수 있다. 수용적 어휘와 생산적 어휘의 구별 은 제1, 제2언어 어휘 발달을 연구하는 학자들이 받아들인 것이며, 이는 종종 수동적 어휘와 능동적 어휘로도 대체되어 사용된다. 하지 만 멜카(Melka, 1997)에 따르면, 이에 대한 오랜 기간 동안의 연구에도 불구하고 어휘의 두 유형에 대한 개념이나 평가 측면의 기본적인 문 제들이 여전히 남아 있다.

개념적 측면에서의 어려움은 수용적 상태의 단어와 생산적 어휘 부 분을 구별하는 기준을 찾는 것이다. 일반적으로 단어는 먼저 수동적으 로 알고 난 후에 생산적으로 사용할 수 있게 된다고 가정한다. 멜카 (Melka, 1997)는 수용적인 것에서 생산적인 것으로의 연속이라는 점에 서 단어의 친숙함이나 지식의 정도가 증가하는 것으로 보는 것이 가장 적절하다고 하였다. 따라서 어떤 새로운 단어를 처음 접할 때 학습자들 은 그 단어의 제한적인 지식을 가지고 그 단어를 다시 접할 때까지 기억조차 하지 못할지도 모른다. 그 단어의 발음, 철자, 문법, 의미, 사용 범위 등의 더 많은 지식을 얻은 후에야 학습자들은 스스로 그 단어를 사용할 수 있다. 문제는 단어가 수용적인 상태에서 생산적인 상태로 가는 문지방이 어디냐는 것이다. 생산적인 사용이 가능하기 전에 요구되는 최소한의 단어 지식이 있는가? 멜카가 인정하는 것은 만약 여기에 연속체가 있다면 단순하고 매끄러운 것이 아니며, 유동성의 경계가 있고 수용적 어휘와 생산적 어휘 사이에 많은 상호작용이 있다는 것이다.

측정의 어려움은 수용성과 생산성의 차이에 대한 적절한 개념적 정의의 결여에서 기인한다. 많은 연구에서 학습자와 모어 화자 모두에 대한 수용적, 생산적 어휘의 양을 추정하려고 시도했다. 전체적인 어휘 양 측정(4장을 보라)과 마찬가지로, 연구자들은 수용적 어휘가 훨씬 더 크다는 결론에서부터 수용적 어휘와 생산적 어휘의 크기는 비슷하다는 결론에 이르기까지 상대적 양에 대한 다양한 결론에 도달했다. 어휘 양에 대한 앞전의 논의에서 다루었던 문제들 외에 멜카는 두 어휘 유형을 측정한 방식이 일관성이 없음을 지적했다. 점검표, 선다형, 번역, 설명과 같은 시험 형식들은 수용적 어휘와 생산적 어휘를 평가하기 위해 다른 연구자들에 의해 사용되어 왔던 것들이다. 적어도 수용적 어휘 측정에는 어떤 것을 산정하고 생산적 어휘는 어떤 것을 산정하는지에 관하여 어느 정도 합의가 필요하다.

필자가 볼 때, 수용적 어휘 측정과 생산적 어휘 측정의 구분에 대한 혼란의 근원 하나는 많은 저자들이 수용과 산출의 정의 방식을 구별 없이 서로 바꾸어 사용하는 것이라고 결론지을 수 있다. 왜냐하면 두 정의의 차이는 평가 목적에서 상당히 중요하기 때문이다. 그래서 필자는 다른 용어들을 사용하여 각각에 대해 자세히 설명할 것이다.

인식과 상기

여기에서 **인식**(Recognition)은 수험자에게 목표 단어를 제공하고 수험자가 이 단어의 의미를 이해하고 있음을 제시하도록 요구하는 것을 의미한다. 그에 반하여 **상기**(recall)는 그들의 기억으로부터 목표 단어를 이끌어 내기 위해 고안된 몇 개의 자극제를 제공한다. 이러한 차이의 가장 간단한 예는 어휘 학습에 대한 실험 연구(3장을 보라)서 찾을 수 있는데, 인식은 실험 대상자들이 L2 단어에 맞는 L1 번역어를 제시하는 것이고 상기는 실험 대상자들이 L1 번역어에 맞는 L2단어를 제시하는 반대의 과정이다. 타칼라(Takala, 1984)는 핀란드인 영어 학습자의 수용적 어휘와 생산적 어휘를 측정하기 위해 두 가지 동일한 번역 절차(영어를 핀란드어로, 핀란드어를 영어로)를 사용했다.

이런 차이의 또 다른 예는 교사를 위한 언어 평가에 관한 핸드북인 휴스(Hughes, 1989: 147~150)에서 찾아볼 수 있다. 그가 제시한 '인식' 문항을 제시하면 다음과 같다.

loathe 혐오하다 means　　A. dislike intensely 엄청 싫어하다
　　　　　　　　　　　　　B. become seriously ill 위독하다
　　　　　　　　　　　　　C. search carefully 철저하게 찾다
　　　　　　　　　　　　　D. look very angry 매우 화나 보이다

이와 대조적으로, '산출' 문항은 아래처럼 문장 내 빈칸을 채우거나 그림에 이름을 다는 것을 포함한다.

Because of the snow, the football match was ＿＿＿＿＿ until the following week.
눈 때문에 풋볼 경기는 다음 주까지 ＿＿＿＿＿다.

따라서 이러한 차이는 제시된 단어를 인식할 수 있는 것과 인식하도록 했을 때 그 단어를 기억해 낼 수 있는 것의 차이다. 또한 인식과 상기는 선택적 그리고 상대적으로 맥락 독립적인 시험 문항에 의해 평가될 수 있는 어휘 지식 측면이다.

이해와 사용

이것은 수용과 생산을 구분하는 다른 방법이다. 여기서 **이해**(comprehension)

는 학습자가 듣거나 읽으면서 맥락에서 접하게 되는 단어를 이해할 수 있다는 것을 의미한다. 반면에 **사용**(use)은 학습자의 발화나 쓰기에서 단어를 사용하는 것을 의미한다. 이러한 측면의 어휘 능력을 적절하게 평가하기 위해서는 시험 과제가 포괄적이고 맥락 의존적이어야 한다. 따라서 우리는 학습자들에게 목표 단어가 많이 들어 있는 이야기를 읽히거나 강연을 들려줌으로써 이해력을 평가할 수 있고 맥락 내에서 단어를 얼마나 잘 이해했는지 확인할 수 있다. 마찬가지로 사용은 이야기 다시 말하기, 번역 또는 그림 묘사와 같이 목표 어휘를 이끌어 내도록 설계된 통제된 과제를 구성하여 평가할 수 있다.

수용과 생산을 연구하는 어휘 연구자들의 관점에서 이런 과제들은 만족스럽지 못하다고 생각할지도 모른다. 온전히 구어나 문어 텍스트로 목표 단어를 제시하는 것은 상대적으로 평가 시간을 비효율적으로 사용하는 것이며, 다루어질 수 있는 어휘의 범위도 텍스트의 주제와 관련된 단어로 제한된다. 게다가 어떤 단어 의미는 이미 알고 있는 것이라기보다 맥락을 통해 추론될 수도 있다. 사용 과제의 경우, 학습자가 의도적으로 혹은 무의식적으로 목표 단어들을 피하려고 하기 때문에 연구자들이 평가하고자 했던 목표 단어들 중 일부는 사용하지 않을지도 모른다. 그래서 어휘 연구자들은 목표 단어를 제한된 문장 맥락에 제시하거나 단어만 따로 제시한 매우 통제되고 선택적인 과제를 선호하는 경향이 있다.

필자는 이해 과제와 사용 과제만이 수용 어휘와 생산 어휘의 평가로 유효하다고 주장하는 것은 아니다. 인식과 상기 과제는 연구에서 그리고 학습자들을 결정하기 위해서라는 두 가지 모두의 역할을 가지고 있다. 문제는 용어 수용과 생산이 분별없이 사용될 때 발생한다. 이는 위에서 제시했던 예인 휴스의 빈칸 채우기 문항과 같은 상기 과제를 구성한다면, 그 문항을 성공적으로 완성한 학습자들은 자신의 쓰기나 말하기에서도 목표 단어를 정확하고 적절하게 사용할 수 있다 —사실 그렇다—는 가정을 이끌어 낼 수 있다. 필자는 5장에서(Hughes,

1989: 177~180 참조) 소위 어휘 수준 시험의 생산적(또는 능동적) 형식 (Laufer, 1998; Laufer & Nation, 1999)을 논할 때 이러한 예를 제시하였다. 비록 시험 문항이 단순히 학습자들에게 목표 단어(또는 최소한 미리 제시하지 않은 부분)를 상기(recall)하도록 하더라도 출제자는 정확하게 기억해낸 단어는 사용(use)할 수 있다고 여긴다. 이는 의문스러운 추론인 것으로 보이는데, 그 이유는 상기 문항이 매우 제한적인 면에서만 생산을 필요로 하기 때문이다.

수용적, 생산적 어휘가 무엇을 뜻하는지를 명확히 하는 과정은 이론 중심 구인 개념 활동이다. 필자의 의견은 용어 수용과 생산은 이 둘을 구분하는 것과 관련된 어휘 평가 프로젝트를 시행하는 데에는 너무 광범위하며, 먼저 각각이 나타내는 구체적인 학습자 능력이 무엇인지를 정의할 필요가 있다. 이는 적절한 평가 과제를 구성하는 데 더 나은 근거를 제공한다. 이 두 용어에 대한 필자의 이중 구분(인식과 상기/이해와 사용)이 모든 문제들을 해결할 수는 없다. 하지만 이는 우리가 비록 여기에서 어휘 지식 혹은 어휘 능력의 정도를 다루고 있지만 최소한의 수용적 지식에서부터 발전된 생산적 능력에 이르기까지가 단순한 연속체는 아니라는 점을 강조하고 있다.

6.4. 시험 입력의 특징

바크만과 팔머의 모형에 따르면 시험 과제의 설계는 시험 개발의 다음 단계이다. 이 장에서는 과제 구성의 두 가지 측면, 즉 입력과 예상 응답의 특징에 초점을 맞출 것이다.

6.4.1. 목표 단어 선정

선택적 어휘 시험 설계에서 나오는 가장 확실한 질문은 목표 단어를 어떻게 선정하느냐 하는 것이다. 이 문제를 위해서는 우선 영어나 다른 언어 단어들의 빈도 분포에 대한 일반적인 관점을 만드는 것이 필요하다. 언어에서 전체 어휘 항목 중 작은 부분만이 매우 빈번하게 나타난다는 것은 기정사실이다. 예를 들어, 영어 텍스트에 사용된 500만 개의 단어 중에서 캐럴, 데이비스 그리고 리치맨(Carroll, Davies & Richman, 1971)은 단 100개의 단어가 전체 사용 단어 중 49%를 차지하였고, 2,000개의 단어가 전체 사용 단어 중 81%로 나타났음을 확인하였다. 반면에 아주 많은 단어들은 전체 말뭉치에서 단 한 번만 나타났다.

이러한 결과를 바탕으로, 네이션(Nation, 1990: 2장 참조)은 교수·학습의 목적을 위해서 고빈도, 저빈도, 전문적인 어휘라는 3가지 방식으로 구분할 수 있다고 제안했다. 2,000단어 정도를 구성하고 있는 영어 **고빈도**(high-frequency) 범주는 영어를 능숙하게 사용하는 모든 사람들에게 반드시 요구되는 기초 어휘 지식이다. 이러한 항목들은 언어 교수에서 사용하기 위해 편집한 일반적인 단어 목록에서 두드러지게 나타나는데, 이는 초급과 중급 수준에서 교사와 학습자 모두가 이들 단어들에 대한 지식을 발달시키는 데 몰두한다고 확신할 수 있기 때문이다. 마찬가지로 학습자들이 이러한 고빈도 단어들을 이해할 수 있고 사용할 수 있는지, 또 얼마나 잘 이해하고 사용할 수 있는지를 평가하기 위해서 이 숙달도 범위로 평가하는 것이 타당하다.

반면에 **저빈도**(low-frequency) 어휘는 학습자들에게 있어서 가치가 덜하다. 이 항목들 중 대부분은 알거나 사용하는 사람이 거의 없고, 특히 이런 단어들은 사전에 '희귀어', '사어', '방언'과 같은 이름이 붙어 있다. 학습자들이 알고 있는 저빈도 단어들은 다양한 개인적, 사회적 변인들의 영향을 반영한다.

- 그들이 얼마나 많이 읽고 들었는지
- 그들의 개인적인 관심사가 무엇인지
- 그들이 어휘 학습에 집중한 시간이 얼마나 되는지

- 그들의 교육적 배경, 직업의 배경이 무엇인지
- 그들이 살고 있는 공동체나 사회가 어떤 것인지
- 그들이 언어를 사용하여 의사소통하고자 하는 목적이 무엇인지 등

네이션에 따르면, 저빈도 어휘의 교수와 평가의 초점은 학습자들이 말하고 쓰는 과정에서 저빈도 어휘를 만났을 때 이러한 어휘 항목들을 처리하는데 효과적인 전략을 가지고 있는지에 대한 질문으로 바뀐다. 시험을 목적으로 한 저빈도 어휘 선정은 학습자들의 교육적, 직업적, 개인적인 요구와 관련지어 시험을 설계하기 위해 그들의 의사소통적 가치에 의존한다.

바로 여기에서 **전문적**(specialised) 어휘가 등장하게 된다. 이것은 특별히 그 언어의 사용역에서 비교적 자주 나타나는 전문용어와 다른 어휘 항목들로 구성된다. 이는 특정 목적의 언어 과정이나 교육과정을 통한 언어 프로그램과 연관성이 있다. 전문적 어휘는 언어 교수를 통해서보다는 교과 교사에 의한 내용 교육을 통해 더 잘 습득되기 쉽다. 상대적으로, 이는 일반적인 언어 시험에서보다 교과영역 시험에서 더욱 유효하게 평가될 수 있다.

네 번째 범주는 종종 **준전문적**(subtechnical) 어휘로 인식된다. 이러한 단어들은 학문적, 기술적 언어 분야나 사용역에서 아주 빈번하게 등장한다. 이러한 어휘들의 주요한 기능 중 하나는 더 전문적인 다른 용어들을 정의하고 분류하는 것이다. 영어에서 준전문적 단어의 예로는 *analyse*, *context*, *function*, *interval*, *physical*, *react*, *transform*, *valid*가 있다. 이런 종류의 어휘는 어휘 수준 시험의 대학 단어 목록(Universal Word List)으로 평가되고(5장 참조), 쉐와 네이션의 대학 어휘 목록(Xue & Natioan, 1984; Nation, 1990: 부록 2)에서도 찾을 수 있다. 이 목록은 최근에 학술 단어 목록으로 대체되었고(Coxhead, 1998), 570개의 단어족 모음집은 학문적 텍스트 구성 말뭉치에서 광범위하게 그리고 고빈도로 나타나는 것들이다.

따라서 이러한 네 가지 범주는 학습자들의 숙달도 수준과 구체적인 학습 욕구에 따라 그들이 배워야 하고 평가되어야 할 어휘를 구체적으로 명시하는 여러 방식을 나타낸다.

범주 내에서 어휘 시험을 위한 목표 단어 선정에 대한 표준화된 접근 방법은 없다. 몇몇 특정 종류의 시험은, 특히 어휘 양 측정을 위해서는 어떤 단어 목록에서 무작위 선정 절차가 적절하다. 하지만 대부분의 시험에서 출제자는 어휘 항목을 선택할 때 교수/학습 목적과 평가 목적을 고려하여 판단해야 한다. 어휘 시험의 몇 가지 예들과 시험에 포함될 단어들이 어떻게 선택되는지를 살펴보자.

- 교실 수업의 진전도 시험을 위해 교사는 주로 학습자들이 최근에 학습했던 단어에서 선정한다. 각 단원의 단어 목록이 있는 교재는 교사들에게는 단어를 선택하는 일을 간소화시키고, 동시에 학습자에게는 배워야 할 어휘 항목들을 명시해 준다. 다양한 어휘적 욕구를 가진 좀 더 능숙한 학습자들에게 오늘날 교사들이 사용하는 일반적인 연습은 학습자들이 그 언어를 일상적으로 사용할 때 접하게 되는 항목이나 알면 유용할 어휘 항목을 그들 자신만의 목록으로 편집하도록 요구하는 것이다. 만약 학습자에게 자신의 목록을 제출하도록 요구했다면, 교사는 각 개인을 위한 개별 시험을 준비할 수 있다.
- 몇몇 주요 성취도 시험에서 공개된 어휘 목록들은 단어를 직접적으로 평가할 뿐만 아니라 읽기나 듣기 텍스트에도 포함될 수 있음을 명시할 수 있다. 캠브리지 대학교 시험 본부(UCLES)는 외국어로서의 영어 자격에 대한 낮은 숙달도에 해당되는 두 가지 시험, 즉 Key English Test(KET)와 Preliminary English Test(PET)를 위한 목록을 만들었다. 예를 들어, 1990년판 PET 어휘 목록은 2,378항목이 포함되었고, 수험자들은 생산적으로나 수용적으로 사용할 수 있다고 기대되었다. 그 목록은 『Cambridge English Lexicon』(Hind-marsh, 1980)에서 나왔고, 또한 First Certification in English(FCE)를 준비하는 학습자들에게 비슷한 기능을

수행하도록 고안되었다. 이 목록은 4,500항목이며 학습자의 수준과 용어의 빈도 등급을 포함한다. 어휘 목록의 또 다른 특징은 여러 개의 의미를 가진 단어들의 각각의 의미 역시 등급화되어 있다는 것이다. 그러나 단어 선정과 등급화를 하인드마시(Hindmarsh)의 판단에 너무 많이 의존하는 것을 주의해야 하고 뿐만 아니라 다른 어휘 목록의 내용들과도 신중하게 교차 점검을 해야 한다.

- 제2언어 학습자들의 어휘 양 시험에서 단어 빈도 목록은 중요한 역할을 한다. 일반적으로 그 언어에서 더 빈번하게 나타나는 단어는 학습자들이 알 것이라는 개연성이 더 크다고 가정한다. 신뢰할 만한 『General Service List』(West, 1953)는 많은 연구들(예를 들면, Quinn, 1968; Harlech-Jones, 1983; Nurweni, 1995)에서 사용되었다. 유로센터 어휘 양 시험(5장에서 논의)은 손다이크와 로지(Thorndike & Lorge, 1944) 목록에서 나온 것이다. 학습자들이 얼마나 많은 단어를 알고 있는지에 대한 추정치를 얻기 위해, 시험 개발자는 적절한 표본 추출 절차로 가급적 무작위 방식을 사용해야 한다. 당신은 왜 이런 비교적 오래된 목록들이 계속 사용되는지 궁금할지도 모른다. 사실, 교육적 가치의 측면에서 이전의 목록들과 견줄 만한 보편적인 영어 어휘 목록을 아직 아무도 만들어 내지 못했다. 컴퓨터 기술의 발전이 텍스트의 많은 말뭉치 내에서 단어 형태들을 헤아려 내는 것이나 인간의 판단을 적용하여 유용한 목록을 만들어 내는 것 등 필요한 많은 추가 과정과 같은 작업들을 더 쉽게 만들어 준 것은 사실이다. 이는 8장에서 더 자세하게 논의할 것이다.
- 성취도와 숙달도 시험의 어휘는 맥락 내에서 평가되고, 선정 기점은 단어 목록보다는 텍스트가 용이하다. 텍스트의 선택은 평가 목적에 맞는 어휘 항목의 종류를 포함하고 있는지 여부에 따라 영향을 받는다. 예를 들어, 학습자가 공부했던 단어 범주를 포함하고 있는가? 확장된 의미나 비유적 의미를 가진 몇몇 익숙한 단어들은 학습자의 어휘 추론 능력을 평가하는 데 사용될 수 있는가? 수험자들이 맥락적 단서를 근거로 추측할 수 있는 저빈도 단어들이 있는가?

6.4.2. 단어 제시

일단 목표 단어들이 선정되었다면, 그 단어들을 수험자에게 고립된 상태로 제시해야 할지 맥락 형태로 제시해야 할지를 결정한다. 어휘 평가에서의 맥락의 위치는 앞 장에서, 특히 4장과 5장의 토플 어휘 시험 문항에 대한 논의 부분에서 자주 언급했던 문제이다. 필자는 분리 항목 시험 문항과는 별개로 언어 평가에서의 일반적 경향, 즉 고립되어 독립적인 단위로 단어를 제시하는 것에서 단어를 유의미한 맥락 내에서 제시하는 시험 과제로 이동해 가는 경향을 언급했었다. 필자의 어휘 평가 체계에서 핵심 질문은 맥락이 얼마나 많은 목표 단어를 제시하는지가 아니라 수험자들이 시험 과제에 응답할 때 맥락적 정보를 이끌어 낼 필요가 있는지에 관한 것이라고 언급했었다.

고립된 단어

시험 설계에서의 다른 결정들과 마찬가지로 수험자들에게 선정한 단어들을 어떻게 제시하는가 하는 문제는 그 평가의 목적과 연결되어야 한다. 우리는 앞에서 맥락이 전혀 제공되지 않는 어휘 시험의 다양한 쓰임새를 살펴보았다.

- 체계적 어휘 학습에서 학생들은 목표 단어와 그 단어의 의미(주로 L1 동의어로 표현된)를 기억하는 데 암기 기법을 적용한다. 학생들은 목표 단어가 주어졌을 때 그 의미를 제시하는 능력을 평가 받거나 반대로 의미가 주어졌을 때 그에 맞는 단어를 제시하는 능력을 평가 받는다. 이러한 평가는 연구 목적 또는 교실 수업에서의 진전 사항을 관찰하기 위한 것이다. 3장에서 요약한 연구 증거는 이러한 기법들이 제2언어 어휘 지식발달의 토대를 제공하는 데 효과적임을 분명하게 보여 준다.
- 어휘 수준 시험이나 유로센터 어휘 양 시험과 같은 어휘 양 시험에서

단어들은 종종 고립된 상태로 제시된다. 이전 장의 결론에 언급했듯이, 이는 시험 설계자가 수험자의 과제를 단순화시키고 시험에서 많은 양의 단어 표본을 다룰 수 있도록 한다. 하지만 어떤 단어를 '안다'는 기준은 최소 한 가지임을 의미한다.

• 우연적 어휘 학습에 관한 연구에서, 학습자들은 읽거나 듣는 활동을 하는 동안 맥락 내에서 목표 단어들을 접하게 된다. 하지만 시험에서는 단어들을 따로따로 제시하는데, 이는 연구자들이 학습자가 맥락적 단서 없이 단어를 접했을 때 그 단어에 대한 이해를 보여 줄 수 있는지에 관심을 두었기 때문이다.

맥락 내 단어

다른 목적에서는 맥락 내에서 목표 단어들을 제시하는 것이 바람직하거나 필요하다. 분리적, 선택적 시험에서 맥락은 보통 목표 단어가 있는 한 문장으로 대부분 이루어진다. 하지만 일련의 목표 단어 전체를 포함하고 있는 긴 텍스트나 단락일 수도 있다. 오늘날 단어는 항상 맥락에서 학습되어야 한다는 것이 많은 언어 교사들에게 인정받고 있지만, 어휘 평가 설계에서 어휘 지식 평가나 어휘 능력 평가에서 맥락이 하는 역할이 무엇인지 고려하는 것이 중요하다. 맥락 의존적 어휘 문항은 어떤지에 대해 이 책의 앞부분, 특히 토플의 읽기 영역에서 이러한 질문을 제기했었다. 수험자들이 시험 과제에 응답할 때 유의미한 방식으로 맥락적 정보를 활용하도록 하지 않는 한 맥락에서 단어를 제시하는 것은 무의미한 것으로 보인다.

그러면 분리적, 선택적 시험에서의 어휘 평가에 맥락이 기여할 수 있는 다른 방법을 살펴보겠다.

• 기존의 분리 항목 시험 문항에서 문장 맥락의 기능 한 가지는 시험 설계자가 평가하려고 하는 고빈도 목표 단어의 사용이나 특정 의미를 암

시하는 것이다. 이에 대한 예는 다음과 같다.

My neighbour is a very <u>independent</u> person.
나의 이웃은 매우 <u>독립적인</u> 사람이다.
    a. never willing to give help 절대로 도움을 주지 않는
    b. hard-working 열심히 일하는
    c. good at repairing things 물건을 수리하는데 능숙한
    d. not relying on other people 다른 사람들에게 의지하지 않는

이 경우에, 수험자들은 independent가 사람에게 형용사로 사용되었을 때 그 의미가 무엇인지 이해하고 있음을 보여 주어야 한다. 네 가지 선택지는 '이웃'에게 모두 가능한 속성이 있으며 따라서 위의 문항을 정확하게 대답하기 위해서는 그 단어 자체의 지식이 요구된다.

• 반면에 목표 단어가 학습자가 알고 있을 것으로 예상되지 않는 저빈도 단어인 경우, 맥락상 단서에 근거하여 그 단어의 의미를 추론하는 능력이 정확하게 평가되어야 하는 것 일 수 있다. 이 경우에 문두 문장은 이러한 기술을 평가하기 위하여 어느 정도의 맥락적 정보를 포함하는 것으로 구성될 수 있다.

Our uncle was a <u>nomad</u>, an incurable wanderer who never could stay
ın one place.
우리 삼촌은 한 곳에선 절대 머물 수 없는 방황하는 방랑자, <u>유목민</u>이었다.

While the aunt loved Marty deeply, she absolutely <u>despised</u> his twin
brother Smarty.
이모가 마티는 깊이 사랑하면서, 그의 쌍둥이 동생 스마티는 완전히
<u>무시하였다</u>.

Mary can be quite gauche; yesterday she blew her nose on the new linen tablecloth.
매리는 아주 눈치 없었다; 어제 그녀는 새 린넨 식탁보에 코를 풀었다.
(Clarke & Silberstein, 1977: 145에서 인용한 예)

3장에서 언급했던 몬드리아와 비트-데 부어(Mondria & Wit-De Boer, 1991) 연구에서 사용된 문장들은 학습자들이 목표 단어가 의미하는 바를 추측할 수 있는지를 평가하기 위해 맥락적 단서를 통제된 방식으로 어떻게 제시할 수 있는지에 대한 또 다른 예시를 보여 주는 것이다.

• 수험자들에게 목표 단어를 직접적으로 제시하는 것보다 오히려 수험자가 목표 단어를 제시할 것으로 예상되는 생산적 어휘 지식에 대한 상기 유형 시험에서, 문장 맥락은 단어를 이끌어 내는 한 가지 방법으로 다음과 같은 완성하기(빈칸 채우기) 문항이 있다.

The factory workers strongly s_____ the Labour Party in every election.
그 공장 노동자들은 선거 때마다 노동당을 강력히 ㅈ_____한다.
Last week a flood d_____ed the railway bridge.
지난 주 홍수로 철교가 ㅍ_____되었다.

각 빈칸에 있는 첫 번째 글자는 가능한 답변의 범위를 제한하기 위한 것이다. 라우퍼(Laufer)가 어휘 수준 시험의 능동적 형식에서 확인한 것처럼(5장 참조), 해당 문장에 단 하나의 목표 단어만이 정확하게 맞는다는 것을 보증하는 것이 중요하다면, 몇 개의 글자를 제공하는 것이 필요할지도 모른다는 것이다.

• 하나의 전체 단락은 의미 이외에도 가령, 그 단어의 문법, 굴절과 파생 형태, 연어, 맥락에 맞는 문체 등과 같은 단어 지식에 대한 여러 측면들을 평가하는 더 많은 기회를 제공한다. 이러한 종류의 지식을 이끌어 내는 한 가지 시험 형태는 선택적 삭제 빈칸 메우기 시험인데, 이 시험

은 텍스트에서 내용어를 삭제하고 과제는 각각의 빈칸에 적절한 단어를 써 넣는 것이다. 여기에 농업과 생물과학 전공 대학원생들의 교과목 시험 예시가 있다.

수험자들은 각각의 빈 칸에 들어가야 할 단어들의 의미와 품사(명사, 동사, 부사)를 찾아야 할 뿐만 아니라 빠진 명사 대부분은 복수형이어야 하며 그리고 하나를 제외한 모든 동사는 기본형이어야 함을 알아야 한다. 또한 'It must first be [put 넣다 / placed 놓다 / inserted 삽입하다] into a vector molecule …'에서처럼 문체나 사용역도 선택해야 한다.

Genetic Manipulation

Since human being began to raise livestock and to grow crops, they have been involved in genetic manipulation. First they simply chose to rear particular ＿＿＿ or plants which had certain desirable ＿＿＿. Later, as the science of genetics developed, ＿＿＿ programmes were established that could produce ＿＿＿ of plants and animals that had characteristics that ＿＿＿ needed. More recently, geneticists have been able to ＿＿＿ individual genes and ＿＿＿ them from a donor to a ＿＿＿ organism. This means that ＿＿＿ can be used as 'factories' to ＿＿＿ particular gene products for a wide variety of ＿＿＿. The gene is not transferred ＿＿＿ into its host. It must be ＿＿＿ into a vector molecule that has the ＿＿＿ to carry it to the host. This kind of research not only has many practical ＿＿＿ but also allows us to understand much better the structure and function of the genetic code.

유전자 조작

인류가 가축을 기르고 작물을 재배하기 시작한 이래로, 그들은 유전자

조작에 관여해 오고 있다. 처음에 그들은 단순하게 어떠한 바람직한 ____를 가진 특정한 ____ 또는 식물들을 기르려고 선택했다. 이후에, 유전자 공학이 발달함에 따라, ____가 필요로 하는 특성들을 가진 동물과 식물의 ____를 만들 수 있는 ____ 프로그램들이 만들어졌다. 가장 최근에는, 유전 공학자들은 개별적 유전자를 ____ 할 수 있게 되었고 기증자로부터 ____ 유기체를 ____ 할 수 있게 되었다. 이는 ____가 다양한 ____를 위해 특별한 유전자 제품을 ____ 하는 '공장'으로 사용될 수 있음을 의미한다. 유전자는 ____에서 그것의 숙주에게로 전달되지는 않는다. 먼저 그것을 숙주로 옮기는 ____를 가지고 있는 벡터 분자 안으로 먼저 ____ 되어야 한다. 이러한 종류의 연구는 많은 실제적인 ____를 갖고 있을 뿐만 아니라 우리가 유전자 코드의 구조와 기능을 훨씬 잘 이해할 수 있도록 해 준다.

그러므로 필자는 '모든 어휘 시험은 맥락화되어야 한다'와 같은 포괄적인 진술 대신에, 우리는 특정 평가 목적에 맞는 맥락의 적절한 역할이 무엇인지를 고려해야 하며, 그리고 그에 따라 시험 과제도 설계해야 한다고 이야기하고 싶다.

6.5. 예상 응답의 특징

6.5.1. 자기 보고 대 검증 가능한 응답

어떤 시험 상황에서는 학습자들에게 그들 자신의 어휘 지식을 평가하도록 하는 것이 적절하다. 5장에서 우리는 유로센터 어휘 양 시험과 어휘 지식 척도에서 어떻게 수험자들을 자기 보고로 이끄는지 보았다. 하지만 두 도구 역시 학습자들의 응답이 어휘 지식의 측정으로서 얼마나 타당한가를 확인하는 방법을 포함한다. 5장 결론 부분에서 언급했던 것처럼, 이 시험의 목적은 자기 평가가 적절한지를 결정하는 것이 주요 사항이다. 시험 결과를 기준으로 학습자들에 대한 중요한 결정을 하는 경우, 특히 장래 교육이나 고용 기회에 영향을 미치는 결정에는 적합하지 않다.

심지어 '저부담' 시험 상황에서 자기 보고가 사용되었다고 해도, 목표 단어 지식에 대한 수험자들의 판단을 검증하는 수단을 갖는다는 것은 바람직하다. 점검표에 존재하지 않는 단어를 포함하는 것이 한 가지 방법이다. 검증을 위한 다른 접근 방법은 디악(Diack, 1975)의 영어 모어 화자를 위한 '자기 어휘 시험 책'에서 찾을 수 있다. 이 책은 50개의 시험을 담고 있으며, 각각의 시험은 60개의 단어로 구성되어 있는데, 가장 빈도가 높은 것부터 가장 낮은 것 순으로 나열되어 있다. 그 시험들 중 한 가지를 선택한 후 어휘 목록을 보고 당신이 알지 못하거나 또는 확실히 알지 못하는 단어들의 수를 적는다. 숫자 10을 셀을 때 멈추고 정말 안다고 이야기할 수 있는 단어가 마지막 5개가 될 때까지 이를 반복한다. 이들 단어 각각에 대해 그 의미를 동의어 제시, 그 단어로 문장 만들기, 또는 그림을 그리거나 스케치하기로 나타낸다. 그런 다음 사전을 가지고 답을 확인한다. 만약 다섯 단어 모두 또는 대부분 맞는다면, 당신이 안다고 했던 이전의 고빈도 단어들을 모두 알고 있는 것으로 추정할 수 있다. 따라서 점수는 알고 있는 단어의 수(당신이 멈춘 지점까지)이며, 시험이 측정할 수 있는 어휘 양의 이론적 최대치인 36,000단어 중 어휘 지식의 추정치를 제시하려면 그 단어 수에 600을 곱하면 된다.

굴든, 네이션 그리고 리드(Goulden, Nation & Read, 1990)는 우리가 대사전에서 신중하게 뽑아낸 단어 표본을 기준으로 모어 화자들의 어휘 양을 측정하기 위해 고안한 이 시험과 비슷한 절차를 사용하였다. 이러한 시험들 중의 한 가지는 〈도표 6-1〉에 나타나 있다.

그러므로 어휘 평가, 특히 어휘 양 측정에서 자기 보고의 기능이 있다는 것이다. 그러나 대부분의 시험 목적에서 우리는 수험자가 평

<도표 6-1> 영어 모어 화자를 위한 어휘 양 시험(Goulden, Nation & Read, 1990)

여기에 대부분 자기 보고에 의존하고 있는 어휘 양 시험이 있다. 이것을 해 본 후 당신의 어휘 양을 측정해 보아라.

<u>절차</u>

- 전체 목록을 통독하라. 당신이 알고 있는 다시 말해, 당신이 이전에 그 단어를 보았거나 또는 최소한 그 단어의 한 가지 의미를 표현할 수 있는, 각각의 단어 옆에 체크 표시를 하라. 당신이 알고 있다고 생각하지만, 확실히 알지 못하는 각각의 단어 옆에 **물음표**를 표시하라.
- 50단어 전체 목록을 모두 읽은 후, 물음표를 표시한 단어들로 다시 돌아가서 당신이 그 물음표를 체크 표시로 바꿀 수 있는지 확인하라.
- 다음으로 체크 표시를 한 마지막 다섯 단어(목록을 가장 압축한 것)를 찾는다. 각 단어의 동의어나 정의를 제시하거나 문장을 만들어 보거나 적절한 그림을 그리거나 해서 각 단어의 의미를 알고 있다는 것을 제시하라.
- 당신이 제시한 다섯 단어에 관한 설명을 사전에서 확인하라. 만약 하나 이상의 설명이 맞지 않다면, 다시 전체 목록으로 돌아가 체크 표시한 마지막 단어의 6번째부터 시작할 필요가 있다. 이 단어의 의미를 적고 그것을 사전에서 확인해 보라. 당신이 정확하게 설명한 체크 표시 단어가 연속 4개가 될 때까지 이 과정을 계속하라.
- 정확하게 체크 표시를 한 총 단어 수에 500을 곱하여 당신의 어휘 양을 추정해 보라.

1 as	11 abstract	21 aviary
2 dog	12 eccentric	22 chasuble
3 editor	13 receptacle	23 ferrule
4 shake	14 armadillo	24 liven
5 pony	15 boost	25 parallelogram
6 immense	16 commissary	26 punkah
7 butler	17 gentian	27 amice
8 mare	18 lotus	28 chiton
9 denounce	19 squeamish	29 roughy
10 borough	20 waffle	30 barf
31 comeuppance	41 cupreous	
32 downer	42 cutability	
33 geisha	43 regurge	
34 logistics	44 lifemanship	
35 panache	45 atropia	
36 setout	46 sporophore	
37 cervicovaginal	47 hypomagnesia	
38 abruption	48 cowsucker	
39 kohl	49 oleaginous	
40 acephalia	50 migrationist	

가의 초점인 지식과 기술을 가지고 있다는 것을 검증할 수 있는 증거가 필요하다.

6.5.2. 단일 언어 시험 대 이중 언어 시험

시험 설계 고려 사항의 마지막 하나는 시험 그 자체의 언어와 관련된 것이다. 단일 언어 시험 형식에서는 목표 언어만을 사용하는 반면에, 이중 언어 시험 형식은 목표 언어(L2)와 학습자의 언어(L1) 둘 다 사용한다. 이러한 시험 설계는 예상 응답의 특성보다 더 많은 것과 관련되지만 필자는 이 부분에서는 통합적인 방법으로 언어 선택을 다루기로 결정했다.

필자가 이미 앞의 수용적, 생산적 어휘에 대한 부분에서 이중 언어 시험 형식의 한 가지 유형을 언급했었다. L2에서 L1으로의 번역은 수용적 지식을 평가하고 L1에서 L2로의 번역은 생산적 지식을 평가하는 것이다. 이중 언어 형식의 또 다른 예는 〈도표 6-2〉에 제시되어 있다. 인도네시아인 영어 학습자에 대한 누르웨니(Nurweni, 1995)의 어휘 양 시험은 학습자들이 그 시험의 성격을 이해하고 또 학습자들이 어떻게 응답할지를 확인하는 데 도움을 주기 위해 인도네시아어로 된 지시문(혹은 시험 지시문)을 포함하였다. 목표 단어를 포함한 짧은 문장으로 구성된 입력 자료는 분명히 영어로 되어 있어야 하지만, 학습자들이 의미가 비슷한 영어 단어나 구에 대한 지식의 부족으로 인한 방해를 받지 않고 목표 단어에 대한 자신의 이해 정도를 나타낼 수 있도록 응답은 인도네시아어로 한다. 외국어를 학습하는 영어 모어 화자 대상의 어휘력 시험도 보통 이중 언어 구조와 비슷한 종류이다.

이중 언어 형식을 사용해야 하는지에 관한 의문은 언어 학습자들의 단일 언어 사전과 이중 언어 사전 사용의 장단점에 대한 논쟁과 마찬가지로 논쟁이 많다. 여기에는 현실적인 고려사항들과 교육 원리에 관한 문제 모두 관련되어 있다.

<표 6-2> 이중 언어 어휘 시험 형식의 예(Nurweni, 1995: 149~150)

인도네시아인 영어 학습자 대상 어휘 양 시험

Tes ini dimaksudkqn untuk mengetahui banyaknya kosakata yang telah Saudara kuasai. Setiap soal terdiri atas satu kalimat yang di dalamnya ada satu kata bergaris bawah. Tuliskan makna kata yang bergaris bawah tersebut dalam bahasa Indonesia pada kolom JAWABAN yang telah disediakan.

[Translation: This test is intended to find out how much vocabulary you have mastered. Each item consists of a sentence containing an underlined word. Write the meaning of the underlined word in Indonesian in the ANSWER column provided.]
[번역: 이 시험은 당신이 얼마나 많은 어휘를 숙달하였는지를 알고자 하는 것이다. 각 항목은 밑줄 친 단어를 포함한 하나의 문장으로 이루어져 있다. 밑줄 친 단어의 의미를 인도네시아어로 답 칸에 적어 넣어라.]

JAWABAN

1. He was born in February.　　　　　　　————
   그는 2월에 태어났다.
2. This is the first step in drawing a picture.　————
   이것은 그림을 그리는데 있어서 첫 단계이다.
3. That was the last event of the day.　　　————
   그것은 그날의 마지막 행사였다.
   (……)

　　현실적으로 학습자들이 서로 동일한 모어인지, 만약 그렇다면 교사가 그 언어에 능통한지에 따라 차이가 분명히 있다. 영어권 국가에서 영어 교사들은 주로 다양한 언어 배경을 가진 학습자들과 함께 수업하는데, 이는 이중 언어 시험 문항을 불가능하게 만든다. 반면에, 유럽 국가들의 중등학교 영어 교사 대부분은 그들의 학생들과 모어는 아니더라도 국어는 공유하고 있으며, 이는 영어권 국가의 외국어 교사들에게도 동일하게 적용된다. 이들 교사들은 관례적으로 외국어 교수

및 평가의 도구로 국어를 사용한다.

또 다른 현실적 고려 사항은 학습자들의 숙달도 수준이다. L1은 좀 더 능숙한 학습자들보다 더 낮은 숙달도의 학습자들의 어휘 지식을 평가할 때 더 큰 역할을 한다. 일례로, 초급 학습자들은 목표 언어로 L2 단어의 의미에 대한 이해 정도를 표현할 수 있는 목표 언어의 의사소통 자료가 부족하다. 이와 관련하여 우려되는 것은 처음의 500에서 1,000까지의 빈도 범위 내에 있는 많은 단어들을 비슷한 빈도 수준의 단어를 사용해서 정의하거나 설명하는 것이 심지어 모어 화자들도 거의 불가능하다는 것이다. 이런 단어들은 기능어 외에 *thing*, *person*, *day*, *example*, *do*, *make*, *carry*, *understand*와 같은 명사나 동사들을 포함한다. 이들 단어들은 다른 어휘적 항목을 정의하거나 한정하는 데 매우 유용하지만, 사실 이 단어 자체의 분명한 의미론적 의미가 없을 수도 있다.

매우 빈도가 높은 단어들을 단일 언어로 평가하는 것은 꽤 어려운 일이다. 명확하게 묘사될 수 있는 사물이나 동작들의 경우, 그림으로 확인하거나 이름을 붙이는 형식을 사용할 수 있다. 매우 빈도가 높은 단어들을 시험하는 대안으로 네이션(Nation, 1993a)은 일련의 진위형 문항으로 구성한 형식을 고안해 냈다. 각각의 문장은 하나의 목표 단어를 포함하고 있으며 학습자가 그 문장이 맞는지 틀린지를 결정할 수 있도록 하기 위해서는 목표 단어를 이해해야 하기 때문에 매우 쉬운 영어로 작성되었다. 이에 대한 에는 다음과 같다.

This country is a part of the world. _____
이 나라는 세계의 일부이다.
When something falls, it goes up. _____
어떤 것이 떨어질 때, 그것은 위로 올라간다.
Milk is blue. _____
우유는 파란색이다.

It is good to keep a promise.　　　　　　　　　　　　————

약속을 지키는 것은 좋은 것이다.

When something is impossible, it is easy to do it.　————

어떤 것이 불가능할 때, 그것을 하는 것은 용이하다.

그러나 이 형식은 사실상 아직은 실험적인 것이며 또한 이것이 일
반적인 단어들을 평가하는 타당한 수단이 될 수 있는지 여부는 좀 더
두고 보아야 한다.

　보다 광범위하고 좀 더 이론적 측면에서 보면, 다른 언어권 화자의
영어 교수에서 L1이 적절한 역할을 하는지에 대한 논쟁은 계속 진행
중이다(예, Harbord, 1992; Auerbach, 1993 참조). 필립슨(Phillipson, 1992:
185~193)이 지적한 것처럼 자기 학습자들의 제1언어에 대해 너무 무
지한 모어 화자 타 언어 사용자를 위한 영어(English of speakers of other
language: ESOL) 교사들은 그들의 단일 언어 사용을 미덕으로 여기는
경향이 있고, 또한 영어 교수의 가장 효과적인 방법은 교실 내에서
영어만 사용하는 것이라고 생각하는 경향이 있다. 만약 교사들이 이
러한 입장을 취한다면, 짐작컨대 모든 학생들의 모국어가 동일한 상
황의 수업에서 조차도 이중 언어 어휘 시험이 있을 곳은 없을 것이다.
언어 간 번역의 동의어에 대한 문제 역시 여기에서 관련이 있다. L2의
모든 단어가 L1의 동의어나 구로 바로 대체될 수 있다는 믿음을 학습
자들에게 심어주는 것은 어리석은 일이다.

　그러므로 많은 어휘 시험이 L2로 된 단일 언어 형태일지라도 (특히,
학습자들은 자신들의 능숙도에서 수행하기 때문에) 수험자가 목표 어휘에
대한 자신의 이해 정도를 표현하는 데 L1이 더 나은 수단일 때, 그리
고 그것이 실현 가능할 때 모국어를 사용하는 경우가 반드시 있다.

6.6. 실제 예

이런 다양한 고려 사항들이 실제 어휘 시험에서는 어떻게 변화되는지 살펴보기 위해 교사와 시험 개발자로서의 필자의 경험을 바탕으로 두 가지 시험 설계의 예를 살펴보고자 한다.

6.6.1. 교실 수업 진전도 시험

필자의 수업 시험 목적은 주로 어휘 학습에 대한 진전도를 평가하기 위한 것으로, 좀 더 명확하게는 학습자들에게 정기적으로 어휘 학습을 하도록 자극하기 위한 것이다. 중요한 것은 제2언어 어휘 양을 늘리는 것이며 이는 수업 중 어휘 학습 외에 학습자 개인의 체계적인 어휘 학습이 필요하다는 것이다. 물론 4장과 5장에서 언급했던 것처럼 어휘 양 시험이 단 한 번만 하는 시험도 아니고 여러 번에 걸쳐 하는 시험도 아닌 것으로 여겨진다. 오히려 교실 수업 시험은 학습자들이 제2언어의 기본단어 지식을 확장할 때 학습자의 진전도를 관찰하는 것으로 보일 수 있다.

구인 개념 측면에서, 진전도 시험은 확실히 교수요목 중심 개념인 경우에 적절하다. 교사들은 얼마나 준비하기 쉽고 채점하기 쉬운지에 따라 시험 과제를 선택하는 경향이 있다. 하지만 시험 문항의 요건과 수업 프로그램의 학습 목적 관계에서 몇 가지 고려할 사항이 있다. 예를 들면, 시험이 어휘 지식의 다양한 측면을 평가하는가, 또는 이 시험 문항이 단어의 의미에만 초점을 두고 있지는 않은가?

필자의 진전도 시험의 목표 단어는 주로 교재의 단원이나 대학 단어 목록(Nation, 1990)의 하위 목록과 같이 전문적으로 만들어진 단어 목록에서 뽑아낸 것들이다. 세 번째 대안은 학습자들이 자신 만의 단어를 선정하는 것이다. 이 방법은 상대적으로 높은 수준의 언어 학습이 이루어진 학습자에게 적절하고 다양한 언어에 대한 필요성이 수업 내에 나타난 것이 적절하다. 이에 해당되는 학습자는 여러 가지 다른 학문 영역에서 연구나 조사를 하려고 하는 대학원생이 있고, 최근에는 다양한 직업군에서 직장을 찾고 있는 이민자들 또는 다양한 사회적, 문화적 관심을 충족시키기 위해 외국으로 여행하려고 하는 성인들도 있다.

스미스(Smith, 1996)는 학습자 자신이 단어를 선택하여 공부하는 학습자들을 포함하여 필자의 대학—뉴질랜드의 웰링턴 빅토리아 대학—에서 개발한 어휘 학습 프로그램의 개요를 설명하고 있다. 이 프로그램은 개별적인 학습 목표를 세우고 구조적인 방식으로 그 목표를 향해 나아갈 수 있도록 학습자들에게 상당한 자율성을 주는 언어 교수 접근법에 바탕을 두고 있다. 학습자들은 자신의 단어를 선택할 뿐만 아니라 교사의 지도를 받아 어떤 학습 전략이 자신에게 가장 효과적으로 작용할 것인지를 결정하기도 한다. 그 단어들은 어휘 목록, 듣기나 읽기 활동, 또는 모어 화자와의 상호작용을 통해 얻을 수도 있다. 기록지에 학습자들은 자신이 선정한 각각의 단어 목록을 작성하는데, 이때 단어의 발음, 품사, 의미, 연어 그리고 관련 단어 형태들(그 단어가 포함되는 단어족의 다른 단어들)과 함께 기록한다. 매주 목록화하고 학습하는 목표 단어의 수는 30~40개이다. 매주 학습자들은 교사에게 자신의 목록을 제출하고, 교사는 그 목록에서 평가할 단어를 선정한다. 각 학습자가 다른 단어 목록을 가지고 있기 때문에 특별한 유형의 시험 항목이 필요한데, 이에 대한 것은 이 절의 끝 부분에서 설명하겠다.

교실 시험에서 현실적으로 고려할 사항은 시험 문항의 선택 부분에서 발생한다. 매주 시험을 만들어야 할 때 우리는 준비하기 쉽고 짧은 시간 내에 채점할 수 있는 문항을 필요로 한다. 그러나 이러한 제약 안에서, 필자가 이 장의 앞부분에서 언급했던 설계 원리를 따라가면서 다른 요소들은 시험 과제 선정에서 나름의 역할을 해야 한다. 필자의 영어 수업에서 사용했던 일부 문항 유형을 살펴보면서 몇 가지 고려 사항들을 살펴보겠다.

연결하기 문항

기본적인 연결하기 과제는 학습자들에게 목표 단어와 그 목표 단어의 동의어나 의미를 연결하도록 하는 것이다. 이러한 점에서 이 과제는 상기 과제라기보다는 인식 과제이며 기본적인 단어 의미에 초점을 두고 있다. 표준적인 연습 문제는 많은 수의 단어에 더 많은 정의들을 함께 묶는 것이다(그 반대도 역시 가능한데, 단어의 정의 수보다 단어가 더 많도록 한다). 여기에 일련의 표본 문항이 있다.

Next to each word, write the number of its meaning.
각 단어 옆에, 그 단어 의미의 번호를 적어라.

region 지역	_____	1 position in relation to others 다른 이와 관련된 위치
status 지위, 신분	_____	2 gas that we breathe 우리가 호흡하는 기체
cell 세포	_____	3 part of a country 한 국가의 부분
oxygen 산소	_____	4 smallest part of living things 생물의 가장 작은 단위
skeleton 골격	_____	5 useful liquid 유용한 액체
		6 set of bones in the body 신체에서 뼈들의 집합
		7 exciting event 재미있는 사건

이러한 문항의 설계에서 몇 가지 주의해야 할 측면들이 있다.

• 한두 개의 정의를 추가로 더하는 이유는 학습자가 목표 단어 5개 중 4개를 알고 있으면 다섯 번째 단어의 의미를 실제로 알지 못하면서도

제거하는 과정을 통해 5번째 단어의 정의를 맞출 수 있는 상황을 피하기 위해서이다.

- 시험의 초점이 목표 단어 지식에 있다면 그 정의들은 학습자가 이해하기 쉬운 것이어야 한다. 따라서 일반적으로 그 정의들은 평가되는 단어들보다 더 높은 빈도의 어휘들로 구성되어야 한다. 그리고 이해하는 데 문제를 일으키는 문장에서 단어가 생략된 유형(elliptical style)으로 작성되어서도 안 된다. 필자의 경우, 연결하기 시험 문항을 작성할 때 이러한, 즉 모든 단어에 대해서 적절하고, 명확하고, 간결한 정의를 구성하는 것이 가장 어려운 측면이다. 한 가지 유용한 전략은 단어의 정의를 지침으로 학습자 사전에서 찾아 살펴보는 것이다. 각 항목 집단에 대한 추가적인 '속임수' 정의들은 목표 단어를 선정했던 어휘 목록에 있는 단어나 혹은 비슷한 다른 단어여야 한다.

- 시험의 목적이 단지 단어의 의미 지식만을 평가하는 것이라면, 모든 목표 항목들은 동일한 품사―모두 명사, 모두 형용사 등―에 속해야 하며, 구조적 단서를 포함하지 않아야 한다. 그렇지 않으면 학습자들은 의미와 더불어 형태를 근거로 단어와 정의를 연결시킬 수 있다. 다음 예들을 보라.

to evaporate 증발하다 ____ 1 to become successful 성공하다
an emotion 감정 ____ 2 to call for help 도움을 요청하다
a vendor 노점상 ____ 3 very carefully 매우 주의 깊게
to prosper 번창하다 ____ 4 a deep feeling 깊은 감정
physical 신체적인 ____ 5 to change into steam 수증기로 변하다
　　　　　　　　　　　　6 a person who sells things
　　　　　　　　　　　　　　물건을 판매하는 사람
　　　　　　　　　　　　7 related to the body 신체에 관련된

여기에서 단어 *to*와 *a/an*은 확실한 단서를 제공한다. 이들 단어가

제거된다고 하더라도, 단어 끝에 있는 -ate, -ion, -or, -al은 학습자가 정확하게 연결할 수 있도록 도움이 될 수 있다.

물론, 단어 형태에 대한 지식을 이러한 시험 형식을 이용하여 교사가 평가하고자 한 부분이라면, 하나의 항목 집단 내에서 품사를 혼합하는 것이 적절할 수 있다. 하지만 이 경우에는 각 집단에 더 많은 (어휘) 항목을 포함시키는 것이 아마도 최선일 것이다. 그리고 위의 예시에서 형용사 *physical*과 같이 특정 품사의 단어를 하나만 포함시키는 것도 피해야 한다.

• 일반적인 연결하기 과제를 구성할 수 있다는 점에 대한 한 가지 비판은 각각의 목표 단어가 고립되어 제시된다는 것이다. 이 장의 앞 부분에서 언급했듯이, 단어를 단독으로 제시할지 맥락에서 제시할지에 대한 결정은 평가 목적을 참고하여 이루어져야 한다. 필자가 작성한 한 시험에서 목표 형용사의 사용과 특정 의미를 강조하고자 하였고 그래서 다음의 예에서 볼 수 있듯이 다른 연결하기 유형을 고안했다.
왼쪽 항목은 진짜 문장보다는 정의에 더 가깝다. 하지만 필자가 관심을 두었던 목표 단어의 구체적인 의미에 대해 신호를 주는 목적으로 쓰였다.

Find the word which fits in each sentence and write it in the blank at the end.
각각의 문장에서 알맞은 단어를 찾아라. 그리고 그것을 끝에 있는 괄호 안에 써 넣어라.

Someone who is not worried about life is _____.   violent 폭력적인
생명에 대한 위협을 느끼지 않은 사람은

A metal that is not processed is _____.   secure 안심하는
가공되지 않은 금속은

An illness that never gets better is _____.   crude 미가공의
결코 나아지지 않는 질병은

Clothes that fit close to your body are _____.   hostile 적대적인
당신의 몸에 완전히 달라붙는 옷은
Someone who hits other people hard is _____.   tight 꽉 조이는
다른 사람을 세게 때리는 사람은

chronic 만성적인

parallel 평행한

이러한 연결하기 형식의 마지막 유형은 어떤 점에서는 논의하고자
하는 다음의 문항 유형과 유사하다.

완성하기 문항

완성하기 문항 또는 빈칸 채우기는 목표 단어가 제거되고 그 자리를
빈칸으로 대치된 문장으로 구성되어 있다. 위의 맥락적 연결하기 형
식에서처럼, 문장의 기능은 단어에 대한 맥락을 제공해 주고 그 단어
의 구체적인 용법에 대한 단서를 제공해 주는 것이다. 그러나 이것은
학습자들이 자신의 기억에서 목표 단어를 제시해야 하기 때문에 단순
히 인식 과제라기보다는 상기 과제라고 할 수 있다. 아래에 예시 문항
들이 있다.

Write <u>one</u> suitable word in each blank. Make sure that you write the
correct from of the word.
각각의 괄호 안에 알맞은 한 단어를 써 넣어라. 단어의 정확한 형태를 써 넣도록
하라.

When meat and fish are not available, a_____ sources of protein must
be found.

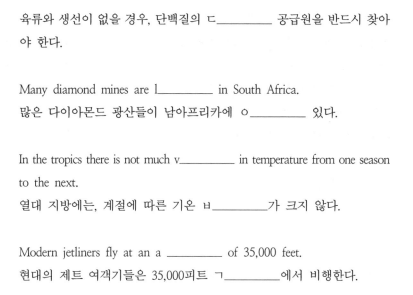

육류와 생선이 없을 경우, 단백질의 ㄷ_____ 공급원을 반드시 찾아
야 한다.

Many diamond mines are l_____ in South Africa.
많은 다이아몬드 광산들이 남아프리카에 ㅇ_____ 있다.

In the tropics there is not much v_____ in temperature from one season
to the next.
열대 지방에는, 계절에 따른 기온 ㅂ_____가 크지 않다.

Modern jetliners fly at an a _____ of 35,000 feet.
현대의 제트 여객기들은 35,000피트 ㄱ_____에서 비행한다.

여러분도 보았듯이, 이 연습문제는 목표 단어의 첫 글자를 포함하
고 있으며, 이는 가능한 응답 수가 하나로 제한된다는 단서의 역할을
한다. 라우퍼와 네이션(Laufer & Nation, 1999)의 목표 단어만 정답이
되게 하는 어휘 수준 시험(5장 참조)의 생산적 형식에서처럼 필자도
첫 글자 하나 이상을 제시할 필요가 있다는 생각은 하지 않았다. 원칙
적으로 수업 진전도 시험에서 학습자들은 그들이 그 주에 학습한 어
휘 목록에 있는 단어들 중에서 대답할 수 있어야 한다. 하지만 실제로
다른 좋은 대체 단어를 제시한 좀 더 고급의 학습자들은 대체어를 정
답으로 허용하지 않는다는 것을 매우 불합리한 것으로 여기고 있다는
것을 발견했다. 이러한 문제에 대해 많은 (대부분은 가벼운) 논의를 한
후에, 비록 엄격히 말해서 시험의 목적이 공식적인 어휘 목록에 있는
항목에 대한 지식을 평가하는 것이더라도, 필자는 가장 반대가 적은
것을 취하여 대안을 받아들이는 경향이었다.

주목할 것은 예시 문항의 지침에 따르면 학습자들은 의미뿐만 아니
라 단어 형태에도 주의를 기울여야 한다는 것이다. 이것은 필자의 채점

방법에도 반영되어 있는데, 의미가 맞으면 각 단어에 1점을 주고, 만약 거기에 구조적 오류, 즉 위의 예에서 *located* 대신 *locate*를, *variation* 대신에 *variations*라고 한 것처럼 오류가 있으면 0.5점을 뺏다. 필자는 아주 사소한 철자 오류가 나타난 것에는 벌점을 주지 않는 경향이지만, 다른 교사들은 정확한 철자에 주의를 기울이도록 하기 위해 벌점을 주는 것이 필요하다고 여길 수도 있다.

문장 쓰기 문항

시험 준비의 측면에서 가장 간단한 어휘 과제는 문장 쓰기 과제이다.

Write a sentence for each of the following words to show that you know what the word means and how it is used. You may choose a different form of the word if you wish.
다음의 각 단어에 대한 의미를 알고 있는지 그리고 어떻게 사용되는지를 알 수 있도록 각 단어를 넣어 문장을 완성하라. 원한다면, 단어의 다른 형태를 사용해 도 된다.

starve 굶주리다

_____

principal 주요한/학장

_____

twist 비틀다

_____

vegetation 식물

_____

involve 포함하다

_____

이 과제는 학습자들이 자신의 어휘 능력에 대한 몇몇 측면을 발휘할 수 있도록 한다.

- 목표 단어의 의미를 이해하고 있는지 여부
- 그 단어가 문장 내에서 문법적으로 어떤 기능을 하는지 그리고 알맞은 형태는 무엇인지를 알고 있는지에 대한 여부
- 그 단어가 다른 단어와 어떻게 적절하게 연어를 이루는지를 아는지 여부
- 보다 일반적으로, 글을 쓸 때 그 단어를 '생산적으로' 사용할 수 있는지 여부

그러나 이 시험이 반드시 이러한 능력 모두를 평가하는 것은 아니다. 5장에서 고급 학습자들은 해당 목표 단어의 의미를 이해하지 못해도 허용할 수 있는 문장을 구성할 수 있다는 맥닐(McNeill, 1996)의 증언과 함께 어휘 지식 척도의 문장쓰기 요소에 대한 몇몇 단점을 언급했었다.

두 번째로 고려할 점은 학습자들이 각 단어를 생산적으로 사용한다고 기대하는 것이 타당한가에 대한 것이다. 즉, 학습자들이 배우는 몇몇 단어들은 이해하는 것이 중요할 수 있지만 쓰기를 할 때에는 그렇게 유용하지 않을 수도 있다. 또한 각각의 단어에 대해 한두 문장을 학습자 스스로 써 보도록 하는 것이 유익한 활동이 될 수 있다. 만약 교사가 어떤 특정 단어에 대해 적절한 문장을 자성하기 어려웠다면, 아마도 학습자는 그보다 더 많은 노력을 해야 할 것이다.

또 다른 가능한 문제는 과제가 무엇을 요구하는지를 이해하는 데 있어서 문화적인 차이가 있다는 것이다. 영어권 국가에 있는 교사들이 하는 한 가지 가정은 학습자들은 교재나 학습자 사전 혹은 다른 자료에서 암기한 것을 단순히 베끼는 것이 아니라 문장을 창의적으로 구성할 것이라는 것이다. 이러한 가정은 오늘날의 서구식 교육에서 암기가 학습 기법으로서 지위가 낮은 현실을 반영하고 있다. 이와 대

조적으로 예를 들면 중국에 있는 학습자들은 그들의 교육 경험에서 필수적인 부분으로 상당한 분량의 언어적 자료들을 암기하며, 많은 학습자들이 암기 기법을 활용함으로써 높은 수준의 영어 숙달도에 도달하는 데 성공한다(예는 Pennycook, 1996 참조). 그들에게는 과제에 대한 응답으로 암기한 문장을 제시하는 것이 상당히 합리적일 수 있다. 필자에게는 잘 구성된 모어 화자의 문장을 베끼는 것보다 오히려 그들 자신의 불완전한 문장 구성을 내가 더 선호한다는 것을 어느 정도 믿는 중국인 학생들이 있었다. 그래서 만약 내가 학습자들이 그 과제를 창의적으로 접근하길 원한다면, 나는 이러한 사항을 설명하고 베끼기 과제가 아니라 쓰기 과제로 볼 수 있도록 격려해야 한다.

시험의 타당성은 역시 문항들을 어떻게 채점하느냐에 달려 있다. 필자의 연습문제는 두 개의 문장을 각각 채점하는 것이다. 우선, 학습자가 목표 단어를 이해하지 못하거나 또는 그것을 다른 유사한 단어와 혼동하는 것이 분명히 나타나는 문장에 대해서는 채점을 하지 않는다.

Please keep my money thoroughly.
내 돈을 철저히 보관해 주세요.
The two boys walked thorough the forest.[1]
두 소년은 숲을 통과하여 걸었다.

그 외에는 단어의 의미에 대해서 1점, 그리고 문법에 대해 또 1점을 준다. 의미와 관련하여 중요한 점은 *thoroughly*에 대한 다음의 예문처럼 학습자는 이 목표 단어의 의미를 알고 있다는 확실한 말이 포함된 목표 단어에 대한 적절한 맥락을 제공하는 문장을 써야 한다는 것이다.

---

1) (역주) 유사 단어 through와 혼동.

244

Surgeons wash themselves thoroughly before they begin an operation.
외과 의사들은 수술에 들어가기 전에 철저히 씻는다.

반면에 'They did it thoroughly(그들은 그것을 철저히 하였다)'라는 문장에 대해서는 절반의 점수만 주었는데, 이 문장은 구체적이고 충분한 맥락적 정보를 제시하지 못하는 짧은 문장이기 때문이다. 문법에 대해서는 목표 단어가 인접한 단어들과 알맞은 연어 관계이면서 정확한 형태와 정확한 문법적 구조를 이루어야 한다.

이를 바탕으로 하면 다음과 같은 문장에는 절반의 점수만 부여할 수 있을 것이다.

She is thorough person who always completes a task carefully.[2]
그녀는 항상 일을 신중하게 끝내는 철저한 사람이다.
The scientists are thorough to analyse their data.[3]
과학자들은 그들의 데이터를 분석하는 데 철저하다.

분명히 문장 쓰기 과제를 채점할 수 있는 다른 방법도 있다. 중요한 것은 채점 방식이 바쁜 교사가 사용하기에 실용적인지, 평가되어야 하는 단어 지식 측면이 반영되는지 이다. 한 가지 더 중요한 것은 점수는 학습자가 교실 시험에서 그들의 수행에 대해 받는 단 하나의 피드백 형태가 아니라는 것이다. 필자는 보통 교실에서 시험지를 돌려줄 때 시험지에 수정을 하거나 구두로 지적해 준다.

---

2) (역주) thorough는 대개 명사 앞에는 안 씀.
3) (역주) 연어 관계 오류, 단어 형태 오류, 문법적 오류.

포괄적 시험 문항

마지막으로 스미스(Smith, 1996)가 말한 개별 어휘 프로그램에서 사용될 수 있는 항목들의 종류에 대해 살펴보자. 시험 직전에 교사는 각학습자들에게 '#, ~, *'와 같은 기호로 단어를 간접적으로 표시한 개별 목록을 돌려준다. 예를 들어 발음 문제를 야기할 수 있는 한 음절이상의 단어들은 '#'으로 표시하고, 학습자들은 다음과 같은 시험 과제에 응답한다.

Copy the words marked with # on your list. Write the part of speech and underline the stressed syllable in each word.
목록에서 '#'으로 표시된 단어들을 모두 옮겨 적으시오. 각 단어의 품사를 적고 강세 음절에 밑줄을 그으시오.

예. <u>hun</u>gry   adj 형용사

a _____ _____   e _____ _____

b _____ _____   f _____ _____

c _____ _____   g _____ _____

d _____ _____   h _____ _____

마찬가지로 목록에서 타동사들은 '*'로 나타내며 학습자들은 이런 타동사들과 연어 관계를 이룰 수 있는 명사들을 알고 있는지 보여 주어야 한다.

Copy the verbs marked with * into the meddle column below. Write nouns commonly used as collocations for their subject and objects.
'*'로 표시된 동사들을 아래의 중간 세로줄에 옮겨 적으시오. 이런 동사의 주어와 목적어 연어 관계로 주로 사용되는 명사들을 써라.

예. a terrorist　　　hijacks　　　　a plane

a _____　　　_____　　　_____

b _____　　　_____　　　_____

c _____　　　_____　　　_____

d _____　　　_____　　　_____

개별 어휘 프로그램에서의 이러한 포괄적 문항들은 수업에서 각 학습자가 분리된 시험을 치도록 하는 실제적인 대안을 제시하고 있다. 이와 같은 문항 유형은 교사에 의해 제공된 목표 단어들과 함께 학습자들 모두가 동일한 어휘를 공부한 교실에서 좀 더 통상적으로 사용될 수 있을 것이다.

6.6.2. 어휘 지식의 깊이 시험

이제는 앞부분에서 설명했던 성취도나 숙달도 목적에서 사용할 수 있는 시험보다 더 공식적인 시험으로 옮겨 가 보자. 몇몇 동료들과 필자는 학습자들이 고빈도 영어 단어를 얼마나 잘 알고 있는지를 평가하는 타당하고 실제적인 방법을 찾고자 했다. 우리는 대학의 학부에서 가르쳤을 때 학문 목적 영어(English for academic purposes: EAP)의 집중 과정을 개설했고, 우리는 특히 준전문 어휘에 집중했다. 이것은 준전문 어휘가 학문직 영역 전반에 걸쳐 자주 나타나고 구체적인 학문에서 더욱 전문적인 다른 용어를 규정하는 데에 결정적인 역할을 한다. 수년 동안 우리의 EAP 과정은 상당한 어휘 학습 요소를 포함시켜왔는데, 이는 학습자들의 어휘 습득을 촉진시키도록 고안된 일련의 워크북(Barnard, 1971~75)을 바탕으로 한 것이다. 우리가 가졌던 의문은 학생들이 상당한 단어 지식을 발전시켰는가 하는 것이었다. 그 때에 학생들의 지식은 연결하기 형식의 시험으로 EAP 과정 마지막에 평가했었다. 이 시험은 단지 학생들이 각각의 단어를 그 단어의 의미들 중

간단한 정의 하나와 연결할 수 있는지만을 확인하는 것이었다.

필자는 특정 단어에 대한 아주 깊은 지식을 이끌어 내는 방법을 탐구하는 활동을 했다. 그 중 하나는 면접 방법이었는데, 면접에서 학생들에게 선정된 단어들을 제시하고 개방형 질문으로 학습자들의 각 단어에 대한 지식의 다양한 측면을 이끌어 내었다. 이것은 리드(Read, 1989)에서 더 상세하게 설명했다. 주요 문제는 현실적인 것이다. 즉, 학습자들을 한 명씩 면접하는 데에는 엄청난 시간이 걸리고 30분이라는 시간 동안 깊이 있게 다룰 수 있는 단어의 수는 매우 제한적이라는 것이다.

필자가 시도했던 또 다른 접근 방법은 세 단계로 나누어진 서면 면접 방식을 사용한 것이다. 첫 번째 단계는 학습자가 해당 단어를 얼마나 잘 알고 있는지 4점 척도로 평가하는 자기평가 단계이다. 두 번째 단계에서는 단어 지식의 다양한 측면을 이끌어 내었다. 예를 들어 *interpret*라는 단어에 대해서 학습자에게 〈도표 6-3〉에 나와 있는 질문들을 제시하는 것이다. 질문 1은 단어의 생산적인 사용에 초점을 두었다. 각 문장을 완성하기 위해 제공한 두 단어(이 경우에는 *experiment*와 *language*)는 목표 단어의 구체적인 의미에 대한 단서를 주기 위해 선택된 것이다. 그래서 질문1은 최소 두 가지 기능이 있다. 하나는 학습자가 해당 단어의 다른 용법을 인식하는지 확인하는 것이고, 다른 하나는 그 단어에 대한 문법지식을 평가하는 것이다. 질문2는 해당 단어의 연어적 가능성과 관련이 있는 반면 질문3은 단어족에서 다른, 혹은 변형된 형태를 이끌어 내는 것이다.

세 번째 단계에서는 학습자들에게 개방형 과제를 제시한 것으로 각 목표 단어에 대한 의미 설명을 자신의 말로 작성하는 과제이다. 이 과제를 마지막에 둔 이유는 두 번째 단계의 좀 더 구조화된 질문들은 학습자들이 목표 단어에 대해 가지고 있는 지식을 활성화시키는 데 도움을 줄 수 있고, 따라서 학습자들이 갑자기 3단계 과제를 받았을 때보다 과제 수행을 더 잘 할 수 있기 때문이다. 이 과제에서 만약

<도표 6-3> 단어 interpret에 대한 시험지

TO INTERPRET 설명하다

1 Write two sentences: A and B. In each sentence, use the two words given.
　A와 B 두 문장을 작성하라. 각 문장에는 제시된 두 단어를 사용하라.
　A interpret　　experiment
　B interpret　　language

2 Write three words that can fit in the blank.
　빈칸에 넣을 수 있는 단어 3개를 적어라.
　to interpret a(n) _____.
　　　　　　i _____
　　　　　　ii _____
　　　　　　iii _____

3 Write the correct ending for the word in each of the following sentences.
　다음 각각의 문장에서 알맞은 단어의 어미를 적어라.
　Someone who interprets is an interpret____.
　통역하는 사람은 interpreter
　Something that can be interpreted is interpret____.
　해석될 수 있는 것은 interpretable
　Someone who interprets gives an interpret____.
　해설하는 사람은 interpretation을 제공한다.

학습자들이 서로 동일한 언어를 사용한다면 학습자들에게 그들 자신의 언어로 작성하도록 하는 것이 좋은 방법일 수 있다. 왜냐하면 학습자들의 언어 배경의 범위가 단어 의미 설명을 불가능하게 만들 수 있기 때문이다.

　필자가 이 세 단계의 절차를 시행했을 때, 많은 부분에서 만족스럽지 않았다. 한 가지는 이 방법이 어휘 지식을 평가하는 효과적인 방법이 아니라는 것이다. 이 시험은 10개의 목표 단어만을 다루었으며, 학생들은 한 시간 내에 시험을 치러야 했다. 사실 이들은 비교적 고급

수준이었음에도 불구하고 많은 학습자들이 한 시간 내에 다 풀지 못했다. 수험자들의 응답을 평가할 때에도 문제가 있었다. 어느 정도까지 답으로 인정해 주어야 것인가? 예를 들면, *environment*와 연어를 이룰 수 있는 형용사의 경우, *good, bad, perfect*를 허용할 수 있다. 하지만 *social, natural, polluted*가 더 낫다고 주장할 수도 있다. 왜냐하면 후자가 좀 더 명확하며, 학습자가 해당 단어의 여러 용법에 익숙하다는 것을 강력하게 보여 주기 때문이다. 여러 목표 단어에 대해 채점 기준을 일관되게 적용하는 것은 너무 어려운 일이다. 어떤 단어는 다른 단어보다 더 넓은 의미 범위를 가지고 있고, 또 어떤 단어는 많은 파생어와 연어가 있다. 게다가 학습자의 자기 평가 점수와 두 번째, 세 번째 단계에서 받은 종합점수 간에 큰 관계가 없었다.

단어 연상 시험

이러한 모든 문제를 고려해 볼 때, 모든 범위의 학습자 어휘 지식을 이끌어 내려고 시도하는 것은 비현실적이라는 것이 분명해진다. 대신에 덜 개방된 시험 형식을 사용하여 학습자들이 목표 단어의 다양한 의미를 얼마나 잘 알고 있는지를 평가하는 좀 더 일반적인 목표를 택했다.

새로운 출발점은 단어 연상이라는 개념이었다. 일반적인 단어 연상 과제는 일련의 자극제 역할을 하는 단어를 하나씩 학습자들에게 제시한 후 그들의 머릿속에 처음 떠오르는 단어를 말하도록 하는 것이다. 영어 모어 화자를 대상으로 한 연구(clark, 1970; Postman & Keppel, 1970)에서는 모어 화자들이 각 자극어에 대해 보인 약간의 응답을 제시한 것을 보여 주고 있다. 그들의 연상 양식이 모두에게서 매우 일관되게 나타났는데, 이는 그 언어에서 모어 화자 숙달도에 도달할 때 그들의 머릿속에 개발된 복합적인 어휘망이 반영된 것이다. 다른 한편으로는, 메아라(Meara, 1983; 1984)와 그의 런던 대학교 Birkveck 대학의 제자들은 제2언어 학습자에게 동일한 과제를 시행했는데, 그 학습자들은 훨씬 더 다양하지만 불완전한 연상을 했다. 이러한 이유로 메아라는 단어 연상 과제가 학습자의 어휘 지식 상태를 측정하기에는 만족스럽지 못한 방법이라고 판단했다.

메아라의 의견에 따라 필자는 전통적인 접근인 학습자가 응답을 제시하는 것이 아니라 선택하게 하는 단어 연상 과제를 개발하기로 결정했다. 기본 방식은 다른 단어 묶음과 함께 하나의 자극어를 제시하는 것이었고, 제시한 단어들 중 일부는 자극어와 의미적으로 관련이 있고 또 일부는 그렇지 않은 단어들이었다. 수험자의 과제는 관련어(혹은 연상어: associates)를 찾는 것이었다. 여기에 두 가지의 예시 항목이 있다.

<u>edit</u> 수정하다, 편집하다

arithmetic 계산	film영화	pole기둥	publishing 출판
revise 개정하다	risk 위험	surface 표면	text 글

<u>team</u> 팀, 단체

alternative 대안	chalk 분필	ear 귀	group 집단
orbit 궤도	scientists 과학자	sport 운동, 경기	together 함께

한 가지 문제는 특정 목표 단어에 대한 연상어 선택을 통해 지식의 깊이에 대한 개념을 유의미한 방식으로 어떻게 나타낼 수 있는가 하는 것이다. 수많은 항목의 초안을 작성한 후에 필자는 다음과 같이 목표 단어와 연상어 간의 세 가지 주요 관계 유형을 발견했다.

- 계열적(Paradigmatic) 관계: 두 단어는 동의어(유의어)이거나 최소한 의미적으로 유사한 관계에 있다. 한 단어는 다른 단어보다 더 일반적인 단어일 수 있다.

예) edit 수정하다-revise 수정하다, abstract 초록, 개요-summary 요약, 개요, assent 찬성, 승인-agreement 동의, adjust 조정하다-modify 수정하다.

- 통합적(Syntagmatic) 관계: 두 단어는 종종 한 구에서 함께 나타나고, 연어 관계를 이룬다.

  예) edit 편집하다-film 촬영하다, team 팀-sport 경기, abstract 개요-concept 개념, occur 발생하다-phenomenon 현상.

- 분석적(Analytic) 관계: 연어가 목표 단어의 한 측면 또는 구성요소를 나타내며 목표 단어의 사전적 정의의 일부이다.

  예) team 단체-together 함께, edit 수정하다-publishing 출판하다, electron 선거-tiny 아주적은, export 수출-overseas 해외.

처음에는 모든 시험 문항에 대해 이들 세 가지 각각의 관계를 나타내는 연상어 중 최소 하나는 포함하려고 했지만 이는 불가능한 것으로 밝혀졌다. 이 시험의 의도된 목적은 대학 단어 목록의 지식을 평가하기 위한 것이었기 때문에, 이를 위해서는 단어 목록에서 뽑아낸 대표적인 단어, 즉 시험 항목에 명사, 형용사, 동사가 자극어로 포함된 예시가 필요하다는 것이다. 하지만 필자는 연상어를 선택할 때 첫 항목에서부터 다음 항목까지 일관된 패턴이 이어진다는 것은 불가능하다는 것을 곧 깨닫게 되었다. 예를 들면 형용사와 동사는 다른 단어와의 관계가 여러 가지로 다르고, 특히 연어의 경우에는 더욱 그러하다. 심지어 형용사만 봐도 어떤 형용사는 다른 형용사보다 그 의미와 사용 범위가 훨씬 더 크다. 그 예로 *physical*과 *military*를 비교해 봐도 알 수 있다. 또 다른 문제로 어떤 단어 형태는 한 가지 이상의 품사로 쓰일 수 있다. *diffuse*는 동사와 형용사로, *abstract*는 명사, 동사, 형용사로 다 사용할 수 있다. 여기서의 문제는 연상어를 선택할 때 한 가지 품사에만 초점을 두도록 제한하는가에 관한 것이다.

따라서 시험 항목을 위한 연상어를 선택할 때 이러한 고려 사항들,

그 중에서도 다음과 같은 사항들을 생각해야 한다.

1 위에서 정의한 세 가지 관계들: 계열적, 통합적, 분석적 관계
2 자극어의 다양한 의미
3 자극어의 많은 품사로의 사용 가능성

필자는 두 가지 시험을 작성하였는데, 대학 어휘 목록에서 무작위로 선정한 목표 단어를 바탕으로 각각 50개의 단어 연상 문항을 포함하고 있다. 열 명의 영어 교사들은 각 문항의 단어들이 연상 관계인지 확인하기 위해 그 문항들을 검토하였다. 한 명 이상의 교사가 연상어를 찾지 못하거나 오답지를 대신 선택했을 경우에는 그 문항을 수정하였다. 이렇게 수정된 두 시험을 우리 대학의 학문 목적 영어 집중 과정을 수강하고 있는 100명 이상의 학생들을 대상으로 시행하였다. 이 시험의 타당성을 조사하기 위해 다양한 증거들을 모았다.

- 필자는 두 개의 단어 연상 시험의 점수와 몇 주 후에 실시한 또 다른 시험인 대학 어휘 목록의 단어 시험 사이의 관계를 살펴보았다. 두 번째 시험은 학습자들이 단어와 그 단어에 맞는 짧은 정의를 연결하도록 한 것이다. 두 개의 단어 연상 시험은 연결하기 시험과 깊은 연관성이 있다는 결론이 나왔다(각각 0.76과 0.81).
- 라쉬(Rasch) 모형으로 알려진 통계적 방식을 사용하여 문항 분석을 하였다. 분석 결과에 따르면 이 시험은 신뢰도 수준이 높은 것으로 나타났는데, 이는 학습자들을 그들의 능력 수준에 따라 효과적으로 분류했다는 것을 의미한다. 그러나 많은 수험자들은 시험을 친 전체 집단에서 나타난 일반적인 양상과 맞지 않는 응답 유형을 보였다. 이런 '불일치하는' 수험자들의 시험지를 살펴보았을 때, 그들이 몇몇 시험 문항에 아무런 응답을 하지 않은 것을 발견했다. 보아하니 이들은 목표 단어를 몰랐거나 어떤 단어가 연상어인지 추측하려는 의지가 없었기 때문인

것 같다.

- 여덟 명의 학습자들에게 개별적으로 단어 연상 문항 선택을 어떻게 했는지 설명하게 하였다. 이런 '구두 보고' 자료는 알아내고자 하는 의지가 시험 수행에 있어서 어떠한 역할을 했는지에 대한 많은 증거를 제시했다. 덜 능숙한 학습자들은 모르는 목표 단어가 있을 때 그 항목은 넘어가는 것을 선호했다. 그러나 좀 더 능숙한 학습자들은 알아내려고 노력했고 보통 두 세 개의 연상어를 찾는 데 성공했다. 여기에 한 가지 예를 들었다.

circulate	government	holiday	light
optional	scatter	tolerate	vague

LEARNER: I don't know what but maybe ··· 'circulate' ··· 'scatter' ···
'telerate' ··· 'light'-this I don't know, it's a guess only.

학습자: 모르겠어요. 하지만 아마도 ··· 'circulate' ··· 'scatter' ··· 'tolerate'
··· 'light'.-이건 모르겠어요. 추측한 것뿐이예요.

RESEARCHER: So how did you guess? Before you move on, did you
have any reason for choosing those words?

연구자: 그럼 어떻게 추측했어요? 넘어가기 전에, 이러한 단어들을 선
택하는 데 무슨 이유라도 있었나요?

LEARNER: Reasons for this? I guess this-I read on the words here and
I think something like 'circulate' and 'scatter' is - look like the
movement-something like that-and from this I decided to guess
but I am not sure ···

학습자: 이유라고요? 저는 이렇게 생각했어요.-우선 제가 이 단어를
읽어 보니까 'circulate'와 'scatter'가 무슨 운동인거 같은데-확
실하진 않지만 이렇게 추측하고 결정했어요···

따라서 상당한 어휘 지식을 가지고 있는 학습자들이 목표 단어를 알지

못할 때, 그들은 의미적으로 연관된 것과 다른 여덟 개의 단어를 통해 상호간의 관계를 정확하게 추측한다.

이런 연구 결과를 통해 다음과 같은 결론을 내렸다. 단어 연상 시험은 대학 어휘 목록에 대한 학습자의 전반적인 지식은 잘 측정할 수 있지만, 추측 요인 때문에 개별 문항 성적이 각 목표 단어 지식의 깊이에 대한 만족스러운 결과는 아니었다. 이 연구의 전체 보고서는 리드 (Read, 1993)에서 찾을 수 있다.

이러한 연구 결과를 토대로 필자는 새로운 유형의 단어 연상 형식을 설계하기로 했다. 자극어와 연상어 간의 많은 일관성을 얻기 위해 형용사만을 자극어로 사용하였다. 게다가 이 형용사는 무작위보다는 선별적으로 선택된 것이다. 그리고 기본 의미 하나만 있거나 제한된 범위에서만 사용되는 형용사들은 포함하지 않았다.

형용사를 한정한 것은 항목들의 구조를 그 단어의 품사에 명확하게 맞도록 바꿀 수 있다는 것을 의미한다. 단일 묶음으로 제시하는 대신에 다음 보기에서처럼 8개의 연상어와 선택지를 4개씩 두 묶음으로 나누어 제시했다.

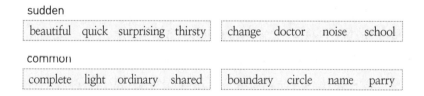

sudden

| beautiful | quick | surprising | thirsty | | change | doctor | noise | school |

common

| complete | light | ordinary | shared | | boundary | circle | name | parry |

왼쪽 단어들은 형용사이다. 이들 중에서 연상어(첫 번째 경우에는 *quick* 과 *surprising*)는 목표 단어의 동의어이거나 목표 단어의 의미 중 한 가지를 나타낸다. 즉, 자극어와는 계열적 관계에 있다. 오른쪽 네 단어는 명사이다. 이들 중에 연상어(*sudden*에 대한 단어는 *change*와 *noise*)는 자극어와 연어를 이룰 수 있고 따라서 자극어와는 통합적 관계가 된다.

이러한 문항의 반 이상에서 두 연상어는 왼쪽에 그리고 나머지 두 개는 오른쪽에 위치하는 형태를 보였다. 다른 문항들은 왼쪽에 한 개 오른쪽에 세 개가 있거나 왼쪽에 세 개 오른쪽에 한 개가 있다. 이렇게 분류하는 주된 이유는 연상어를 찾을 수 없는 수험자들의 성공적인 추측 가능성을 줄이기 위한 것이다. 원래의 단어 연상 문항에서는 이런 측면이 취약했다. 필자에게 이전 방식의 시험에 대해 피드백을 준 몇몇 언어 교사들과 시험관들은 추측 요인을 줄이는 방법으로 각 문항에 다양한 연상어를 제시하라고 제안했다. 이러한 의견에 반대하는 논거는 이 시험을 치는 모어 화자들은 첫 번째 문항을 수행할 때 4개의 연상어 모두를 찾아낼 필요가 없다는 것이다. 즉, 그들은 나중에 다시 그 문항으로 돌아와서 네 번째 연상어를 찾을 수도 있다. 만약 수험자들이 어떤 항목에 대한 연상어의 실제 수를 모른다면, 그들은 실제로 추가 연상어를 찾을 때 두 번째 혹은 세 번째 응답에서 멈출 수 있다. 그래서 수정된 문항 유형에서 연상어의 가변적 분배는 각각의 항목에 대한 일관된 수의 연상어를 유지하는 동시에 추측하기 문제를 해결하는 방법이 된다. 하지만 새로운 시험 형식을 시행하는 중에도 추측하기는 수험자의 수행에서 여전히 어떠한 역할을 하고 있음이 나타났다(Read, 1998 참조).

앞의 설명에서와 같이 어휘 지식의 깊이를 평가하는 실행 가능한 방법에 대한 탐색은 필자가 측정하고자 하는 범위를 점점 제한적으로 만들었다. 즉, 내용어의 형태와 의미에 대한 정보의 범위를 다양한 방법으로 이끌어 내려는 최초의 시도부터 구체적으로 형용사의 의미와 연어 관계의 단어에 초점을 두고 구조적인 문항 유형을 개발하기까지 한정하였다. 이 장의 첫 부분에서 논의했던 시험 설계 고려사항들과 관련하여 최종적인 시험 형식을 검토해 보자.

- 시험은 학습자들이 어느 정도는 습득했다고 예상되고 학습자들이 잘 알고 있어야 하는 고빈도 단어에 초점을 두는데, 이는 해당 언어에서의

단어의 빈도와 사용 가능성 때문이다. 이것은 특히 목표 단어 선정의
지침이 된다.

- 시험은 수험자가 목표 단어를 얼마나 잘 알고 있는지를 입증할 수 있는
증거를 제시하도록 설계된다.
- 사실 단일 언어 시험은 주로 학습자들의 언어적 배경 때문에 그들에게
맞춰서 설계된 것이다. 하지만 시험이 목표 언어의 단어와 단어를 연결
하는 것이라는 점을 고려한다면, 수험자의 과제는 단일 언어 형식을
요구하고 있다고 할 수 있다. 이중 언어 형식은 L2 자극어와 L1 연상어
연결 유형도 가능하지만, 자극어의 의미를 시험하는 데 제한적일 수
있으며 따라서 언어 간 단어 연상 유형은 신중하게 생각할 필요가 있다.
- 단어를 독립적인 어휘 단위로 보고 어떤 맥락과도 분리하여 독립적으
로 단어를 제시한다. 이렇게 하는 주된 이유는 가장 간단한 시험 과제
를 활용하면서 단어의 수도 적당하고 단어의 다양한 의미도 다룰 수
있기 때문이다. 이러한 형식은 자극어의 의미적 양상에 대한 수험자의
사고 지식에서 나온 연상단어에 의존한다. 하지만 모어 화자 화자들이
때때로 특정 항목에 대한 세 번째 혹은 네 번째 연상어를 찾기 어려워
한다는 사실은 단어 연상 과제를 능숙한 사용자가 그들의 머릿속에 저
장된 어휘 지식에 접근하게 되는 방식을 모방해서 만들 필요가 없다는
것을 제시한다.
- 수험자들은 자신들의 기억 속에서 답을 생각해 내는 것이라기보다 선
택한나는 점에서 시험은 인식 과제와 관련된다. 이것은 일반적인 개방
형 단어 연상 과제에서 나타나는 응답의 해석상 문제를 방지한 것이다.
또한 수험자에게 문장을 만들게 하는 형식이나 맥락 내에 단어를 제시
하여 상당한 양을 읽게 하는 형식과 비교하여 이야기하면 과제의 부담
도 줄인 것이다.

6.7. 결론

우리는 이번 장에서 설계상의 많은 고려 사항들을 살펴보았다. 이러한 고려 사항들은 완전한 목록을 의도하는 것이 아니라 어휘 시험을 개발할 때 고려해야 할 가장 중요한 요소들 중 일부임을 나타낸다. 시험 형식의 설계에서 적합한 요소를 선택하는 지침으로 평가의 목적을 명심하는 것이 중요하다. 언어 시험 분야에서 우세한 견해는 숙달도 평가의 자격 요건에 아주 많은 영향을 받아왔다. 어휘는 요즘의 숙달도 시험에서 평가되지 않는 경향이 있기 때문에, 최근에는 언어 평가자들이 더 넓은 개념의 어휘적 능력 측정은커녕 어휘 지식 시험을 어떻게 설계할 것인지에 대한 문제에도 많은 관심을 기울이지 않는다. 하지만 교실 시험과 학습자의 성취도를 평가하는 다른 시험의 내용과 목적은 이런 숙달도 시험과는 다소 다르다. 그리고 어휘 학습 평가가 종종 이러한 시험에서 중요한 위치를 차지한다. 이러한 점에서 이 장의 앞에서 논의했던 설계 요인들과 큰 관련이 있다.

5장의 마지막 부분에 언급했듯이 다른 강조점은 어휘 시험 설계에서 다양한 종류의 시험 설계와의 균형이 필요하다는 것이다. 이는 특히 학습자들이 알고 있는 전체 단어 수의 추정치를 확인하기 위해 정해진 시험 시간 내에 많은 단어를 다루어야 하는 어휘 양 시험의 경우에 더 그렇다. 이는 수험자의 과제는 간단한 것이어야 하며, 단어는 주로 독립적으로 혹은 매우 제한된 맥락에서 제시되고, 대부분은 자기 보고에 의존해야 할 수도 있다는 것을 의미한다. 이 장의 앞에서 이야기했듯이, 어휘 지식의 깊이 측정 방법을 개발하는 동안에도 비슷한 일이 나타났다. 여러 가지 현실적인 제약은 각 단어의 지식 범위를 수용적으로, 그리고 생산적으로 이끌어 내려고 시도했던 시험 방법에서부터 형용사의 의미와 연어에 초점을 맞춘 훨씬 더 제한적인 선택 응답 형식까지의 변화를 야기했다. 반대로, 만약 당신이 어휘 평가를 위해 맥락화 방법을 선택한다면, 아마도 '실제로 얼마나 많은 맥락이 필요한가?'와 같은 의문이 들 것이다. 만약 주요 목적이 맥락 내에서 어떤 어휘 항목을 시험하는 것이라면, (자극제 텍스트의 형태에서) 맥락은 효율적인 평가를 위해 너무 광범위해질 수도 있다는 것이다. 따라서 평가의 목적과 구성개념을 고려하면서 분리적 어휘 시험을 가장 적절하게 설계하기 위해 이 장에서 논의한 다양한 변인들을 심사숙고할 필요가 있다.

7.1. 도입

이 장에서 우리는 6장에서 다루었던 시험들보다 좀 더 넓은 어휘 평가
의 개념으로 이동하여 살펴 볼 것이다. 여기에서 논의할 측정 방법은
특정 단어에 대한 선택적 집중 대신에 구어나 문어 텍스트에 포함된
어휘를 좀 더 포괄적으로 살펴보도록 하겠다. 언어 시험에 있어서 우
리가 가장 흔히 흥미를 가지게 되는 부분은 학습자들이 쓰기나 말하
기 과제에서 어떤 결과물을 생산하는가에 대한 것이다. 그러나 우리
는 읽기나 듣기 과제에서 입력으로서의 기능을 하는 텍스트의 적합성
을 평가하는 것에 대해서도 비슷한 절차를 이용할 수 있다.

　포괄적 측성은 득히 말하기에서의 의사소통 능력과 학문적 글쓰기
능력 또는 듣기 이해력과 같은 광범위한 구인의 평가 요소 중 하나로
어휘가 포함된 평가 절차에 적합하다. 하지만 모든 포괄적 측정에 어
휘가 포함된다고 이야기할 수는 없다. 왜냐하면 이러한 포괄적 측정
역시 별개의 기준으로 사용될 수 있기 때문이다. 예를 들어, 학습자
쓰기에 어휘 통계를 적용한 많은 연구들은 전반적인 쓰기 능력 평가
에 관심을 둔 것이 아니라 단지 학습자의 생산적 어휘 지식에 대해
추론하는 데에만 관심을 둔 L2 어휘 연구자들에 의해 진행되어 왔다.

이들 연구자들은 확실히 어휘를 별개의 구인으로 처리하면서 학습자 쓰기 질에 대한 전반적인 평가를 더 이상 하지 않는다.

이 장에서 우리는 먼저 시험 입력과 관련된 측정 방법을 살펴본 다음에 수험자 응답에 적용된 방법들을 살펴볼 것이다. 그러나 6장에서 분리적 어휘 시험 개발과 관련하여 다루었던 시험 설계에 대한 모든 문제들을 다루려고 시도하지는 않았다. 그 이유는 이러한 포괄적 측정은 좀 더 광범위한 구인을 측정하는 어떠한 시험에 때때로 내포되어 있기 때문에 포괄적 측정의 설계는 전체 시험과 따로 떼어 생각할 수 없다. 그리고 어휘 측정이 내포되었을지도 모르는 언어 시험 과제를 자세히 논의하는 것은 이 책의 범위를 벗어나는 것이다.

강조해야 하는 또 다른 사항은 이 장에서 제시한 대부분의 통계적 측정은 학습자를 판단하는 교사나 교육 전문가보다 제2언어의 어휘 발달 양상을 조사하는 연구자들이 사용할 가능성이 더 크다는 점이다. 통계 산출과 같은 시간이 많이 걸리는 작업은 실용적인 가치 면에서 한계가 있으며, 특히 통계가 수험자의 수행 중 단 한 가지 요소만을 나타낼 때나 다른 평가들과 함께 해석해야 할 때 더욱 그렇다. 게다가 학습자 수행성과의 질 측정 방법으로 통계를 활용하는 것의 타당성에 대한 연구 증거는 아직까지 제한적이다. 그래서 이 장의 목표는 연구 결과를 제시하고 어휘 평가 통계가 어떠한 기여를 할 수 있는지 생각해 보는 것이다.

이 장에서 가장 많은 부분을 차지하는 것은 학습자 쓰기에 대한 양적 측정에 관한 것이다. 물론 이러한 양적 측정이 가장 중요한 포괄적 어휘 측정 방법임을 제시하고자 하는 것은 아니다. 오히려 이것은 양적 측정에 대한 연구가 다른 이들보다 제2언어 어휘에 관심이 있는 학자들에 의해 진행되어 왔으며, 그리고 통계적 분석은 상당한 양의 이해 가능한 설명이 필요하다는 사실을 나타낸다.

7.2. 시험 입력 측정

읽기와 듣기 시험에서 우리는 입력 텍스트의 특성에 대해 고려해야 한다. 이에 우리는 적어도 2개의 질문을 할을 수 있다.

1 입력 텍스트가 수험자의 능력 범위에 맞는 적당한 수준의 난이도인가?
2 만약 입력 텍스트가 시험에서 사용하기 위해 만들어졌거나 수정되었다면, 실제적 텍스트의 특성을 담고 있는가?

여기에서 우리는 이러한 질문에 대한 답을 하는 데 도움을 줄 수 있는 텍스트의 어휘에 대한 정보 범위에 특별히 관심을 가질 수 있다.

4장에서 언급했듯이, 모어 화자의 읽기 이해력에 대한 연구에서 확립된 결론은 어휘가 가장 중요한 기여 요인이라는 것이다. 이는 제2언어 독자들에게도 동일하게 적용된다. 예를 들면, 라우퍼와 심(Laufer & Sim, 1985a)에서는 이스라엘 학생을 대상으로 그들에게 외국어인 영어로 된 학문적 텍스트를 충분히 이해할 수 있기 위해서 최소한으로 요구되는 언어 능력의 문지방 수준을 규정하려고 하였다. 이 수준은 선정된 텍스트에 대한 학생들의 이해력에 관하여 그들의 모어로 면접을 함으로써 확인하였다. 연구자들은 학생들이 읽은 것을 이해하기 위해서 가장 필요로 한 것이 어휘 지식이었음을 발견했다. 이 수준 아래에 있는 학생들은 텍스트에 있는 단어들을 거의 이해하지 못했을 뿐만 아니라 알고 있는 단어로부터 받은 더욱 한정된 맥락적 정보로 모르는 단어들의 의미를 추측해야 했다. 주제에 대한 지식 또한 중요한 요소인 반면, 문법구조와 담화표지에 대한 이해는 학생들이 텍스트를 이해하는 데 훨씬 더 제한적인 역할을 하는 듯하다. 라우퍼(Laufer, 1997a)는 제2언어 읽기 이해력에서 문지방 어휘 개념을 뒷받침해 주는 여러 가지 다른 증거를 모았다. 하지만 단어 수에 대한 문지방의 실제 수준은 여전히 논쟁거리로 남아 있다.

마찬가지로 켈리(Kelly, 1991)는 듣기 이해력에 대하여 벨기에에서 고급 수준의 외국어 학습자를 대상으로 영국 라디오 방송에서 발췌한 것을 전사한 후 번역하도록 했을 때 그들이 만들어 낸 오류들을 분석했다. 이 오류를 다음 세 가지 범주로 분류하였다.

- 지각(perceptual), 특정 소리를 알아들을 수 없거나 혹은 정확하게 들을 수 없었던 경우
- 어휘(lexical), 의미를 이해하지 못한 경우
- 구문(syntactic), 문장구조를 잘못 이해한 경우

그 결과 사실상 오류의 60% 이상이 어휘 오류로 나타났다. 더욱이 이러한 오류가 이해에 미치는 영향에 관하여 생각해 볼 때, 어휘적 오류는 텍스트 일부를 완전히 잘못 이해한 경우에서 거의 4분에 3정도를 차지했다. 따라서 켈리는 고급 수준의 언어 학습자들에게 어휘 지식의 부족은 성공적인 듣기 이해의 주요 걸림돌이라고 주장한다.

만약 우리가 이와 같은 연구 결과를 받아들인다면, 텍스트의 어휘 특성에 대한 적절한 측정이 어휘 특성을 평가 도구로 사용하는 것이 얼마나 적합한지를 평가하는 데 도움이 될 것이라는 생각은 타당해 보인다. 물론 중요한 것은 이러한 요소들을 합리적인 시각으로 균형 있게 보아야 한다는 것이다. 비록 어휘적 지식이 이해에 중요한 역할을 한다고 하더라도 문어와 구어 텍스트에 대한 학습자들의 이해 수준에 영향을 미치는 다른 요인들도 분명히 있다. 이러한 생각을 염두에 두고 이 분야에서 해 온 연구를 다시 검토해 보고자 한다.

7.2.1. 문어 텍스트의 가독성

L1 읽기 연구에서, 텍스트의 분석에 사용된 기본적인 개념은 **가독성**(readability)으로, 이것은 독자가 텍스트를 이해하고 즐기는 데 쉽게

혹은 어렵게 만드는 텍스트의 다양한 측면과 관련이 있다. 20세기 동안 미국에서 성장한 많은 교육 기업들은 학년 또는 연령에 따라 모어 화자 독자에 대한 영어 텍스트의 가독성을 예측하는 공식을 고안하고 적용하고자 하였다(포괄적인 검토를 위해서는 Klare, 1984 참조). 많은 공식들이 복합적이지만 가장 인기 있는 것은 매우 단순한 공식들로, 특히 단순한 공식은 실제 수업하는 교사들이 사용할 수 있도록 고안된 것이다. 단순한 가독성 공식들은 단 두 가지의 변인, 즉 텍스트에서의 어휘 빈도와 문장의 길이에만 초점을 두었다. 해리슨(Harrison, 1980: 19)에 따르면, '독자 의견에 대한 조사는 1830년대로 거슬러 올라간다. 이 관점에 따르면 어떠한 책이 읽기 쉬운지 어려운지에 대해서는 어휘가 큰 부분을 차지한다고 한다. 그리고 어휘가 텍스트의 난이도를 예측하는 가장 확실한 단일 변인임을 많은 연구에서 계속해서 밝히고 있다'고 한다.

가장 일반적으로 사용되는 측정 방법인 거닝(Gunning)의 FOG 공식과 이것이 어떻게 산출하는지에 대해 살펴보도록 하겠다.

US grade = 0.4 × (WDS/SEN + %PSW)

이 공식은 미국 학교 체계에서의 학년 수준에 따라 읽기 수준을 산출하며 단 두 가지 변인만을 사용한다. 첫 번째 변인(WDS/SEN)은 문장 당 평균 난어 수로, 단락 내 문법 구조가 얼마나 복잡한지를 측정하는 것이다. 다른 변인(%PSW)은 다음절 단어(3개 이상의 음절로 이루어진 단어)의 비율을 나타낸다(Harrison, 1980: 79). 이 공식과 다른 공식들은 긴 단어는 그 언어에서 빈도가 낮으며 따라서 독자들에게도 덜 익숙하다는 원리를 따른 것이다. 결과적으로 한 텍스트 내에 이러한 단어들이 많을수록 읽기는 더 쉽지 않을 것이다.

교사, 시험관 그리고 연구자들은 L2 독자를 위한 텍스트 난이도 평가를 해야 할 때, 그들은 제2언어로서의 영어에서 가독성에 대한 연구가 거의 이루어지지 않았다는 이유로 L1 공식을 주로 사용하였다. 그러나 캐럴(Carrell, 1987)이 지적한 것처럼, L2읽기에 공식을 적용하는 데에 대해서는 신중을 기해야 하는 많은 이유가 있다. 제2언어 독자들은 그들의 문화적 지식의 부족과 두 언어의 텍스트 구성 방식의 차이—연구자들은 각각 '내용'과 '배경지식'이라 부르는—로 인해 읽기에 방해받을 수 있다. 다른 한편으로, 성인 L2 독자들은 어린 모어 화자들에 비해 더 넓은 경험이나 그들의 전문 분야에 대한 전문적인 지식과 같은 것들을 장점으로 보충 받을 수도 있다.

브라운(Brown, 1997: 90)에 의해 강조된 또 다른 중요한 어휘적 변인은 L2 독자들, 특히 서유럽 언어의 모어 화자들에 대한 것으로, 그들의 L1 어휘 지식은 영어 텍스트를 이해하는 데에 어느 정도 역할을 할지도 모른다. 우리는 이미 5장에서 어원이 같은 단어가 어휘 수준 시험(VLT)과 유로센터 어휘 양 시험(EVST)의 수행에 어떻게 영향을 미칠 수 있는지 살펴보았다. 그 영향은 영어와 다른 언어의 관계에 따라서 달라질 수 있다. 프랑스어나 스페인어와 같은 그리스어와 로망스어 화자들은 자신들의 언어에서 차용해 온 영어 단어들 중 많은 저빈도 단어들을 발견한다. 물론 이들 단어들이 기점어(source language)와 비교해 볼 때 영어에서의 다른 사용역과 다른 의미를 가지고 있다는 점에서 이 단어들은 '두 언어 간에 철자는 비슷해 보이지만 뜻이 다른 단어(*faux amis*)'로 드러날지도 모른다. 그러나 어떤 특정한 종류의 영어 읽기, 특히 학문적 그리고 기술적 텍스트는 유럽어를 사용하는 화자들이 그 텍스트를 이해하는 데 도움을 주는, 쉽게 알 수 있는 많은 단어들을 확인할 수 있을 것으로 충분히 예상할 수 있다. 이는 일본어와 같이 영어에서 아주 많이 차용한 언어의 화자들에게도 비슷하게 적용할 수 있을 것이다.

일본인 영어 학습자들을 대상으로 한 브라운(Brown, 1997)의 최근 연구를 보면, 만약 그가 가독성 지표를 개발할 수 있다면 그 지표는 L1 공식보다 EFL 학습자들에게 더욱 효과적으로 작용할지도 모른다고 하였다. 다음은 그가 따른 절차이다.

- 먼저, 그는 미국 한 도시의 공공 도서관에 있는 책에서 50개 구절을 무작위로 선택하고 그 구절의 12번 째 단어를 삭제하여 빈칸 메우기 시험으로 개조하였다.
- 각각의 빈칸 메우기 시험은 무작위로 선정한 약 45명의 일본인 대학생들을 대상으로 실시하였다. 각 시험의 평균 점수는 해당 구절이 일본인 학생들이 읽기에 얼마나 어려운 것인지를 직접적으로 측정하였다.
- 그는 널리 사용되는 모어 가독성 공식 6가지를 적용하여 각 구절에 대한 예상 가독성을 산출하였다.
- 게다가 그는 일본인 학습자들이 구절을 읽을 때 가독성에 영향을 미칠 가능성이 있을 수 있는 수많은 텍스트 변인들을 조사하기 위해 통계 분석을 이용하였고, 그 중 가장 유용한 4가지를 선정했다.
  - 각 구절의 문장 속에서 나타나는 음절의 평균 수
  - 구절 내 어디에선가 나타나는 30개의 빈칸에 대한 정답의 평균 빈도 수
  - 구절에서 7개 이상의 글자로 된 단어의 비율
  - 각 구절에서 삭제된 30개의 단어 중 기능(문법적)어의 비율

  (Brown, 1997: 97에서 가져온 예)

이러한 모든 측정 방법들은(첫 번째 것을 제외하고) 다양한 수준의 구절에 포함된 이휘 항목의 길이와 빈도수를 반영하는 것으로 볼 수 있다.
- 그는 빈칸 메우기 시험 점수에 의해 측정된 것처럼 구절의 가독성을 예측할 때 그의 네 가지 변인의 조합과 L1 공식의 상대적 유효성을 비교하기 위해 상관관계 분석 절차를 수행했다.

그 결과 6개의 L1 공식은 빈칸 메우기 시험 점수에서 **분산**(또는 분포 유형)이 23~30%를 차지하는 것으로 나타났다. 이와는 대조적으로 브라운의 4가지 변인의 분산은 통틀어 55% 정도로 예측됐다. 따라서

그는 외국어 학습자가 다양한 영어 텍스트를 읽을 때 경험한 어려움에 대한 정도를 예측하는 표준 공식들보다 더 나은 예측을 하는 가독성 지표를 구성할 수 있음을 증명했다.

그러나 브라운은 그의 연구 결과들에 대한 한계점을 쉽게 인정한다. 첫째로, 그것들은 일본에 있는 대학생들에게만 적용된다는 점이다. 이는 다른 언어 배경이나 교육환경을 가진 학습자들에게는 다소 다른 지표가 요구될 수 있다는 것이다. 둘째로, 이 지표는 산출하기가 어렵다. 일반적인 L1 가독성 공식의 장점 중 하나는 의도한 목적에 맞는 상당한 정도의 예측 정확성과 적용의 단순성을 겸비하고 있지만 브라운의 지표는 그렇지 않다. 이 지표의 추가적인 한계점은 L1 공식보다는 더 잘 됐지만 빈칸 메우기 시험 점수에서 분산은 단 55%만 차지했다는 것이다. 다시 말하자면, 브라운의 네 가지 변인에 의해 나타난 텍스트 특징뿐만 아니라, 구절의 가독성에 영향을 미치는 다른 요인들이 분명히 있다는 것이다. 이것은 캐럴(Carrell, 1987)의 주장이 뒷받침해 준다. 즉, 단지 텍스트 측면에만 초점이 맞춰진 가독성 측정은 특정 학습자 집단이 읽기 지문을 이해할 때 겪는 어려움에 대해 우리에게 보여 줄 수 있는 것은 본질적으로 한계가 있다는 것이다.

브라운의 연구는 외국어로서의 영어를 배우는 학습자들에게 적합한 가독성 공식을 개발하는 선구자적인 노력이라 할 수 있다. L1 공식의 경우와 마찬가지로, 어휘 측정은 그의 지표를 구성하는 변인들 중에서 가장 중요하다. 만약 다른 언어적 배경을 가진 학습자를 대상으로 그와 유사한 연구를 수행한다면, 다른 어휘 변인이 더욱 큰 예측 능력을 가질 것으로 예상된다. 이러한 변인들에는 텍스트 내에 그리스어와 라틴어에서 파생된 단어의 비율, 또는 학습자의 모어와 어원이 같은 단어의 비율이 포함될 수도 있다.

하지만 이러한 연구들은 아직 수행되지 못했다. 그동안에는 어휘 측정에 근거한 가독성 공식이 제2언어 읽기 이해력을 평가하기에 적합한 텍스트 선정에 제한적인 역할을 한다고 여겨져 왔다. 텍스트 선정은 시험 대상자인 학습자와 함께 학습한 경험이 있는 교사와 시험 개발자의 판단에 계속 의존해야 한다. 사실, 취합된 교사들의 판단은 모어 학생들 대상 읽기 자료의 난이도를 측정하는 신뢰할 만한 방법으로 보여 왔으며(Harrison, 1980: 11), 이것은 종종 가독성 공식의 정확성을 판단하는 기준으로 사용된다. 일단 평가 목적에 대체로 적합한 기준으로 텍스트가 선정되면, 어려운 단어와 구문을 좀 더 익숙한 동의어나 다른 표현으로 대체하여 다루는 것이 일반적인 관행이다. 그 대신에 해당 텍스트 안에나 옆에 그 항목에 대해 주석을 달 수도 있다.

7.2.2. 구어 텍스트의 가청성

구어보다는 문어 텍스트의 이해 가능성에 대한 연구가 훨씬 더 많이 수행되어 왔다. 용어 가독성은 현재 아주 잘 정립된 반면, 이에 상응하는 구어, 즉 **가청성**(listenability)은 매우 제한적으로 통용된다. 그러나 여러 가지 문어로 독자들에게 요구하는 것과 비슷한 방식으로, 듣기 이해력 평가에 사용되는 구어 텍스트도 청자에게 무엇을 요구하는지에 따라 달라진다고 충분히 예상할 수 있을 것이다. 따라서 듣기 시험의 입력을 평가하는 한 가지 방법은 듣기 텍스트를 문어 텍스트로 처리하고 수험자 집단에 대한 그 텍스트의 적합성을 알아내기 위해 가독성 공식을 적용하는 깃이다. 이렇게 하는 것은 듣기 시험에 대한 입력이 종종 문어 텍스트를 큰 소리로 있는 것으로 구성되기 때문이다.

그러나 이러한 전략은 말하기와 쓰기 사이의 근본적인 차이점을 고려하지 않았다. 사실, 구어체 형식 안에서도 친구 사이의 대화 같이 매우 '구어적'인 것에서부터 공식적인 행사에서 하는 원고를 읽는 강의 같은 '문어적'인 것에 이르기까지 다양한 구어체가 있다. 많은 언어학자(Tannen, 1982; Chafe, 1982; Biber, 1988)들은 정도가 크든 작든 특정 텍스트를 '구어적'으로 만드는 언어 특징들에 주목했다. 이러한 특징들은 다음과 같다.

- 미리 계획된 것인지에 대한 여부
- 화자와 상호작용하는 청자가 있는지의 여부
- 화자와 청자가 서로 간에 그리고 보편적 지식을 어느 정도 공유하고 있는지의 여부
- 얼굴 표정, 몸짓 그리고 의사소통의 다른 비언어적 측면을 관찰할 수 있도록 청자가 화자를 볼 수 있는지의 여부
- 정보가 집약적이고 정확한 형태로 제시되는가 아니면 좀 더 장황하고 일반적인 방식으로 제시되는가에 대한 여부

아래 설명한 것처럼, 특히 마지막 특징은 해당 텍스트의 어휘 항목을 분석함으로써 측정될 수 있다.

듣기 이해력 시험에서 텍스트의 가청성을 조사한 연구가 있다. 소하미와 인바(Shohamy & Inbar, 1991)는 세 가지의 서로 다른 유형의 구어 텍스트로 동일한 사실적 정보를 제시한 시험을 고안하였다.

- 뉴스 방송을 흉내 내며 원고를 읽는 독백
- 말하는 이와 듣는 이 간에 어느 정도의 상호작용을 포함하는, 작성한 원고를 기초로 어느 정도만 원고를 읽는 강의
- 전문가와 문의자 간에 지속적인 상호작용이 있는, 상담 형식의 대본 없는 대화

텍스트는 점진적으로 좀 더 구어적인 특징을 가지도록 설계되었고 연구자들은 이것이 이해하기 더욱 쉬운 구어 텍스트를 만들 것이라고 기대했다. 비록 독백과 다른 장식의 시험들 사이의 차이만이 통계적으로 유효했지만, 세 가지 방식의 평균 점수는 이 같은 추세를 확인할 수 있었다.

세 가지 텍스트는 필자가 앞에서 나열했던 구어의 몇 가지 특징에 따라 달라지지만, 한 가지 중요한 것은 소하미와 인바(Shohamy & Inbar, 1991: 34)가 과제의 상대적 밀도라고 설명하는 것이다. 뉴스 방송은 난해하고 축약된 정보가 제시되어 수험자들에게 많은 집중력을 요구하는 반면에 강의나 대화에서의 불필요한 중복, 일시 정지 그리고 되풀이와 같은 것들은 새로운 정보들을 좀 더 천천히 들어오게 하므로 강의나 대화는 학습자들이 (정보를) 처리하기에 더욱 쉽다는 것이다. 이 변인은 텍스트 안에 포함된 내용어의 비율을 산출함으로써 어휘 측정을 할 수 있으며, 이는 **어휘 밀도**(lexical density)로 알려진 방법이다. 텍스트의 어휘 밀도가 높을수록 그 텍스트는 읽고 쓰기가 어렵다. 비록 소하미와 인바가 분석할 때 어휘 밀도를 계산했다고 명확하게 언급하지는 않았지만, 다른 두 텍스트가 내용어의 비율이 점진적으로 낮은 수치를 보였으나 독백은 가장 높은 비율이었음을 의심할 여지없이 보여 주었다. 나중에 다시 어휘 밀도에 대해 좀 더 자세히 논의할 것이다.

따라서 문어 텍스트의 가독성과 마찬가지로 어휘 측정은 구어 텍스트가 평가 목적으로 사용될 경우에 수험자들이 이 텍스트를 이해하는 데 얼마나 쉬울 것인지에 대한 지표를 제시할 수도 있다. 듣기의 경우에는 내용어의 상대적 빈도뿐만 아니라 텍스트에 얼마나 집중 하는지도 이해에 영향을 미친다. 따라서 학습자들에게 문어 형태로 제시했을 때 읽기 쉬운 텍스트를 학습자들이 들어야 한다면, 그들에게는 훨씬 큰 도전과제가 될 수 있다. 문제는 단순히 난이도 수준뿐만 아니라 실제성과 내용의 타당성에도 있다. 바크만과 팔머(Bachman & Palmer, 1996)는 언어 시험 과제의 설계는 수험자가 학습 상황 밖에서 해당 언어를 사용할 것이라고 예상되는 것을 분석하는 방식을 바탕으로 이루어져야 함을 강조했다. 학습자는 어휘 밀도가 높은 원고로 된 독백을 들어야 하는 상황이 있을 수도 있지만, 대부분의 듣기 상황에서—대학원생의 세미나건, 회사에서의 마케팅 프레젠테이션이건, 보험 회사와의 전화건 상관없이—의 발화는 훨씬 더 구어적일 것이고 해당 듣기 시험 과제에 대한 입력은 이러한 점을 반영해야 한다.

7.3. 학습자 산출물 측정

이제 평가 목적이나 연구 목적에 따라 구성된 과제에 대해 학습자가 응답한 것, 즉 학습자의 발화와 쓰기에서의 어휘 함유량(vocabulary content)을 측정하는 방법을 고려하도록 하겠다. 이 절의 대부분은 쓰기에 대한 통계적 측정과 관련되어 있는데, 이는 쓰기에 대한 연구가 훨씬 더 많이 나와 있기 때문이다. 하지만 구어적 산출물에 대한 측정 역시 다룰 것이다. 뿐만 아니라 과제 수행을 판단하기 위해 평가 척도를 사용하여 평가하는 질적 평가도 고려할 것이다.

7.3.1. 쓰기의 통계적 측정

우리가 학습자의 쓰기 산출물을 평가할 수 있는 한 가지 방법은 학습자들의 어휘 사용을 반영하여 여러 가지 통계를 내 보는 것이다. 이러한 측정 방법 중 일부는 원래 주요 작가들의 문체 특징을 분석하기 위해 문학자들이 개발한 것이며, 지금까지는 제한된 범위에서 제2언어 쓰기에만 적용되어 왔다. 제2언어 습득에 관해 연구하는 연구자들은 학습자의 산출물을 양적으로 또는 '객관적'으로 측정하는 방법에 확실히 관심을 가져왔으나, 그들 연구의 일반적인 방향을 유지하면서 대부분 문장이나 절의 길이와 같은 문법 단위를 계산하여 왔다. 어휘 측정의 방법으로 연구해 온 이들 학자들은 학습자 평가라기보다는 연구 목적으로 어휘 측정을 이용했다. 통계적으로 산출해 내는 방법이 상대적으로 복잡하여 이 방법을 실제 쓰기 시험에 적용하기는 어렵다. 하지만 이러한 연구 결과들은 시간이 덜 드는, 질적 방법으로 학습자의 산출물을 평가하는 데 사용되는 평가 척도 설계에 도움이 될 수도 있다.

연구자들은 다양한 연구 질문을 조사하기 위해 어휘 통계를 활용해 왔다.

1 이 측정 방법을 동일한 학습자가 아주 짧은 시간 간격을 두고 작성한 두 개의 글쓰기에 적용했을 때 일관된 결과가 나타나는가?

(Arnoud, 1992; Laufer & Nation, 1995)

2 연령 그리고/또는 교육 수준이 비슷한 제2언어 학습자의 작문과 모어 화자의 작문을 어떻게 비교할 것인가?

(Arnoud, 1984; Linnarud, 1986; Waller, 1993)

3 학습자들의 작문 질에 대한 어휘적 통계와 총체적 평가 사이의 관계는 어떠한가?

(Nihalani, 1981; Linnarud, 1986; Engber, 1995)

4 분리 항목 어휘 시험으로 측정되는 것처럼, 학습자의 쓰기 어휘 질과 들의 어휘 지식 간의 관계는 어떠한가?

(Armaud, 1984; 1992; Laufer & Nation, 1995)

5 한두 학기 영어 공부를 한 후에 고급 학습자의 쓰기 어휘 질이 높아지는가?

(Laufer, 1991; 1994)

첫 번째 질문은 통계적 신뢰성에 대해서 고찰하는 한 가지 방법으로, 이는 다른 네 가지 질문에서 타당성 문제에 관한 어떠한 고려도 제기되기 전에 전통적인 평가 이론에 따라 필연적으로 따라오는 것이다. 이러한 질문들에 대해 연구자들이 찾아낸 답이 무엇인지 나중에 언급하겠다. 하지만 그 전에 쓰기 과제의 역할에 대해 논의할 필요가 있으며, 그 후에 통계를 어떻게 산출하는지 살펴볼 필요가 있다.

쓰기 과제의 효과

쓰기 측정의 타당성 측면에서 중요한 것은 학습자들에게 주어진 과제의 특성이다. 쓰기 평가에서 과제 설계의 중요성에 대해 제대로 인식하게된 것은 1980년대 후반부터이다(예, Ruth & Murphy, 1988; Read, 1991; Kroll & Reid, 1994 참조). 과제는 학습자들에게 요구하는 어휘 자원에 따라 달라진다고 할 수 있다. 만약 그 과제가 사전 준비 없는 시험 상황에서 능숙한 쓰기 표본을 이끌어 내려고 의도한 것이라면, 학습자의 경험과 관련된 친숙한 주제로 구성하는 것이 타당하다. 그래서 아르노(Arnaud, 1992)에서 프랑스 대학생들이 작성한 주제 중 하나는 '프랑스 중등 교육은 무엇이 잘못되었나? 제시할 수 있는 개선점은 무엇인가?'에 관한 것이었으며, 반면 엠버(Engber, 1995)의 연구에 참여한 미국 대학의 외국인 학생들은 '미국에서 공부하는 것이 당신의 나라에 어떻게 도움이 될 것인가?'와 같은 질문에 응답하였다. 한편, 3장에서 언급 했듯이, 만약 연구의 초점이 의사소통 전략을 쓰기에 적용하는 것에 있었다면, 연구자는 학습자들이 적절한 용어를 알지 못한 채로 정보나 생각을 얼마나 잘 표현할 수 있는지를 확인하기 위해 의도적으로 어휘적 어려움이 있는 과제를 선택할지도 모른다. 물론 친숙한 주제더라도 제2언어로 글을 쓰는 사람들에게는 어려운 일일 것이다. 하지만 중요한 것은 과제의 선택이 유도되는 단어의 종류에 영향을 준다는 것이다.

이것과 관련하여 리나루드의 경험은 흥미롭다. 그녀의 선구적인 기초 연구(Linnarud, 1975)에서 스웨덴 대학생에게 'Sir, I protest ⋯(저는 ⋯를 반대합니다)'라는 간단한 시작 문구만 제시한 쓰기 과제를 구성했다. 그러나 그녀는 이러한 불특정한 제시어는 제 각기 다른 응답으로 나타나며 학생들마다 사용한 어휘의 종류가 매우 다양하다는 것을 발견했다. 그래서 그녀의 후속 연구(Linnarud, 1986)에서는 스웨덴과 영국의 중등학교 학생들을 대상으로 진행되었다. 그녀는 학생들에게 어떤 자막도 없이 재미있는 이야기의 개요만 보여 주는 여섯 개의 연속된 만화 형태의 그림을 제시하였다. 그녀는 다음 두 가지의 이유로 이러한 방식의 과제를 구성하였다.

1 가능한 한 쓰기의 내용을 일관성 있게 하여 스웨덴 학생 집단과 모어 화자 집단 간 비교와 집단 내 비교를 할 수 있도록 하기 위해서
2 창의력이 낮은 피험자들의 상상력을 자극하기 위해서

(Linnarud, 1986: 40)

여기서 주목해야 할 것은 리나루드의 그림은 학생들 작문의 내용뿐만 아니라 수사적 문체도 명시하였다. 다시 말해서 위에서 인용한 아르노와 엠버의 제시어에 의해 유도되었던 설명적이거나 논쟁적인 종류의 글이 아니라 서술적인 글을 쓰도록 학생들에게 요구했다는 것이다. 비록 창의적인 글쓰기가 중등학교의 영어 교육과정의 목표상 적절하다 할지라도 우리는 여타의 쓰기 유형과 다른 어휘 항목을 기대할 수 있을 것이다. 이에 대한 몇몇 증거들은 토플의 영어 쓰기 시험(Educational Testing Service, 1996)에서 다른 두 과제에 대한 응답으로 작성한 글을 분석한 레이드(Reid, 1990)의 양적 연구에서 나타난다. 하나는 '비교하기/대조하기 그리고 입장 취하기'(예를 들어 우주 공간을 탐사하는 것의 정점과 단점에 관하여)이고 다른 하나는 '표 또는 그래프의 묘사와 설명'(예를 들어 1940년에서 1980년까지 미국 농업의 변화에 대한 설명)이다. 레이드는 이 두 유형의 글이 세 가지 어휘적 변인에서 상당한 차이가 있음을 발견했다. 그것은 단어의 평균 길이, 내용어의 비율(어휘 밀도) 그리고 대명사의 비율이다. 따라서 이러한 종류의 연구에서 연구 과제와 관련해서 쓰기 과제의 적절성을 고려하는 것이 중요하며 다른 주제나 다른 과제의 쓰기 산출물 간 비교를 할 때에는 그 결과에 대해 매우 신중하게 해석하는 것이 중요하다.

어휘 풍요도의 구성 요소

일단 쓰기 과제를 구성하고 학습자들이 글을 작성했다면 분석을 시작할 수 있다. 몇몇 통계치와 계산 방법을 살펴보기 전에 효과적인 어휘 사용에 대해 추정해 보는 것이 도움이 될 것이다. 이런 통계에 의해 측정된 특징에 대해 사용되는 일반적인 용어는 **어휘 풍요도**(lexical richness)이고, 훌륭한 글은 다음과 같은 어휘적 특징을 가진다고 가정한다.

- 한정된 수의 단어를 반복적으로 사용하는 것보다는 여러 단어를 다양하게 사용한다. 쓰기 평가에서 이 부분은 종종 '표현의 다양성'이라고 언급된다. 많은 어휘 지식을 가지고 있는 좀 더 능숙한 글쓴이들은 유의어, 상의어 그리고 다른 종류의 관련된 단어들을 사용함으로써 동일한 단어의 반복을 피하려고 한다고 예상할 수 있다. 이 경우에 적용된 측정 방법은 어휘 다양도(type-token ratio) 또는 어휘 변이(lexical variation)다.
- 단지 일반적이고 일상적인 어휘보다 저빈도 단어를 선택하는 것이 쓰기의 주제나 문체에 더 적절하다. 이는 표현의 다양성의 또 다른 측면으로 정확하고 세련된 방법으로 자신이 말하고자 하는 바를 표현하기 위해 흔하지 않은 단어뿐만 아니라 전문용어나 특수용어 사용을 포함한다. 사실 이런 특징은 어휘 세련도(lexical sophistication)라고 부를 수 있다.
- 문법적(또는 기능적) 단어와 비교해 볼 때 어휘적 단어(또는 내용어)는 상대적으로 비율이 높다. 이것은 어휘 밀도(lexical density)로 알려져 있으며 문어를 구어와 구별하는 하나의 특성이다. 이 측정 방법을 창시한 저자 얼(Ure, 1971)은 보통 쓰기 텍스트에서 단어의 40% 이상이 내용어인 반면에 구어 텍스트에서는 일반적으로 40%보다 낮다는 것을 발견했다. 이것은 보통의 발화보다 문어에서 보다 집중적인 방법으로 정보와 생각을 제시할 수 있다는 사실을 나타낸다.
- 단어의 사용에서 어느 정도 오류가 있을 수 있다. 제2언어 학습자들의

쓰기에서 나타나는 한 가지 명백한 특성은 다양한 종류의 어휘 오류를 포함한다는 것이다. 예를 들어 자신이 의도한 의미를 표현하기 위해 틀린 단어를 선택한다든지, 그 단어의 의미는 맞지만 형태를 틀리거나 맥락상 부적절하다거나, 문장 내에서 문법적으로 맞지 않는 등의 오류가 발생한다. 따라서 쓰기의 질을 측정하는 다른 가능한 방법은 해당 텍스트에서 발견되는 오류의 수(number of errors)를 측정하는 것이다.

통계치 산출하기

이런 다양한 통계치를 산출해 내는 것이 꽤 간단한—그렇지만 따분한—문제인 것처럼 보일 수도 있다. 하지만 겉으로 보는 것처럼 그렇게 간단하지만은 않다. 먼저 우리가 2장에서 살펴봤던 몇몇 문제에 대한 실질적인 답을 찾는 것과 관련하여 분석 단위를 확인하는 것이 필요하다.

- 단어가 무엇인가?
- 단어족에서 어떻게 단어 형태를 분류하는가?
- 내용어를 문법적 단어(기능어)와 어떻게 구별하는가?
- 저빈도 단어로 셀 수 있는 것은 무엇인가?
- 여러 단어로 된 항목은 단일 단위로 세야 되는가?

구체적인 규칙들은 단어를 적절한 범주로 포함시키는 데 필요하며, 신뢰할 만한 통계치를 획득하기 위해서는 이 규칙들을 일관되게 따라야 한다. 이는 통계적 산출을 완료하기 전에 상당한 양의 문어 텍스트 처리가 요구된다는 것을 의미한다. 몇몇 작업들은 용어 색인이나 단어 계산 프로그램을 실행하여 컴퓨터로 수행할 수 있다. 이 프로그램은 텍스트에 있는 모든 단어 형태를 목록화하고 각각의 단어가 얼마나 자주 나타나는지를 계산하는 것이다. 또한 이는 문법적 단어(기능어)의 총 목록이나 해당 언어에서 가장 빈도가 높은 2,000개의 단어 목록을 컴퓨터에 입력할 수 있으며, 목록에 없는 단어 형태는 어휘적 단어(내용어) 또는 저빈도 단어로 각각 분류된다. 하지만 컴퓨터를 이용한 분류는 수작업으로 확인할 필요가 있으며 두 개의 다른 단어 형태가 동일한 단어족에 속하는지 혹은 어떤 단어가 규칙에 맞지 않게 사용되었는지와 같은 것에 대한 결정은 사람의 판단이 요구된다.

다른 복잡한 요인은 텍스트의 길이에 따라 통계 수치가 다양하게 나타난다는 것이다. 예를 들어, 어휘 다양도 측면에서 500단어의 텍스트가 300단어의 텍스트보다 더 낮다고 잘 알려져 있다. 이것은 작가들이 글을 점점 더 써 나갈수록 앞에서 사용하지 않았던 단어를 점점 더 적게 사용한다는 사실을 반영한다. 텍스트 길이의 영향을 조절하기 위해 수학적 변형을 사용하는 등 다양한 시도가 있어 왔다. 하지만 리처즈와 말번(Richards & Malvern, 1997)은 이러한 모든 것들에 문제가 많다고 주장한다. 학습자 집단은 요구하는 단어 수에 대한 지시를 구체적으로 주고 엄격한 제한 시간 내에 작성하게 했음에도 불구하고 예상했던 대로 다른 길이의 글을 작성하였다. 그래서 그들 간의 유의미한 비교를 하기 위해, 특히 길이가 매우 다양할 때에는 어느 정도 수정이 불가피했다. 라우퍼(Laufer, 1991)의 연구에서는 최소 250단어 길이 정도 되는 에세이를 받았고, 따라서 그녀는 산출을 하기 위해 모든 글의 처음 250단어만 단순하게 선정하였다. 아르노(Arnaud, 1984)는 다른 방법을 사용했다. 가장 짧은 에세이가 180단어였기 때문에 그는 각각의 에세이에 대해 180개의 단어 구현을 무작위로 선정하는 컴퓨터 프로그램을 만들었다. 아르노의 방법은 긴 에세이의 끝까지 포함하여 학생들이 작성한 모든 단어가 분석 자료로 선택될 수 있는 동일한 기회가 주어진다는 장점이 있다.

최근 리처즈와 말번(Richards & Malvern, 1997)은 다양한 텍스트의 길이에 대한 문제를 극복할 수 있다고 믿는 새로운 방법, 즉 어휘 다양도(TTR)에 기반을 둔 어휘 다양성 측정 방법을 개발하고 있다. 이들의 절차는 구현의 수가 증가함에 따라 비율이 변화하는 방법을 구성하기 위해 수학적 모형을 사용한다. 이것은 텍스트의 총 단어 수에 의존하지 않고 산출에 모든 단어를 사용한다. 리처즈와 말번은 아동 언어 연구 분야에서 연구하지만 그들의 지표가 신뢰할 만하고 실용적인 방법이라고 증명된다면 제2언어 학습자(글쓴이)에게도 적용할 수도 있다.

통계치를 산출할 때 발생하는 세 번째 문제점은 학습자들이 만들어 내는 어휘 오류를 어떻게 처리할 것인가에 관한 것이다. 라우퍼(Laufer, 1991)에서는 학생들의 능동적 어휘 사용을 평가하는 데에 자신의 측정 방법을 사용하고자 하였다. 그래서 오류는 학습자가 아직 완전히 해당 단어를 습득하지 못했음을 의미한다는 점을 근거로 하여 분석을 할 때 오류를 포함하고 있는 단어는 제외하였다. 그러나 다른 연구자들은 그들의 측정 방법 중 하나로 오류 계산 방법을 사용하였다. 오류가 있는 단어를 세든지 세지 않든지 어휘 오류를 문법적 오류와 구별해야 하는 추가적인 어려움이 있다.

이러한 모든 문제들은 다양한 통계치를 적절하게 산출하기 전에 해결해야 한다. 이제부터 각각의 통계들을 차례로 살펴보도록 하겠다.

- 어휘 밀도(Lexical density): 이것은 텍스트 내 어휘적 단어(또는 내용어)—기본적으로 명사, 본동사, 형용사, 형용사에서 파생된 부사—의 비율이다. 이는 다음과 같이 작성할 수 있다.

$$\text{LD} = \frac{\text{어휘적 단어의 총 수}}{\text{글쓰기에 사용한 총 단어 수}}$$

물론 어휘 밀도는 문어 텍스트로 계산하지만, 구어 텍스트의 분석에서 더 많은 역할을 한다. 따라서 나중에 어휘 밀도에 대해 더 자세히 살펴볼 것이다.

- 어휘 변이(Lexical variation): 이것은 텍스트에 있는 어휘적 단어(문법적 단어와 구별되는)의 어휘 다양도이다. 여기에서 '유형(type)'이란 텍

스트에 사용된 다른 어휘적 단어들이며, 반면에 '구현(token)'은 텍스트에 있는 모든 어휘적 단어들로 한번 이상 사용된 반복 단어도 포함된다. 높은 수치는 텍스트에 여러 가지 다른 단어가 포함되어 있다는 것을 의미하고 낮은 수치는 글쓴이가 적은 수의 단어에만 의지하여 특정 단어들만 자주 반복하여 사용한다는 것을 나타낸다. 이를 계산하기 위해 어휘적 단어들은 먼저 적절한 분석 단위로 분류되어야 한다. 예를 들어 라우퍼(Laufer, 1991)는 어휘소(lexeme)를 분석 단위로 삼았다. 어휘소는 하나 이상의 단어 형태를 구성할 수 있는 단일 어휘 항목이다. 그래서 라우퍼는 학생들의 텍스트를 자신의 컴퓨터 프로그램에 입력할 때 어휘소들을 확인하기 위해 다음과 같은 지침을 따랐다. '동사의 모든 굴절형들은 기본형으로 입력하였다, 동음이의어는 각각 개별적인 항목으로 구분하였다, 숙어는 단일 항목으로 입력하였다, 기본형의 파생어들은 개별 단어로 계산하였다(예, tolerate, tolerance, tolerable).' 그런 후 다음과 같이 계산하였다.

$$LV = \frac{\text{텍스트 내 다른 어휘소의 수}}{\text{텍스트 내 총 어휘소 수}}$$

• 어휘 세련도(Lexical sophistication): '희소성'으로 언급되기도 하는 이것은 학습자의 텍스트에서 나타나는 비교적 흔치 않거나 상급 단어의 비율을 측정하는 것이다. 아르노(Arnaud, 1984)와 리나루드(Linnarud, 1986)가 각자 나라의 중학교 영어 교육을 위한 공식적인 어휘 목록을 참고하여 세련도에 대해 규정하였다. 세련된 단어들은 해당 교육체계에서 학생들의 수준에서는 잘 알고 있을 거라고 생각할 수 없었던 것이었다. 반면에 라우퍼(Laufer, 1991)는 상급 수준에 있는 이스라엘 대학생들에게 대학 단어 목록(Nation, 1990: 235~239)에 있는 단어들을 기준으로 삼았다.

$$LS = \frac{\text{텍스트 내 세련된 단어족 수}}{\text{텍스트 내 총 단어족 수}}$$

이 어휘의 세련도와 관련된 측정은 어휘적 개성(Linnarud, 1986) 또는 독창성(Laufer, 1991)이 있는데, 이들은 다른 학습자에 의해 사용되지 않은, 한 학습자의 텍스트 내에 사용된 단어 수를 세는 것이다. 분명히 이것은 비교 집단 내 학습자들 간의 능력 범위에 의존하여 이루어지기 때문에 다른 측정 방법보다 덜 안정적인 방법이다. 하지만 비교적 동일한 학생 집단에서 사용한다면 어느 정도 가치가 있을 것이다.

- 어휘 빈도표(Lexical Frequency Profile: LFP): 라우퍼와 네이션(Laufer & Nation, 1995)은 기존의 어휘 통계의 여러 가지 단점을 극복하는 새로운 측정 방법을 고안했다. 이 어휘 빈도표는 언어 내 단어의 상대적 빈도에 근거하고 있으며, 간단하게 학습자의 텍스트에 나타난 3~4번째 빈도대에 속하는 단어족의 비율을 계산하는 것이다. 이들의 독창적인 연구에서 라우퍼와 네이션은 4단계로 구성된 개요표를 사용하였다. 가장 빈번한 단어 1,000개를 1단계, 그 다음 1,000개를 2단계, 대학 단어 목록을 3단계, 그밖에 (빈도가 낮은) 모든 단어들을 4단계로 구성하였다. 따라서 만일 학습자가 총 200개의 단어족을 포함하여 에세이를 썼고, 1단계 1,000단어에서 150개, 2단계 1,000단어에서 20개, 3단계 대학 단어 목록에서 20개, 그 밖의 단어 10개로 구성하였다면, 개요표는 '75%-10%-10%-5%'가 될 것이다. 이들의 주장은 어휘 빈도표가 학습자들의 어휘 사용에 대해 다른 통계보다 객관적이고 차별화된 수치를 제공한다는 것이다. 왜냐하면 범주 내에 단어를 분류하기 위해 기존의 단어 목록을 포함시켰기 때문이다.

그러나 LFP는 앞선 통계들처럼 표준 길이의 예시 글이 사용되지 않는 한 학습자들이 쓴 다양한 글의 변수에 영향을 받는다. 게다가 이 빈도표는 다른 단일 측정 방법과 비교했을 때 다소 다루기 불편한 점이 있다. 후속 연구에서 라우퍼(Laufer, 1994; 1995)는 첫 번째 2,000단어의 범주 안에 있지 않은 단어의 분포 비율을 통해 대학에서의 한 학기 또는 두 학기 이상의 공부로 어휘 사용의 진전을 확실히 보여 준다는 점을 발견했다. '2,000단어 이상'의 비율은 사실상 어휘 세련도를 산출하는 대안이라 할 수 있다. 이 빈도표는 총합이 100%이기 때문에 2,000 단어 수준 이상의 많은 단어는 필연적으로 고빈도 단어의 낮은 비율을 의미한다.

• 오류 발생(Occurrence of errors): 몇몇의 연구는 각 작문에서 나타나는 어휘 오류의 수나 비율을 측정하는 것을 포함한다. 어떤 의미에서 이것은 어휘적 풍요도의 개념과 정반대이다. 위에서 언급한 것처럼 여기에서의 관건은 오류를 확인하고 어휘 오류와 어휘 오류가 아닌 것을 구별하는 것이다. 아르노(Arnaud, 1984)는 1984년의 연구에서 전형적인 오류 목록을 제시했다.

-가벼운 철자 오류: personnal, teatcher
-중대한 철자 오류: scholl
-파생어 오류: to comparate, he successed
-포자미(가짜 동족어)1): They should be prevented that it is difficult
-교육과정에서 다른 언어로부터의 간섭: to spare money
-두 어휘소 사이의 혼란: The teachers learn them maths.

(Arnaud, 1984: 19)

엠버(Engber, 1995)가 개발한 보다 정교한 분류체계가 〈표 7-1〉에 제시되어 있다. 이 체계가 아무리 세밀하다 해도 주관적인 판단이 요구된다. 그리고 어휘 오류 식별에서 높은 수준의 일치도(또는 평가자 간 신뢰도)를 얻기 위해서는 일련의 작문에 포함된 오류들을 연구자와 또 다른 한 사람이 서로 독립적으로 분류하는 것이 바람직하다. 이런 종류의 측정 방법이 갖는 또 다른 한계는 상대적으로 심각한 다른 오류

---

1) (역주) 포자미(faux-amis)는 서로 다른 언어나 방언 사이에서 형태나 소리는 유사하지만 실제로 의미가 달리 쓰이는 단어 쌍을 일컫는다. 서로 다른 어원을 공유하였으나 의미의 분화가 일어나 다른 뜻을 지니게 된 경우와 순전히 우연에 의해 발음이나 철자가 닮게 된 경우로 구분된다. 이는 가짜 동족어(false cognates) 또는 가짜 친구(false friends)라 하기도 한다.

I. 어휘 선택

A. 개별 어휘 항목들

1. 맞지 않는-의미상으로 관련이 없는
   a. It has some *meanings* to study in the US.
   b. We can help ourselves with *doing* as international students.
2. 맞지 않는-의미상으로 유사한
   a. They have to *come back* to Indonesia. (*go back*)
   b. We can study some *strange* subjects. (*unusual*)

B. 복합

1. 두 개의 어휘 항목
   a. Young people can *say* their *ideas*.
   b. I will *bring to go* the development of my country.
2. 구
   a. We have *a lot common*. (*a lot in common*)
   b. They can discuss their ideas *from the bottom of mind*.
3. 핵심 어휘 항목과 관련된 복합적 오류들
   a. Who would want to have more exactly their major.
   b. It is being popular year and year.
   c. I will get English comprehension perfectly.

II. 어휘 형태

1. 파생적 오류
   a. There are a lot of *confliction* between these two countries.
   b. It keeps the class more *activity*. (*active*)
2. 동사 형태
   a. It isn't a good way for *looking* a job. (*looking for*)
   b. I want to *make business* with foreign companies. (*do business*)
3. 음성적으로 유사한-의미적으로 무관한
   a. It is difficult to think in the *wild* horizon. (*wide*)
   b. I *thing* that English will help my country. (*think*)
4. 단어 왜곡-중대한 철자 오류
   a. We have learned how to produce a *munifactual* machine. (*manufactured*)
   b. We can see the road shows *stimulously*. (*simultaneously*)

들을 고려할 수 없다는 것이다. 가벼운 철자 오류(만약 그것을 세었다면)도 문장의 해석을 어렵게 만드는 단어들만큼이나 중요한 비중을 차지한다.

연구 결과

다양한 측정 방법들을 다소 구체적으로 재검토해 보았는데, 연구에서 나타난 실질적인 결과들이 무엇인지 알아보기 위해 연구 문제로 다시 돌아가 보도록 하겠다.

1 제한된 시간 동안 같은 학습자가 쓴 두 개의 작문에 적용할 때 얼마나 일관되었는지에 대한 측면에서 어휘적 통계치에 대한 신뢰도를 살펴본 연구는 단 두 편만 있다. 아르노(Arnaud, 1992)는 어휘 질의 종합 지수를 사용하여 6~8주의 간격을 두고 작성된 두 에세이 간에 0.64라는 지극히 보통의 상관관계가 있음을 확인하였다. 이와 같은 시간 간격 때문에 학습의 변동량이 그 사이에 발생했던 것 같고, 이러한 점이 상관관계 지수를 감소시켰을 것이다. 반면에 라우퍼와 네이션(Laufer & Nation, 1995)은 같은 주에 작성된 두 작문에 대해 어휘 빈도표(LFP)에서 특별한 차이를 찾지 못했다.

2 모어 화자의 수행과 비교하는 측면에서 아르노(Arnaud, 1984)와 리나루드(Linnarud, 1986) 모두 평균적으로 제2언어 학습자들은 모어 화자 동료보다 대체로 덜 다양하고 덜 세련된 어휘를 사용한다는 것을 확인하였다. 뛰어난 학습자들 중 몇몇은 어휘 측정에서 모어 화자와 비견할 만 했으나, 대부분은 그 수준보다 상당히 아래였다. 월러(Waller, 1993)의 비교에서 도출된 한 가지 명백한 차이점은 50%이상의 어휘 밀도를 가진 텍스트들은 실제로 모어 화자가 작성했거나 모어 독자가 보기에 모어 화자가 작성했다고 인지한다는 것이다.

3 양적 통계치와 질적 평가의 상관관계는 모순된 연구 결과를 산출해 왔다. 니할라니(Nihalani, 1981)에 따르면 우수한 에세이들은 높은 비율의 어휘적 단어들과 다양한 단어를 추구하는 경향이 있었으나, 통계적으

로 상당한 차이가 나지는 않았다. 마찬가지로 리나루드(Linnarud, 1986)는 그녀의 어휘 통계치들 중 단 하나—어휘적 개성—만이 스웨덴 학생들 작문의 총체적인 평가와 상당한 상관관계(0.47)가 있다는 것을 확인하였다. 달리 말하자면 높은 점수를 받은 에세이는 다른 학생들의 쓰기 어디에도 사용되지 않은 몇몇의 단어들을 포함하고 있다는 것이다. 또한 그녀의 연구 결과는 높은 점수를 받은 작문과 낮은 오류 비율 사이에 꽤 높은 관계(-0.77)가 있다는 것을 보여 주었으나, 높은 상관관계를 차지하는 것은 어휘적 오류가 아니라 문법적 오류였다. 어휘상의 오류는 평가자에게 전혀 영향을 미치지 않는 것처럼 보인다. 반면에 엠버(Engber, 1995)는 미국에 있는 외국 학생들이 작성한 쓰기의 질과 어휘적 오류 비율 사이에서 상당한 상관관계(-0.43)를 확인했다. 게다가 총체적인 평가와 어휘적 변이의 두 가지 측정, 즉 어휘적 오류를 포함한 것은 0.45, 어휘적 오류를 제외한 나머지는 0.57로 보통의 상관관계를 보였다.

4 네 번째 연구 문제는 어휘 통계치와 어휘 시험 점수 사이의 관계에 관한 것이다. 아르노(Arnaud, 1984)는 그의 1984년 연구에서 학생들의 쓰기에서 나타난 어휘적 변이와 단어 번역 시험 사이에 0.36이라는 보통의 상관관계를 확인했다. 그 후의 연구(Arnaud, 1992)에서 에세이의 어휘 질에 대한 복합적인 측정과 선다형 어휘 시험 사이에 0.51이라는 좀 더 높지만 여전히 보통의 상관관계가 나타났다. 라우퍼와 네이션(Laufer & Nation, 1995)은 어휘 빈도표(LFP)의 어휘 수준 시험의 '능동적' 유형에서의 성적과 비교하였다(5장 참조). 시험 점수와 저빈도 단어 비율 간에 0.6~0.8의 상관관계가 나타났고, 정반대로 시험 점수와 고빈도 단어 비율 간에는 강력한 역의 상관관계(-0.77)가 나타났다.

5 마지막으로 시간의 흐름에 따른 어휘 발달의 관찰과 관련된 문제가 있다. 라우퍼(Laufer, 1991)의 연구에서 이스라엘 대학생들이 한 학기 동안 영어 공부를 한 후 단어 사용에 있어서 전반적으로 상당히 바뀌었다는 증거는 없었다. 두 학기가 지난 후 어휘적 세련도만이 상당한 증가

를 보인 유일한 통계치였다. 자신의 쓰기에서 어휘적 발전을 보인 학생들은 학기 초에 언어 숙달도가 아주 낮았던 학생들이었다. 그 후의 연구(Laufer, 1994)에서 LFP를 사용하여 해당 학기 동안 어휘적 발전의 분명한 조짐을 보인 것은 저빈도 어휘, 특히 대학 단어 목록의 단어들이었음을 확증했다.

결과 해석

전체적으로 이러한 연구 결과에서 명확한 결론을 이끌어 내기는 힘들다. 먼저 다양한 국제적 환경에서 연구 문제를 다루고 있는 연구들은 상대적으로 많지 않다. 둘째로 연구자들은 다양한 통계 자료를 조합하여 사용해 왔고 그 결과는 종종 서로 조금씩 다르게 산출되었다. 단어를 어떻게 분류하고 오류를 어떻게 확인하는지에 대해 내려야 하는 몇몇 결정들은 분석에 변이성(variability)을 덧붙인 셈이다.

그럼에도 불구하고, 결론을 내릴 수 있는 몇 가지 사항들이 있다. 보통 생각하듯이 학습자들의 쓰기는 단어 사용에 있어서 모어 화자들보다 변화가 적고 세련되지 못하다. 월러(Waller, 1993)가 핀란드 대학생과 미국 대학생의 에세이를 비교하여 확인한 것에 따르면, 단지 최상급 수준에서만 비모어 화자의 글을 모어 화자의 글과 구별하기 어려워진다는 것이다. 어휘 빈도표를 사용한 라우퍼와 네이션(Laufer & Nation, 1995)의 연구에서, 어휘 통계치를 기준으로 숙달도의 여러 수준을 확인할 수 있고, 학습자의 작문에서 나타나는 어휘 질의 증가는 장기간의 연구 후에 측정할 수 있다는 데 대한 몇몇 증거를 찾을 수 있다.

다른 일반적인 문제는 학습자 쓰기의 전체적인 질을 확정하는 데 어휘 능력이 얼마나 큰 역할을 하는가이다. 연구자들은 작문의 총체적 평가와 어휘 통계치 그리고 어휘 시험 점수와 어휘 통계치와의 상관관계를 입증함으로써 이 문제를 해결하려고 시도해 왔다. 양쪽의 경우에서 어휘 수준 시험의 능동적 유형을 사용한 라우퍼와 네이션 (Laufer & Nation, 1995)의 연구에서 얻어진 예외적인 가능성을 포함해도 그 연관성은 기껏해야 보통이다. 이 범위(0.40~0.80)에서의 상관관계는 해석하기 무척 어렵다. 만약 일련의 종합적인 시험을 받은 학습자들과 그들 간의 연관성이 체계적으로 조사되지 않는다면, 언어 지식과 능력의 다른 측면과 비교해 볼 때, 어휘 능력이 공헌하는 바가 무엇인지 알기 어렵다. 리나루드(Linnarud, 1986)의 결과는 어휘 오류보다 문법적 오류가 평가자들에게 훨씬 더 두드러졌음을 나타내는 반면에 엠버(Engber, 1995)의 평가에서는 어휘 사용에 있어서의 변이성뿐만 아니라 어휘 오류의 빈도도 반영했음을 확인하였다. 여러 가지 측면에서 이 문제는 빈칸 메우기 시험 수행에서 어휘 지식 또는 어휘 능력이 어느 정도의 역할을 하는가에 대해 규명하는 4장에서 논의된 문제와 비슷하다.

7.3.2. 말하기의 통계적 측정

양적 통계치는 학습자의 쓰기보다 학습자의 발화에 훨씬 덜 적용되어 왔다. 중요한 역할을 하는 한 가지 측정 방법은 어휘 밀도이다. 위에서 언급했듯이, 얼(Ure, 1971)은 어휘적 단어의 비율이 문어 텍스트를 구어 텍스트와 구별하기에 유용한 방법임을 보여 준 첫 학자였다. 그녀는 연구에서 분어 텍스트는 일반직으로 40% 또는 그 이상의 어휘 밀도를 가지는 반면, 구어 텍스트에서의 어휘 밀도는 보통 40%보다 적다는 것을 증명했다. 그녀는 또한 구어 텍스트의 통계치를 산정할 때 영향을 주는 두 가지 다른 변인에 대해 언급했다. 하나는 화자가 일상 대화에서와 같이 말을 하거나 또는 공식적인 연설에서 말을 하는 동안에 피드백을 받느냐 혹은 받지 못하느냐이다. 서로 상호작용하는 상황에서는 독백의 경우보다 어휘 밀도가 더 낮게 나타난다. 두 번째 변인은 화자가 미리 무엇을 말할지를 계획할 수 있는 정도(degree)이다. 자연스러운 이야기는 준비된 연설보다 어휘 밀도가 낮다. 스터브스(Stubbs, 1986)와 할리데이(Halliday, 1989)와 같은 학자들은 어휘 밀도가 다른 종류의 텍스트에 대한 특성을 나타내는 유용한 척도가 된다는 것을 발견했다.

언어 시험에서 어휘 밀도는 말하기 능력의 직접 시험과 비교하여 덜 직접적으로 학습자 수행을 평가하는 데 사용되어 왔다. 직접적인 시험의 주요 특징은 수험자들이 적어도 한 명의 시험관과 서로 대면하여 상호작용을 하며, 시험관은 수험자의 수행을 평가할 뿐만 아니라 대화자로서의 역할도 수행한다. 미국에서 직접적인 시험으로 가장 영향력 있는 모형은 구어 숙달도 면접(Oral proficiency Interview: OPI)인데, 이것은 원래 미국 정부 기관에서 사용하기 위해 개발되었고, 이후로 대학교와 고등학교에서 학생들의 언어 평가에 널리 사용되고 있다. 구어 숙달도 면접(OPI)은 값비싼 시험인데, 그 이유는 각 수험자를 개별적으로 관리할 뿐만 아니라 적절한 발화를 이끌어 내고 수험자들을 일관되게 평가하기 위해서는 잘 훈련되고 숙련된 시험관이 필요하기 때문이다. 따라서 모의 구어 숙달도 면접(Simulated Oral Proficiency Interview: SOPI)이 대안으로 개발되었다(Stansfield, 1991; Stansfield & Kenyon, 1992). SOPI는 수험자가 다양한 말하기 과제들을 수행하지만 시험관과는 어떠한 실시간 상호작용도 없이 이루어진다는 점에서 '반-직접적' 말하기 시험이다. 대신에 수험자들은 듣기 실습실에서 시험을 치르며, 미리 녹음된 테이프와 소책자로 제시되는 자극제에 응답한다. 수험자의 답변들은 이후의 평가를 위해 녹음된다.

모의 구어 숙달도 면접(SOPI)은 실제 면접과 가능한 한 비슷하게 모의로 만든 것이고, 연구에서는 학습자가 모의 구어 숙달도 면접에서 얻은 평가점수들이 구술 숙달도 면접의 평가 점수와 높은 상관관계가 있음을 보여 주고 있지만, 여전히 반직접적 시험이 직접적 시험과 동일한 발화를 이끌어 내는지에 대한 의문이 있다. 아마도 인위적인 시험 환경은 학습자들이 더욱 자연스러운 환경에서 수행하는 방식과 상당히 다르게 말하도록 만들 수 있을 것이다. 이런 관점을 뒷받침해 주는 증거는 구어 숙달도 면접과 모의 구어 숙달도 면접을 모두 치른 유대인 학습자들을 기록한 소하미(Shohamy, 1994)의 연구에서 찾을 수 있다. 어휘 밀도는 그녀가 두 가지 종류의 시험에서 도출된 발화의 담화적 특징을 비교하기 위해 사용한 전체 평가 유형 중 하나이다. 그녀는 구어 숙달도 면접 발화의 어휘 밀도는 약 40% 정도인 반면에, 모의 구어 숙달도 면접 기록에서는 대략 60%로 상승했다고 밝혔다. 모두가 예상할 수 있듯이, 모의 구어 숙달도 면접 발화는 상대적으로 형식적이고 간결하다. 수험자들은 어학실에 있는 상황에서 크게 애쓰 거나 직접적인 관여 없이 과제의 요구 사항에 응답할 수 있다. 모의 구어 숙달도 면접 발화는 구어 숙달도 면접에서 나타나는 자연스럽게 흘러가는 일상적인 발화보다 문어체에 훨씬 더 가깝다.

어휘 밀도를 집중적으로 연구한 평가연구자 오로린(O'Loughlin, 1995)은 반-직접적인 말하기 시험과 직접적 말하기 시험의 비교에도 어휘 밀도를 적용하였다. 그의 경우 *access*(The Australian Assessment of Communicative English Skills: 호주 영어 의사소통 능력 평가)의 구두 상호작 용 시험은 호주로 이민을 가려고 하는 사람들을 대상으로 하는 숙달 도 시험이었다. 이 시험의 의도는 이민 신청자가 시험을 치르게 될 장소인 호주 외의 도시에서 사람과 자산의 운용 가능성에 따라 실제 대화자와 면 대 면으로 혹은 어학실에서 테이프로 시행할 수 있는 말 하기 시험을 치르는 것이있다. 이 두 가지 방식은 수험자가 수행해야 하는 과제의 유형과 말하기 기능의 측면에서 가능한 한 비슷하게 설 계되었다. 하지만 문제는 소하미(Shohamy, 1994)의 연구에서와 같이 두 가지 방식이 실제로 수험자들로부터 비교할 만한 발화를 이끌어 냈는 가 하는 것이다.

오로린(O'Loughlin, 1995)은 어휘 밀도를 산출하는 얼(Ure, 1971)의 방 법에서 두 가지를 수정했다.

1 첫 번째는 할리데이(Halliday, 1989: 64~65)가 제안한 것으로 고빈도
어휘 항목과 저빈도 어휘 항목을 구별하는 것이다. 할리데이는 *thing*,
people, *way*, *do*, *make*, *get*, *have*, *good*과 같은 단어들은 영어에서 아주
흔할 뿐만 아니라 종종 문법적 단어와 비슷한 방식으로 기능한다는 점
을 지적하였다. 할리데이에 따르면, 이 단어들은 그 자체로 그다지 특별
한 의미를 가지고 있지 않으며, 이 단어들은 밀도를 계산할 때 저빈도의
어휘적 단어들 값의 반만 받아야 한다. 오로린(O'Loughlin, 1995)은 자신
의 연구에서 이를 두 가지 방식-어휘 항목들 간의 빈도를 구별하는 방식
과 하지 않는 방식-으로 산출하였고, 그 결과들이 비슷하다는 것을 확인
했다. 이는 실질적으로 고빈도 항목과 저빈도 항목을 구별하는 추가적
노력을 할 가치가 없다는 것을 나타낸다. 그러나 오로린은 자신의 분석
을 근거로, 이렇게 구별하여 한 계산은 좀 더 정확하며 공식적인 연구에
서 사용되어야 한다고 주장하였다.

2 오로린은 어휘 항목과 문법 항목을 분류하기 위해 할리데이나 얼(Ure,
1971)보다 훨씬 더 정교한 체계를 만들었다. 그는 단어(word)보다는 항
목(item)이라는 용어를 사용했는데, 그 이유는 분석 단위에 단어족뿐만
아니라 구동사(예, pick up), 관용어구(예, kick the bucket) 그리고 담화
표지(예, The point is)까지 포함시켰기 때문이다. 전체 체계는 〈표 7-2〉
에 있다.

분명한 것은 우리가 검토한 다른 어휘 통계처럼 이 방법은 어휘 밀
도에 대한 전반적인 산출을 하기 전에 각 항목을 손으로 기록하여 확
인하고 분류하는 시간이 많이 걸리는 과정이다. 정밀하지는 않지만
여전히 유용한 측정 방법은 컴퓨터에 문법적 단어 목록을 입력하고
그 목록에 없는 단어의 수를 세어 얻는 것이다.

오로린의 분석 결과에서 *access* 구두 상호작용 시험의 반 직접적인
(테이프에 녹음된) 방식의 어휘 밀도는 네 가지 다른 과제들 곧, 묘사,
서술, 토의, 역할극 전체에 걸쳐서 직접적인 (실황) 방식의 어휘 밀도

A. 문법적 항목
- 동사 'to be'와 'to have'. 모든 (서)법조동사와 조동사.
- 관사, 지시사, 소유형용사, 수량사(예: *some, any*), 수사(기수와 서수)를 포함한 모든 한정사
- 대명사(예: *she, they, it, someone, something*), 대동사(예: A: Are you coming with us? B: Yes, I *am*), 대용절(예: 전체 절을 대신하여 쓰는 this, that)을 포함한 모든 대용형
- 의문부사(예: what, when, how)와 부정부사(예: not, never)
- 모든 축약형. 모든 NESB[non-English-speaking background 비영어권] 화자들이 규칙적이고 일관되게 축약형을 사용하는 것은 아니기 때문에 이는 두 항목으로 계산한다(they're=they are).
- 모든 전치사와 접속사.
- 접속사(예: *and, but, so*), 순서 표지(예: *next, finally*), 불변화사(예: *oh, well*), 어휘화된 절(예: *y'know, I mean*), 메타말(예: *what I mean, the point is*), 시간 지시어(예: *now, then*), 공간 지시어(예: *here, there*)와 수량사구(예: *anyway, anyhow, whatever*)를 포함한 모든 담화 표지.
- 모든 어휘적 주저 표현(예: *well. I mean, so*).
- 모든 감탄사(예: *gosh, really, oh*).
- 모든 반응 발화(예: *yes, no, OK, right, mm*).

B. 고빈도 어휘 항목
- COBUILD 사전 프로젝트에서 찾은 가장 빈번하게 사용되는 영어 단어 700개 목록(영어 텍스트의 70% 차지)에 따른 매우 보편적인 어휘 항목. 이 목록은 *Collins COBUILD* 영어 과정의 1단계의 학생교재에 포함되어 있다(Willis와 Willis, 1988: 111~12). 여기에는 명사(예: *thing, people*), 형용사(예: *good, right*), 동사(예: *do, make, get*), 시간, 양태, 장소 부사(예: *soon, late, very, so, maybe, also, too, here, there*)가 포함되어 있다. COBUILD 목록은 항목이 아닌 난어로 구성되기 때문에 한 단어 이상으로 구성된 항목들은 이 범주에 포함되지 않는다.
- 동일한 항목의 대체형(alternative forms)을 포함한 저빈도 어휘 항목(아래 참조)의 반복 (예: *student/study*)

C. 저빈도 어휘 항목
- 흔히 사용하지 않는 명사, 형용사, 동사, 분사, 부정사 형태(모든 여러 단어로 된 어휘와 구동사는 하나의 항목으로 셈), 시간·장소·양태부사와 모든 관용구(또한 하나의 항목으로 셈)를 포함하여 위에서 인용한 가장 빈번하게 사용되는 영어 단어 700개 목록에 들어가지 않는 어휘 항목들.

보다 일관되게 더 높았다. 물론 통계적으로 유의미한 차이가 있었지만 그 차이는 역할극의 경우를 제외하고는 크지 않았다. 이 실황 방식의 시험에서는 수험자와 대화자 사이에 상당한 양의 상호작용이 필요한 유일한 과제이다. 반면에 다른 세 개의 과제들 경우에는 대화자는 거의 말하지 않지만 실제로 하는 역할극은 대화에서 적극적인 참여가 요구된다. 따라서 오로린은 상호작용 정도가 구어 텍스트에서의 어휘 밀도를 낮추는 가장 중요한 변인라고 결론지었다.

따라서 어휘 밀도는 시험 방식과 여러 과제들에 의해 나타나는 다양한 종류의 발화를 평가하는 데 유용한 역할을 하는 통계이다. 하지만 학습자의 쓰기에 적용된 통계와 마찬가지로 어휘 밀도를 산출하는 데 요구되는 시간과 노력이 이를 광범위하게 사용하는 데에는 한계가 된다.

7.3.3. 쓰기와 말하기 평가

이전 부분에서 확실한 것은 양적 통계는 주로 연구 목적에 유용하다. 말하기 시험의 경우, 발화를 전부 전사한 기록물이 분석에 앞서 준비되어야 한다. 분석은 그 자체로 시간이 많이 걸리는 일이며 모든 일을 자동화할 수 없다. 왜냐하면 어휘 단위를 확인하고 이를 알맞은 범주로 분류하는 데에는 주관적인 판단이 요구되기 때문이다. 그리고 산출이 끝나더라도 여전히 그 통계치가 무엇을 의미하는지에 대한 의문은 남게 된다. 이 분야의 한정된 연구는 학습자의 수행 결과를 완벽한 방법으로 해석하는 규범을 세우지 못했다. 각각의 특정한 상황에 따라 학습자의 통계치는 어떤 적절한 기준에 맞게 비교되어야 하는데, 이는 학습자와 비슷한 모어 화자 집단의 수행과 비교하거나 학습자 자신의 학습 초기 과정과 마지막 과정에서의 수행을 비교할 수도 있을 것이다.

물론, 또 다른 종류의 기준은 평가 척도(rating scale)를 사용하여 각 학습자의 수행에 대한 전반적인 질을 평가하는 것이다. 학습자가 실질적인 목적으로 시험을 칠 때, 이러한 종류의 질적 평가는 학습자들의 말하기와 쓰기 과제 수행의 다른 측면들과 함께 어휘 사용을 평가하는 데에도 사용될 수 있을 것이다. 그래서 이제 우리는 학습자의 말하기와 쓰기에서 어휘 차원의 평가를 위한 평가 척도의 사용에 대해 이야기해 볼 것이다. 양적 통계와 마찬가지로 다음 논의에서는 주로 쓰기 평가에 대해 언급할 것이다. 하지만 이 기본 원리들은 구술시험에도 동일하게 적용된다.

쓰기와 말하기를 질적으로 평가하는 데는 주로 두 가지 접근법이 있다. **종합적**(global) 또는 총체적(holistic)이라고 불리는 첫 번째 접근법은 몇 개의 과제 수행 수준에 대한 설명을 제시하는 단일 평가 척도를 이용하는 것이다. 토플의 영어 말하기 시험(TOEFL Test of Spoken English: TSE) 평가 척도(〈표 7-3〉)는 이 접근법에 대한 좋은 예이다. 이것은 5개의 수준으로 구성되어 있지만 다른 평가 척도들은 3개에서 9개 혹은 그 이상까지 다양하다. 평가자는 수험자들이 수행한 12개의 간단한 과제가 녹음된 테이프를 듣고 각각에 대해 어떤 수준의 설명에 가장 근접하게 연결되는지를 결정한다. 그런 후에 총점을 내기 위해 각 과제에 대한 수준 점수들을 평균 낸다. 수준 설명에는 여러 가지 다른 특징들이 포함되어 있다. TSE의 경우, 의사소통의 효율성, 상황의 적절성, 일관성과 정확성이 포함된다. 정확성 같은 경우 어휘도 포함된다. 다른 평가 척도들에는 여러 가지 다른 요소들을 포함하고 있는데, 이는 시험 과제의 특성이나 시험 설계자가 쓰기에서 가장 중요하게 생각하는 측면에 따라 달라진다.

하지만 포괄적 측정의 문제점 중 하나는 많은 학습자들의 쓰기와 발화에는 햄프-라이온스(Hamp-Lyons, 1991: 254)가 '유표적 특징'이라고 부르는 여러 가지 강점과 약점 있다는 것이다. 예를 들어 쓰기의 경우 문장에 약간의 문법적 오류나 어휘적 오류가 있을 수도 있지만 단락의 구조가 명확하지 않고 글쓴이의 생각을 이해하기 어려울 수 있다. 또는 학습자가 능숙하게 글을 쓰고 독자의 관심을 끌었다 할지라도 구어체에 적합하지 않거나 많은 철자 오류가 있을 수 있다. 이러한 경우에 포괄적 측정 점수는 대립되는 사항들 간의 타협점에 해당한다. 즉, 만약 우리가 어휘에 특히 중점을 둔다했을 때 포괄적 측정의 결과로부터 학습자 쓰기의 어휘 질에 대해 어떠한 직접적인 추론도 할 수 없다. 비록 수준 설명에서 어휘 사용에 대해 언급이 되어 있다하더라도 평가자가 수준을 결정할 때 어휘 사용에 대한 언급이 얼마나 그들에게 분명하게 각인되었는지 확신할 수 없다. 학습자의 쓰기에서 어휘적인 측면은 전체 평가 수준보다 좋거나 나쁠 수도 있다.

그래서 두 번째 질적 접근법은 어휘 평가에 대해 더 많이 제시하고 있다. 이것은 **분석적**(analytic) 평가로 쓰기나 말하기의 한 가지 측면에만 중점을 둔 몇 가지 척도를 사용한다. 평가자가 각 수준에 맞게 학습자들을 평가한 후에 그 결과는 학습자들의 과제 수행에 대한 강점과 약점에 관한 진단 정보를 제공하는 개별 평가로 구성되는 분석표로 나타낼 수 있다. 이것이 햄프-라이온스(Hamp-Lyons, 1991: 247~261), 바크만과 팔머(Bachman & Palmer, 1996: 211~222)와 같은 저명한 학자들이 학습자의 산출물을 평가하는데 분석적 평가 척도를 사용할 것을 강력히 주장하는 한 가지 이유이다. 그들은 이 접근법에 대한 다른 장점들 역시 언급한다. 분석적인 평가가 더 믿을만한 평가인 이유는 이것이 다양한 측정들을 바탕으로 하고 평가자가 테이프를 듣고 전사한 원고를 읽을 때 실질적으로 무엇을 했는지를 반영하기 때문이다. 쓰기 시험에서 평가자들의 행동에 대한 연구에 따르면, 평가자들은 평가를 완료하기 전에 학습자들의 과제 수행 양상이 다른 것에 대해 부담을 느끼며 심지어 종합적 척도로 평가를 할 때에도 부담을 느끼는 것으로 나타났다. 그런 까닭에 분석적 평가 척도는 체계적인 방법으로 평가자들의 관심을 쓰기의 특정 측면에 직접적으로 집중시키며, 각각에 대한 판단을 기록하게 한다. 게다가 햄프-라이온스(Hamp-Lyons, 1991)는 자체의 분석적 평가 체계를 개발하기 위해 특정 기관에 있는 교사 집단에 적용하

＜표 7-3＞ 토플 영어 말하기 시험의 평가 척도(Educational Testing Service, 1995: 21)

TSE 평가 척도

60 의사소통이 거의 항상 유효함: 과제를 매우 적절하게 수행함; 발화에서 외국인의
특징이 거의 나타나지 않음
기능을 명확하고 효과적으로 수행
청자/상황에 맞는 적절한 응답
일관성, 응집 장치들의 효율적 사용
거의 항상 정확한 발음, 문법, 유창성 그리고 어휘

50 의사소통이 전반적으로 유효함: 과제를 적절하게 수행, 보상전략을 성공적으로 사
용; 발화에서 외국인의 특징이 가끔 나타남
기능을 전반적으로 명확하고 효과적으로 수행
전반적으로 청자/상황에 맞는 적절한 응답
일관성, 응집 장치들을 어느 정도 효율적으로 사용
전반적으로 정확한 발음, 문법, 유창성 그리고 어휘

40 의사소통이 어느 정도 유효함: 과제를 어느 정도 적절하게 수행, 보상 전략의 사용이
어느 정도 성공적; 발화에서 외국인의 특징이 자주 나타남
기능을 어느 정도 명확하고 효과적으로 수행
어느 정도 청자/상황에 맞는 적절한 응답
약간의 일관성, 응집 장치들을 어느 정도 사용
어느 정도 정확한 발음, 문법, 유창성 그리고 어휘

30 의사소통이 전반적으로 유효하지 않음: 과제를 전반적으로 잘 수행하지 못함, 보상
전략의 사용이 효과적이지 않음; 발화에서 외국인의 특징이 매우 자주 나타남
기능을 전반적으로 불명확하고 비효율적으로 수행
전반적으로 청자/상황에 맞지 않는 부적절한 응답
전반적으로 일관성이 없고(앞뒤가 맞지 않음), 응집 장치들을 거의 사용하지 않음
전반적으로 부정확한 발음, 문법, 유창성 그리고 어휘

20 어떤 효과적인 의사소통도 없음. 과제를 수행 능력이 없음, 보상 전략의 효과적인
사용이 조금도 없음: 거의 모든 발화에서 외국인의 특징이 나타남
기능을 수행한 어떠한 증거도 없음
일관성이 없음, 응집 장치들을 전혀 사용하지 않음
청자/상황에 맞게 적절하게 응답하는 능력이 전혀 없음
거의 항상 부정확한 발음, 문법, 유창성 그리고 어휘

였고, 이 체계는 그들의 교육 상황을 바탕으로 자신들이 중요하다고
생각하는 쓰기의 측면에 중점을 둔 것이라고 하였다.

특정한 평가 체계 하나로 홀리 제이콥스(Holly Jacobs)와 그녀의 Texas A&M 대학 동료들(Jacobs, Zingraf, Wormuth, Hartfiel, Hughey, 1981)이 함께 개발한 ESL 작문 분석표를 살펴보도록 하겠다. 이것은 이러한 종류의 분석 도구 중 가장 먼저 나온 것으로 미국 대학의 ESL 프로그램에서 시간제한이 있는 에세이 시험을 평가하는 데 광범위하게 사용되고 있다. 전체 분석표는 〈도표 7-1〉에 옮겨 두었다. 어휘 평가 척도를 유심히 보면, 기술어(descriptor)가 굉장히 자세히 설명되어 있음을 확인할 수 있다. 여기에는 어휘 사용에 대한 몇몇 측면들을 포함하고 있는데, 이를 살펴보면 글쓴이의 생각을 표현하기 위해 사용된 여러 항목들의 적합한 범위, 글에 나타난 특정 항목의 효과적인 선택과 사용, 단어 형태의 정확성, 그리고 사용역이 있다.

〈도표 7-1〉 ESL 작문 분석표(Jacobs et al., 1981: 30)

ESL 작문 분석표			
학생	날짜		주제
점수 수준	기준		견해
내용	30~27	우수~매우 잘함: 주제에 대해 아주 많이 알고 있음, 요지가 분명함, 완벽한 논지 전개, 제시된 주제와 관련 있음.	
	26~22	잘함~보통: 주제에 대한 약간의 지식, 적절한 내용 범위, 한정적인 논지 전개, 주제와 대부분 관련이 있지만 세부 정보가 부족함.	
	21~17	무난함~부족: 주제에 대한 제한적인 지식, 요지가 거의 불분명함, 주제에 대한 전개가 부적절함.	
	16~13	매우 부족: 주제에 대한 지식이 나타나지 않음, 요지가 불분명함, 연관성이 없음, 또는 평가하기에 충분하지 않음.	
구성	20~18	우수~매우 잘함: 유창한 표현, 생각이 분명하게 언급되었고 뒷받침됨, 간결함, 잘 구성됨, 논리적 연결, 응집성.	
	17~14	잘함~보통: 문체가 다소 고르지 못함, 늘어지게 구성되었지만 중심 생각은 두드러짐, 근거가 부족함, 논리적이지만 불완전한 연결.	

	13~10	무난함~부족: 유창하지 않음, 생각이 혼란스럽거나 일관성이 없음, 논리적 연결과 전개가 부족함.
	9~7	매우 부족: 의사소통이 안 됨, 구성이 되어 있지 않음, 또는 평가하기 충분하지 않음.
어휘	20~18	우수~매우 잘함: 세련된 어휘 범주, 효과적인 단어와 관용어 구 선택 및 사용, 완전 습득한 단어 형태, 적절한 사용역.
	17~14	잘함~보통: 적절한 어휘 범주, 단어 및 관용어구의 형태, 선택, 사용법에서 가끔 오류가 있지만 의미가 모호하지는 않음.
	13~10	무난함~부족: 한정적인 어휘 범주, 단어 및 관용어구의 형태, 선택, 사용에서의 빈번한 오류, 의미가 혼란스럽거나 모호함.
	9~7	매우 부족: 기본적인 어휘 번역, 영어 어휘, 관용어구, 단어 형태에 대한 지식이 거의 없음, 또는 평가하기에 충분하지 않음.
언어 사용	25~22	우수~매우 잘함: 효과적인 복합(문)구조 사용, 시제, 수, 단어 배열/기능, 관사, 대명사, 전치사의 일치에 대한 오류가 거의 없음.
	21~18	잘함~보통: 유효하지만 단순한 구성, 복합(문)구조에서의 가 벼운 문제, 동의, 시제, 수, 단어 배열/기능, 관사, 대명사, 전치 사에서 어느 정도 오류가 있지만 의미는 거의 모호하지 않음.
	17~11	무난함~부족: 단문/복문 구조에 심각한 문제가 있음, 부정, 동의, 시제, 수, 단어배열/기능, 관사, 대명사, 전치사에 대한 빈번한 오류, 언어 사용이 단편적이고, 행을 바꾸지 않고 계속 하거나, 삭제함. 의미가 혼란스럽거나 모호함.
	10~5	매우 부족: 문장 구조 규칙에 대한 습득이 사실상 이루어지지 않음, 오류가 난무함, 의사소통이 안 됨, 또는 평가하기에 충 분하지 않음.
기술	5	우수~매우 잘함: 규칙에 대한 능숙함이 잘 나타남, 철자, 구두 점, 대소문자구별, 문단 구분에 거의 오류가 없음.
	4	잘함~보통: 철자, 구두점, 대소문자 구별, 문단 구분에서 가끔 오류가 나타나지만 의미는 모호하지 않음.
	3	무난함~부족: 철자, 구두점, 대소문자 구별, 문단 구분에서 빈 번한 오류, 필체가 고르지 못함, 의미가 혼란스럽거나 모호함.
	2	매우 부족: 규칙에 대한 습득이 전혀 이루어지지 않음, 철자, 구두점, 대소문자 구별, 문단 구분에서의 오류가 난무함, 읽기 힘든 필체, 또는 평가하기에 충분하지 않음.
총점	읽은 사람	논평

어휘는 이 분석표를 구성하는 다섯 가지 평가 척도 중 하나이다. 이 분석표를 보면 각각의 평가는 개별적으로 작성되는 것으로 보이지만 평가 기준에 따라 수여되는 점수들을 합산하여 100점 만점으로 계산하는 방법도 있다. 이 방법을 사용하면 평가가 균등하지 않게 되는데, 저자들은 평가자들이 문법적, 기술적 오류보다는 글의 의사소통 질 측면에 더욱 중점을 두기를 원하기 때문이다. 따라서 그들은 어휘를 내용, 구성과 함께 의사소통의 효율성을 측정하는 것으로 보았고, 이 세 항목은 전체 점수의 70%에 해당되며, 언어 사용과 기술은 상대적으로 낮은 점수(30%)로 매겼다(Jacobs et al., 1980: 34~37).

하지만 총점을 계산한다는 개념은 학습자의 쓰기 과제 수행에 대한 분석표 개념과 다소 맞지 않다. 가장 최근의 분석적 평가 체계의 경향은 각각의 평가를 개별적으로 하는 것과 합산하여 하나의 균등한 점수를 내는 것이다. 햄프-라이온스(Hamp-Lyons, 1991: 249)는 쓰기의 여러 가지 구성요소들의 상대적 기여도에 관해 타당한 판단을 하는 데에 이들이 서로 얼마나 밀접하게 연관되어 있는지 충분히 알지 못한다고 하였다. 그렇기 때문에 그녀는 만약 성적발표를 위해 단일 점수로 평가들을 합산해야 한다면 각각의 요소들에 균일하게 가중치를 주어야 한다고 제안한다.

분석적 평가 척도는 수험자 수행의 모든 측면을 다루려고 한 것은 아니다. 한 가지 이유는 수준이 많아질수록 각각을 명료하게 규정짓기가 더 어려워지고 채점자들에게 요구사항은 더 늘어난다. 햄프-라이온스와 헤닝(Hamp-Lyons & Henning, 1991: 364)은 각각 9단계로 구성된 7가지 평가 척도를 활용하여 쓰기 평가에 대한 연구를 시행하였다. 그들이 언급한 바에 따르면 "에세이 평가는 복합적 인지적 작업이며 아주 광범위한 척도와 복합적 특성들의 조합은 평가자들에게 심한 인지적 부담을 준다". 따라서 종합적인 평가 체계를 갖는 것과 실질적으로 효율적이게 적용될 수 있는 것의 균형이 필요하다.

분석적 평가 체계 설계자들은 평가 척도 개발의 기준을 제시하기 위해 학습자의 과제 수행에서 3~5가지 측면을 주로 선택한다. L2 쓰기 평가에서 이미 발표된 분석적 평가 체계들은 종종 어휘 사용에 초점을 둔 척도를 포함한다. 하지만 어떤 경우에 어휘는 학습자의 산출물에서 큰 부분을 구성하고 있는 것으로 보인다. 예를 들면 브라운과 베일리(Brown & Bailey, 1984)의 학술적 쓰기 평가를 위한 평가 척도 중 하나는 '표현의 질과 양식'이라고 이름 붙여진 것이다. 이 척도에 대한 설명은 아래와 같다.

- 매우 잘함-잘함: 20~18 정확한 어휘 사용, 병렬 구조의 사용, 간결함, 적절한 사용역
- 잘함-보통 이상: 17~15 여러 가지를 시도함, 적절한 어휘, 장황하지 않음, 사용역 양호, 비교적 간결한 문체
- 보통 이상-보통: 14~12 몇몇의 어휘가 잘못 사용됨, 사용역에 대한 인식 부족, 너무 장황함
- 미달-대학수준이 아님: 11~6 생각의 빈약한 표현, 어휘에서의 문제, 구조의 다양성 부족
- 부적절한 어휘 사용: 5~1 사용역이나 문장의 다양성에 대한 개념이 없음

(Brown & Bailey, 1984: 41에서 가져온 예)

따라서 평가자들은 사용역과 간결한 표현에 대한 적절성을 판단하면서 글쓴이들이 얼마나 적절하게 어휘를 사용했는지를 고려해야 한다. 게다가 문장 구조가 쓰기 양식에 영향을 미치는 방식에 대한 언급도 있다. 하지만 이에 대한 언급이 다섯 수준 설명 모두에 일관되게 나타나지는 않는다. 따라서 브라운과 베일리는 어휘를 쓰기에서 생각을 표현하는 주요 수단으로 보았던 것으로 보인다. 이는 여기에서는 어휘 구조를 단순히 하나의 단어로만 규정하는 것이 아니라 더 큰 어휘적 단위도 포함하고 있음을 나타내는 것이다.

더욱 광범위한 범위에서 어휘가 포함된 평가 체계의 또 다른 예는 햄프-라이온스와 헤닝(Hamp-Lyons & Henning, 1991)이 사용한 의사소통적 쓰기의 실험적 분석표이다. 위에서 언급했던 것처럼, 이 분석표는 7개의 평가 척도로 구성 되어 있는데, 그 중 두 가지는 언어적 정확성과 언어적 적절성이다. 언어적 정확성은 평가자가 어휘뿐만 아니라 구두점, 철자 그리고 문법 오류까지 판단해야 한다. 예를 들면, 9등급 중 등급 6 같은 경우에는 '독자가 어휘, 철자 또는 문법 오류를 알아차리지만 오류는 이따금씩 발견됨'과 같이 규정되어 있다. 이런 경우에서 어휘는 위에서 언급한 (어휘가 쓰기에서 가장 중요한 것으로 규정한) 브라운과 베일리의 '표현 양식과 질' 평가 척도와는 꽤 다른 역할을 한다. 여기에서 가장 먼저 언급될 수 있는 가능한 오류 하나를 살펴보면 문법적 혹은 철자 오류가 채점에 있어서 더 큰 영향을 줄 수 있다는 것이다. 언어적 적절성은 훨씬 더 일반적으로 '언어 체계'를 언급하고 있다. 등급 6에 대한 설명을 보면 "언어 체계를 적절하게 다루는 제한적 능력이 있지만 이는 이따금씩 방해가 된다"(Hamp-Lyons & Henning 1991: 371). 또한 언어적 적절성은 "선택된 어휘와 문법 특징들의 강점"(Hamp-Lyons & Henning, 1991: 344)으로 정의를 내린다. 그리고 이 저자들은 응시자들에게 특정한 사용역에 한해서 글을 쓰도록 하는 과제의 경우에 사용역의 개념이 의의가 있다고 얘기한다(Hamp-Lyons & Henning, 1991: 363). 따라서 언어적 적절성에서의 수준 설명들이 어휘에 대해 명쾌하게 언급하지 않더라도 연구자들에게는 중요한 부분으로 보일 수 있다.

학습자가 쓴 글에서 어휘가 큰 부분을 차지하는 평가 척도와는 대조적으로 언어 사용에 매우 구체적으로 중점을 두는 척도들도 있다. 예를 들면 위어(Weir, 1990)의 교육 목적 영어 시험(Test in English for Educational Purposes: TEEP)에는 '목적에 따른 어휘의 적절성'이라고 이름 붙여진 쓰기와 말하기 과제 모두에 대한 평가 체계가 있다. 말하기에 대한 평가 체계는 다음과 같다.

0 의도된 의사소통의 가장 기본적인 부분에서조차 부적절한 어휘

1 간단한 요구 사항을 표현하는데 필요한 어휘에 한계가 있음. 즉, 어휘의 부적절성이 가장 기본적인 대화 주제를 제한함. 어휘의 부적절성이 빈번하고 과도한 반복이 나타남.

2 어휘의 부적절함과 부정확함으로 인해 어느 정도 오해가 생김, 주저하거나 우회적 표현이 빈번함. 하지만 능동적 어휘의 발전에 대한 표시가 나타남.

3 해당 과제에서의 어휘 사용에 부적절함과 부정확함은 거의 없음. 우회적 표현이 드물게 나타남.

(Weir, 1990: 147)

이 평가 척도는 어휘 사용의 범위와 정확성을 측정하는데, 이것은 영어 전용 대학에서 공부하는 경험을 모의로 의도한 몇 개의 과제 수행에 대하여 판단한다. 이 과제는 소집단 토의에 참여하는 것과 도표나 그래프에 대해 질문하는 것, 그리고 간단하게 준비하여 발표를 해보는 것이 있다.

어휘 사용에 대한 별개의 분석적 평가 척도인지 아니면 어휘가 좀더 넓은 척도에 포함되는지는 시험 설계자들이 평가를 구성하는 구성체를 어떻게 규정하는지에 달려 있다. 6장에서 언급했던 구성 개념에 대한 교수요목 중심 접근법과 이론 중심 접근법의 바크만과 팔머(Bachman & Palmer, 1996: 117~120)의 구분은 이와 관련된다. 교수요목 중심 개념은 구체적인 학습 목표에 따라 학습자의 진전도를 측정하기 위한 목적의 교수 설계에 적합하다. 그리고 만약 이들이 어휘 지식과 사용에 대한 측면을 포함한다면, 이는 학습자들이 얼마나 잘 학습목표를 달성했는지에 대한 정보를 제공하기 위해 분석적 평가 척도를 사용하는 것이 타당하다. 반면에 이론 중심 개념은 학습자들이 목표 언어를 사용해야 하는 상황에 대한 분석과 함께 언어 능력 모형을 나타낸다. 후자의 접근법은 특정한 교수요목에 대한 참조 없이 숙달도를 측정하는

목적에 필요하다. 개별적 어휘 평가와 내포적 어휘 평가에 대한 필자의 구분 역시 여기에 적용된다. 언어 능력에 대한 큰 구성체에 어휘가 내포되면 될수록 어휘에만 중점을 두는 평가 척도가 될 가능성은 줄어들 것이다.

7.4. 결론

이 장에서 우리는 쓰기와 말하기에 포함된 어휘를 평가하는 데에 사용할 수 있는 측정 방법에 대해 살펴보았다. 이 측정 방법들은 읽기나 듣기 시험의 입력으로서의 텍스트 평가와 학습자들이 쓰기나 말하기 과제에 대한 응답으로 산출해낸 것에 대한 평가 모두에 적용될 수 있다. 물론 어휘 통계는 종종 '객관적' 측정으로 묘사되기도 하지만 이 통계치를 산출하는 데에 주관적 판단이 중요한 역할을 한다는 점을 분명히 해야 한다. 단어 형태들을 목록화하고 수를 세는 것은 컴퓨터 분석으로 쉽게 이루어지지만, 적절한 어휘 범주를 규정하고 개별 어휘 항목들을 분류하는 데에는 상당한 양의 수작업이 필요하다. 통계를 연구 목적으로 사용하는 데에는 제한적인 경향이 있다.

어휘 통계와 주관적인 평가 사이의 관계를 탐색하는 연구는 그 수가 매우 한정적이다. 쓰기에 대한 어휘적 통계에 대한 논의들을 언급했었는데, 몇몇 연구자들은 동일한 작문에 대한 질적 평가와 어휘적 통계 사이에 연관성이 있다고 하였다. 하지만 이 연구에 쓰인 평가는 분석적이기보다는 종합적인 것이었다. 개별적인 어휘 통계를 구체적인 분석적 평가 체계와 비교하는 연구는 아직 나오지 않은 것으로 보인다. 예를 들면 어휘적 다양성에 대한 통계와 어휘 사용 범위에 대한 평가를 비교하거나, 또는 학습자의 글이나 발화에서 나타나는 어휘 오류 수와 오류 양에 대한 평가자의 주관적 판단을 비교하는 등의 연구는 발표되지 않았다. 통계적 평가는 분석적 평가에 대한 타당성의 근거를 중 하나를 제시할 수 있다. 물론 이것은 통계적 산출이 모든 언어 사용의 양상을 잡아 낼 수 있다는 것은 아니며 주관적 평가가 통계적 평가와 상반되게 나타나더라도 주관적 평가가 유효하지 않은 것은 아니다. 이 두 증거는 말하기와 쓰기 과제에서의 학습자 수행에 대한 평가를 정당화하는 데 필요하다.

제8장 **어휘 평가의 발전 과제**

8.1. 도입

이전 장에서 제2언어 어휘 평가에 대한 다양한 연구들을 살펴보았고, 공통적인 틀 안에서 다른 측정 유형으로 평가할 수 있도록 하는 3가지 관점을 제시하였다. 기존의 어휘 시험들—필자가 주로 분리적, 선택적 그리고 맥락 독립적으로 설명했던—은 특정한 목적으로 이루어지는 연구의 효과적인 도구이며, 전 세계의 제2언어 교수 프로그램에서 일상적으로 시행되고 있다. 이런 기존의 시험들은 계속해서 사용될 것이고 새로운 시험들도 고안될 것이다. 이러한 시험들은 언어 지식의 한 가지 개별적 형태로 어휘에 중점을 두거나 어휘 항목을 의미의 개별 단위로 처리하는 평가 상황에서 가장 효과적이다. 언어 교수 방법론에서의 중심이 형태 초점 교수를 더 강조하는 쪽으로 되돌아 갈 때, 어휘적 형태를 포함한 언어의 구조적 특징에 대한 학습자의 숙달도에 주목하게 하는 데 다시 관심이 쏠린다.

하지만 필자는 기존의 시험들은 어휘 평가에 대한 당대의 모든 요구 사항을 충족시킬 수 없다는 것도 보여 주었다. 우리는 내포적, 포괄적 그리고 맥락 의존적인 더 큰 평가 방법을 포함하는 논의에 관한 우리의 생각을 좀 더 넓혀나갈 필요가 있다. 이 장의 본문에서는 제2

언어 어휘에 대한 현재의 연구 분야들을 검토해 보고자 하는데, 그것은 폭넓은 관점이 필요하다는 필자의 견해에 추가적인 증거를 제시할 것이며, 앞으로의 어휘 평가에 있어서의 발전 과제를 살펴볼 것이다. 이 장에서의 광범위하고 다양한 이론적인 개념들과 연구 결과들에 비하면 평가의 영향에 관한 이러한 언급은 다소 한정적일 것이다. 이것은 소수의 학자들이 어휘 평가 설계에 보다 폭넓은 관점을 어떻게 적용시키는지에 대해 연구를 해 오고 있다는 사실을 반영한다. 어떻게 하는지 그 방법에 대해서는 아래에 제시할 것이며, 이어지는 논의는 앞으로의 어휘 평가의 발전 방식에 관한 여러분의 생각을 고무시킬 것으로 기대된다.

이 논의에 대해서 두 가지 주제를 살펴보고자 한다. 첫째는 어휘 분석과 평가에 도움이 될 컴퓨터에 관한 것이다. 이미 5장에서 유로센터 어휘 양 시험과 가장 최신 방식인 토플, 이 두 가지 경우에 대해 살펴본 것처럼, 가속화되고 있는 경향 하나는 의심할 여지없이 컴퓨터를 이용한 언어 시험일 것이다. 개별적인 어휘 시험의 기본 형태들—점검표, 선다형, 연결하기, 이름붙이기, 빈칸 메우기—은 전산화된 방식에 적절하다. 그리고 맥락 독립적인 항목들은, 특히 **컴퓨터 적응 시험**(computer adaptive testing)에 더 적합하다. 이 컴퓨터 적응 시험은 각각의 수험자가 설정된 문제 은행에서 컴퓨터로 선정된 일련의 문항에 대해 개별 응답 유형에 따라 응답하는 것이다. 게다가 학습자들이 컴퓨터에 글을 작성할 경우, 그 텍스트의 형식적인 특징이 7장에서 논의한 통계를 이용하여 좀 더 쉽게 분석될 수 있다. 그러나 중요한 것은 시험 과제가 단지 그것이 전산화될 수 있기 때문이 아니라, 평가의 목적에 따라 선정된다는 것이다. 학습자의 어휘 지식과 사용에 대한 표본을 이끌어 내는 타당한 방법이 무엇인지에 대해서는 자동화된 시행 및 채점의 편리함과 우리의 (주관적) 판단과 비교하여 따져보아야 한다.

이 장에서는 컴퓨터 기반 시험에 관해 더 언급하지 않는 대신, 컴퓨터 분석이 두 번째로 일반적인 주제, 즉 일반적인 언어 사용 맥락에서 어휘의 풍부한 이해를 발달시키기 위한 필요성에 어떻게 기여할 수 있는지에 초점을 맞출 것이다. 2장에서 어휘 형태 목록과 그와 관련된 의미들보다 더 많은 어휘들이 있다는 것을 보여 주었다. 만약 여러분이 2장 이후의 여러 장에서 다루었던 다양한 어휘 평가 절차에 대해 깊이 생각한다면, 여러분은 최소한 세 가지 측면에서 이 주제에 대한 제한된 관점을 담고 있음을 인식하게 될 것이다. 첫째, 어휘 평가는 여전히 긴 어휘 항목보다는 개별 단어에 초점을 두고 있다. 둘째, 어휘 평가는 대개 문어에서의 어휘 사용에 대해 다루고 있다. 그에 비해 구어 어휘의 뚜렷한 특징에 대해서는 주목하지 않고 있다. 세 번째 한계는 어휘 사용에 대한 사회언어학적인 관점이 결여되어 있다는 것이다. 평가 목적에서, 어휘 사용의 광범위한 사회적 관점 또는 화용적 관점을 강조하지 않고 구조적 단위나 의미론적인 단위로 어휘 항목들을 다루려는 경향이 있다.

이 모든 세 가지 분야에서 컴퓨터 분석은, 특히 현재 떠오르고 있는 말뭉치 언어학 분야를 통해 새롭게 통찰할 기회를 제공한다(최신 정보를 보려면, Kennedy, 1988; Biber, Conra & Reppen, 1988 참조). 그러나 필자가 앞에서 언급한 바와 같이 같은 조건이 여기에 적용된다. 즉, 컴퓨터 산출량이 우리가 평가 목표를 달성하는 데 있어서 어떻게 도움을 줄 수 있는지에 대한 분명한 인식이 필요하다는 것이다. 컴퓨터가 제공하는 양적 자료는 타당한 질적 평가를 활용함으로써 분류되고 해석되어야 한다.

8.2. 어휘 단위에 대한 인식

어휘 연구에 대해 기본적으로 필요한 조건 한 가지는 우리가 다루고 있는 단위에 관한 양질의 정보이다. 이 절에서는 먼저 단어 빈도 목록

의 현 상황을 재검토하고, 어휘 평가에서 여러 단어로 된 어휘 항목을
어떻게 다루어야 하는지의 문제를 논하기로 한다.

8.2.1. 새로운 단어 목록

어휘 시험에서 어휘 양이 중요한 개념이라는 것은 앞장에서도 살펴봤
듯이 분명한 사실이다. 이는 우리가 어휘 양 시험을 구성할 때 해당
언어에서 가급적 표준 목록이나 표본에 있는 단어 형태들이 얼마나
자주 나타나는지에 대한 자료를 가지고 있어야 한다는 것을 의미한다.
영어의 경우, 영어 어휘 교사들과 연구자들은 모든 학습자들이 알아야
하는 고빈도 단어 목록인 웨스트(West, 1953)의 『General Service List』와
언어에서 단어 빈도에 대한 보다 광범위한 지침서인 손다이크와 로지
(Thorndike & Lorge, 1944)의 『Teacher's Word Book』을 사용해 왔다. 이것
들은 1920년대부터 1940년대까지 사람이 직접 힘들여서 작성한 문어
텍스트의 단어 수를 바탕으로 한 것이다. 그 시기 이후로는 비록 컴퓨
터가 엄청난 양의 말뭉치를 모으고 그 속에서 단어 형태의 발생을 계산
하는 것을 훨씬 간편하고 빠르게 만들어 주었지만, 오랜 기간 동안
만들어진 이 목록들을 대신하는 단일 목록은 아직까지 없다.

가장 초기에 컴퓨터로 이루어진 계산은 1960년대에 미국에서 이루
어졌다. 쿠세라와 프랜시스(Kučera & Francis, 1967)는 브라운(Brown) 대
학의 성인 대상 미국 영어 텍스트의 100만 단어 말뭉치에서 단어를
계산하였다. 반면에 캐럴, 데이비스 그리고 리치맨(Carroll, Davies &
Richman, 1971)은 미국 초등학교, 중학교 학생들을 위해 출간된 자료에
서 수집한 500만 단어 말뭉치를 사용하였다. 그러나 두 목록은 단어
빈도에 대한 일반적인 참고 자료로서 많은 한계점을 지닌다.

- 그들은 텍스트에 나타난 단어 형태 그대로를 계산하고 있다. 예를 들면
  캐럴, 데이비스 그리고 리치맨(Carroll, Davies & Richman, 1971)에서는

*hammer, Hammer, HAMMER, hammered, hammering, hammers*를 각각 분리된 항목으로 계산하였다. 다시 말해, 초기 목록은 제대로 분류되어 있지 않았으나, 프랜시스와 쿠세라(Francis & Kučera, 1982)에서 나중에 가장 빈도가 높은 단어의 기본형 6,000개의 목록을 포함하고 있는 분류된 방식을 내놓았다.

- 마찬가지로 그것은 단일 단어 형태로 계산되었다. 예를 들어, Santa Fe 와 New York처럼 익숙한 지명은 두 개의 별개의 단어로 계산하였다.
- 이 목록은 동음이의어의 다양한 의미와 문법적 기능을 구별하든 기본 단어와 파생 형태를 한데 묶든 간에 단어 형태가 단어족으로 무리를 이루지 않고 있다.
- 이 목록들은 미국에서 출간된 문어 자료에서 사용된 어휘들만을 대표하고 있다. 그러나 영국의 단어 빈도에 관한 비교할 만한 자료는 Brown 대학의 말뭉치와 같은 구조를 가진 LOB(Lancaster-Oslo-Bergen)의 영국 영어 말뭉치를 바탕으로 한 프랜시스와 쿠세라(Francis & Kučera, 1982)와 유사한 책 호프랜드와 조한슨(Hofland & Johansson, 1982)에서 발견된다.
- 이 목록들이 기본으로 하고 있는 말뭉치들은 범위가 한정적이다. Brown 대학의 말뭉치는 1990년대를 기준으로, 규모가 작으며 심지어 광범위한 장르의 텍스트까지 포함하고 있다. 캐롤, 데이비스 그리고 리치맨(Carroll, Davies & Richman, 1971)이 사용한 American Heritage 말뭉치는 규모가 좀 더 크고 다양한 분야의 주제를 다루고는 있지만, 취학 아동들을 위한 교육적인 텍스트로 그 범위가 제한적이다.

1990년대에는 많은 대규모 말뭉치가 구축되었다. British National 말뭉치와 Cambridge International 말뭉치는 총 1억 단어를 구축하였고, 동시에 COBUILD 영어 은행은 1998년 7월에 3억 2천 9백만 단어를 보유하였다. 물론 이들의 내용물들은 여전히 문어 텍스트에서 추출된 것이 지배적이지만 상당한 양의 구어 자료도 포함하고 있다. 소프트웨어의 발전은 단어 형태를 계산하고, 되풀이되는 단어 조합을 찾아내며 특정한 단어가 등장하는 맥락을 점검하는 것을 이전보다 훨씬 쉽게 만들어 주었다. 그럼에도 불구하고 현행의 말뭉치 사업의 어디에서도 완벽하고 독립된 형태의 단어 빈도 목록은 발표되지 않고 있다. 한 가지 이유는 대규모 말뭉치를, 주로 언어학적 연구와 사전학이라는 목적 때문에 말뭉치를 이용하는 선도 대학들과 학습자 사전 출판사들 간의 합작 사업이라는 것이다. 이 말은 단어 빈도 자료가 좀 더 일반적인 기준을 바탕으로 하기보다는 이러한 분야에서 나타나는 구체적인 문제들을 다루기 위해 선택적으로 사용된다는 것을 의미한다. 게다가 상업적으로 고려된 사항들은 외부 참여 기관의 말뭉치에 대한 접근에 제약을 둔다.

이러한 말뭉치 사업에 의해 구축된 어휘 목록을 대부분의 사람들이 접근할 수 있는 기회는 제한적이다. 싱클레어와 리누프(Sinclair & Renouf, 1988: 149)는 그 당시 언어 교수를 위한 어휘 교수요목을 지지하는 그들의 글에서 COBUILD(버밍엄) 말뭉치에서 가장 빈번한 200개의 단어 형태를 제시하였다. 이러한 접근법의 원리는 COBUILD 영어 과정에서 윌리스와 윌리스(Willis & Willis, 1988~89)에 의해 실행되었고, 교사용 교재 시리즈는 그 과정의 세 단계를 바탕으로 2,500개의 누적된 단어 목록을 포함한다. 가장 최근에 매카시와 카터(McCarthy & Carter, 1997: 23~24)는 캠브리지 대학 출판사에서 후원한 구어와 문어 말뭉치에서 가장 일반적인 단어 50개의 목록을 제시하였다.

말뭉치에서 구축한 빈도 데이터를 이용할 수 있는 또 다른 방법은 학습자 사전을 통한 것이다. 『Collins COBUILD English Dictionary』 1995년 판과 『The Longman Dictionary of Contemporary English』는 고빈도 단어를 찾아내기 위하여 코딩 시스템을 사용한다. 롱맨 사전은 말하기와 쓰기에서 처음과 두 번째, 세 번째 1,000단어에 간단한 1-2-3 코드를 부여한다. 반면에 COBUILD는 다섯 개의 빈도대로 구성된 훨씬 더 정교한 체계를 구축하였으며, 실제로는 부호화되지 않은 다른 모든 단어로 구성된 여섯 번째 빈도대를 추가하였다. 첫 번째 빈도대는 가장 높은 빈도 700단어로 이루어져 있고, 다른 네 개의 빈도대는 각각 차례로 1,200개, 1,500개, 3,200개, 8,100개의 단어를 포함하여 총 14,700개의 단어를 제시하고 있다. 따라서 어휘 양 측정을 목적으로 하는 말뭉치 기반 어휘 목록 구성 방법 중 하나는 사전들 중 하나를 구석구석 찾아서 이들의 빈도대에 따라 단어들을 수집하여 분석하는 것이다.

그러나 사전 편찬자들도 빈도 계산 목적에서 '단어가 무엇인지'를 어떻게 정의했는지(단어에 대한 정의를 어떻게 내렸는지) 명쾌하게 진술하지 못한다는 점을 아는 것이 중요하다. 물론 사전의 표제항이 구조화되어 있는 방법을 분석하여 이러한 것들을 추론해낼 수는 있지만, 일반적인 단어 빈도 목록은 단어 형태들을 어떻게 분류한 것인지에 대한 명확한 진술과 연관 지을 필요가 있다. 곧, 그 목록의 항목들은 원문에 등장하는 실제 단어 형태인가, 레마(lemmas)인가, 단어족인가? 다루어야 하는 또 다른 문제는 목록에서 항목을 선택하고 정리하는 데 빈도가 유일한 기준이었느냐 하는 것이다. 이러한 점에서 '단어 빈도 목록'은 부적절한 명칭이다. 왜냐하면 다른 고려 사항에도 역시 주의를 기울여야 하기 때문이다.

『General Service List』(West, 1953)를 예로 살펴보자. 이 목록은 모든 외국어로서의 영어 학습자들이 꼭 알아야 하는 고빈도 단어족 2,000개를 기본 어휘로 엮은 것이다. 이러한 작업이 꽤 오래전에 이루어졌기 때문에 시대에 뒤떨어진다는 비판을 자주 받아왔다(예, Richards, 1974 참조). 게다가 엥겔스(Engels, 1968)는 텍스트의 광범위한 분야에 걸쳐 자주 나타난다는 점에서 이 목록의 두 번째 1,000단어가 첫 번째 1,000단어에 비해서 훨씬 덜 '일반적'이라고 주장했다. 만약 여러분이 그 목록을 열람한다면, 영어 어휘 습득 초기 단계의 학습자들에게 유용할 것 같지 않은 *applaud, carriage, empire, noble, rake* 같은 단어들을 발견하기 어렵지 않을 것이다.

현대적 컴퓨터 기술의 이점을 이용해 새로운 고빈도 어휘 목록을 만들어 내는 것이 간단한 문제처럼 보일 수도 있다. 그러나 그 목록이 교수와 평가 목적에 매우 유용하다면, 수많은 처리 방법과 선정 기준을 적용할 필요가 있을 것이다(Nation & Waring, 1997: 18~19 참조)

- 적어도 대규모의 수백만 단어 말뭉치 중 하나를 바탕으로 해야 하는데, 양상(구어 대 문어), 주요 종류(영국식 대 미국식) 그리고 사용역에 관해서 가능한 한 현대 영어를 대표할 만한 것이어야 한다.
- 단어 형태를 처음에는 빈도의 역순(내림차순)으로 목록화하고 분류·정리할 필요가 있다. 비록 이 과정이 지금은 대규모로 자동화될 수 있지만, 단어 기본형을 분류할 때는 산출량의 오류를 아직도 일일이 수작업으로 확인해야 한다.
- 보편적인 고빈도 목록을 위한 단어 선정에는 빈도뿐만 아니라 범위도 고려되어야 한다. 다양한 맥락에서 사용된 단어들을 확인하기 위해서 말뭉치에 나타난 각 대표 언어(영국식 대 미국식)에 대한 분리된 빈도 수 계산이 필요하다.
- 그 목록을 단지 개별 단어들로만 구성할 것인지 아니면 본래 그 자체로 항목으로 포함되는 범위와 충분한 빈도를 가진 고정된 구로 나타낼 것인지에 대해 결정해야 한다.
- 다른 선택 기준 또한 고려될 필요가 있다. 예를 들면, 『General Service List』는 *behave, berry, fry, left, polite, sew, spoon*과 같은 단어들을 포함하고 있는데, 이 단어들은 그다지 빈도가 높지는 않지만 다른 방식으로는 쉽게 표현되지 않는, 일상생활에서 쓰는 물건들, 활동, 개념 등을 나타낸다. 역으로 단어나 구는 그 의미가 고빈도 항목으로 쉽게 처리될 수 있기 때문에 배제될 수도 있다.
- 레마(lemmas)가 단어족으로 묶일 수 있도록 선정된 레마(lemmas)에 대해 철저한 의미론적 분석이 있어야 한다. West's List(1953)의 장점 중 하나는 처음에 어휘 지식을 습득할 때 학습자들에게 어떤 의미를 가르

쳐야 하는지에 관한 권고와 함께 단어족 내의 의미와 다른 형태의 상대적 빈도에 관한 정보를 포함하고 있다는 것이다. 이러한 기술은 사전편찬자들이 학습자 사전의 항목을 구성할 때 요구된다.

물론 금세기 초 선구적인 학자들이 한 것보다 시간이 훨씬 덜 걸리는 고빈도 단어 목록의 개발을 가능하게 하는 컴퓨터 분석 방법이 분명히 있겠지만, 이는 양질의 목록을 만들기 위해서 상당량의 숙련된 분석과 판단력이 필요할 수도 있다. 그래서 지금까지 아무도 시도하지 않고 있다.

첫 2,000단어를 넘어서면 어휘 연구자들과 교사들은 초급을 지나 수준이 향상된 학습자들의 어휘 양을 측정하는 데 지속적인 관심을 가진다(4장 참조). 이것은 필자가 서술했던 원리들을 바탕으로, 최소한 5,000단어 수준에서 최고 10,000단어까지 확대되는 일반적인 단어 빈도 목록에 대한 수요가 있다는 것을 의미한다. 현대 영어에서 단어족의 빈도를 알려주는 표준 참고서를 가지고 있는 것이 유용할 것이다. 그러나 처음 2,000단어에서 더 나아간다면 확실히 빈도가 덜 중요해질 것이다. 다시 말해서, 저빈도 단어의 선정은 점점 더 학습자들의 구체적인 수요와 관심에 의존하게 된다. 그러므로 일반적인 목록을 보완하기 위해서는 다양한 전문 어휘들 역시 요구된다는 것이다.

중등학교나 대학교 학생들에게 흔히 중요하다고 여겨지는 단어 목록 중 하나는 준전문용어 혹은 학술적인 어휘이다. 앞장에서 대학 단어 목록(Nation, 1990: 235~239)에 대해 언급했는데, 그것은 1990년대 말부터 학술 단어 목록(Coxhead, 1998)에 의해 대체되었다. 그 목록을 개발하기 위해서 콕스헤드(Coxhead)는 학술적 읽기 자료의 말뭉치에서 총 3,500,000개에 달하는 단어를 수집했다. 그 말뭉치는 뉴질랜드 대학의 미술, 상업, 법, 과학학부의 28개 교과 영역과 정기 간행물의 기사, 책의 장(chapter), 수업 연습문제, 실험 설명서, 강의 기록 등으로 구성되었다. 처음에 단어 형태는 바우어와 네이션(Bauer & Nation,

1993)에서 제시한 구조적인 기준을 사용하여 단어족으로 분류되고 정리되었다. 이것은 단어족이 너지와 앤더슨(Nagy & Anderson, 1984)에서 사용한 의미론적 분석의 유형에 의한 것이 아니라 어간 형태가 취할 수 있는 접두사와 접미사의 종류에 따라 식별되었다는 것을 의미한다 (4장 참조). 단어의 어떤 유형들은 고빈도어(General Service List), 고유명사, 라틴어 축약형(*et al., i.e., etc.*)과 같은 고려사항에서 배제되었다. 나머지 단어족은 말뭉치에서 최소한 100번은 나타나야 하고 또한 범위 기준을 충족할 필요가 있는데, 그것은 단어족의 구성성분이 네 개 학부의 말뭉치에서 그리고 교과 영역의 반 이상에서 상당히 균일하게 발견되었다는 것이다. 그러한 결과로 완성된 목록에는 570단어족이 포함된다. 따라서 학문적 단어 목록 모음집은 필자가 일반적인 고빈도 목록에 대해 앞서 언급했었던 기본 원리들을 따르는데, 이 경우에는 보다 특정한 말뭉치가 사용되었고 모든 교과 영역에 걸친 발생 범위에 주어졌던 특별한 강조점은 제외한다.

학술 단어 목록은 주로, 학생들이 다양한 학문 학습을 준비하는 학문 목적 영어 프로그램에서 사용되도록 고안되었다. 분명한 것은, 특정한 목록은 특정 학문이나 교과 영역에서의 핵심 어휘를 제시하는 역할 또한 있다. 이것은 학술적 맥락뿐만 아니라 직업적, 기술적 또는 사회적 목적을 위한 제2언어 어휘의 학습에도 적용된다. 2장에서는 어휘 능력에 대한 의사소통적 접근 방식을 채택하여 얻은 논리적 결과는 어휘 양이 절대적인 것이 아니라 맥락 사용과 관련해서 평가되어야 한다는 샤펠(Chapelle, 1994)의 주장을 인용했다. 이 장의 뒷부분에서는 맥락 사용을 규정하는 것에 대해 문제를 제기하기로 한다. 그러나 (그렇게 할 수 있을 거라 가정한다면) 문제는 맥락에서의 구체적인 어휘 목록에 대한 어휘 항목을 어떻게 찾아내고 선정하느냐 하는 것이다. 우리의 첫 번째 생각은 그것은 전문용어를 포함해야 한다는 것인데, 이는 특정한 맥락에서만 사용되는 경향이 있고 그 단어에 친숙하지 않은 모든 사람들에게는 완전히 이질적일 것이다. 따라서 우리는 특정 분야에서 어떤 전문용어들이 고려되는지에 대한 한 가지 정보 자료로 심리학, 법학, 식물학, 자동차공학, 우표 수집 및 연구 등에 대한 전문용어 사전을 참고할 수 있다. 보다 실증적인 전략은 양(Yang, 1986)이 사용한 것으로, 그는 아홉 개의 과학 분야 텍스트 말뭉치에 통계적 분석을 적용했다. 이 통계 분석은 한 가지 분야에서 고빈도 단어를, 그리고 다른 분야에서 저빈도에서 0빈도까지의 단어를 찾아내기 위해 설계되었다는 점에서, 이 통계는 학술 단어 목록에서 콕스헤드(Coxhead, 1998)가 사용했던 측정 방법과 완전히 반대인 것이다. 양(Yang)은 또한 두 개 이상의 단어로 된 연어의 빈도를 찾기 위해 컴퓨터로 프로그램을 짜서 여러 단어로 된 전문용어를 찾아내는 방법을 제시하였다. 이런 경우에, 말뭉치에 있는 단어 형태에 문법적으로 태그를 붙일 필요가 있는데, 이는 그 프로그램이 복합 명사구의 형식적 특징을 가진 단어 조합들의 위치를 찾아내도록 하기 위한 것이다.

그러나 명확하게 정의된 전문용어가 특정 어휘 목록에 포함되도록 고려된 단어의 종류인 것만은 아니다. 특정 교과목에서 나타나는 어휘에 대한 두 최신 연구에 따르면, 또 다른 중요한 항목들은 해당 교과목에서 고빈도로 나타나는 비교적 익숙한 단어들이라는 것이다. 플라워듀(Flowerdew, 1993)는 첫 번째 연구에서 주로 생물학 학부 강의의 전사 자료로 구성된 말뭉치를 분석했고 *cell, water, food, plant, root, wall, energy, concentration, animal, stem, structure, body*와 같은 단어들뿐만 아니라 *membrane, molecule, cytoplasm*과 같은 특히 더 생물학적인 용어까지 포함한 가장 빈번한 빈도의 명사들을 찾아냈다. 마찬가지로, 경제학 교재의 어휘 분석을 통해 스타시아, 네이션 그리고 케네디(Sutarsyah, Nation & Kennedy, 1994)에서 밝힌 가장 빈도가 높은 단어는 *price, cost, demand, curve, firm, supply, quantity, margin, economy, income, produce*와 같다. 이들은 특정한 맥락에서 사용되는 특징을 가진 어휘들은 드물거나 특이한 항목을 찾는 것만으로는 확인될 수는 없다는 것을 제시하였다. 왜냐하면 일반적이거나 준전문적(suntechnical)인 목록의 단어들도, 특수한 목록에 포함될 수 있음을 입증하는 전문적 의미를 가지고 있을 수도 있기 때문이다. 플라워듀(Flowerdew, 1993: 236)는 전문적인 어휘와 준전문적인 어휘의 구별은 특수 목적 영어 학습자들을 그들의 학문 분야에서 나타나는 준전문적인 용어의 특정한 의미를 습득할 필요가 있다는 것과 심지어 학과 교과목에도 적용할 수 있음을 확인하였다.

그러므로 어휘 학습과 평가에 있어서 특수한 단어 목록의 역할은 틀림없이 존재한다. 그러나 하나의 목록으로 엮는 것은 쉬운 과정이 아니다. 첫째, 특정 (전문) 분야의 범위가 분명히 규정되어야 하고 본문의 내용이 다른 것들을 대표할 만한 것으로 선정되어야 한다. 개념적으로 그리고 선정 기준과 관련해서, 해당 분야의 특수한 어휘를 어떻게 구성할 것인지에 관한 결정이 필요하다. 그 다음에 어휘를 선정할 때는 앞에서 일반적인 목록에 대해 언급했던 것처럼 동일한 종류의 원리들이 적용되어야 한다. 이 경우에, 컴퓨터 분석이 어떤 점에서는 이 과정을 용이하게 할 수도 있으나 단어의 형태 및 이 단어와 연관된 의미에 관해 신중한 분석이 필요함을 무시하지는 못한다.

8.2.2. 여러 단어로 된 어휘 항목

언어학자들 사이에서 어휘 지식과 사용에 있어서 여러 단어로 된 항목의 중요성을 점점 인식하고 있음을 2장에서 언급했었다. 그리고 그 다음 장에서는 어휘 평가에 대한 논의에서 거의 전적으로 개별 어휘에 초점을 두고 있다는 것도 언급했었다. 이는 현재 제2언어 어휘 평가의 현실을 반영한 것이다. 아주 적은 사람들만이 좀 더 큰 어휘 항목들이 평가에서 어떠한 역할을 할 수 있는 방법을 제시해 왔다.

제1언어와 제2언어 쓰기 연구 모두에서 널리 사용된 문법적 질 측정 방법은 주절에 관련된 종속절이 더해져서 구성되는 T-단위 분석 방법이다. 이것은 보다 정교한 쓰기는 더 긴 T-단위로 이루어져 있고,

제2언어 글쓴이의 경우에는 오류가 거의 없다고 가정한다. T-단위는 구어 텍스트보다 문어에서 비교적 쉽게 식별할 수 있고, 원칙적으로 텍스트 내의 모든 문장은 이러한 방식으로 분류될 수 있다. 우리가 텍스트를 어휘적으로 분석할 때에도 비슷한 단위를 사용할 수 있으면 좋겠지만, 불행히도 그런 것은 존재하지 않는다. 텍스트를 선택하고 그 안에 있는 여러 단어로 된 어휘 항목을 모두 분석해낼 쉬운 방법은 없다. 2장에서는 이러한 항목들은 특히 내부 구조가 고정된 정도에 따라 달라지기 때문에 불분명한 경계를 지닌 열린 구조를 형성한다는 것을 살펴보았다.

여러 단어로 된 항목을 식별하는 데에는 두 가지 접근 방식이 있다. 전통적인 접근 방식은 되풀이하여 발생하는 단어 조합들, 특히 전체 의미가 개별 단어들의 의미와는 상당히 다른 관용구가 무엇을 나타내는지에 대해 모어 화자들의 판단에 의존하는 것이다. 과거에 이 방법은 텍스트 내에서 나타나는 여러 단어로 된 항목을 수동으로 분석하는 것으로 보강되었다. 최근 말뭉치 언어학의 발달은 컴퓨터에 대규모의 텍스트를 저장하여 사용함으로써 훨씬 객관적인 방법의 대안을 제시하고 있다. 말뭉치 연구자들은 같은 텍스트 환경에서 함께 무리를 이루려는 경향을 보이는 단어들, 즉 **연어**(collocation)에 대한 말뭉치를 찾기 위해 소프트웨어를 만들었다. 이 단어들은 연속적으로 발생할 필요가 없는데, 단어들 사이에 다른 단어들이 삽입될 수 있기 때문이다. 게다가 통계 자료들은 연어의 결합성 곧, 얼마나 자주 그리고 얼마나 일관되게 각 단어들이 서로 근접하여 나타나는지를 측정하기 위해 고안되어 왔다. 오크스(Oakes, 1998: 158~193)는 연구자들이 다음과 같은 사항들을 고려함으로써 유의미한 여러 단어로 된 항목을 확인할 수 있게 도와주는 다양한 통계적 측정 방법을 살펴보았다.

- 말뭉치에서의 절대 빈도
- 그 단어가 우연히 함께 발생할 가능성을 비교한 상대 빈도

- 짧은 연어보다 좀 더 긴 연어가 훨씬 독특하다는 점을 전제로, 고정된 순서로 발생하는 단어의 수
- 서로 다른 텍스트 또는 장르의 말뭉치 내에서 해당 항목이 나타나는 일관성

따라서 이러한 통계 자료는 여러 단어로 된 항목을 확인하는 것에 대한 객관적인 기준을 제공하지만 인간의 판단력은 여전히 연구 목적에 부합하는 (우리의 경우에는 평가의 목적에 부합하는) 항목을 선정해야 한다. 설사 우리가 해당 언어에서 여러 단어로 된 항목의 발생에 관해 훨씬 많은 정보를 얻을 수 있다고 하더라도 학습자의 수행 평가를 설계할 때 정보를 어떻게 이용할 수 있을까? 가능성은 많이 있다.

- 한 가지 간단한 적용 방법은 여러 단어로 된 구에 대한 학습자들의 지식을 측정하는, 분리적인 선택적 시험에 맞는 적절한 목표 항목을 선정하는 것이다. 그러나 그러한 항목들의 수는 많지만, 개별 항목들이 해당 언어 전체에서 반드시 자주 발생하는 것은 아니라는 문(Moon, 1997)의 논의를 기억할 필요가 있다. 특정한 학문 분야나 장르에서의 어휘 사용에 초점을 맞춘 시험에서는 선택적으로 평가하는 경우가 더 많다는 것이다.
- 특히, 전체 의미가 각 단어가 의미하는 것과 매우 다른 뜻이 되는 관용구의 발생에서 확인할 수 있다. 연어에 대한 적절한 측정 방법은 7장에서 논의된 것처럼 입력 텍스트의 가독성과 가청성 측정을 개선하는 데 도움이 될 수 있다. 이러한 여러 단어로 된 어휘 항목은 학습자들이 이해력 과제를 수행하는 데에 어려움을 야기시킬 수 있다.
- 구어 및 문어 산출 과제에 있어서 한 가지 중요한 점은 폴리와 사이더 (Pawley & Syder, 1983)가 칭한 '모어 화자스러운 선택'을 학습자들이 이룬 정도이다. 즉, 학습자들이 모어 화자가 한 것 같은 자연스러운 표현 형태인 여러 단어로 된 항목을 만들어 내거나, 아니면 매카시(McCarthy,

1990)에서 설명한 다음과 같은 종류의 이상한 연어를 창조해 내는가?

His books commanded criticism from many people.
그의 책들은 많은 사람들로부터 비판을 받았다.
I am doing this exam because I want to achieve a step in my career.
나는 내 경력에서 한 발 나아가기 위해서 지금 이 시험을 치고 있다.
She won many competitions, forming fame in the process.
그녀는 많은 대화에서 우승하였고, 그 과정에서 명성을 얻었다.   ˎ

• 폴리와 사이더(Pawley & Syder, 1983)에 따르면, '모어 화자스러운' 산
출과 관련된 다른 요소는 유창성이다. 학습자들이 필요에 따라 쉽게
이용할 수 있는 여러 단어로 된 다양한 항목들을 자유자재로 구사한다
면, 좀 더 쉽게 유창하게 수행할 수 있다. 그러나 이러한 항목들의 단순
한 발생이 학습자 산출물의 질을 평가하는 데에 만족할 만한 기준이
아닐 수도 있다. 예를 들면, 가장 쉽게 인식할 수 있는 여러 단어로 된
어휘 항목들 대부분은 남용되거나 상투적인 표현들인데, 이 표현들이
사용된 맥락에서는 부적절한 것으로 간주될 수 있다.

이러한 모든 가능성으로 볼 때, 유효한 양적 측정 방법이 고안될
수 있는지, 혹은 대신에 여러 단어로 된 항목들에 대한 지속적인 연구
가 너 나은 질직 판단을 위한 토대를 제공할 것인지에 대해서는 여전
히 의문이 있다. 통계적 분석을 각각의 학생들의 텍스트에 적용할 때
발생하는 한 가지 어려움은 그 텍스트가 신뢰성 있는 평가를 하기에
충분히 길지 않거나 특정 어휘 항목에 대한 충분한 예가 포함되지 않
을 수도 있다는 것이다.

런던의 Thames Valley 대학교의 피터 스케한(Peter Skehan)과 그의 동
료들인 폴린 포스터(Pauline Foster)와 우타 매너트(Uta Mehnert)는 학습
자 산출물에서 여러 단어로 된 항목의 역할 문제에 대한 방향을 담고

있는 일련의 조사 연구들을 진행해 왔다(Foster & Skehan, 1996; Skehan & Foster, 1997; Mehnert, 1998). 과제 기반 언어 교수에 대해 더 잘 이해하기 위해, 그들은 어떠한 과제를 구성하는 여러 방식들이 학습자들이 과제의 응답으로 산출해 낸 발화의 질에 어떤 영향을 미치는지에 대해 조사해 왔다. 두 가지 주요한 과제 변인은 과제의 유형(개인적인 과제, 서술 과제, 의사 결정 과제)과 학습자들이 과제를 어떻게 수행할지를 계획하는 데 필요한 시간(최대 10분까지)이다. 학습자의 구어 산출을 평가하기 위해서 정확성, 복잡성 그리고 유창성의 세 가지 기준이 사용되어 왔다. 이 기준들 중 어떤 것도 초기의 두 연구에서 어휘적 측면에서 측정되지 않았지만, 매너트(Mehnert, 1998)는 7장에서 언급했었던 오로린(O'Loughlin, 1995)의 수정된 어휘 밀도 통계로 측정되는 '밀도'를 네 번째 기준으로 추가했다. 매너트는 학습자에게 계획할 시간이 더 많이 주어졌을 때 밀도가 증가하는 경향이 있는 것을 발견했다. 그녀의 연구 결과는 또한 어휘 밀도가 유창성과 관련이 있다는 것을 보여 주었다. 다시 말해서, 좀 더 유창한 피험자들이 상당한 비율의 내용어를 사용했고, 특히 그들이 말하고자 하는 것을 사전에 계획할 시간이 10분 정도 주어졌을 때 더욱 그러했다. 따라서 비록 밀도 측정이 개별 단어의 수를 계산하는 것을 기본으로 하고는 있지만, 그것은 유창한 발화의 필수적 특징인 여러 단어로 된 덩어리(chunk)를 산출해 내는 학습자의 능력을 반영한다고 볼 수 있다.

그들의 연구에 대한 이론적 토대를 보면, 스케한(Skehan, 1996; 1998)은 싱클레어(Sinclair, 1991)의 열린 선택 원리와 관용구 원리 사이의 구별을 반영하여 언어 사용자들이 이용할 수 있는 두 가지의 처리 방식이 있다는 것을 제안하고 있다(2장 참조). 첫 번째 방식은 문법 규칙을 기본으로 하며 말이 많든 적든 새로운 발화의 발생과 관련이 있다. 의미가 정확하거나 창의적으로 표현될 필요가 있을 때 이러한 규칙 기반 시스템이 요구된다. 다른 방식은 보통의 시간 제약 아래에서 사용자가 유창하게 의사소통할 수 있도록 한 덩어리로 된 단위를 빠르게 검색할 수 있는 암기한 여러 단어로 된 어휘 항목을 이끌어 내는 것이다. 성인 모어 화자들은 이 두 가지 처리 방식을 모두 다 사용할 수 있고, 다양한 의사소통 상황에서 요구되는 것에 따라 그것들을 유연하게 적용할 수 있다. 이러한 성인 화자의 처리 능력은 유아기부터 3단계에 걸쳐 발달한 것으로 볼 수 있다.

- 어휘화(Lexicalisation): 첫 번째 단계에서 아이들은 자신의 직접적인 환경 내에서 의미가 있는 어휘구로 의사소통을 한다.
- 구문화(Syntacticisation): 그들의 언어 지식이 구문화되면 두 번째 단계로 이동한다. 내재적으로 아이들은 언어 구조를 개별적인 요소로 분석할 수 있고 문법적 규칙을 바탕으로 새로운 구조를 만들어 낼 수 있다.
- 재어휘화(Relexicalisation): 그러나 효과적인 언어 사용은 문법적으로 분석될 수 있는 언어 구조가 덩어리로 된 어휘 단위로 저장되는 세 번째 단계를 필요로 한다.

스케한에 의하면, 이 단계를 통한 발달은 제2언어 성인 학습자에게는 그들의 모국어를 습득하는 어린이들처럼 자동적이지는 않다. 그러므로 언어 교사들과 교육과정 설계자들은 구문화와 재어휘화에 대한 기회가 주어지는 과제들을 포함하는 균형 잡힌 프로그램을 개발해야 한다. 발생하도록 균형 잡힌 과정을 포함하는 과제를 개발해야 한다.

평가의 관점에서, 만약 내포적 어휘 평가를 사용한다면, 스케힌의 연구는 과제가 수행되는 조건이 평가 결과에 영향을 미칠 것이라는 점을 강조한다. 학습자들은 처리 과정에서 이러한 이중 방식을 사용하는 능력에 한계가 있다. 그리고 그들이 규칙 기반 언어를 산출할지 아니면 어휘화된 언어를 산출할지에 대해서는 과제의 성격과 그들이 과제를 수행하는 데 필요한 준비 과정에 달려 있다. 게다가 두 가지 다른 관점은 평가와 관련된 스케한의 분석으로 발전한다.

- 학습자의 과제 수행 과정 중 산출된 언어 표본 분석에서 그들이 사용한 여러 단어로 된 항목을 찾을 수도 있지만, 그 항목들이 어휘화되었는지 아니면 재어휘화되었는지에 대한 문제가 발생한다. 똑같이 여러 단어로 된 항목은 학습자가 그 항목의 내부 구조를 분석할 수 있는지에 따라 어휘 발달의 수준이 낮은지 높은지를 나타낸다.
- 앞의 관점에 따라, 학습자 산출물의 어휘적 특성은 여러 단어로 된 어휘 항목을 직접적으로 계산하거나 분류하는 것보다 좀 더 간접적인 측정에 의한 평가가 더 좋을 수 있다. 한 가지 가능성(역설적이게도)은 수정된 어휘 밀도—스케한과 그의 동료들이 이미 사용한—나 어휘 다양도(어휘 변이)와 같은 개별 단어 형태를 계산하는 양적 측정이다. 또 다른 간접적인 어휘 지표는 학습자의 발화에 나타난 휴지와 망설임의 수와 같은 스케한의 유창성에 대한 측정이 될 수 있다.

요약하면, 스케한의 개념적 체계와 이를 바탕으로 한 연구들은 학습자가 언어 과제를 수행할 때 여러 단어로 된 어휘 항목의 역할에 대한 몇 가지 흥미로운 견해를 제안한다. 물론 그와 그의 동료는 지금까지 어휘 평가를 거의 사용하지 않았을지라도, 연구 목적을 위해서 그리고 학습자 능력을 결정짓기 위해서 학습자 수행에 대한 어휘적 관점을 어떻게 담아낼 수 있는지에 대한 추가적인 연구에 대한 많은 여지가 있다.

8.3. 비공식적 발화 어휘

앞 절에서는 스케한의 연구를 논의하면서 구어 영어의 어휘적 특징에 대해 언급했다. 가장 빈번하게 인용된 조사 연구는 아마 1950년대 호주 노동자의 구어 어휘에 대해 진행된 쇼넬 외(Schonell et al., 1956)의 연구일 것이라는 사실이 보여 주는 것처럼, 구어 어휘는 그 중요성에 비해 덜 주목받는 어휘 연구의 제2분야이다. 호주에서의 연구(뉴질랜드인에 대해서도 연구가 진행되었을 것이다)에 대해 비난하려는 것이 아니라 최근에 그 외의 다른 곳에서 진행된 연구의 양이 많지 않다는 것을 강조하기 위해서 이것을 언급했다. 이에 대한 여러 가지 이유가 있다(McCarthy & Carter, 1997: 20 참조).

- 4장 그리고 다른 장에서 자주 언급했던 것처럼, 문어 텍스트 내의 단어에 초점을 두는 읽기 연구자들에 의해서 어휘 연구의 많은 부분이 진행되어 왔다. 구어 어휘, 특히 비공식적인 환경에서의 연구는 없다.
- 거의 모든 확립된 단어 빈도 목록들은 문어 텍스트 말뭉치에서 나타난 단어의 수를 계산하여 기록되어 왔다. 비록 구어 말뭉치가 지금은 더욱 일반화되고 있지만, 구어의 표본은 수집하고 저장하기가 어렵기 때문에 구어 말뭉치는 문어 말뭉치보다 훨씬 적다. 자연스러운 발화를 기록하는 것은 상당히 어려운 일이다. 즉, 사람들은 그들의 발화가 녹음된다는 것을 알면 그것을 의식하는 경향이 있고, 발화자들의 동의 없이 발화를 수집하는 것에는 법적, 윤리적 제약이 따른다. 일단 발화를 녹음했다면, 다음에는 분석을 위해 컴퓨터에 입력하기 전에 녹음된 발화를 공들여서 전사해야 한다.
- 또한 구어는 분석 문제가 발생한다. 최소한 문어에서의 문장 규칙에 따를 때에도 구어는 '문법적'이지 않고, 매카시와 카터(McCarthy & Carter, 1997: 28~29)에서는 어휘 항목의 식별에 있어서 다양한 어려움이 있다고 지적한다. 예를 들어, mm, er, um과 같은 소리들은 어휘 항목으로 고려되는 것인가? don't, it's, gonna와 같은 축약 형태는 하나의 단어 형태로 아니면 두 개의 단어로 계산되어야 하는가? 오로린(O'Loughlin, 1995)은 말하기 시험 자료에 어휘 밀도 통계를 적용할 때 그러한 문제에 직면했고, 7장(〈표 7-2〉)에서는 어휘적인 항목과 문법적인 항목을 구별하는 일련의 정교한 법칙들을 어떻게 그가 개발해야 했는지에 대해 제시했었다.

우리는 문어에서 나타나는 어휘와 다른 구어 어휘의 특징이 있다는 것을 알고 있기 때문에, 구어를 도외시하는 것은 심각한 일이다. 예를 들어, 일반적으로 사람들은 글을 쓸 때보다 말을 할 때 더 적은 양의 어휘를 사용한다. 매카시와 카터(McCarthy & Carter, 1997: 27)는 영국 회화 영어의 CANCODE 말뭉치와 이와 유사한 크기의 신문과 잡지 텍스트를 포함하는 Cambridge International Corpus의 세부항목과 비교하였다. 그들은 가장 빈번한 단어 형태 50개가 구어 말뭉치에서 48% 이상을 차지하는 반면에, 이에 상응하는 문어 말뭉치의 수치는 약 38%였음을 확인하였다. 이는 만약 우리가 구어에 어휘 양 개념을 적용한다면, 이 개념은 읽기 연구에서 사용되어 왔던 방식과 다르게 해석될 필요가 있다는 것을 나타낸다. 독해력에 필요한 어휘 지식의 문지방 수준을 밝히기 위해 몇몇 연구가 이루어졌지만, 구어 사용에서 요구되는 최소한의 어휘를 측정하기 위한 근거는 부족하다(Laufer, 1997a).

구어 어휘의 양이 적은 이유에 대해 설명하면, 화자들은 대화 참여자들과 친숙하거나 대화 시에 눈에 보이는 대상이나 사람, 활동들에 대해 말하기 때문에 적어도 비격식적인 대화에서는 덜 명확한 언어를 사용한다. 그러므로 그들은 말하고자 하는 것을 명확히 하기 위해 비언어적인 맥락에 의존할 수 있다. 명사구 대신에 *it, she, they, these, here, there*와 같은 대명사가 주로 나타난다. 또한 구어에서 상당한 양의 고빈도 어휘 항목들은 의미론적 의미보다 의사소통 기능을 가지고 있는 *well, OK, right, you know, sort of, is that so?, don't worry, sorry about that*과 같은 단어와 구다. 3장에서 검토했었던 의사소통 전략에 대한 연구는 여기에서도 관련된다. 효과적인 전략에 능숙한 학습자는 핵심 어휘 항목을 모르더라도 다양한 방식으로 보상할 수 있고 따라서 더 능숙한 학습자와 함께 충분한 대화를 수행할 수 있다.

매카시(McCarthy, 1990)에서 언급한 대화의 한 가지 독특한 특징은 다음의 예처럼 영어 모어 화자가 동의어 사용을 통해 의미를 협상하는(파악하는) 방식이다(괄호는 McCarthy의 설명).

1 JIM: I love those Spanish ones.

난 스페인 사람들을 사랑해.

BRIAN: I *like* them … wouldn't say I *love* them.

나도 좋아해 … 사랑한다는 말은 아니야.

JIM: Oh I *think they're great!*

오, 난 그들이 좋은 사람들이라고 생각해!

(Brian downtones 'love' to 'like' ; Jim offers an *equivalent* phrase. Brian은 'like'보다 'love'에서 어조를 낮추고, Jim은 그에 상응하는 구를 제시한다.)

2 MADGE: I'm surprised you don't have a *cat.*

네가 고양이가 없다니, 놀랍군.

ANNIE: We never did like *pets.*

우리는 애완동물을 좋아한 적이 없었어.

(Annie *broadens* the meaning by using a superordinate. Annie는 상의어를 사용하여 의미를 확장한다.)

3 NICK: He's *shy*, really *timid*, you know.

있잖아, 그는 부끄러움이 많고, 정말 소심해.

NYNDA: Like a *little mouse.* 작은 쥐 같아.

(Lynda fixes the meaning by offering equivalents. Lynda는 상응어구를 제시하여 의미를 고정한다.)

(McCarthy, 1990: 53; 이탤릭체가 원어)

따라서 두 번째 화자는 정확하게 단어를 반복하지 않지만 대화에서 특정한 기능을 수행하는 것으로 볼 수 있는 상응하는 어휘 항목을 사용한다. 어떤 어휘 변이 통계치가 질적인 측면에서 이러한 발화 특징을 타당하게 나타낼 수 있는지, 또는 말하기 시험 과제에 대한 평가자의 판단들이 학습자가 대화상대가 이야기한 것을 단순하게 반복하는 것이 아니라 이런 방식으로 자신의 어휘 지식을 활용하는 학습자 능력에 상당히 영향을 받는지를 분석하면 흥미로울 것이다.

지금까지 구어 어휘에 대한 논의에서 필자는 대부분 비격식적인 면 대 면 상호작용을 참조해 왔지만, 물론 이것은 발화의 한 가지 형태일 뿐이다. 비버(Biber, 1988)에 의해 이루어진 중요한 말뭉치 기반 연구는 구어를 문어 장르와 구별하는 데 도움을 주는 변인에 대한 몇몇 관점들을 제시하였다. 가장 중요한 관점은, 비버가 '정보 전달 대 개인적 산출'로 명명한 것으로, 이는 언어 산출을 신중하게 계획되고 정확하게 표현된 것(공문서, 학술적인 글, 준비된 연설과 같은)과 실제 생활에서 일어나는 좀 더 상호작용적이고 창의적인 것(전화 대화, 개인적인 편지글, 자유 발화와 같은)을 구별하는 것이다. 정보 전달어에는 명사들과 비교적 긴 단어들이 높은 빈도로 나타나고, 또한 높은 어휘 다양도가 나타난다. 반대로 '개인적' 산출은 정신작용과 상태를 나타내는 동사들(예를 들어, *believe, decide, fear, remember*), 담화표지(*well, now, anyway*), 모호한 표현(*at about, something like, almost*), 강조어(*absolutely, extremely, perfectly*)의 빈번한 발생뿐만 아니라 이러한 변인들(명사, 긴 단어, 어휘 다양도)에 대해서도 낮게 나타난다.

다른 관점들은 다음과 같다.

- 서사적 대 비서사적 관심사(Narrative vs. Non-Narrative Concerns): 그 차이는 과거의 일련의 사건들을 전달하는 장르(소설, 전기, 구술 스토리텔링과 같은)와 그렇지 않은 장르의 차이에 있다.
- 명시적 대 상황-의존적 언급(Explicit vs. Situation-dependent Reference): 앞에서 회화체는 주로 즉각적인 맥락에 매우 의존적이라는 사실을 언급했었다. 이와 관련하여, 회화체는 사람, 사물 그리고 장소가 명시적

으로 인식되는, 특히 복합적인 명사구 사용에 의해 인식되는 장르(공문서, 전문적인 문서, 학술적인 글)와 대조를 이룬다.

• 추상적 대 비추상적 정보(Abstract vs. Non-abstract Information): 이 관점은 언어 산출에서 추상적이고 전문적이며 개인적이지 않은 쓰기를 다른 형태의 쓰기와 구별하는 것이다. 추상적 언어 사용의 한 가지 특징은 정확한 전문용어가 여러 번 반복되는 경향이 있기 때문에 언어 변이가 상대적으로 낮다는 것이다.

대체적으로 어휘의 특징들은 첫 번째 관점에서보다 이들 관점(위의 세 관점)들을 규정하는 데 덜 중요한 역할을 한다.

비버의 분석은 말하기와 쓰기가 단순히 청각적 대 시각적 의사소통의 차이보다 여러 가지 측면에서 다르다는 사실을 강조하고 있다. 따라서 '구어 어휘'에 대한 매카시와 카터(McCarthy & Carter, 1997)의 최근 연구는 완전히 비격식적인 대화에만 초점을 두고 있다는 점에서 오해의 소지가 있다. 비격식적 대화는 기존 어휘 연구의 전통적인 토대를 이루었던 문어 텍스트와 가장 같지 않은 발화 형태이다. 그리고 우리는 일상 대화의 어휘적 특징을 더 잘 이해할 필요가 있다. 하지만 다른 형태의 구어도 많이 있다. 이러한 다양성을 측정하는 한 가지 방법은 여러 가지 다른 텍스트들의 어휘 밀도를 계산하는 것이다. 우리는 7장에서 여러 가지 종류의 학습자 발화를 구분하기 위해 언어 시험에서 이 통계지가 어떻게 사용되어 왔는지를 살펴보았다. 그러나 필자는 어휘 밀도에서의 변이가 언어 시험 과제의 수많은 다른 특징들을 나타낼 수 있다는 점을 들어 비버의 연구를 보강하였다. 이에는 단순히 수험자가 말하기 혹은 쓰기로 응답하는지 뿐만 아니라 누군가와 얼굴을 마주보고 의사소통을 하는지, 말하고자 하는 것을 준비할 시간을 갖는지, 주제가 얼마나 전문적인지 등이 있다.

8.4. 어휘 사용의 사회적 관점

현재 어휘 평가에 관한 연구에서 세 번째 한계점은 제2언어 어휘 습득에서의 사회적·문화적 요인들에 대한 상대적인 관심 부족이다. 예를 들면, 우리가 4장과 5장에서 본 바와 같이, 일반적으로 어떤 단어를 알고 있을 것이라는 가능성을 예측하는 데에는 해당 언어에서의 단순 빈도를 참고로 하여 어휘 양 측정 방법으로 추정한다. 게다가, 어휘 지식과 사용은 주로 심리언어학적 용어로, 이는 학습자들이 다양한 학습 과정을 수행하고, 다른 직업을 추구하며 다양한 개인적 관심을 가지고 있다는 사실을 제외하고 학생들 간의 사회적 차이의 존재를 최소화하는 것으로 간주된다. 물론 이러한 가정은 교육의 주류인 학습자에게 해당되겠지만, 노동자 계급, 소수 민족 또는 이중 언어 배경을 가진 학습자들에게 적용될 때는 재론의 여지가 있다.

이중 언어 사용 능력에 대해 연구한 연구자들은 오랫동안 언어 습득과 사용 방식의 증거로 어휘 측정을 활용해 왔다. 예를 들면, 미국 저지 시(Jersey City) 내 푸에르토리코 사람에 대한 고전연구(Fishman, Cooper & Ma, 1971)의 한 가지로, 쿠퍼(Cooper, 1971)에서는 가족, 이웃, 종교, 교육, 일과 같은 다양한 사회적 맥락 혹은 **범위**(domains) 내에서 대상자들의 스페인어와 영어 사용에 대해 조사하기 위해 단어 명명 과제에서의 사용에 대해 보고하였다. 각각의 영역에 대해 대상자들에게 해당 맥락에서 연관될 수 있는 가능한 한 많은 단어들을 1분 이내에 명명하도록 하였다. 대상자들은 각각의 언어로 분리하여 과제를 수행하였다. 과제의 방향은 다음과 같은 형태(이 경우에는 가족 영역에 관한)를 취한다. 즉, "당신이 부엌(당신의 부엌 혹은 다른 어떤 부엌)에서 볼 수 있는 것의 이름을 말할 수 있는 만큼 영어(스페인어) 단어를 많이 말하라. 이에 해당하는 단어들은 *salt*(*sal*), *spoon*(*cuchara*), *rice*(*arroz*)와 같다". 그 결과는 대상자들이 해당 언어에서 각 영역에 대해 특징적으로 쓰이는 상당히 많은 단어들을 산출해 낼 수 있음을 보여 주었는데,

이는 대상자들의 나이가 어떻게 되는지 그리고 얼마나 최근에 미국에 이민 왔는지가 반영되었다.

평가 목적에서, 교육 영역은 확실히 주요 관심 영역이다. 특히, 특정한 사회적 배경을 가진 학습자들은 학문적 학습에 필요한 어휘를 습득할 기회가 부족하다는 증거가 있을 때 더욱 그렇다. 4장에서 베르할렌과 스쿠넌(Verhallen & Schoonen, 1993)에 의해 이루어진 네덜란드에서의 연구에 대해 언급했었는데, 이 연구는 터키어-독일어 이중 언어 어린이들은 단일어로 독일어를 사용하는 그들의 동료들만큼의 독일어 어휘 지식의 깊이를 가지고 있지 않음을 보여 주었다.

8.4.1. 영어의 그리스-라틴 어휘

영어의 경우 코슨(Corson, 1985; 1997)은 2~3단계의 교육적 성취를 위하여 그리스와 라틴어에서 파생된 단어들의 중요성에 대한 관심을 이끌어 냈다. 그의 연구는 사회경제적인 지위가 낮고 단일 언어로 영어를 사용하는 영국과 호주의 중학생을 대상으로 하는 일련의 연구들에 기초하여 연구하였다. 그는 이들의 그리스-라틴어 단어들의 지식과 사용에 대해 두 가지 측정 방식을 사용하였다.

- '수동적인' 선택적 시험(Corson, 1983). 이 시험은 학생들에게 연구자가 이끌어 내고자 하는 목표 난어의 득별한 사용에 내한 단서로 선택된 '핵심어'와 함께 각각의 목표단어를 포함하는 문장을 구두로 구성하게 한 것이다. 예를 들면(괄호 안에 핵심어 포함), *define(problem)*, *composition (substance)*, *product(market)*, *harmony(music)*, *observe(rituals)*, *reason(mind)* 등이 있다.
- '능동적인' 포괄적 측정(Corson, 1982). 이는 각각의 학생들이 두 가지 말하기 과제(자신의 초등학교 묘사하기, 몇몇 일반적인 도덕적 쟁점들에 대한 자신의 생각 설명하기)를 수행할 때 사용한 그리스-라틴어의

비율이다.

그 결과는 이 학생들이 그리스-라틴어의 적절한 수동적 지식을 가지고 있었음에도 불구하고, 그들은 자신의 발화에서 일부만 사용한 것으로 나타났다. 10대 초반의 사회경제적 지위가 낮은 학생들과 비교 집단인 그리스-라틴어 사용이 매우 증가한 상위중산층 학생들 간의 능동적 측정의 비율이 15세에서 현저한 차이를 보였다.

코슨(Corson, 1997)은 (화자가 프랑스어나 스페인어와 같은 언어를 사용하지 않는 한) 모어 화자와 L2 학습자 모두에게 그리스-라틴어가 학습하기 어려운 여러 가지 이유를 제시하였다.

- 이 단어들은, 특히 일상적인 발화에서 매우 드물게 나타난다.
- 이 단어들은 종종 긴 다음절 단어로, 이 단어를 사용하는 사람들의 발음을 들어 본 경우 외에는 발음하기가 어렵다. 필자 스스로도 종종 사용하고 싶은 *chimerical, genus, polysemous*와 같은 몇몇 단어들의 발음은 확신하지 못한다.
- 이 단어들은 주로 추상적 개념과 관련이 있으며, 단어와 연상되는 시각적 이미지가 없다.
- 이 단어들은 *de-, meta-, -fect, -duct, -cord, lexi-, -ic, -cy* 같은 형태소들로 구성되는 경향이 있으며, 이들은 독립적인 단어가 아니고 또한 대부분의 모어 화자에게도 그 자체로는 의미가 없다는 점에서 의미적으로 불투명하다. 따라서 이 단어들은 각 부분으로 분석하기보다는 하나의 단위로 암기해야 한다.
- 이 단어들은 다른 사람들, 특히 동료들과 함께 그 단어들이 나타내는 개념에 대해 논의할 기회를 가지지 않고서는 능동적인 사용을 위해 단순히 책에서 단어를 읽고 습득하기는 어렵다.

이 중 마지막 사항은 코슨(Corson, 1997)의 연구에서 밝혀낸 사회경제적 차이에 대한 이유 중 핵심적인 부분이다. 중산층 학생들이 유리한 점은 학교를 벗어나서도 문어에의 노출이 매우 많을 뿐만 아니라 그들의 가정환경이 읽은 것에 대해 이야기하고 추상적인 개념들에 대해 논의할 수 있도록 되어 있다는 것이다. 반면 사회경제적 지위가 낮은 대부분의 학생들에게는 정규 교육에서의 읽기 쓰기 문화가 교실 밖에서의 구어와 문어의 경험과 거의 연계되지 않는다. 그들은 대화에서나 인쇄 자료 또는 전자 매체에서 그리스-라틴어를 접하게 되는 경우가 흔치 않다. 이러한 단어는 '어렵고' 정말 이상한 것으로 여긴다. 그래서 코슨(Corson, 1985: 28)에 따르면, "몇몇 사회 집단의 구성원들을 그들의 구어, 문어 그리고 어쩌면 그들의 생각까지도 학교 교육 과정의 지식 범주로의 어휘적 접근을 방해하는 어휘 장벽이 영어 어휘(목록)에 존재한다".

바꾸어 말하면 물론 그러한 집단에 있는 중등학교 학생들은 그리스-라틴어에 어느 정도의 친숙함은 가지고 있을 수 있지만 그들에게는 '동기화되지 않은' 어휘인 것이다. 이러한 점에서 코슨의 연구는 6장에서 논의했었던 수용적-생산적 구분에 대한 새로운 관점을 제시한다. 멜카(Melka, 1997: 95)는 화자들이 수용적으로 알고 있는 단어들을 혐오스럽거나 불쾌하다고 생각하는 것을 방지할 수 있다는 것을 확인하였다. 그러나 코슨의 분석은 사회문화적 요인으로 더 깊이 뿌리내린 거리낌이 학생들의 교육적 성취에 대한 가능성에 심각한 영향을 끼칠 수 있나고 시적했다. 코슨의 연구 대상은 영어 모어 회자였지만, 영어권 국가에서 비슷한 사회경제적 환경에서 성장한 많은 제2언어 학습자들도 그의 분석에 똑같이 적용할 수 있다.

8.4.2. 사용역에 대한 개념

어휘 평가에서의 맥락(context)은 주로 어떤 어휘 항목이 나타나는 문장, 단락 또는 텍스트로, 언어학적으로 정의되어 왔다는 것을 이전 장에서 여러 번 살펴보았다. 좀 더 넓은 사회적 관점을 취하면 텍스트 이상의 맥락 개념에서 연구해야 한다. 이렇게 하는 한 가지 방법은 사용역 개념을 활용하는 것이다. 1장에서 언급했던 것처럼, 바크만과 팔머(Bachman & Palmer, 1996)는 어떤 언어의 사회언어학적 지식에 대한 하나의 구성요소로 사용역에 대한 지식을 포함시켰으며, 또한 사용역의 주요 기능이 어휘 선정이라는 점을 제안하는 매카시(McCarthy, 1990)도 인용했었다.

언어 평가에서 사용역이라는 용어는 말하기와 쓰기 과제에 대한 평가 척도를 규정하는 데 사용된다. 예를 들어 전화회사 직원의 쓰기 능력을 평가하기 위해 고안된 선발/배치 시험에 대한 설명에서 바크만과 팔머(Bachman & Palmer, 1996)는 〈표 8-1〉에서 정의한 것처럼 6가지 평가기준 중 하나로 사용역에 대한 지식을 제시하였다. 구인 개념에서의 정형화된 표현과 담화들에 대한 언급은 제쳐놓더라도, 평가자들이 평가를 할 때 중점을 두어야 하는 쓰기의 구체적인 특징들이 무

능력 수준/ 숙달 정도	설명
0 없음	사용역 지식의 흔적이 없음 범위: 0 정확성: 적절하지 않음
1 한정적	사용역에 대한 한정적 지식 범위: 격식과 비격식 사용역 간의 구분이 한정적임 정확성: 잦은 실수
2 중간의	사용역에 대한 중간 수준의 지식 범위: 격식과 비격식 사용역 간의 구분이 보통 정확성: 좋음, 약간의 실수
3 완전한	사용역에 대한 완벽한 지식의 흔적이 나타남 범위: 격식과 비격식 사용역 간의 구분이 완벽함 정확성: 실수 없음

〈표 8-1〉 쓰기에서의 사용역 지식에 대한 평가 척도(Bachman & Palmer, 1996: 288)

주석: 이 척도는 범위와 정확성의 측면에서 네 개의 수준으로 정리된 것이다.

엇인지는 이 척도에서 분명히 드러나지 않는다. 물론 실제 시험 프로젝트에서 평가자들은 문어 척도에만 의존해서는 안 된다. 그들은 과제의 특성을 분석하고 다른 수준의 수험자 산출물에 대한 모범 예시를 검토하고 그들 간의 평가 기준을 논의하며 각각의 원고에 대한 평가에서의 불일치를 해결하려고 시도한다. 그럼에도 불구하고 사용역은 내포적인 어휘 사용 평가에서 중요한 개념이며, 사용역이 무엇을 의미하는지를 분명히 하는 것이 중요하다.

사용역 지식 척도에 대한 개념의 한 부분으로서 바크만과 팔머 (Bachman & Palmer, 1996)는 격식과 비격식 사용역을 구별한다. 이는 격식 수준은 종종 언어학 문헌에서 사용역보다는 문체와 연관되기 때문에 약간의 혼란을 야기시킬 수도 있다. 사실 비버와 피네건(Biber & Finegan, 1994a: 4)에 따르면 장르, 텍스트 유형과 함께 사용역, 문체라는 용어는 맥락의 사용에 관하여 정의할 때 언어 변이형을 언급하는 다른 많은 저자들에 의해 일관성이 없고 중복된 방식으로 사용되어 왔다는 점을 지적하였다. 이러한 주제에 대해 편집한 문집(Biber & Finegan, 1994b)에서 그들은 모든 언어 종류를 아우르는 용어로 사용역을 채택하였고, 그 책은 스포츠 중계, 지도 언어, 식사 중 이야기, 신문 내 개인 광고의 분석을 포함한다. 이 책의 또 다른 기고자인 퍼거슨 (Ferguson, 1994: 20)은 다음과 같은 진술을 근거로 사용역 개념에 대해 상술하고 있다.

> 어떤 한 사회에서 규칙적으로 되풀이되는 의사소통 상황은 (대화 참여자, 장소, 의사소통적 기능 등의 측면에서) 다른 의사소통 상황들에서의 언어와는 다른 언어 구조와 언어 사용의 식별 표지들을 개발하는 데 시간이 오래 걸릴 것이다.
>
> (Ferguson, 1994: 20. 원문은 이탤릭이었으나 고딕 강조함.)

퍼거슨의 몇 가지 핵심적인 표지들은 사실상 어휘적인 것들이다.

즉, "반복되는 대상과 사건, 그리고 정형화된 일련의 행동들 혹은 '틀 (routine)'에 대한 특별한 용어"이다(Ferguson, 1994: 20). 그러나 비버(Biber, 1994: 34~35)는 자신의 1988년 연구에서 사용한 어휘적 특징들조차도 사용역을 어휘적으로 분명하게 하는 특정한 단어나 구가 아니라고 주장한다. 잠시 이 점을 살펴보자.

일반적인 용어로 사용역을 채택하는 것은 전문용어에 대한 전체 문제를 해결하지 못한다. 왜냐하면 이는 그 용어가 '매우 다양한 보편성 수준'에서 존재하는 언어 변이형들을 포함하고 있다는 것을 의미하기 때문이다(Biber, 1994: 34~37).

- 높은 수준에서는 격식체와 비격식체, 구어와 문어를 구별할 수 있다.
- 또 다른 높은 수준의 유형은 서사, 묘사, 설명, 주장의 네 가지 고전적 수사법으로 대표된다.
- 중간 수준에 있는 언어들은 대화, 이야기, 수필, 소설, 과학 기사와 사설을 포함한다.
- 낮은 수준에서는 심리학 글에서의 방법론 부분과 신문 표제와 같은 구체적인 언어들이 나타난다.

확실히 이러한 모든 언어 변이형들을 사용역이라고 부른다면 적어도 이들을 분석하고 어휘 범주로 분류하는 기준이 필요하다. 어떤 한 사용역의 독특한 특징들의 식별은 이 사용역과 다른 사용역을 비교하는 것을 수반하기 때문에, 중요한 것은 비교하는 언어 변이형들은 보편성 수준의 측면에서 비슷해야 한다.

우리는 2장에서 언어 사용 맥락을 분석하고 영역, 형식, 양상의 3가지 요소를 구성하는 데에 할리데이(Halliday & Hasan, 1989) 체계를 사용하는 것에 대해 샤펠(Chapelle, 1994)이 어떻게 지지했는지 살펴보았다. 비버(Biber, 1994: 40~41)는 다음의 주요 범주들을 포함하는 좀 더 정교한 체계를 제안한다.

Ⅰ 참여자의 의사소통 특징

Ⅱ 발신인과 수신인 간의 관계

Ⅲ 배경

Ⅳ (의사소통) 경로

Ⅴ 해당 텍스트에서 참여자의 관계

Ⅵ 목적, 의도, 목표

Ⅶ 주제/화제

비버 체계의 세부 사항들을 여기에서 우리가 고려할 필요는 없다. 두 가지 사항만 주목해도 충분하다. 첫 번째는 사용역에 대한 적절한 설명은 복합적인 설명과 관련될 수 있다는 것이다. 다른 한 가지는 비버의 체계는 바크만과 팔머(Bachman & Palmer, 1996: 49~50) 목록과 마찬가지로 언어 시험 과제의 특징 목록을 많이 가지고 있다는 것이다. 다시 말해서 시험 과제는 적절한 사용역에 대한 핵심 특징들을 포함하는 정도로 **실제적**(authentic, Bachman과 Palmer의 용어)이며, 이는 결국 학습자들의 요구와 평가의 목적에 의해 결정된다고 이야기할 수 있다.

반대로 학습자의 발화와 쓰기에서 실제적 요소가 부족하다면 시험 과제의 타당성을 의심할 이유가 있다. 예를 들어, 그래브와 비버(Grabe & Biber, 1987, 1988: 203~204에서 인용)는 모어 화자 학습자와 비모어 화자 학습자들에 의해 작성된 에세이의 언어 특징들을 분석했고, 실제로 비버가 이전에 분석했었던 것들과 다른 독특한 사용역에서 에세이가 작성되었다는 것을 발견하였다. 마찬가지로 반 리어(van Lier, 1989)는 구술 면접시험에서 순수하게 비격식적인 대화 사용역의 발화를 이끌어 낼 수 있는지에 대해 의문을 가졌다. 2장에서 언급했었던 여러 연구들 가운데 로스와 버윅(Ross & Berwick, 1992)의 구술 면접에 관한 연구 역시 이와 관련이 있다. 이 연구자들은 면접 대화의 사용역의 특징들을 뭐라고 할 수 있을지를 확인하기 위해 담화 분석 기법을 활용하고 있다.

이제 다양한 사용역의 특징을 구별하는 어휘의 역할로 돌아가 보자. 이 절의 앞부분에서 어휘적, 문법적 특징들이 특정 단어나 구보다 더 중요하다는 비버(Biber, 1994: 34~35)의 입장을 언급했었다. 어휘 다양도, 어휘 밀도, 단어의 평균 길이 그리고 특정 품사의 단어들의 빈도와 같은 어휘 통계자료는 중요한 역할을 한다고 제안한다. 하지만 어떤 간단한 양적 측정도 평가 목적에 맞는 사용역의 어휘적 특징들을 보여 주는 역할을 할 것 같지 않아 보인다. 한 가지 현실적 어려움은 말하기나 쓰기 과제에서의 개별 학습자들의 산출물이 대개 신뢰할 만한 평가를 하기에 너무 짧다는 것이다. 이는 앞에서 인용한 바크만과 팔머(Bachman & Palmer, 1996)의 척도와 같은 평가 척도들을 사용하는 질적 판단을 우리에게 남겨준다. 많은 사회언어학적 연구는 언어 시험 과제에서 예상되는 응답을 어휘적 측면에서 규정하는 더 나은 기준을 제공할 필요가 있다. 특정 과제가 어떤 종류의 어휘 사용을 요구하는가? 수험자가 과제의 사용역에 맞는 어휘 항목을 사용하는 능력이 부족하다는 것을 나타내는 핵심적인 지표는 무엇인가?

이러한 지표들은 연구에 의해 밝힐 수 있을 뿐만 아니라 수험자들의 수행을 평가하는 평가자에게 핵심적인 특징들이어야 한다. 이 지표들은 격식체 과제에서의 구어체 혹은 속어 표현의 사용, 좀 더 구체적인 단어가 적절한 상황에서의 일반적 용어와 우회적인 표현 사용, 좀 더 비격식적인 언어가 요청되는 맥락에서의 전문용어 사용 등을 포함하기 쉽다. 물론 이는 평가자들은 어떤 판단을 하는 데에 능숙하다는 것을 전제로 한다. 언어 시험에서 주로 평가자의 역할을 하는 교사들은 일반적으로 몇몇 사용역과 관련된 적절한 어휘 사용에 대해서는 다른 평가자들보다 더 잘 평가할 수 있다. 구체적인 목적을 위한 언어 평가 상황에서 교사들의 판단은 그들의 교육적 배경과 직접적 경험 밖의 영역에서는 근거가 충분하지 않을 수도 있다.

8.5. 결론

이 장에서 어휘 특징에 대한 한정적인 견해들을 바탕으로 가장 최근의 어휘 평가 방식을 확인하였다. 그리고 다양한 방식으로 우리의 관점을 넓히는 데 도움을 주는 응용 언어학에서의 최신 연구를 살펴보았다. 물론 말뭉치 언어학에 주안점을 두었지만, 가치 있는 기여를 한 수많은 다른 분야들도 있다. 이제 이 책의 앞부분에서 제시했던 다양한 개념들을 함께 이끌어 내 보고 향후 방향을 제시하도록 하겠다.

분리적, 선택적 어휘 시험은 전통적으로 학습자들이 자신의 학습 목표를 충족시키기 위한 어휘 항목을 알고 있는지를 평가하는 데 관심을 두어 왔다. 일정한 원리에 기초해서 이들 항목들을 찾아내고 선정하는 것은 여전히 중요한 문제이다. 컴퓨터 말뭉치 소프트웨어는 과거에 가능했던 것보다 훨씬 더 효과적으로 많은 종류의 텍스트에 있는 다양한 어휘 항목과 빈도수를 계할 수 있도록 한다. 용어 색인 프로그램은 각각의 언어 맥락 내에 나타나는 특정 단어나 구의 다양한 예시들을 신속하게 모을 수 있으며, 따라서 우리는 단어(구)의 전형적인 의미, 문법적 기능, 연어 관계에 있는 다른 단어 등등을 확인할 수 있다. 물론, 이런 종류의 분석은 현대 영어 학습자 사전을 편찬한 전문적인 사전편찬자들에 의해 이미 사용되어지고 있다. 그러나 비슷한 종류의 많은 연구는 특정 학습자 집단의 직업적, 기술적, 문화적, 오락적 욕구와 관련되는 구체적인 어휘 목록을 구성할 필요가 있다. 이러한 어휘 목록은 반드시 사전편찬자나 학자들만의 일은 아니다. 왜냐하면 『Word Smith Tools』(Scott, 1997)와 같이 상업적으로 출판된 말뭉치 프로그램은 교사들과 고급 수준의 학습자들에게 학습과 평가 목적을 위해 일련의 텍스트로부터 자신만의 어휘 목록을 만들 기회를 제공해 주기 때문이다.

일단 목표 어휘를 정했다면 문제는 무엇을 평가하는 가이다. 2장에서 잘 알려진 리처즈(Richards, 1976)와 네이션(Nation, 1990)의 어휘 지식 체계를 제시하였다. 이 체계들은 잘 알고 있는 개별 단어들이 얼마나 포함되어 있는지에 대해 보여 주는 반면에 다양한 구성요소들이 서로 얼마나 관련되는지는 나타내지 못하며, 각각의 구성요소들을 어떻게 만족스럽게 평가할 수 있는지도 분명하지 않다. 이러한 측면에서 슈미트와 메아라(Schmitt & Meara, 1997)는 학습자들의 단어 부분지식(이 연구에서는 동사 접미사)이 그들의 단어 연상에 대한 친숙성과 어떻게 관련되는지에 대해 조사를 수행하였다. 최근 많은 연구에서, 슈미트는 연어 관계 지식(Schmitt, 1998a)과 단어-연상 반응(Schmitt, 1998b)에 대한 측정 방법을 개발했다. 뿐만 아니라 학습자가 토플 어휘 문항들에 대해 정확하게 응답할 때 목표 단어의 어떤 지식을 추정할 수 있는지를 분석하는 방법도 개발했다. 연구를 목적으로 한 이 분야에서의 추가 연구는 어휘 지식에 대한 복합적인 특징을 개별 항목들에 대한 미시적 수준에서 좀 더 잘 이해할 수 있도록 도와준다는 점에서 가치가 있다. 학습자들에 대해 판단을 할 때 이러한 측정 방법들의 역할이 무엇인지 분명하지는 않다. 만약 통합된 측정 방법이 만들어지더라도 명확한 평가 목적을 가지고 있지 않다면, 단어가 적으면 적을수록 수험자들의 지식을 알아내는 것은 더욱 더 어렵다. 필자는 4장에서 어휘 지식의 깊이를 평가하는 여러 가지 이유를 제시했고, 필자의 단어 연상 형식(6장 참조)은 간단한 문항 유형을 이용하는 동시에 기존의 단어 의미 시험을 벗어나려는 노력의 일환으로 대표된다. 아마도 다른 측정 방법들은 특정 어휘 항목을 얼마나 잘 알고 있는지를 나타내는 타당한 지표와 사용상의 현실적 측면에 대한 연구로부터 나올 것이다.

이는 개별 단어에 초점을 둔 것으로 학습자의 어휘 지식에 대한 전반적인 상태에 대해 좀 더 거시적 수준의 관점으로 보완되어야 한다. 메아라(Meara, 1996a)에 따르면, 영어의 경우에서 어휘 양은 5,000~6,000단어 수준까지가 최고 양이다. 당신은 아마 4장과 5장에서 광범위하게 논의했었던 어휘 양 시험을 기억할 것이다. 이 시험에서 목표 단어들은 그들 자신이 관심 있는 항목보다는 적절한 빈도 범위의 표본으로 선정된다. 따라서 이 장의 앞부분에서 언급했던 것처럼 훌륭한 표본 추출 체계는 최신 표준 어휘 빈도 목록의 형태를 필요로 한다. 5,000단어 수준 이상에 대해, 메아라(Meara, 1996a)는 5,000단어 수준 이상에서 어휘 양은 학습자의 머릿속에 어휘가 구성되는 방식에 대한 측정보다 덜 중요하다고 제안한다. 좀 더 발전된 어휘 지식을 가진 학습자들은 그들이 알고 있는 단어들 간의 연결망이 더욱 복합적이고 매우 구조화되었다는 것이 일반적인 가설이다. 메아라는 이 발상을 수험자들에게 일련의 연상어들로 구성된 무작위로 선정한 단어 쌍을 연결하도록 하는 것과 같은 다양한 방식으로 분석했다.

sea ⋯ sand ⋯ sandwich ⋯ **butterfly**

sea ⋯ green ⋯ cabbage ⋯ caterpillar ⋯ **butterfly**

그러나 실질적인 평가 요구에 도움이 될 수 있는 정신적 체계에 대한 타당한 측정 방식을 고안하는 것이 가능한지에 대한 여부는 아직 남아 있는 것으로 보인다.

재고할 가치가 있는 어휘 평가의 또 다른 측면은 수용적 어휘와 생산적 어휘의 구별이다. 필자는 6장에서 이에 대해 문제가 있는 점을 강조했었고, 인식 대 상기, 이해 대 사용을 개별적으로 볼 때, 개념적 혼란을 줄이는 한 가지 방법을 제안했다. 전자의 구별은 개별적 어휘 시험에 더 많이 적용되고, 후자의 것은 내포적, 포괄적, 그리고 맥락 의존적 평가에 적절하다. 우리는 또한 수용적-생산적인 연속체에 관한 전체적인 개념에 비판적인 관점을 가질 필요가 있다. 일반적인 생각은 학습자가 더 많은 지식을 습득함으로써 어휘 항목은 주로 수용적인 것에서 생산적인 상태로 이동한다는 것이다. 어휘 지식 척도(5장에서 논의)는 높은 수준의 지식을 향해 한 단계 한 단계 이동해 가는 규칙적인 발전이라는 이와 비슷한 개념을 바탕으로 한다. 물론 척도를 사용하는 것—어휘 지식의 정도를 나타내는 일련의 시험 과제와 함께 혹은 없이—은 평가 목적에서 분명히 매력적이지만, 기본적인 구인 타당도에는 논쟁의 여지가 있는 문제이다. 제2언어 어휘 발달의 현실은 이보다 더 복합적이고 혼란스러운 것 같다.

메아라(Meara, 1996b)는 어휘 습득의 개별 상태 모형을 사용하는 것을 지지했다. 즉, 단어는 학습자의 머릿속에 있는 지식의 여러 상태 중 하나로 될 수 있으며, 한 상태에서 다른 어떤 상태로든 자유롭게 이동한다고 하였다. 따라서 학습자에게 유용한 단어는 모르는 단어에서 쉽게 사용할 수 있는 단계로 매우 빨리 이동할 수 있다. 반면에 제한적으로만 알고 있는 저빈도 단어는 시간이 지나면 잊어버릴 수도 있다. 분석을 위한 자료를 얻기 위해서는 학습자들에게 적은 수의 범주에서 대량의 단어 지식에 대한 자신의 상태에 대해 보고하도록 해야 한다. 자료 수집은 단어가 시간이 지남에 따라 어떤 한 상태에서 다른 상태로 이동하는 가능성을 측정하기 위한 기준을 제시하기 위해 최소한 한번은 반복해야 한다. 이 모형은 단계적으로 생기는 단어 지식의 확장 과정을 추정하지 않고 학습자 어휘의 전반적인 발달을 추적하는 방법을 제시한다. 어휘 연구자들은 수용적-생산적 연속체에 대한 잘 알려진 결점을 극복하기 위해서는 이러한 모형을 분석할 필요가 있다.

4장에서 어휘 평가의 역사에서 주요 문제로 맥락의 역할에 대해 살펴보았고, 이것은 이 책의 다른 모든 장에서 매우 중요한 부분이다. 우리는 다양한 관점에서 맥락에 접근할 수 있다. 먼저 목표 단어의 언어 환경을 살펴보자. 이것은 4장에서 빈칸 메우기 시험 문항에 맥락화가 미치는 영향에 대해 논의한 것과 5장에서 토플 어휘 문항의 맥락 의존성에 대해 논의할 때 사용했던 관점이다. 학습자들의 언어 숙달도가 올라가면서 학습자들은 고빈도 단어의 구체적인 의미를 인식하거나 사용상에서 맞닥뜨렸을 때 익숙하지 않은 어휘 항목을 추론하기 위해 맥락적 정보를 활용할 수 있어야 한다. 이것은 평가의 목적으로 인식되는 것 중 하나이기도 하지만 적절한 시험 과제를 구성하는 것이기도 하다. 자연스러운 환경에서 제시되는 단어들 간에는 문제가 존재하는데, 맥락적 정보가 너무 적거나 아니면 너무 많을 수도 있고, 편집하거나 특별히 문장을 만들어 넘으로써 맥락을 조작할 수도 있다. 너무 많은 맥락도 학습자의 과제 수행이 성공적인지 그렇지 않은지를 나타내거나 언어 지식의 다른 형태와 구별되는 어휘 지식의 정도를 알아내는 데 어려움을 야기시킨다.

또 다른 측면에서 맥락은 수험자가 해석하거나 산출해야 하는 모든 텍스트(구어, 문어 모두)를 통해 만들어진다. 여기에서 우리는 포괄적이고 내포적인 어휘 평가의 영역으로 옮겨 간다. 이러한 평가 영역은 평가 과제의 요구 사항과 관련하여 어휘가 주된 초점이 아닐 수도 있다. 문제는 단순히 학습자가 맥락과 관련된 다양한 어휘 항목을 알고 있는지의 여부가 아니라 의사소통 목적을 달성하기 위해 어휘를 적절하게 사용할 수 있는지의 여부이다. 좀 더 넓은 측면에서 다시 보면, 적절성은 언어 사용이 나타나는 사회적 상황의 특징에 의해 결정된다. 필자는 맥락이 본질적으로 복잡한 현상이라는 점을 확인한 최초의 사람은 확실히 아니다.

사용역 개념은 복잡성을 통해 어휘 항목이나 특정 맥락에서의 사용과 관련되는 특징들을 확인할 수 있는 한 가지 방법을 제안한다. 하지만 사용역이 무엇을 의미하고, 얼마나 다른 종류로 분류되는지를 규정하는 일은 이미 연구가 되었다. 말뭉치 언어학과 담화 분석과 같은 분야들은 개념적 도구뿐만 아니라 특정 사용역에 대한 설명도 제시할 수 있지만, 이 장의 앞에서 보여 주었듯이, 우리는 사용역 분석이 언어 시험을 설계하는 데 어떤 기여를 할 수 있는지 현실적인 측면에서 생각해 보아야 한다. 예를 들어 우리는 평가자들이 학습자의 말하기와 쓰기 과제 수행에서 어휘적 측면을 어떻게 판단하는지 더 많이 알아야 한다. 수험자의 어휘 사용에 대한 적절성을 평가하도록 요청받았을 때 평가자들은 사용역의 구체적인 특징에 초점을 두었는가? 수험자가 말하거나 쓴 것에 대한 양적 분석과 비교했을 때 평가자들의 판단은 어떠한가? 이러한 연구는 맥락과 관련한 어휘 사용을 언어 평가의 가장 중요한 요소로 하는 평가 절차를 이끌어 낼 수 있다.

맥락에 대한 이러한 논의에서의 관점은 어휘 특징 분석이 통합적 언어 능력 평가에 어떻게 포함될 수 있는지를 살펴보기 위해 종래의 개별 어휘 항목 지식과 관련된 어휘 평가에 대한 견해로부터 바뀌게 된 것이다. 이 두 관점들은 모두 중요하지만 내포적 평가에 대한 개념은 체계적인 관심을 거의 받지 못했기 때문에 필자가 여기에서 강조하고자 한 것이다. 물론 각각의 평가 방법들—가독성 공식의 어휘 요소, 어휘 밀도 통계, ESL 작문 분석표(모두 7장에서 논의)—은 꽤 익숙하지만 이들을 어휘 평가 방식으로 고려하여 사용하지는 않았다. 이들을 어휘 평가 방식으로 받아들이는 것은 언어 평가 분야의 주요 흐름을 어휘로 다시 돌려주는 방법을 제시하고, 언어 수행에서도 어휘적 측면을 포함하는 평가 방식에 관하여 새로운 생각을 자극시킨다. 어휘 통계는 단어 형태를 분류하지 않더라도 계산하기 매우 쉽기 때문에 평가 방식으로 매력적이다. 그러나 이 장에서 이미 한 번 이상 언급했듯이 이 통계 방식은 질적 평가를 바탕으로 보완될 필요가 있다.

1990년대의 어휘 연구는 언어 연구와 언어 교수에서 붐이 일어난 분야이다. 지금까지 몇몇 학자들은 목표 언어에서의 어휘력을 개발하는 문제는 언어 습득에서 필수적인 것이라고 제안해 왔다. 어휘 양은 유창한 언어 사용에서뿐만 아니라 제2언어 학습에서 얼마나 중요한 것인지에 대한 많은 증거가 있다. 그럼에도 불구하고 언어 평가 분야는 현재의 어휘에 대한 관심의 부활을 고려하거나 인식하는 것에 뒤처지는 경향이 있으며, 이러한 결과로 언어 평가자들은 어휘 평가에 대한 관심이 한정적인 것으로 나타났다. 반면 제2언어 어휘 연구자들은 현재의 표준 시험 설계와 타당성을 그들의 어휘 평가에 적용하지 않고, 그들의 목적에 맞는 도구들을 지속적으로 개발해 오고 있다. 이제는 이 두 분야 간의 차이를 연결할 때이며, 필자는 이 책이 어휘 평가가 언어 평가에서 더욱 중요한 위치에 놓이도록 하는 데 도움이 될 뿐만 아니라 좀 더 통합적인 접근으로 다양한 목적에 맞게 어휘를 평가하는 데 도움이 되기를 희망한다.

참고문헌

Abraham, R. G. and C. A. Chapelle(1992), "The meaning of cloze test scores: an item difficulty perspective", *Modern Language Journal* 76, pp. 468~479.

Ahmed, M. O.(1989), "Vocabulary learning strategies", In P. Meara(ed.), *Beyond Words*, London: CILT, pp. 3~14.

Aitchison, J.(1994), *Words in the Mind: An Introduction to the Mental Lexicon* (Second edition), Oxford: Blackwell.

Alderson, J. C.(1979), "The cloze procedure and proficiency in English as a foreign language", *TESOL Quarterly* 13, pp. 219~227.

Alderson, J. C.(2000), *Assessing Reading*, Cambridge: Cambridge University Press.

Alderson, J. C. and A. Beretta(eds.)(1992), *Evaluating Second Language Education*, Cambridge: Cambridge University Press.

Alderson, J. C. and D. Wall(1993), "Does washback exist?", *Applied Linguistics* 14, pp. 115~129.

American Council on the Teaching of Foreign Language(1986). *ACTFL Proficiency Guidelines*, Yonkers, NY: ACTFL.

Ames, W. S.(1966), "The development of a classification scheme of contextual aids", *Reading Research Quarterly* 2, pp. 57~82.

Anderson, R. C. and P. Freebody(1981), "Vocabulary knowledge", In J. T. Guthrie(ed.), *Comprehension and Teaching: Research Reviews*, Newark, DE: International Reading Association, pp. 77~117.

Anderson, R. C. and P. Freebody(1983), "Reading comprehension and the assessment and acquisition of word knowledge", In B. Huston(ed.), *Advances in Reading/Language Research* Volume 2, Greenwich, CT: JAI Press, pp. 231~256.

Anivan, S.(ed.)(1991), *Current Developments in Language Testing*, Singapore: SEAMEO Regional Language Centre.

Arnaud, P. J. L.(1984), "The lexical richness of L2 written pridections and the validity of vocabulary tests", In T. Culhane, C. Klein-Braley and D. K. Stevenson(eds.), *Practice and Problems in Language Testing*, Occasional Papers No. 29, Department of Language and Linguistics, University of Essex, pp. 14~28.

Arnaud, P.(1989), "Vocabulary and grammar: a multitrait-multimethod investigation", *AILA Review* 6, pp. 56~65.

Arnaud, P. J. L.(1992), "Objective lexical and grammatical characteristics of L2 written compositions and the validity of separate-component tests". In Arnaud and Béjoint(eds.), 1992, pp. 133~145.

Arnaud, P. J. L. and H. Béjoint(eds.)(1992), *Vocabulary and Applied Linguistics*. London: Macmillan.Auerbach, E. R.(1993), "Reexaminig English only in the ESL classroom", *TESOL Quarterly* 27, pp. 9~32.

Bachman, L. F.(1982), "The trait structure of cloze test scores", *TESOL Quarterly* 16, pp. 61~70

Bachman, L. F.(1985), "Performance on cloze tests with fixed-ratio and rational deletions", *TESOL Quarterly* 19, pp. 535~556.

Bachman, L. F.(1986), "The Test of English as a Foreign Language as a measure of communicative competence", In Stansfield(ed.), 1986, pp. 69~88.

Bachman, L. F.(1990), *Fundamental Considerations in language Testing*, Oxford: Oxford University Press.

Bachman, L. F. and A. S. Palmer(1996), *Language Testing in Practice*, Oxford: Oxford University Press.

Baker, E. L., H. F. O'Neil, Jr. and R. L. Linn(1993), "Policy and validity prospects for performance-based assessment", *American Psychologist* 48, pp. 1210~1218.

Barnard, H.(1971~1975), *Advanced English Vocabulary, Workbooks* 1-3B, Rowley, MA: Newbury House.

Bauer, L. and I. S. P. Nation(1999), "Word families", *International Journal of Lexicography* 6, pp. 253~279.

Beglar, D. and A. Hunt(1999), "Revising and validating the 2000 Word Level and University Word Level Vocabulary Tests", *Language Testing* 16, pp. 131~162.

Bensoussan, M.(1983), "Multiple-choice modifications of the cloze procedure using word-length and sentence-length blanks", *Foreign Language Annals* 16, pp. 189~198.

Bensoussan, M. and B. Laufer(1984), "Lexical guessing in context in EFL reading comprehension", *Journal of Research in Reading* 7, pp. 15~32.

Bensoussan, M. and R. Ramraz(1984), "Testing EFL reading comprehension suing a multiple-choice rational cloze", *Modern Language Journal* 68, pp. 230~239.

Bialystok, E.(1990), *Communication Strategies*, Oxford: Basil Blackwell.

Biber, D.(1998), *Variation Across Speech and Writing*, Cambridge: Cambridge University Press.

Biber, D.(1994), "An analytical framework for register studies", In Biber and Finegan, 1994b, pp. 31~56.

Biber, D., S. Conard and R. Reppen(1998), *Corpus Linguistic: Investigating Language Structure and Use*, Cambridge: Cambridge University Press.

Biber, D. and E. Finegan(1994a), "Situating register in sociolinguistics", In Biber and Finegan(1994b), pp. 3~12.

Biber, D. and E. Finegan(eds.)(1994b), *Sociolinguistics Perspectives on Register*, New

York: Oxford University Press.

Blum-Kulka, S. and E. A. Levenston(1983), "Universals of lexical simplification", In Faerch and Kasper(eds.), 1983a, pp. 119~139.

Brown, C.(1993), "Factors affecting the acquisition of vocabulary: frequency and saliency of words", In T. Huckin, M. Haynes and J. Coady(eds.), *Second Language Reading and Vocabulary Learning*, Norwood, Nj: Ablex, pp. 263~286.

Brown, J. D.(1983), "A closer look at cloze: validity and reliability", In J. W. Oller, Jr.(ed.), *Issues in Language Testing Research*, Rowley, MA: Newbury House, pp. 237~250.

Brown, J. D.(1997), "An EFL readability index", *University of Hawaii Working Paper in English as a Second Language* 15, pp. 83~119.

Brown, J. D. and K. Bailey(1984), "A categorical instrument for scoring second language writing skills", *Language Learning* 34, pp. 21~42.

Bruton, A. and V. Samuda(1981), "Guessing words", *Modern English Teacher* 8, pp. 18~21.

Campbell, D. T. and D. W. Fiske(1959), "Convergent and discriminant validation by the multitrait-multimethod matrix", *Psychologoical Bulletin* 56, pp. 81~105.

Campion, M. E. and W. B. Elley(1971), *An Academic Vocabulary List*, Wellington: New Zealnad Council for Educational Research.

Carrell, P. L.(1987), "Readability in ESL", *Reading in a Foreign Language* 4, pp. 21~40.

Carroll, J. B., P. Davies and B. Richman(1971), *The American Heritage Word Frequency Book*, Boston, MA: Houghton Mifflin.

Carter, R. A.(1987), *Vocabulary: Applied Linguistic Perspectives*, London: Allen and Unwin, 2nd edition: Routledge, 1999.

Carter, R. and M. McCarthy(1998), *Vocabulary and Language Teaching*, London:

Longman.

Carton, A. S.(1971), "Inferencing: a process in using and learning language", In P. Primaleur and T. Quinn(eds.), *The Psychology of Second Language Learning*, Cambridge: Cambridge University Press, pp. 45~58.

Chafe, W. L.(1982), "Integration and involvement in speaking, writing, and oral literature", In Tannen(ed.), 1982a, pp. 35~53.

Chandrasegaran, A.(1980), "Teaching the context clue approach to meaning", *Guidelines* 3, pp. 61~68.

Chapelle, C. A.(1994), "Are C-tests valid measures for L2 vocabulary research?", *Second Language Research* 10, pp. 157~187.

Chapelle, C. A. and R. G. Abraham(1990), "Cloze method: what difference does it make?", *Language Testing* 7, pp. 121~146.

Chihara, T., J. W. Oller, Jr., K. A. Weaver and M. A. Chávez-Oller(1977), "Are cloze items sensitive to constraints across sentences?", *Language Learning* 27, pp. 63~73.

Chun, D. M. and J. L. Plass(1996), "Effects of multimedia annotations on vocabulary acquisition", *Modern Language Journal* 80, pp. 183~198.

Clark, H. H.(1970), "Word associations and linguistic theory", In J. Lyons(ed.), *New Horizons in Linguistics*, Harmondsworth: Penguin.

Clark, J. L. D.(1972), *Foreign Language Testing: Theory and Practice*, Philadelphia: Center for Curriculum Development.

Clarke, D. F. and I. S. P. Nation(1980), "Guessing the meanings of words from context: Strategy and techniques", *System* 8, pp. 211~220.

Clarke, M. and S. Silberstein(1977), "Toward a realization of the psycholinguistic principles in the ESL reading class", *Language Learning* 27, pp. 135~154.

Coady, J. and T. Huckin(eds.)(1997), *Second Language Vocabulary Acquisition*, Cambridge: Cambridge University Press.

Cohen, A. D.(1987), "The use of verbal and imagery mnemonics in second language vocabulary learning", *Studies in Second Language Acquisition* 9, pp. 43~62.

Cohen, A. D. and E. Aphek(1981), "Easifying second language learning", *Studies in Second Language Acquisition* 3, pp. 221~236.

Collins COBUILD English Language Dictionary(1995), New edition, London: HarperCollins.

Cooper, R. L.(1971), "Degree of bilingualism", In Fishman, Cooper and Ma(1971), pp. 273~309.

Corrigan, A. and J. A. Upshur(1982), "Test method and linguistic factors in foreign language tests", *IRAL* 20, pp. 313~321.

Corson, D. J.(1982), "The Graeco-Latin (G-L) Instrument: a new measure of semantic complexity in oral and written English", *Language and Speech* 25, pp. 1~10.

Corson, D. J.(1983), "The Corson Measure of Passive Vocabulary", *Language and Speech* 26, pp. 3~20.

Corson, D.(1985), *The Lexical Bar*. Oxford: Pergamon.

Corson, D.(1997), "The learning and use of academic English words", *Language Learning* 47, pp. 671~718.

Coxhead, A.(1998), *An Academic Word List*, English Language Institute Occasional Publication No. 18, Wellington: School of Linguistics and Applied Language Studies, Victoria University of Wellington.

Cronbach, L. J.(1942), "An analysis of techniques for diagnostic vocabulary testing", *Journal of Educational Research* 36, pp. 206~217.

Cummins, J.(1981), "Age on arrival and immigrant second language learning in Canada: a reassessment", *Applied Linguistics* 2, pp. 132~149.

Cziko, G. A.(1983), "Another response to Shanahan, Kamil, and Tobin: further reasons to keep the cloze case open", *Reading Research Quarterly* 18, pp. 361~365.

Dale, E.(1965), "Vocabulary measurement: techniques and major findings",

Elementary English 42, pp. 895~901, 948.

Day, R. R., C. Omura and M. Hiramatsu(1991), "Incidental EFL vocabulary learning and reading", *Reading in a Foreign Language* 7, pp. 541~551.

Diack, H.(1975), *Wordpower: Your Vocabulary and its Measurement*, St Albans: Paladin.

Dieterich, T. G., C. Freeman and J. A. Crandall(1979), "A linguistic analysis of some English proficiency tests", *TESOL Quarterly* 13, pp. 535~550.

Dolch, E. W. and D. Leeds(1953), "Vocabulary tests and depth of meaning", *Journal of Educational Research* 4, pp. 181~189.

Dörnyei, Z.(1995). "On the teachability of communication strategies", *TESOL Quarterly* 29, pp. 55~85.

Dörnyei, Z. and L. Katona(1992), "Validation of the C-test amongst Hungarian EFL learners", *Language Testing* 9, pp. 187~206.

Dörnyei, Z. and M. L. Scott(1997), "Communication strategies in a second language: definitions and taxonomies", *Language Learning* 47, pp. 173~210.

Dupuy, B. and S. D. Krashen(1993), "Incidental vocabulary acquisition in French as a foreign language", *Applied Language Learning* 4, pp. 55~63.

Educational Testing Service(ETS)(1995), *TOEFL Sample Test*, Fifth edition, Princeton, NJ: Educational Testing Service.

Educational Testing Service(ETS)(1996), *The TOEFL Test of Spoken English Guide*, Princeton, NJ: Educational Testing Service.

Educational Testing Service(ETS)(1998), *TOEFL Sampler*, [CD-ROM], Princeton, NJ: Educational Testing Service.

Elley, W. B.(1989), "Vocabulary acquisition from listening to stories", *Reading Research Quarterly* 24, pp. 174~187.

Ellis, N. C.(1997), "Vocabulary acquisition: word structure, collocation, wordclass, and meaning", In Schmitt and McCarthy(eds.)(1997), pp. 122~139.

Ellis, N. C. and A. Beaton(1993a), "Factors affecting the learning of foreign language vocabulary: imagery keyword mediators and phonological shortterm memory", *Quarterly Journal of Experimental Psychology* 46A, pp. 533~558.

Ellis, N. C. and A. Beaton(l993b), "Psycholinguistic determinants of foreign language vocabulary learning", *Language Learning* 43, pp. 559~617.

Ellis, R.(1995), "Modified oral input and the acquisition of word meanings", *Applied Linguistics* 16, pp. 409~441.

Ellis, R., Y. Tanaka and A. Yamazaki(1994), "Classroom interaction, comprehension, and the acquisition of L2 word meanings", *Language Learning* 44, pp. 449~491.

Engber, C. A.(1995), "The relationship of lexical proficiency to the quality of ESL compositions", *Journal of Second Language Writing* 4, pp. 139~155.

Engels, L.(1968), "The fallacy of word counts", *IRAL* 6, pp. 213~231.

ETS see Educational Testing Service.

Faerch, K. and G. Kasper(eds.)(l983a), *Strategies in Interlanguage Communication*, London: Longman.

Faerch, K. and G. Kasper(1983b), "Plans and strategies in foreign language communication", In Faerch and Kasper(eds.), 1983a, pp. 20~60.

Farr, R.(1969), *Reading: What can be Measured?*, Newark, DE: International Reading Association.

Farr, R. and R. F. Carey(1986), *Reading: What can be Measured?* Second edition. Newark, DE: International Reading Association.

Feldmann, U. and B. Stemmer(1987), "Thin__ aloud a__ retrospective da__ in C-te__ taking: diffe__ languages – diff__ learners – sa__ approaches?", In C. Faerch and G. Kasper(eds.), *Introspection in Second Language Research*, Clevedon: Multilingual Matters, pp. 251~267.

Ferguson, C. A.(1994), "Dialect, register, and genre: working assumptions about conventionalization", In Biber and Finegan, 1994b, pp. 15~30.

Fishman, J. A., R. L. Cooper, R. Ma.(1971), *Bilingualism in the Barrio*, Bloomington,

IN: Research Center for the Language Sciences, Indiana University.

Flowerdew, J.(1993), "Concordancing as a tool in course design", *System* 21, pp. 231~244.

Foster, P. and P. Skehan(1996), "The influence of planning and task-type on second language performance", *Studies in Second Language Acquisition* 18, pp. 299~323.

Francis, W. N. and H. Kucera(1982), *Frequency Analysis of English Usage: Lexicon and Grammar*, Boston: Houghton Mifflin.

Goodrich, H. C.(1977), "Distractor efficiency in foreign language testing", *TESOL Quarterly* 11, pp. 69~78.

Goulden, R., P. Nation and J. Read(1990), "How large can a receptive vocabulary be?", *Applied Linguistics* 11, pp. 341~363.

Haastrup, K.(1987), "Using thinking aloud and retrospection to uncover learners' lexical inferencing procedures", In C. Faerch and G. Kasper(eds.), *Introspection in Second Language Research*, Clevedon: Multilingual Matters, pp. 197~212.

Haastrup, K.(1991), *Lexical Inferencing Procedures, or, Talking about Words*, Tübingen: Gunter Narr.

Hale, G. A., C. W. Stansfield, D. A. Rock, M. M. Hicks, F. A. Butler and J. W. Oller, Jr.(1988), *Multiple-Choice Cloze Items and the Test of English as a Foreign Language*, TOEFL Research Report 26, Princeton, NJ: Educational Testing Service.

Hale, G. A., C. W. Stansfield, D. A. Rock, M. M. Hicks, F. A. Butler and J. W. Oller, Jr.(1989), "The relation of multiple-choice cloze items to the Test of English as a Foreign Language", *Language Testing* 6, pp. 47~76.

Halliday, M. A. K.(1989), *Spoken and Written Language*, Oxford University Press.

Halliday, M. A. K. and R. Hasan(1989), *Language, Context and Text: Aspects of Language in a Social-Semiotic Perspective*, Oxford: Oxford University

Press.

Hamp-Lyons, L.(1991), "Scoring procedures for ESL contexts", In L. HampLyons (ed.), *Assessing Second Language Writing in Academic Contexts*, Norwood, NJ: Ablex, pp. 241~276.

Hamp-Lyons, L. and G. Henning(1991), "Communicative writing profiles: an investigation of the transferability of a multiple-trait scoring instrument across ESL writing assessment contexts", *Language Learning* 41, pp. 337~373.

Harbord, J.(1992), "The use of the mother tongue in the classroom", *English Language Teaching Journal* 46, pp. 350~355.

Harklau, L.(1994), "ESL vs. mainstream classes: contrasting L2 learning environments", *TESOL Quarterly* 28, pp. 241~272.

Harlech-Jones, B.(1983), "ESL proficiency and a word-frequency count", *English Language Teaching Journal* 37, pp. 62~70.

Harley, B.(1995), "Introduction: the lexicon in second language research", In B. Harley(ed.), *Lexical Issues in Language Learning*, Amsterdam: John Benjamins, pp. 1~28.

Harris, D. P.(1969), *Testing English as a Second Language*, New York: McGraw-Hill.

Harrison, C.(1980), *Readability in the Classroom*, Cambridge: Cambridge University Press.

Hatch, E. and H. Farhady(1982), *Research Design and Statistics for Applied Linguistics*, Rowley, MA: Newbury House.

Haynes, M.(1984), "Patterns and perils of guessing in second language reading", In J. Handscombe, R. A. Orem and B. P. Taylor(eds.), *On TESOL'83: The Question of Control*, Washington, DC: TESOL, pp. 163~176.

Hazenberg, S. and J. H. Hulstijn(1996), "Defining a minimal receptive second language vocabulary for non-native university students: an empirical investigation", *Applied Linguistics* 17, pp. 145~163.

Heaton, J. B.(1975), *Writing English Language Tests*, London: Longman.

Heaton, J. B.(1988), *Writing English Language Tests*, Second edition, London: Longman.

Henning, G. H.(1973), "Remembering foreign language vocabulary: acoustic and semantic parameters", *Language Learning* 23, pp. 185~196.

Henning, G.(1991), *A Study of the Effects of Contextualization and Familiarization on Responses to the TOEFL Vocabulary Test Items*, TOEFL Research Reports 35, Princeton, NJ: Educational Testing Service.

Henriksen, B.(1999), "Three dimensions of vocabulary development", *Studies in Second Language Acquisition* 21, pp. 303~317.

Higa, M.(1963), "Interference effects of interlist word relationships in verbal learning", *Journal of Verbal Learning and Verbal Behavior* 2, pp. 170~175.

Higa, M.(1965), "The psycholinguistic concept of 'difficulty' and the teaching of foreign language vocabulary", *Language Learning* 15, pp. 167~179.

Hindmarsh, R.(1980), *Cambridge English Lexicon*, Cambridge: Cambridge University Press.

Hofland, K. and S. Johansson(1982), *Word Frequencies in British and American English*, Bergen: Norwegian Computing Centre for the Humanities.

Holmes, J.(1995), "A quite interesting article about linguistics", *Campus Review* 5, p. 13.

Honeyfield, J.(1977), "Word frequency and the importance of context in vocabulary learning", *RELC Journal* 8, pp. 35~42.

Horst, M., T. Cobb and P. Meara(1998), Beyond a Clockwork Orange: acquiring second language vocabulary through reading, *Reading in a Foreign Language* 11, pp. 207~223.

Hughes, A.(1989), *Testing for Language Teachers*, Cambridge: Cambridge University Press.

Hulstijn, J. H.(1992), "Retention of inferred and given word meanings: experiments in incidental vocabulary learning", In Arnaud and Béjoint(eds.)(1992), pp. 113~125.

Hulstijn, J. H.(1993), "When do foreign-language learners look up the meanings of unfamiliar words?, The influence of task and learner variables", *Modern Language Journal* 77, pp. 139~147.

Hulstijn, J. H.(1997), "Mnemonic methods in foreign language vocabulary learning: theoretical considerations and pedagogical implications", In Coady and Huckin(eds.)(1997), pp. 203~224.

Hurlburt, D.(1954), "The relative value of recall and recognition techniques for measuring precise knowledge of word meaning: nouns, verbs, adjectives", *Journal of Educational Research* 47, pp. 561~576.

Jacobs, H. L., S. A. Zingraf, D. R. Wormuth, V. F. Hartfiel and J. B. Hughey(1981), *Testing ESL Composition: A Practical Approach*, Rowley, MA: Newbury House.

Jenkins, J. R., M. Stein and K. Wysocki(1984), "Learning vocabulary through reading", *American Educational Research Journal* 21, pp. 767~787.

Joe, A.(1995), "Text-based tasks and incidental vocabulary learning", *Second Language Research* 11. pp. 149~158.

Joe, A.(1998), "What effects do text-based tasks promoting generation have on incidental vocabulary acquisition?", *Applied Linguistics* 19, pp. 357~377.

Johnson, R. K.(1981), "Questioning some assumptions about cloze testing", In J. A. S. Read(ed.), *Directions in Language Testing*, Singapore: Singapore University Press, pp. 177~206.

Jonz, J.(1976), "Improving on the basic egg: the m-c cloze", *Language Learning* 26, pp. 255~265.

Jonz, J.(1987), "Textual cohesion and second language comprehension", *Language Learning* 37, pp. 409~438.

Jonz, J.(1990), "Another turn in the conversation: what does doze measure?",

TESOL Quarterly 24, pp. 61~83.

Jonz, J. and J. W. Oller, Jr.(1994), "A critical appraisal of related doze research", In Oller and Jonz(1994), pp. 371~407.

Kasper, G. and E. Kellerman(eds.)(1997a), *Communication Strategies: Psycholinguistic and Sociolinguistic Perspectives*, London: Longman.

Kasper. G. and E. Kellerman(1997b), "Introduction: approaches to communication strategies", In Kasper and Kellerman(eds.)(1997a), pp. 1~13.

Kellerman, E.(1991), "Compensatory strategies in second language research: a critique, a revision, and some (non-)implications for the classroom", In R. Phillipson, E. Kellerman, L. Selinker, M. Sharwood Smith and M. Swain(eds.), *Foreign/Second Language Pedagogy Research*, Clevedon: Multilingual Matters, pp. 142~161.

Kelley, T. L. and A. C. Krey(1934), *Tests and measurements in the social sciences*, New York: Scribner.

Kelley, V. H.(1933), "An experimental study of certain techniques for testing word meanings", *Journal of Educational Research* 27, pp. 277~282.

Kelly, P.(1991), "Lexical ignorance: the main obstacle to listening comprehension with advanced foreign language learners", *IRAL* 24, pp. 135~149.

Kennedy, G.(1998), *An Introduction to Corpus Linguistics*, London: Addison Wesley Longman.

Klare, G. R.(1984), "Readability", In P. D. Pearson(ed.), *Handbook of Reading Research*, New York: Longman.

Klein-Braley. C.(1985), "A doze-up on the C-Test", A study in the construct validation of authentic tests, *Language Testing* 2, pp. 76~104.

Klein-Braley, C.(1997), "C-Tests in the context of reduced redundancy testing: an appraisal", *Language Testing* 14, pp. 47~84.

Klein-Braley, C. and U. Raatz(1984), "A survey of research on the C-test", *Language Testing* 1, pp. 134~146.

Knight, S.(1994), "Dictionary use while reading: the effects on comprehension and vocabulary acquisition for students of different verbal abilities", *Modern Language journal* 78, pp. 285~299.

Kroll, B. and J. Reid(1994), "Guidelines for writing prompts: clarifications, caveats, and cautions", *Journal of Second Language Writing* 3, pp. 231~255.

Kučera, H. and W. M. Francis(1967), *A Computational Analysis of Present Day American English*, Providence, RI: Brown University Press.

Lado, R.(1961), *Language Testing*, London: Longman.

Laufer, B.(1990), "'Sequence' and 'order' in the development of L2 lexis: some evidence from lexical confusions", *Applied Linguistics* 11, pp. 281~296.

Laufer, B.(1991), "The development of L2 lexis in the expression of the advanced language learner", *Modern Language Journal* 75, pp. 440~448.

Laufer, B.(1992), "How much lexis is necessary for reading comprehension?", In Arnaud and Béjoint(eds.)(1992), pp. 126~132.

Laufer, B.(1994), "The lexical profile of second language writing: does it change over time?", *RELC Journal* 25, pp. 21~33.

Laufer, B.(1995), "Beyond 2000: a measure of productive lexicon in a second language", In L. Eubank, L. Selinker and M. Sharwood Smith(eds.), *The Current State of Interlanguage*, Amsterdam: John Benjamins, pp. 265~272.

Laufer, B.(1997a), "The lexical plight in second language reading: words you don't know, words you think you know, and words you can't guess", In Coady and Huckin(eds.)(1997), pp. 20~34.

Laufer, B.(1997b), "What's in a word that makes it hard or easy? Some intralexical factors that affect the learning of words". In Schmitt and McCarthy(eds.) (1997), pp. 140~155.

Laufer, B.(1998), "The development of passive and active vocabulary in a second language: same or different?", *Applied Linguistics* 19, pp. 255~271.

Laufer, B. and P. Nation(1995), "Vocabulary size and use: lexical richness in

L2 written production", *Applied Linguistics* 16, pp. 307~322.

Laufer, B. and P. Nation(1999), "A vocabulary-size test of controlled productive ability", *Language Testing* 16, pp. 33~51.

Laufer, B. and D. D. Sim(1985a), "Measuring and explaining the reading threshold needed for English for Academic Purposes texts", *Foreign Language Annals* 18, pp. 405~411.

Laufer, B. and D. D. Sim(1985b), "Taking the easy way out: non-use and misuse of clues in EFL reading", *English Teaching Forum* 23, pp. 7~10, 20.

Lawson, M. J. and D. Hogden(1996), "The vocabulary-learning strategies of foreign-language students", *Language Learning* 46, pp. 101~135.

Linnarud, M.(1975), *Lexis in Free Production: An Analysis of the Lexical Texture of Swedish Students' Written Work*, Swedish-English Contrastive Studies, Report No. 6, Lund: Department of English, University of Lund.

Linnarud, M.(1986), Lexis in Composition: *A Performance Analysis of Swedish Learners' Written English*, Malmö: CWK Gleerup.

Liu, N. and I. S. P. Nation(1985), "Factors affecting guessing vocabulary in context", *RELC Journal* 16, pp. 33~42.

Longman Dictionary of Contemporary English(1995), Third edition. London: Longman.

Lorge, I. and J. Chall(1963), "Estimating the size of vocabularies of children and adult: an analysis of methodological issues", *Journal of Experimental Education* 32, pp. 147~157.

Luppescu, S., and R. R. Day(1993), "Reading, dictionaries, and vocabulary learning", *Language Learning* 43, pp. 263~287.

Lynch, B. K.(1996), *Language Program Evaluation: Theory and Practice*, Cambridge: Cambridge University Press.

McCarthy, M.(1990), *Vocabulary*, Oxford: Oxford University Press.

McCarthy, M. and R. Carter(1997), *Written and spoken vocabulary*, In Schmitt and McCarthy(eds.)(1997), pp. 20~39.

McDonough, S.(1995), *Strategy and Skill in Learning a Foreign Language*, London: Edward Arnold.

McKeown, M. G. and M. E. Curtis(eds.)(1987), *The Nature of Vocabulary Acquisition*, Hillsdale, NJ: Lawrence Erlbaum.

McNamara, T. F.(1996), *Measuring Second Language Performance*, London: Longman.

McNeill, A.(1996), "Vocabulary knowledge profiles: evidence from Chinese speaking ESL teachers", *Hong Kong Journal of Applied Linguistics* 1, pp. 39~63.

McQueen, J.(1996), Rasch scaling: how valid is it as the basis for content-referenced descriptors of test performance?, In G. Wigglesworth and C. Elder(eds.), *The Language Testing Cycle: From Inception to Washback*, *Australian Review of Applied Linguistics*, Series S, No. 13, pp. 137~187.

Madsen, H. S.(1983), *Techniques in Testing*, New York: Oxford University Press.

Meara, P.(1980), "Vocabulary acquisition: a neglected aspect of language learning", *Language Teaching and Learning: Abstracts* 13, pp. 221~246.

Meara, P.(1983), "Word associations in a foreign language", *Nottingham Linguistics Circular* 11. pp. 29~38.

Meara, P.(1984), "The study of lexis in interlanguage", In A. Davies, C. Criper and A. P. R. Howatt(eds.), *Interlanguage*, Edinburgh: University of Edinburgh Press, pp. 225~235.

Meara, P.(1990), "Some notes on the Eurocentres Vocabulary Size Tests", In J. Tommola(ed.), *Foreign Language Comprehension and Production*, Turku: AFinLA(Finnish Association of Applied Linguistics).

Meara, P.(1992a), *EFL Vocabulary Tests*, Swansea: Centre for Applied Language Studies, University of Wales.

Meara, P.(1992b), "Network structures and vocabulary acquisition in a foreign language", In Arnaud and H. Béjoint(eds.)(1992), pp. 62~70.

Meara, P.(1993), "Assumptions about vocabulary acquisition and where they come from", Keynote address at the lOth World Congress of Applied Linguistics, Amsterdam, August(1993).

Meara, P.(1994), "Second language acquisition: lexis", In R. E. Asher(ed.), *The Encyclopedia of Language and Linguistics*, Volume 7, Oxford: Pergamon, pp. 3726~3728.

Meara, P.(l996a), "The dimensions of lexical competence", In G. Brown, K. Malmkjaer and J. Williams(eds.), *Performance and Competence in Second Language Acquisition*, Cambridge: Cambridge University Press, pp. 35~53.

Meara, P.(1996b), "The vocabulary knowledge framework", available over the Internet at ⟨www.swan.ac.uk/cals/vlibrary/pm96d⟩.

Meara, P. and B. Buxton(1987), "An alternative to multiple choice vocabulary tests", *Language Testing* 4, pp. 142~154.

Meara, P. and G. Jones(1988), "Vocabulary size as a placement indicator", In P. Grunwell(ed.), *Applied Linguistics in Society*, London: Centre for Information on Language Teaching and Research, pp. 80~87.

Meara, P. and G. Jones(1990a), *Eurocentres Vocabulary Size Test*, Version E1.1/K10. Zurich: Eurocentres Learning Service.

Meara, P. and G. Jones(1990b), *Eurocentres Vocabulary Size Test User's Guide*. Zurich: Eurocentres Learning Service.

Mehnert, U.(1998), "The effects of different lengths of time for planning on second language performance", *Studies in Second Language Acquisition* 20, pp. 83~108.

Melka, F.(1997), "Receptive vs. productive aspects of vocabulary", In Schmitt and McCarthy(eds.)(1997). pp. 84~102.

Melka Teichroew, F. J.(1982), "Receptive vs. productive vocabulary: a survey", *Interlanguage Studies Bulletin* 6, pp. 5~33.

Messick, S.(1989), "Validity". In R. L. Linn(ed.), *Educational Measurement*, Third edition, New York: Macmillan.

Mondria, J-A. and M. Wit-De Boer(1991), "The effects of contextual richness on the guessability and the retention of words in a foreign language", *Applied Linguistics* 12, pp. 249~267.

Moon, R.(1997), "Vocabulary connections: multi-word items in English", In Schmitt and McCarthy(1997), pp. 40~63.

Nagy, W. E. and R. C. Anderson(1984), "How many words are there in printed school English?", *Reading Research Quarterly* 19, pp. 304~330.

Nagy, W., R. C. Anderson and P. A. Herman(1987), "Learning word meanings from context during normal reading", *American Educational Research Journal* 24, pp. 237~270.

Nagy, W., P. A. Herman and R. C. Anderson(1985), "Learning words from context", *Reading Research Quarterly* 20, pp. 233~253.

Nation, I. S. P.(1982), "Beginning to learn foreign vocabulary: a review of the literature", *RELC Journal* 13 , pp. 14~36.

Nation, P.(1983), "Testing and teaching vocabulary", *Guidelines* 5, pp. 12~25.

Nation, I. S. P.(1990), *Teaching and Learning Vocabulary*, New York: Heinle and Heinle.

Nation, P.(1993a), "Measuring readiness for simplified material: a test of the first 1000 words of English", In M. L. Tickoo(ed.), *Simplification: Theory and Application*, Singapore: SEAMEO Regional Language Centre.

Nation, P.(1993b), "Using dictionaries to estimate vocabulary size: essential but rarely followed procedures", *Language Testing* 10, pp. 27~40.

Nation, I. S. P. and J. Coady(1988), "Vocabulary and reading", In Carter and McCarthy(1988), pp. 97~110.

Nation, P. and R. Waring(1997), "Vocabulary size, text coverage and word lists", In Schmitt and McCarthy(eds.)(1997), pp. 6~19.

Nattinger, J. R. and J. S. DeCarrico(1992). *Lexical Phrases and Language Teaching*, Oxford: Oxford University Press.

Nihalani, N. K.(1981), "The quest for the L2 index of development", *RELC Journal* 12, pp. 50~56.

Nurweni, A.(1995), "The English vocabulary knowledge of first-year students at an Indonesian university", Unpublished MA thesis, Victoria University of Wellington, New Zealand.

Nurweni, A. and J. Read(1999), "The English vocabulary knowledge of Indonesian university students", *English for Specific Purposes* 18, pp. 161~175.

O'Loughlin, K.(1995), "Lexical density in candidate output on direct and semi-direct versions of an oral proficiency test", *Language Testing* 12, pp. 217~237.

O'Malley, J. M. and A. U. Chamot(1990), *Learning Strategies in Second Language Acquisition*, Cambridge: Cambridge University Press.

O'Malley, J. M. and L. Valdez Pierce(1996), *Authentic Assessment for English Language Learners: Practical Approaches for Teachers*, Reading, MA: Addison-Wesley.

Oakes, M. P.(1998), *Statistics for Corpus Linguistics*, Edinburgh: Edinburgh University Press.

Oller, J. W., Jr.(1973), "Cloze tests of second language proficiency and what they measure", *Language Learning* 23, pp. 105~118.

Oller, J. W., Jr.(1975), "Cloze, discourse and approximations to English", In M. K. Burt and H. C. Dulay(eds.), *New Directions in Second Language Learning, Teaching, and Bilingual Education*, Washington, DC: TESOL, pp. 345~355.

Oller, J. W., Jr.(1979), *Language Tests at School*. London: Longman.

Oller, J. W., Jr.(1986), "Communication theory and testing: what and how?", In Stansfield(ed.)(1986), pp. 104~155.

Oller, J. W., Jr. and J. Jonz(1994), *Cloze and Coherence*, Lewisburg, PA: Bucknell

University Press.

Oller, J. W., Jr. and B. Spolsky(1979), "The Test of English as a Foreign Language (TOEFL)", In B. Spolsky(ed.), *Some Major Tests*, Advances in Language Testing Series 1, Arlington, VA: Center for Applied Linguistics.

Oxford, R. L.(1993), "Research on second language learning strategies", *Annual Review of Applied Linguistics* 13, pp. 175~187.

Ozete, O.(1977), "The cloze procedure: a modification", *Foreign Language Annals* 10, pp. 565~568.

Paivio, A. and A. Desrochers(1981), "Mnemonic techniques in second language learning", *Journal of Educational Psychology* 73, pp. 780~795.

Paribakht, T.(1985), "Strategic competence and language proficiency", *Applied Linguistics* 6, pp. 132~146.

Paribakht, T. S. and M. B. Wesche(1993), "Reading comprehension and second language development in a comprehension-based ESL program", *TESL Canada Journal* 11, pp. 9~29.

Paribakht, T. S. and M. Wesche(1997), "Vocabulary enhancement activities and reading for meaning in second language vocabulary acquisition", In Coady and Huckin(eds.)(1997), pp. 174~200.

Pawley, A. and F. H. Syder(1983), "Two puzzles for linguistic theory: nativelike selection and nativelike fluency", In J. C. Richards and R. W. Schmidt(eds.), *Language and Communication*, London: Longman.

Pennycook, A.(1996), "Borrowing others' words: text, ownership, memory, and plagiarism", *TESOL Quarterly* 30, pp. 201~230.

Perkins, K. and S. E. Linnville(1987), "A construct definition study of a standardized ESL vocabulary test", *Language Testing* 4, pp. 125~141.

Phillipson, R.(1992), *Linguistic Imperialism*, Oxford: Oxford University Press.

Pike, L. W.(1979), *An Evaluation of Alternative Item Formats for Testing English as a Foreign Language*, TOEFL Research Reports, No. 2, Princeton,

NJ: Educational Testing Service.

Pitts, M., H. White and S. Krashen(1989), "Acquiring second language vocabulary through reading: a replication of the Clockwork Orange study using second language acquirers", *Reading in a Foreign Language* 5, pp. 271~275.

Porter, D.(1976), "Modified cloze procedure: a more valid reading comprehension test", *ELT Journal* 30, pp. 151~155.

Porter, D.(1983), "The effect of quantity of context on the ability to make linguistic predictions: a flaw in a measure of general proficiency", In A. Hughes and D. Porter(eds.), *Current Developments in Language Testing*, New York: Academic Press, pp. 63~74.

Postman, L. and G. Keppel(1970), *Norms of Word Associations*, New York: Academic Press.

Poulisse, N.(1993), "A theoretical account of lexical communication strategies", In R. Schreuder and B. Weltens(eds.), *The Bilingual Lexicon*, Amsterdam: John Benjamins, pp. 157~189.

Pressley, M., J. R. Levin and M. A. McDaniel(1987), "Remembering vs. inferring what a word means: mnemonic and contextual approaches". In McKeown and Curtis(eds.)(1987), pp. 107~127.

Quinn, G.(1968), *The English Vocabulary of some Indonesian University Entrants*, Salatiga, Indonesia: IKIP Kristen Satya Watjana.

Read, J.(1988), "Measuring the vocabulary knowledge of second language learners", *RELC Journal* 19, pp. 12~25.

Read, J.(1989), "Towards a deeper assessment of vocabulary knowledge", *ERIC Document Reproduction Service*, No. ED 301 048, Washington, DC: ERIC Clearinghouse on Languages and Linguistics.

Read, J.(1991), "The validity of writing test tasks", In Anivan(ed.)(1991), pp. 77~91.

Read, J.(1993), "The development of a new measure of L2 vocabulary knowledge",

Language Testing 10, pp. 355~371.

Read, J.(1998), "Validating a test to measure depth of vocabulary knowledge", In A. Kunnan(ed.), *Validation in Language Assessment*, Mahwah. NJ: Lawrence Erlbaum, pp. 41~60.

Reid, J.(1990), "Responding to different topic types: a quantitative analysis from a contractive rhetoric perspective", In B. Kroll(ed.), *Second Language Writing: Research Insights for the Classroom*, Cambridge: Cambridge University Press, pp. 191~210.

Richards, B. J. and D. D. Malvern(1997), *Quantifying Lexical Diversity in the Study of Language Development*, Reading: Faculty of Education and Community Studies, University of Reading.

Richards, J. C.(1974). "Word lists: problems and prospects", *RELC Journal* 5, pp. 69~84.

Richards, J. C.(1976), "The role of vocabulary teaching", *TESOL Quarterly* 10, pp. 77~89.

Rodgers, T. S.(1969), "On measuring vocabulary difficulty: an analysis of item variables in learning Russian–English vocabulary pairs", *IRAL* 7, pp. 327~343.

Ross, S. and R. Berwick(1992), "The discourse of accommodation in oral proficiency interviews", *Studies in Second Language Acquisition* 14, pp. 159~176.

Ruth, L. and S. Murphy(1988), *Designing Writing Tasks for the Assessment of Writing*, Norwood, NJ: Ablex.

Sanaoui, R.(1995), "Adult learners' approaches to learning vocabulary in second languages", *Modern Language Journal* 79, pp. 15~28.

Saragi, T., I. S. P. Nation and G. F. Meister(1978), "Vocabulary learning and reading". *System* 6, pp. 72~78.

Saville–Troike, M.(1984), "What really matters in second language learning for academic achievement?", *TESOL Quarterly* 18, pp. 199~219.

Schatz, E. K. and R. S. Baldwin(1986), "Contextual clues are unreliable predictors of word meanings". *Reading Research Quarterly* 21, pp. 439~453.

Schmidt, R.(1990), "The role of consciousness in second language learning", *Applied Linguistics* 11, pp. 129~158.

Schmitt, N.(1993), "Forms B, C and D of the Vocabulary Levels Test", Unpublished manuscript.

Schmitt, N.(1997), "Vocabulary learning strategies", In Schmitt and McCarthy(eds.) (1997), pp. 199~227.

Schmitt, N.(1998a), "Measuring collocational knowledge: key issues and an experimental assessment procedure", *ITL: Review of Applied Linguistics* 119~120: 27~47.

Schmitt, N.(1998b), "Quantifying word association responses: what is nativelike?", *System* 26, pp. 389~401.

Schmitt, N.(1998c), "Tracking the incremental acquisition of second language vocabulary: a longitudinal study", *Language Learning* 48, pp. 281~317.

Schmitt, N.(1999), "The relationship between TOEFL vocabulary items and meaning, association, collocation and word-class knowledge", *Language Testing* 16, pp. 189~216.

Schmitt, N. and M. McCarthy(eds.)(1997), *Vocabulary: Description, Acquisition and Pedagogy*, Cambridge: Cambridge University Press, pp. 84~102.

Schmitt, N. and P. Meara(1997), "Researching vocabulary through a word knowledge framework: word associations and verbal suffixes", *Studies in Second Language Acquisition* 19, pp. 17~36.

Schonell, F., I. Meddleton, B. Shaw, M. Routh, D. Popham, G. Gill, G. Mackrell and C. Stephens(1956), *A Study of the Oral Vocabulary of Adults*, Brisbane: University of Queensland Press.

Schouten-Van Parreren, C.(1992), "Individual differences in vocabulary acquisition: a qualitative experiment in the first phase of secondary education", In

Arnaud and Béjoint(eds.)(1992), pp. 94~101.

Schwartz, S.(1984), *Measuring Reading Competence: A Theoretical-Prescriptive Approach*, New York: Plenum.

Scott, M.(1997), *WordSmith Tools*, Version 2.0, Oxford: Oxford University Press.

Seibert, L. C.(1945), A study of the practice of guessing word meanings from a context, *Modern Language Journal* 29, pp. 296~323.

Shanahan, T., M. Kamil and A. Tobin(1982), "Cloze as a measure of intersentential comprehension", *Reading Research Quarterly* 17, pp. 229~255.

Shillaw, J.(1996), "The application of Rasch modelling to yes/no vocabulary tests", Vocabulary Acquisition Research Group discussion document No. js96a, available over the Internet at ⟨www.swan.ac.uk/cals/vlibrary/js96a.htm⟩.

Shohamy, E.(1994), "The validity of direct vs. semi-direct oral tests", *Language Testing* 11, pp. 99~123.

Shohamy, E. and O. Inbar(1991), "Validation of listening comprehension tests: the effect of text and question type", *Language Testing* 8, pp. 23~40.

Shu, H., R. C. Anderson and H. Zhang(1995), "Incidental learning of word meanings while reading: a Chinese and American cross-cultural study", *Reading Research Quarterly* 30, pp. 76~95.

Sims, V. M.(1929), "The reliability and validity of four types of vocabulary test", *Journal of Educational Research* 20, pp. 91~96.

Sinclair, J.(1991), *Corpus, Concordance, Collocation*, Oxford: Oxford University Press.

Sinclair, J. Mc, H. and A. Renouf(1988), "A lexical syllabus for language learning", In Carter and McCarthy(1998), pp. 140~160.

Singleton, D.(1994), "Learning L2 lexis: a matter of form?", In G. Bartelt(ed.), *The Dynamics of Language Processes: Essays in Honor of Hans W. Dechert*, Tiibingen: Gunter Narr, pp. 45~57.

Singleton, D. and D Little(1991), "The second language lexicon: some evidence from university-level learners of French and German", *Second Language Research* 7, pp. 61~81.

Skehan, P.(1989), *Individual Differences in Second-Language Learning*, London: Edward Arnold.

Skehan, P.(1996), "A framework for the implementation of task-based instruction", *Applied Linguistics* 17, pp. 38~62.

Skehan, P.(1998), *A Cognitive Approach to Language Learning*, Oxford: Oxford University Press.

Skehan, P. and P. Foster(1997), "Task type and task processing conditions as influences on foreign language performance", *Language Teaching Research* 1, pp. 185~211.

Smith, H. A.(1996), "An individualised vocabulary programme", *TESOLANZ Journal* 4, pp. 41~51.

Spolsky, B.(1995), *Measured Words*. Oxford: Oxford University Press.

Stalnaker, J. M. and W. Kurath(1935), A comparison of two types of foreign language vocabulary test, *Journal of Educational Psychology* 26, pp. 435~442.

Stansfield, C. W.(1991), "A comparative analysis of simulated and direct oral proficiency interviews", In Anivan(ed.)(1991), pp. 199~209.

Stansfield, C. W.(ed.)(1986), *Toward Communicative Competence Testing: Proceedings ofthe Second TOEFL Invitational Conference*, TOEFL Research Reports, 21, Princeton, NJ: Educational Testing Service.

Stansfield, C. and D. M. Kenyon(1992), "Research on the comparability of the oral proficiency interview and the simulated oral proficiency interview", *System* 20, pp. 347~364.

Sternberg, R. J. and J. S. Powell(1983), "Comprehending verbal comprehension", *American Psychologist* 38, pp. 878~893.

Stubbs, M.(1986), "Lexical density: a computational technique and some findings",

In M. Coulthard(ed.), *Talking About Text*, Birmingham: English Language Research, University of Birmingham, pp. 27~48.

Sutarsyah, C., P. Nation and G. Kennedy(1994), "How useful is EAP vocabulary for ESP? A corpus based case study", *RELC Journal* 25, pp. 34~50.

Takala, S.(1984), "Evaluation of students' knowledge of English vocabulary in the Finnish comprehensive school", Reports from the Institute for Educational Research, 350, Jyväskylä: University of Jyväskylä.

Tannen, D.(ed.)(1982a), *Spoken and Written Language: Exploring Orality and Literacy*, Norwood, NJ: Ablex.

Tannen, D.(1982b), "The oral literate continuum of discourse", In Tannen(ed.)(1982a), pp. 1~6.

Tarone, E.(1978), "Conscious communication strategies in interlanguage: a progress report", In H. D. Brown, C. A. Yorio and R. Crymes(eds.), On TESOL '77. *Teaching and Learning English as a Second Language*, Washington, DC: TESOL, pp. 194~203.

Tarone, E.(1983), "Some thoughts on the notion of 'communication strategy'", In Faerch and Kasper(eds.)(1983a), pp. 61~74.

Tarone, E.(1984), "Teaching strategic competence in the foreign language classroom", In S. Savignon and M. Berns(eds.), *Initiatives in Communicative Language Teaching*, Reading, MA: Addison–Wesley, pp. 127~136.

Tarone, E., A. D. Cohen and G. Dumas(1983), "A closer look at some interlanguage terminology: a framework for communication strategies", In C. Faerch and G. Kasper(eds.), *Strategies in Interlanguage Communication*, London: Longman.

Taylor, C.(1994), "Assessment for measurement or standards: the peril and promise of large–scale assessment reform", *American Educational Research Journal* 31, pp. 231~262.

Taylor, W. L.(1953), "Cloze procedure: a new tool for measuring readability",

Journalism Quarterly 30, pp. 415~433.

Thorndike, E. L.(1924), "The vocabularies of school pupils", In. Carleton Bell(ed.), *Contributions to education*, New York: World Book, pp. 69~76.

Thorndike, E. L. and I. Lorge(1944), *The Teacher's Word Book of 30,000 Words*, New York: Teachers College, Columbia University.

Tilley, H. C.(1936), "A technique for determining the relative difficulty of word meanings among elementary school children", *Journal of Experimental Education* 5, pp. 61~64.

Tinkham, T.(1993), "The effect of semantic clustering on the learning of second language vocabulary", *System* 21, pp. 371~380.

Ure, J. N.(1971), "Lexical density and register differentiation", In G. E. Perren and J. L. M. Trim(eds.), *Applications of Linguistics: Selected Papers of the Second International Congress of Applied Linguistics*, Cambridge: Cambridge University Press, pp. 443~452.

Valette, R. M.(1967), *Modern Language Testing*, New York: Harcourt Brace.

van Lier, L.(1989), "Reeling, writhing, drawling, stretching, and fainting in coils: oral proficiency interviews as conversation", *TESOL Quarterly* 23, pp. 489~508.

Van Parreren, C. F. and M. C. Schouten-Van Parreren(1981), "Contextual guessing: a trainable reader strategy", *System* 9, pp. 235~241.

Verhallen, M. and R. Schoonen(1993), "Lexical knowledge of monolingual and bilingual children", *Applied Linguistics* 14, pp. 344~363.

Waller, T.(1993), "Characteristics of near-native proficiency in writing", In H. Ringbom(ed.), *Near-Native Proficiency in English*, Åbo, Finland: English Department, Åbo Akademi University, pp. 183~293.

Webster's Third New International Dictionary(1961), Springfield, MA: Merriman-Webster.

Weir, C. J.(1990), *Communicative Language Testing*, Hemel Hempstead: Prentice

Hall.

Wesche, M. and T. S. Paribakht(1996), "Assessing second language vocabulary knowledge: depth vs. breadth", *Canadian Modern Language Review* 53, pp. 13~39.

West, M.(1953), *A General Service List of English Words*, London: Longman.

Willems, G.(1987), "Communication strategies and their significance in foreign language teaching", *System* 15, pp. 351~364.

Willis, J. and D. Willis(1988~1989), *Collins COBUILD English Course, Teacher's Books 1-3*, London: Collins.

Xue, G. and I. S. P. Nation(1984), "A university word list", *Language Learning and Communication* 3, pp. 215~229.

Yang, H.(1986), "A new technique for identifying scientific/technical terms and describing science texts", *Literary and Linguistic Computing* 1, pp. 3~103.

Young, R.(1995), "Conversational styles in language proficiency interviews", *Language Learning* 45, pp. 3~42.

Young, R. and M. Milanovic(1992), "Discourse variation in oral proficiency interviews", *Studies in Second Language Acquisition* 14, pp. 403~424.

Yule, G. and E. Tarone(1997), "Investigating communication strategies in L2 reference: pros and cons". In Kasper and Kellerman(eds.)(1997a), pp. 17~30.

찾아보기

2개 국어 상용, 2개 국어를 말하는 능력(bilingualism)   329
단순화(simplification)   61
개방 선택 원리(open-choice principle)   44
객관적 시험(objective testing)   113
거트만 척도 분석(Guttman scalogram analysis)   171
과제(tasks)   23
   언어 교수에서(in language teaching)   320
   언어 시험에서(참조: 읽기 과제, 말하기 과제, 쓰기 과제)(in language testing)   23~24, 335
관용구(idioms)   34, 38
관용구 원리(idiom principle)   44~45
교육 목적 영어 시험(Test in English for Educational Purposes(TEEP))   300
구동사(phrasal verbs)   43
구어 숙달도 면접(oral proficiency interviews(OPI))   62, 105, 109, 287~288, 335
구어(spoken language)   276, 322~327
   문어와의 차이(differences from written language)   276, 322~327
   구어 어휘(spoken vocabulary)   322~327
구인(construct)   28~38, 54
구인 개념(construct definition)   63~65, 213
   교수요목 기반 대 이론 기반(syllabus-based vs. theory-based)   213
구인 타당도(construct validity)   137
구현(token)   39
굴절 어미(inflectional endings)   40
기능어(function words)   40, 147, 157, 159
기본형(base form)   40
기억 증진 기법(연상 기호 기법)(mnemonic technique)   69

내용어(content words) 40, 45, 147

내포적 어휘 측정(embedded vocabulary measures) 29, 48, 63, 64

  정의(definition) 29

  의사소통 전략 연구(in communication strategy research) 98, 102~104

  말하기의 통계적 측정(statistical measures of speaking) 287

  쓰기와 말하기 평가(참조: 분리적 어휘 측정)(ratings of writing and speech) 292

능동적 어휘(참조: 수용적, 생산적 어휘)(active vocabulary) 214

다특성 다방법(multitrait multimethod(MTMM)) 139

  구인 타당도(construct validatatio) 137~142

단어 목록(word lists) 43, 113~114

단어 빈도(word frequency) 47, 58

  고빈도 대 저빈도 어휘(high-frequency vs. low-frequency vocabulary) 219

  고빈도 단어 목록 만들기(creating high-frequency word lists) 310~315

단어 연상(word associations) 60, 250, 338

단어 연상 시험(word associates test) 250~256

단어 의미 추측하기(참조: 맥락으로부터 단어 의미 추론하기)

  (guessing word meanings) 85

단어, 정의/분류(words, definition/classification of) 37~38, 39~43, 63~65

단어족(word families) 40~42, 90, 124~126, 277

단일 언어 시험 대 이중 언어 시험(monolingual vs. bilingual testing) 231~234

대학 단어 목록(University Word List) 220

동형이의어(homographs) 42

듣기 이해력(listening comprehension) 264, 270

  구어 텍스트의 가청성(listenability of spoken texts) 269~272

라쉬 모형(Rasch Model) 184

레마(lemmas) 40

말뭉치(참조: 컴퓨터 말뭉치)(corpus) 43, 47, 308~318, 323~324

말하기 과제(speaking tasks) 28, 33

  직접적 대 반 직접적 시험(direct vs. semi-direct tests) 288~289

  의사소통 전략 연구(참조: 구술 숙달도 면접)

  (in communication strategy research) 98, 104~109

말하기 능력, 말하기 평가(speaking ability, assessment of) 287~296, 300~303

맥락(context) 54~58, 223~228, 259, 341~343

  문장 수준에서(at sentence level)

    55, 143~144, 196~197, 198, 224~226, 239, 241, 244

텍스트 수준에서(at text-level)　　　　　　　86~91, 144~145, 149~151, 199~205

사용 맥락(context of use)　　　　　　　55~58, 314~315, 328, 331~336, 341

맥락 의존적 어휘 측정과 맥락 독립적 어휘 측정(context-dependent and context-independent

　　vocabulary measures)　　　　　　31, 49, 143~147, 161~162, 224, 306

　　정의(definitions)　　　　　　　　　　28, 31~34

　　토플 문항 예시(TOEFL items as examples)　　　　　198, 202, 203

맥락으로부터 단어 의미 추론하기(inferring word meanings from context)　　85~98

　　전략 훈련(strategy training)　　　　　　　　86~89

　　맥락적 단서의 유형(types of contextual clues)　　　　　87~88

　　맥락적 단서의 유용성(availability of contextual clues)　　　　90~91

　　학습자의 과정에 대한 연구(research on learners' processes)　　　91~93

　　추론 대 학습(inferencing vs. learning)　　　　　　94~96

　　평가 문제(assessment issues)　　　　　　　　96~98

(어휘 시험으로서의) 면접(interview(as a vocabulary test))　　　　130~137

모어 화자의 어휘 지식과 능력

　　(native-speaker vocabulary knowledge and ability)　　48, 49~50, 52, 60~62

모의 구술 숙달도 면접(Simulated Oral Proficiency Interview(SOPI))　　　288

문법 지식(grammatical knowledge)　　　　　　　24

　　어휘 지식과 분리할 수 있는가?

　　　　(separate from vocabulary knowledge?)　　　　138~142, 154~156

문법 항목(참조: 기능어)(grammatical items)　　　　　141, 290

문장 쓰기(문장 구성하기) 문항

　　(sentence-writing (sentence-composing) items)　　　　242~245

바꾸어 말하기(paraphrase)　　　　　　　100, 105, 109

배치 시험(placement testing)　　　　　　　　212

번역 문항(translation items)　　　　　　　20, 212

범위(domains)　　　　　　　　　　　328

분리적 어휘 측정(discrete vocabulary measures)　　　　　29

　　정의(definition)　　　　　　　　　　28~30

　　분리적 시험의 설계 원리(design principles for discrete tests)　　　209~234

　　의사소통 전략 연구(in communication strategy research)　　　105~107

　　실제 예(참조: 내포적 어휘 측정)(practical examples)　　　209~257

빈도(참조: 단어 빈도)(frequency)　　　　　58, 167, 308~311

빈칸 메우기 시험(cloze procedure)　　　　　145, 146~157

　　전반적인 숙달도 측정으로서의(as measure of overall proficiency)　　146~148

어휘 측정으로서의(as measure of vocabulary) 150, 161~163

맥락적 단서의 분석(analysis of contextual clues) 149~151

선다형 빈칸 메우기 시험(multiple-choice cloze) 146, 156~158

합리적(선택-삭제) 빈칸 메우기 시험(rational(selective-deletion) cloze) 151~156

표준(고정-비율) 빈칸 메우기 테스트(standard(fixed-ratio) cloze) 148~151

사전(dictionaries) 125, 310

단어 표본의 원천으로서(as source of word samples) 125~126

학습자 사전에서의 빈도 자료(frequency data in learner dictionaries) 310~311

사회언어학적 지식(sociolinguistic knowledge) 25

생산적 어휘(productive vocabulary) 214~215

선다형 문항(multiple-choice items) 113~119, 127, 205

제약(limitations) 115~116

난이도에 영향을 미치는 요인(참조: 토플, 외국어로서의 영어 시험)

(factors affecting difficulty) 116~119

선택적 어휘 측정(selective vocabulary measures) 30

정의(definition) 28, 30~31

목표 단어의 선정(참조: 포괄적 어휘 측정)(selection of target words) 218~222

성취도 시험(achievement testing) 212

수동적 어휘(참조: 수용적, 생산적 어휘)(passive vocabulary) 214

수용적, 생산적 어휘(receptive and productive vocabulary) 214

구인의 정의(definition of the construct) 213

인식과 상기(recognition and recall) 215

이해와 사용(comprehension and use) 216

수행 기반 평가(performance-based assessment) 24

숙달도 시험(proficiency testing) 22, 23, 33, 61

시험 목적(test purpose) 210~212

연구용(research uses) 210

학습자 결정(decisions about learners) 211~212

프로그램 결정(프로그램 평가)

(참조: 성취도 시험, 배치 시험, 숙달도 시험, 학업 진진도 시험)

(decisions about programmes(programme evaluation)) 212

시험 문항(참조: 어휘 시험 문항/형식)(test items) 22, 63

심리측정학(psychometrics) 113

심적 어휘(mental lexicon) 59, 77

(심적 어휘의) 조직(organization of) 29, 59

(심적 어휘로의) 접근(access to)   59, 60
쓰기 과제(writing tasks)   274
어휘(lexis)   64
어휘구(lexical phrases)   45
어휘 능력(vocabulary ability)   54
어휘 다양도(type-token ratio)   276
어휘 밀도(lexical density)   271, 276, 279, 323, 327
　산출(calculation)   277~280, 289
　반 직접적 말하기 시험에서(in semi-direct speaking tests)   288~292
어휘 변이(lexical variation)   276, 279~280
어휘 빈도 개요표(Lexical Frequency Profile(LFP))   281
어휘 사용의 사회적 관점(social dimension of vocabulary use)   328
어휘 세련도(lexical sophistication)   276, 280
어휘 수준 시험(Vocabulary Levels Test)   166~177
　(어휘 수준) 시험의 능동적 형태(active version of the test)   174~177
　설계(design)   167~169
　새로운 형식(new forms)   173~176
　타당도(validation)   169~173
어휘 습득(vocabulary acquisition)   67~74
　우연적 어휘 학습(incidental vocabulary learning)   73
　학습자 전략(learners' strategies)   72
　체계적 암기 기법(systematic memorising techniques)   69
　평가 문제(assessment issues)   72, 73, 80~85
어휘 시험 문항/형식
　(참조: 점검표 시험, 완성하기(빈칸 채우기) 문항, 포괄적 시험 문항, 인터뷰, 연결하기
　문항, 선다형 문항, 자기 보고, 문장 쓰기 문항, 번역 문항, 진위형 문항, 단어 연상
　시험)(vocabulary test items/formats)   112~116, 127~130, 246~247
어휘 시험의 타당도(validation of vocabulary tests)   119, 120, 137~142
어휘 양(또는 지식의 폭)(vocabulary size(or breadth of knowledge))   120~130, 163
　모어 화자에 대한(of native speakers)   121, 123
　시험용 단어 선정(selecting words for testing)   125~127
　읽기용 문지방 수준(참조: EVST, VLT)(threshold level for reading)   122~123
어휘 지식(vocabulary knowledge)   24, 49~54, 58~59
　지식의 정도/부분적 지식(degrees of/partial knowledge)   59, 81~85
어휘 지식 척도(Vocabulary Knowledge Scale(VKS))   185~193

설계(design) 185~187
사용(uses) 187~189
신뢰도와 타당도(reliability and validity) 189~193
어휘 지식의 깊이(참조: 어휘 지식의 질(깊이))
(depth of vocabulary knowledge) 36, 53, 132, 136, 247
어휘 지식의 질(깊이)(quality(depth)of vocabulary knowledge) 35, 130~137, 163
정의(definition of) 134~135
평가(assessment of) 135~137
단어 연상 방식(word associates format) 250~257
어휘 지식의 폭(참조: 어휘 양)(breadth of vocabulary knowledge) 120~130
어휘 추론(참조: 맥락으로부터의 단어 의미 추론하기)(lexical inferencing) 85, 86
어휘 통계(lexical statistics) 272~287
말하기에서(on speaking) 287~292
쓰기에서 (on writing) 272~287
어휘 학습(참조: 어휘 습득)(vocabulary learning) 19, 20, 27, 35, 37, 43, 50, 67~74
어휘 항목(참조: 내용어, 어휘소, 여러 단어로 된 어휘 항목, 단어)
(lexical items) 64, 280, 316
어휘(참조: 여러 단어로 된 어휘 항목, 어휘 능력, 어휘 지식, 단어)
(vocabulary) 64, 316
어휘소(lexemes) 280
어휘적 개성(lexical individuality) 281
어휘적 독창성(lexical originality) 281
어휘 풍요도(lexical richness) 276
언어 능력(language ability) 24, 27, 39, 63
언어 사용역(register) 331~334
언어 시험의 분리 항목 접근법(discrete-point approach to language testing) 22, 114
언어 지식(language knowledge) 24
여러 단어로 된 어휘 항목(참조: 어휘구)(multi-word lexical items) 316
역류 효과(washback effect) 193
연결하기 문항(matching items) 237~240
연어(collocations) 44, 317
영역-관계-양식(field-tenor-mode) 58
예-아니요 시험(참조: 점검표 시험)(yes-no tests) 228~230
오류(참조: 어휘 오류)(errors) 277, 282~283
완성하기(빈칸 채우기) 문항(참조: 빈칸 메우기 시험)

(completion(blank-filling) items) 240~242

외국어로서의 영어 시험(토플)

(Test of English as a Foreign Language (TOEFL)) 93~205

초기 어휘 문항(1964~1976년)(original vocabulary items(1964~1976)) 194~195

영어 말하기 시험(Test of Spoken English(TSE)) 293~295

영어 쓰기 시험(Test of Written English(TWE)) 275

1976년 형태(1976 revision) 196~197

1995년 형태(1995 version) 201~203

1998년 컴퓨터화된 형태(1998 computerized version) 203~204

우연적 어휘 학습(incidental vocabulary learning) 73~85

듣기를 통한(through listening) 78~79

읽기를 통한(through reading) 74~78

평가 문제(assessment issues) 80~85

우회적 화법(circumlocution) 104

유로센터 어휘 양 시험(Eurocentres Vocabulary Size Test(EVST)) 177~185

배치 고사로서(as placement test) 178~179

어휘 양 측정으로서(as measure of vocabulary size) 179~182

채점(scoring) 182~183

유창성(능숙도)(fluency) 295, 319, 320, 322

유형(types) 39

의미론적 의미(semantic meaning) 47

의사소통 전략(communication strategies) 98~109

분류(classification) 99~101

정의(definitions) 98~99

연구에서 어휘에 초점을 두는 이유(reasons for a lexical focus in research) 103

전략 훈련(strategy training) 103~104

평가 문제(assessment issues) 104~109

의사소통적 언어시험 접근법(communicative approach to language testing) 23

이중 언어 시험(참조: 단일 언어 대 이중 언어 시험)(bilingual testing)

읽기 과제(reading tasks) 118, 154~155, 196~197, 188~189

읽기 연구(reading research) 74~75, 111~112, 114~115, 263, 323

자기 보고(참조: 점검표 시험)(self-report) 128~130, 228~230

전략적 능력(strategic competence) 24

전문용어(참조: 전문적 어휘)(technical terms) 57, 89, 126, 220, 276, 313~315, 334

전문적 어휘(specialised vocabulary) 220

점검표(예-아니요) 시험(checklist (yes-no) tests)   127~130, 228~230

    존재하지 않는 단어 사용(참조: 유로센터 어휘 양 시험)(use of non-words)   180

조립어(prefabricated language)   44

존재하지 않는 단어 사용(참조: 유로센터 어휘 양 시험)(use of non-words)   180

준전문적 어휘(subtechnical vocabulary)   220

진위형 문항(true-false items)   233~234

척도(참조: (어휘 지식에 대한) 평가 척도, 학습자 쓰기와 말하기에 대한 평가)

    (scales)   292

초인지 전략(참조: 전략적 능력)(metacognitive strategies)   60

캠브리지 대학교 시험 본부의 시험

    (University of Cambridge Local Examinations Syndicate(UCLES) exams)   221

컴퓨터 말뭉치(computer corpora)   308~311

    브라운 대학의 미국 영어 말뭉치

        (Brown University corpus of American English)   309

    CANCODE와 Cambridge 국제 말뭉치

        (CANCODE and Cambridge International Corpus)   324

    COBUILD 영어 은행(COBUILD Bank of English)   309, 310

    Lancaster-Oslo-Bergen 영국 영어 말뭉치

        (Lancaster-Oslo-Bergen corpus of British English)   309

컴퓨터 분석(computer analysis)   307

컴퓨터 적응 시험(computer adaptive testing)   306

콜린스 버밍엄 대학 국제 언어 데이터베이스

    (COBUILD(Collins Birmingham University International Language Database))   310

    영어 (단어) 은행(Bank of English)   309, 310

    어원이 같은(시험 성과에의 영향)(cognates(effects on test performance))   173, 182

    COBUILD 영어 과정(COBUILD English Course)   309

    콜린스 COBUILD 영어 사전

        (Collins COBUILD English Language Dictionary)   310

텍스트의 가독성(readability of texts)   264~269

    브라운의 EFL 가독성 지표(Brown's EFL readability index)   266~267

    거닝의 FOG 공식(Gunning's FOG formula)   265

통합적 시험(integrative testing)   200, 258

파생 어미(derivational endings)   40

(어휘 지식에 대한) 평가 척도(참조: 어휘 지식 척도)

    (rating scales(for vocabulary knowledge))   292

포괄적 어휘 측정

    (comprehensive vocabulary measures)   30~31, 43, 104~105, 109~110, 261~303

    정의(definition)   28, 30

    시험 입력의 측정(measures of test input)   263~272

    쓰기와 말하기 평가(ratings of writing and speech)   292~302

    말하기의 통계적 측정(statistical measures of speaking)   287~292

    쓰기의 통계적 측정(statistical measures of writing)   272~287

프로그램 평가(programme evaluation)   212

학술 단어 목록(Academic Word List)   220, 313, 314

학술적 어휘(참조: 학술 단어 목록, 준전문 어휘, 대학 단어 목록)

    (academic vocabulary)   220

학습자 쓰기와 말하기에 대한 평가

    (rating of learner writing and speech)   272, 287, 292~303

    종합적 (총체적) 평가(global (holistic) ratings)   293

    분석적 평가(analytic ratings)   294

수업 진전도 시험(progress testing)   235~247

(어휘 수준 시험의) 함축적 척도

    (implicational scaling (of Vocabulary Levels Test))   170~173

핵심어 방법(keyword method)   70

형태 초점 교수(form-focused instruction)   305

화용 지식(pragmatic knowledge)   25

화용적 의미(pragmatic meaning)   47, 48

access(호주 영어 의사소통 능력 평가)

    (*access*(*Australian Assessment of Communicative English Skills*))   289

ACTFL 숙달도 지침(ACTFL Proficiency Guidelines)   105

C 테스트(참조: 빈칸 메우기 시험)(C-test)   158~160

ESL 작문 분석표(ESL Composition Profile)   296~297

Longman 현대 영어 사전(*Longman Dictionary of contemporary English*)   310

M. West의 포괄적 시험 문항 참조(*General Service List*)   126

Michigan 영어 숙달도 시험(Michigan Test of English Language Proficiency)   117

T-단위(T-unit)   316~317

지은이와 옮긴이 소개

지은이 ▪ 존 리드(John Read)

존 리드(John Read)는 2005년부터 현재까지 뉴질랜드 오클랜드 대학교 응용 언어학과 부교수로 재직 중이다. 이전에는 웰링턴 대학, 텍사스 대학(엘파소), 인디아나 대학에서 응용 언어학, TESOL, EAP를 가르쳤고 국제연구학술지인 『Language Testing』의 공동편집자(2002~2006), 국제언어시험협회(ILTA)의 부회장(2009~2010) 및 회장(2011~2012)을 역임했다. 그의 주요 연구 분야는 언어 시험 및 평가이며, 특히 (제2언어) 어휘 평가와 IELTS 등 학문 목적 영어 시험과 관련된 연구를 활발히 진행하고 있다.
http://www.arts.auckland.ac.nz/people/jrea023

옮긴이 ▪ 배도용(Bai, Do-Yong)·**전영미**(Jean, Young-Mi)

배도용(Bai, Do-Yong)은 현재 부산외국어대학교 한국어문학부 교수로 재직 중이며 어휘론, 의미론, 담화화용론, 어휘교육론 등에 관심을 갖고 있다. 요즘은 학습자 어휘의 양적 측정(어휘 다양도와 어휘 밀도), 교감적 언어사용(Phatic Communion) 양상 등에 대해 논문을 쓰고 있다. 저서로는 『쉽고 재미있는 한국어 어휘』 1, 2(공저, 2009), 『과정으로서의 글쓰기 기초』(2006), 『우리말의 의미 확장 연구』(2002) 등이 있다.

전영미(Jean, Young-Mi)는 부산외국어대학교 대학원(외국어로서의 한국어교육 전공)에서 「중국어권 학습자의 한국어 관계절 습득 연구」(2012)로 교육학 석사학위를 취득한 후 박사과정을 수료하였다. 현재는 인제대학교 한국어문화교육원에서 유학생들에게 한국어를 가르치고 있으며, 열린 읽기(extensive reading)에서의 가독성과 어휘의 처리에 대해 관심을 갖고 있다.

어휘 평가
Assessing Vocabulary

© **글로벌콘텐츠**, 2015

1판 1쇄 인쇄__2015년 02월 15일
1판 1쇄 발행__2015년 02월 28일

지은이__존 리드(John Read)
옮긴이__배도용·전영미
펴낸이__홍정표

펴낸곳__글로벌콘텐츠
   등록__제25100-2008-24호
   이메일__edit@gcbook.co.kr

공급처__(주)글로벌콘텐츠출판그룹
   대표__홍정표
   편집__신은경 김현열 노경민 송은주 **디자인**__김미미 최서윤
   기획·마케팅__이용기 **경영지원**__안선영
   주소__서울특별시 강동구 천중로 196 정일빌딩 401호
   전화__02) 488-3280 **팩스**__02) 488-3281
   홈페이지__http://www.gcbook.co.kr

값 20,000원
ISBN 979-11-85650-65-4 93370